身份污名与认同融合

城市代际移民的社会表征研究

SOCIAL STIGMA AND IDENTITY FUSION:

Social Representations of Urban Intergenerational Immigrants

管 健 著

社会科学文献出版社
SOCIAL SCIENCES ACADEMIC PRESS (CHINA)

感谢韩国高等教育财团和南开大学亚洲研究中心的资助！本研究系"新世纪优秀人才支持计划"系列研究成果之一。

目　录

第一章　社会心理学视野中的污名 / 1

　第一节　污名的概念与发展 / 1

　第二节　污名的形成机制与模型建构 / 9

　第三节　社会学与心理学的交互视角 / 20

第二章　社会表征的视角 / 33

　第一节　表征概念辨析 / 34

　第二节　社会表征的理论缘起与发展 / 40

　第三节　社会表征的核心表述 / 50

　第四节　社会表征的多元视角与形成 / 69

　第五节　社会表征的现实主义观照 / 75

第三章　城市新移民的污名认知与体验 / 95

　第一节　城市新移民的身份污名感知 / 96

　第二节　城市新移民的污名维度与权变模型 / 107

　第三节　城市移民的污名建构与认同的代际分化 / 115

第四章　城市代际移民的偏差地图 / 132

　第一节　偏差地图中的内容模型和系统模型 / 133

第二节　城市第一代移民的偏差地图 / 149

第三节　城市第二代移民的偏差地图 / 170

第四节　偏差地图中的共识性歧视 / 175

第五章　城市新移民刻板印象的系列再生与社会网 / 186

第一节　偏差中的系列再生法 / 186

第二节　城市代际移民系列再生佐证 / 200

第三节　城市代际移民的污名社会网呈现 / 210

第六章　代际移民的刻板印象威胁 / 225

第一节　刻板印象威胁机制的影响 / 225

第二节　城市代际移民的认同管理 / 241

第三节　城市代际移民的应对策略 / 248

第七章　城市代际移民的认同融合与策略选择 / 257

第一节　认同融合与认同管理 / 257

第二节　构建城市代际移民的社会支持系统 / 273

第三节　城市代际移民认同融合的达成 / 288

参考文献 / 291

后　　记 / 330

第一章　社会心理学视野中的污名

污名（stigma）这一概念，早在1963年就由美国著名社会学家戈夫曼（Goffman）在其著作《日常生活中的自我呈现》（The Presentation of Self in Everyday Life）中首次提出[①]。之后，在《污名：受损身份管理札记》(Stigma: Notes on the Management of Spoiled Identity)中，戈夫曼进一步将其定义为，"个体在人际关系中具有的某种令人'丢脸'的特征，这种特征使拥有者具有一种'受损的身份'"[②]。戈夫曼在这本书中分析了蒙受污名者的自我感受以及他们与正常人之间的微妙互动，同时也重点阐述了蒙受污名者在人际互动中进行信息控制的各种技巧。这之后的近50年间，社会心理学家以其对污名的定义为起点，进行了大量相关研究，污名概念被用于许多不同的领域，如麻风病、精神疾病、吸毒人群、同性恋群体、艾滋病群体等，但这一概念直到21世纪初才开始进入我国研究者的视野。这是由于，随着中国社会的转型，污名现象日益凸显，从疾病污名、身份污名、性别污名、行业污名到种族污名、地域污名都在一定程度上危害承受污名者个体或群体成员的身心健康，妨碍人际和谐。

第一节　污名的概念与发展

污名，准确地说，是一种标记，它使承受者显得与众不同。它可能是一

---

① 欧文·戈夫曼，2008，《日常生活中的自我呈现》，冯钢译，北京：北京大学出版社。
② 欧文·戈夫曼，2009，《污名：受损身份管理札记》，宋立宏译，北京：北京大学出版社。

种越轨行为、身体特征、群体成员身份或者道德过失，亦或许是可见的或隐藏的（如面部畸形是可见的，而艾滋病是可以隐藏的）；它可能是天生的，也可能是后致的（比如肤色是天生的，而罪犯身份是后致的）。污名现象如此复杂，有必要共同了解一下污名概念的发展脉络。

一　污名概念的提出与发展

"Stigma"在中文里有多种翻译，诸如"污名""标签""偏见""耻辱""羞辱"等，有的地方也直接译为"歧视"。在本书中，我们沿用"污名"这一翻译以忠于词语本意。"污名"一词渊源于古希腊，它被用来表示承受污名者道德地位的身体记号。当时，这种标志通常被刀刻或烧印在身体上，以标示该符号持有者为奴隶、罪犯或叛徒，而人们在公共场所也会加以回避。古代希腊人也曾经使用剪刀和烙铁在罪犯和背叛者身上割上或烧上一个印痕，以此来标明他们是邪恶的或不适合正常的社会生活。后来，在基督教时代，"污名"这一词语又被附加了两种不同的隐喻，其一代表圣恩的身体记号，它的形状如同盛开的花朵；其二它是医学上的幻想，指代生理失常的身体信号。直到近代，这个词语的原意才被广泛地运用，同时也被扩大性地使用在各种不名誉的事件中。[1] 现今，该词语扩展到包含所有知觉或推断偏离规范情况的标记或符号。

（一）早期研究：戈夫曼的概念界定

社会学家戈夫曼最早提出了污名的概念，并将其作为社会歧视的起点。他将污名归因于偏离社会规范的人，并将污名的起源认定为对身体的憎恨、特征的缺陷和由种族、国家、宗教等导致的污点。戈夫曼认为，由于个体或群体具有某种社会不期望或不名誉的特征从而降低了其在社会中的地位，污名就是社会对这些个体或群体的贬低性、侮辱性的标签。被贴上标签的人有一些为其所属文化不能接受的状况、属性、品质、特点或行为，这些属性或行为使得被贴上标签的人产生羞愧、耻辱乃至犯罪感，并导致了社会对他们不公正的待遇。此外，戈夫曼非常重视研究如何透过社会互动以对他人实施污名化，并感兴趣于污名的意义及赋予过程。其中，对于受污名者自我概念

---

[1] Goffman, E. 1963. *Stigma: Notes on the Management of Spoiled Identity*. Englewood Cliffs, NJ: Prentice-Hall.

的转变，戈夫曼主要以污名管理（stigma management）的多样形式来讨论，包括探索人们如何隐藏特质以避免污名的产生，或是回应贬抑情境以降低污名伤害等行动策略。例如，戈夫曼认为，面对污名，隐瞒是最为简单的方法，这就好比是秃顶男人需要戴假发、矮个子女人爱穿高跟鞋，但是隐瞒首先代表了个体对污名的确认。总体看来，戈夫曼将污名看做让个体深受贬抑的属性，使得一个人从我们头脑中的"完整、正常的人"变成"有污点的、缺乏价值的人"，并使其无法充分获得社会的接纳。从这一点上看，戈夫曼的污名理论强调，污名是一种社会建构，是介于属性和刻板印象之间的一种特殊关系。正如戈夫曼1963年在关于歧视（discrimination）的界定中提到的，歧视是一个群体因为某些特点会遭到另一些群体的排斥和拒绝，它是社会对被贴上污名标签的人所采取的贬低、疏远和敌视的态度和行为，是污名化（stigmatization）的结果和行为意向。① 奥恩佐（Alonzo）和瑞诺茨（Reynolds）于1995年和其他一些学者也在戈夫曼的基础上对污名做了解释，其意义相近，是指人们觉察到的一种负面的属性，它使带有负面属性的个体和群体受到排斥、孤立、偏见和歧视。②

（二）修订完善：克洛克和克里根的工作

虽然戈夫曼的概念一直被公认，但是对污名定义进行完善与修订的工作一直在不断延续着，其中克洛克（Crocker）和克里根（Corrigan）是这一工作的重要推动者。克洛克认为，受污名化的个体拥有（或者被相信拥有）某些属性、特质，而这些属性所传达的社会身份（social identity）在某些派络中是受贬抑的。③ 这一论断强调了污名本质是一种社会身份，这种身份是由社会建构的，社会定义了谁属于某一特定社会群体，并决定了某一特性在某一既定背景中是否受损。④⑤ 支持这一观点的还包括克里根的研究，克里

---

① Goffman, E. 1963. *Stigma: Notes on the Management of Spoiled Identity*. Englewood Cliffs, NJ: Prentice-Hall.
② Alonzo, A. A., & Reynolds, N., R. 1995. "Stigma, HIV and AIDS: An exploration and elaboration of a stigma trajectory." *Social Science and Medicine* 41 (3): 303–315.
③ Crocker, J., Major, B., & Steele, C. 1998. *Social Stigma*. New York: McGraw-Hill, 2 (4): 504.
④ Corrigan, P. W., Kerr, A., & Knudsen, I. 2005. "The stigma of mental illness: Explanatory models and methods for change." *Applied and Preventive Psychology* 11: 179–190.
⑤ Corrigan, P. W., & Kleinlein, P. 2005. "The impact of mental illness stigma." In: P. W., Corrigan (Ed.). *On the Stigma of Mental Illness: Practical Strategies for Research and Social Change*. Washington, DC: American Psychology Association, 11–44.

根进一步将污名认定为由公众污名（public stigma）和自我污名（self stigma）相统一而构成的整体。公众污名是泛化的社会群体对某些特定的受污名群体的不良刻板印象；自我污名是当公众污名产生后伴随出现的低自我评价和低自我效能。[①] 在这里，公众污名会显现为大多数社会群体对承受污名群体持有的刻板印象所表现出来的敌对行为，公众会根据污名对承受污名群体做出反应。而自我污名则是人们在内化公众污名时产生的自尊丧失和自信丧失，这是受污名群体成员将污名化态度指向于内部而产生的反应。前者可以导致社会性偏见与歧视，而后者则内化了负面表征，将污名与自我关联，并影响个体良好的自我构念体系。

（三）概念延展：林克和费伦的工作

戈夫曼之后的一些学者大多指出了当时污名研究存在的不足，如认为污名的定义不够严格和科学，或过于关注个体而忽视了影响个体遭遇的社会文化背景和过程等。针对这些批评，林克（Link）和费伦（Phelan）将污名定义为标签、刻板印象、孤立、状态缺失和歧视等元素共存的状态，这种状态存在各种污名元素的叠加。[②] 林克和费伦认为，当贴标签、刻板印象化、认知区分、身份丧失和歧视这些要素同时发生时，污名就产生了。这一概念框架清晰地阐述了污名发生的社会机制，即污名化过程及后果。这一定义也暗示了污名化的过程，即社会背景在人与人之间的众多差异中决定了哪些是重要的，并贴上相应的标签，随之又将这些差异与负面特征相联结，即进行刻板印象化。随后，人们将带有负面标签的人与其他人区分开来，并产生一定的情感反应。被贴上标签的人通常在社会上处于劣势地位，因此丧失许多机会，还会受到个人和结构上的歧视。在这几种因素中，贴标签、刻板印象化、认知区分与情绪反应是发生在社会文化背景中的，而身份丧失和歧视有赖于社会、政治、经济与权力的使用，这些要素是由先前几个污名成分所产生的歧视性结果。总之，这一概念体系是将污名过程化，其中强调社会权力产生的巨大的影响作用。这一界定使污名概念从个体迈向了群体与群际层面，从认知化推向了更为广泛的系统化与制度化领域。

[①] Corrigan, P. 2004. "How stigma interferes with mental health care." *American Psychology* 59 (7): 414–625.

[②] Link, B. G., & Phelan, J. C. 2001. "Conceptualizing stigma." *Annual Review of Sociology*, 363.

(四) 相关概念辨析

"污名"在英文里有其相应的动词和名词,即"stigmatize"和"stigmatization"。"污名"作为一个名词,代表了一种属性或特征,这种属性和特征是不被当地文化和社会所认同的。"Stigmatize"作为动词有两层含义,一是指社会对所具有"污名"特征者的偏见、羞辱、诽谤,进而在行为上的排斥与孤立;二是具有"污名"的人对自己价值的贬低,为自己的"污名"而感到羞耻。当"Stigmatization"作为一种结果出现时,它是指污名、歧视或羞辱的后果。在字典里,歧视指"不公平的对待"。所以,有学者认为,歧视是建立在污名基础上而直接针对具有某种属性或特征的人或人群采取的行动,它表现为各种各样的排斥、抛弃和限制等。[1] 由此可见,"污名"这一词语侧重于态度和心理方面,同时也包含了行为的实施,其概念范畴远远大于"歧视"的概念。从污名与刻板印象(stereotype)、偏见(bias)和歧视的概念辨析中可见,刻板印象侧重于对个体或群体的负面信念,如认为个体或群体没有能力、软弱或危险;而偏见则侧重于态度,即对信念的赞同和消极的情绪反应,如愤怒、恐惧等;歧视则是偏见的行为反应,如回避和远离。其中,刻板印象是为一个社会群体中大多数成员所知晓的认知结构,是对关于不同社会群体的信息进行分类的有效方式,它代表了集体对有关群体的概念性共识。偏见是随之而起的情绪反应,偏见进一步外化为歧视行为。污名正是由刻板印象、偏见和歧视共同组成的统一体。由此,本书认为,污名的核心始终围绕着污名是负面的、产生不好结果的社会表征(social representations)而展开,污名是社会对某些个体或群体的贬低性、侮辱性的标签,它使个体或群体拥有了(或被相信拥有)某些被贬抑的属性和特质,这些属性或特质不仅使被污名者产生自我贬损心理,亦导致了社会对其歧视和不公正的待遇。

二 污名研究中的理论阐释

污名研究的传统方式是用高度概念化的术语来描述污名的过程和结果,反映个体差异或者被个体差异所反映。因而,对污名的研究由于角度不同、

---

[1] Alonzo, A., A., & Reynolds, N., R. 1995. "Stigma, HIV and AIDS: An exploration and elaboration of a stigma trajectory." *Social Science and Medicine* 41 (3): 303 - 315.

对象不同，形成了各种流派和观点，其中主要包括以下几种。

（一）认知说

认知说主要从信息加工的角度来理解污名现象，核心是围绕着将大脑视为存在复杂认知系统和结构的载体，它可以表征不同水平上的知识结构，帮助人们获得和改造新的信息以加速对人进行分类，并与头脑中已有的、可能产生污名的形象相对照，然后指导自己的认知与行为。该模式中的典型理论包括原型模型、样例模型和混合模型。其中，原型认知模式认为人们既没有一整套组成污名的限制性特征，也没有关于群体成员的太多信息。相反，知觉者存储了群体典型特征的抽象信息，并在个体与原型的相似性比较中判断个别的群体成员。因而，污名范畴是围绕原型（prototypes）组织起来的，即污名范畴化过程就是备选的成员与相关的原型相匹配的过程。根据这一理论，污名范畴可以按照等级丛（hierarchical chuster）的形式出现。样例认知模式认为知觉者不会存储群体的抽象表征信息，相反群体的表征通过特别的、具体的样例得以存贮。当知觉者遭遇个体时，哪一种样例会被存储依赖于是否受到了直接注意。由于这一特点，样例模型把研究重点放在决定哪一种被激活和运用的目标与背景上，比如畸形样例等。由于前两种模型具有一定的局限性，许多研究者采用包括抽象信息和样例信息的混合模型，即把将群体的污名特征作为一个整体来编码的原型特征和对群体的特殊个体进行信息编码的样例特征结合起来。其中，影响知觉者依靠何种信息提取污名认知的重要变量是知觉者关于污名目标的知识量。无论何种模型，污名在一定程度上可以简化信息并规避风险。同时，污名产生于人际互动中对他人和群体的认知评价。因而，基于知识和基于情感的分类是认知研究的大致思路，其中对风险、责任归因和威胁等因素的判断和认知影响了污名进程。

（二）动机激活说

动机激活说强调把群际冲突和污名看做分类、社会比较和对积极社会同一性的追求等心理过程和动机的产物。泰弗尔（Tajfel）在1967年创立的"社会同一性理论"，不仅揭示了群际冲突和污名的最小充分条件或必要条件，而且阐明了其背后的基本心理过程和动机。泰弗尔认为，人们对积极的社会同一性的追求是污名产生的根源所在，他利用"最低限度群体"（minimal group）实验来证明当某种社会分类变得突出时，个体对群体内相似性和群体间差异性的知觉便会得到加强。为了获得积极的社会同一性，个体会在某些重要的维度上把内群体（in-group）与外群体（out-group）进行比较，并通过对内群体的偏好以及对外群体的贬抑使内群体获得积极的区分性，使自己追求积极的自我评价和自尊的需要得到满足。例如，谢里夫（Sherif）选取 11～12 岁的男孩为被试，在夏令营活动的形式下以实验研究范式进行了一系列关于群际关系的研究，并发现两个群体在竞争现实的稀缺资源时，由于一个群体的成功目标会危害到另一个群体的利益，两个群体之间就会产生消极的群体态度。① 另外，波斯顿（Bosson）等在 2004 年发现，污名意识水平的高低调节刻板印象威胁对个体表现的影响，高污名意识者会受过去经历的影响而对偏见保持警戒。② 当激活消极的刻板印象时，他们会感觉到更多的偏见，更多地关注刻板化的评价，因此更容易受到威胁的影响。

（三）进化与功能说

进化心理学（evolutionary psychology）这个术语是 20 世纪 90 年代出现的，它从社会生物学演化而来，声势逐渐扩大，它强调心理学在进化历史的指导下可以更好地研究人类的认知与行为。进化心理学家认为，情绪和态度具有社会适应的功能，是为解决进化环境中反复出现的、具体的适应问题进化而来的适应产物。③ 例如，托比（Tooby）和柯斯米德斯（Cosmides）认为，"过去是了解现在的关键"④。人类的众多心理机制都是为了应对生存和繁殖的压力而发展起来的。对于污名的形成，进化说认为，功能分析是理解心理机制的主要途径，污名的广泛存在意味着它对施加污名者及其所属群体或对社会是具有功能价值的。人的污名心理和行为的存在，是因为它可靠地、有效地、经济地、精确地解决了某种适应问题。如相貌不好的心理机制来源于其生殖和遗传能力的表现差，而残疾的污名来源于健康指数低、生存

---

① Sherif, M. 1957. "Experiments in group conflict." *Nature* 179: 84 – 85.
② Bosson, J. K., Haymovitz, E. L., & Pinel, E., C. 2004. "When saying and doing diverge: The effects of stereotype threat on self-reported versus non-verbal anxiety." *Journal of Experimental Social Psychology* 40: 247 – 255.
③ Tooby, J. & Cosmides, L. 2008. "The evolutionary psychology of the emotions and their relation to internal regulatory variables." In M. Lewis, J. M. Haviland-Jones, & L. F. Barrett (Eds.) *Handbook of Emotions*. New York & London: Guilford, 3 – 16.
④ Tooby, J., & Cosmides, L. 1990. "On the universality of human nature and the uniqueness of the individual: The role of genetics and adaptation." *Journal of Personality* 58: 17 – 67.

能力差的印象。这样，污名化便成为人类生存和繁殖中的重要策略和必要手段。由此说来，人类的污名行为和基因是为了避免危险，包括生物遗传中的危险、疾病和意识中的危险等。更进一步的功能化解释认为，污名的广泛存在意味着可以通过下行比较提高自尊，缓冲知觉者的焦虑和威胁感，提高知觉者的可控感和实际的可控程度，从而导致对他人的漠不关心，进而系统性避免、隔离和边缘化对内群体构成威胁的成员。这里，进化论假设原始社会中强壮的男性可以打猎或建造屋舍，而躯体残疾的男性对群体来讲不仅没有价值而且是群体的累赘，他们无法回报群体，因而容易被污名化。又例如，在19世纪早期，大量的移民从欧洲南部涌向美国，对美国当地的经济和社会构成了威胁，因此当时移民人数最多的意大利人就被污名化，被认为是卑劣以及智力低下的种族。在纳粹德国，德国人污名犹太人以达到政治和经济目的。由此可以推断，对于进化的群体而言，缺乏建设性功能的群体是污名化的对象。所以，特纳（Turner）认为污名化是一个为了突出自己心理上的优势地位而对他人进行毁誉的过程[1]，而克洛克则强调污名的功能包括：提升自己的自尊心、获得优越感、增强对群体的认同感，并认为特定的社会政治、经济地位是合理的[2]。

由此，我们可以知道，污名是在人类进化过程中发展出的一种认知适应能力，即通过排斥那些具有或可能具有某种不良特质的人来避免群居生活中的潜在威胁。污名的广泛存在意味着它对于施加污名者个体以及他们所在的群体和社会，或者对所有的这些方面都具有某种功能性价值。将他人污名化对于个体来说具有各种功能，包括提高自尊、加强控制和缓冲焦虑。另外，污名化可以通过下行比较提高自尊，这是因为，将自己与不幸的他人比较可以增加自己的主观幸福感，因此提高个体的自尊。因而，污名在社会层面和社会意义上，满足了一定程度上的社会性功能。

（四）系统与制度说

如果说个体心理学水平关注的是污名问题的认知和动机模式，那么系统与制度说则将污名放置于历史的、政治的、经济的、社会的宏观背景水平上

---

[1] Turner, J., C. 1982. "Towards a cognitive redefinition of the social group." In: Tajfel, H. Ed. *Social Identity and Intergroup Relations*. England: Cambridge University Press, 15-40.

[2] Crocker, J., Major, B., & Steele, C. 1998. "Social stigma." In Gilbert, D. T., Fiske, S. T., & Lindzey, G. Ed. *The Handbook of Social Psychology*. MA: McGraw-Hill, 504-553.

去理解和关注。这一论调认为，污名化既可以来自动机，也可以是包含不同情境类型的歧视和隔离。污名化过程可以通过限制潜在竞争对手的机会从而增加自己的机会，也可以通过系统性的歧视，住所、职业和社会隔离增强一个群体对另外一个群体的控制度。如佩蒂格鲁（Pettigrew）调查了南非白人反黑人和支持种族隔离制度的信念，发现该信念并非完全由个人的人格结构，如权威主义人格形成，而是受到了对黑人持有偏见接纳程度的文化规范和个体对这些规范的遵从程度的影响。佩蒂格鲁发现，社会规范对偏见有重要作用。在南非社会，有关种族的地位差异和特权的社会规范渗透在社会各个阶层中，人们如果遵从这些社会规范，就会赞成种族主义的信念和政策。佩蒂格鲁因此做出结论，污名化不是一个个体知觉者的问题，而是社会背景的问题。① 持此观点的还包括弥曼（Myman）和辛德（Snyder），他们发现，那些认为同性恋是违背社会伦理规范的个体通常对同性恋群体持有更加消极的态度。② 这种观点进一步解释了，为何在一种文化内，人们会对某些群体形成贬抑，进而能得到广泛的共识这一问题。也就是说，一个蒙受污名的对象并不真的是在个体层面上被污名化，即被其他个体污名化，而是被社会施以污名，正是社会创造、允许并维持了这种态度和行为。单个的施加污名者，大体上只是按照他或她所在社会对于适当行为的规范去做。

第二节　污名的形成机制与模型建构

污名通过何种心理机制对个体发挥作用并产生怎样的影响呢，这就需要进一步了解污名形成的机制和建构的模型。

一　污名的形成机制

帕克（Parker）和艾格里顿（Aggleton）认为，污名降低个体社会地位的属性，污名他人的过程就是通过建立各种规则而提升优势群体的利益，制造等级观念和秩序，并进一步用制度化的手段使等级观念和等级次序合法化

---

① Todd, F., H. Kleck, R., E., Hebel, M., R., & Hull, J., G. 2000. *The Social Psychology of Stigma*. New York, Guilford Publications.
② Myman, M., & Snyder, M. 1997. "Attitudes toward 'Gays in the military': A functional perspective." *Journal of Applied Social Psychology* 27：306－329.

的过程。① 因而，污名化过程包含承受污名者（stigmatized person）和施加污名者（stigmatizer）。当一个负面的标签出现并形成污名后，就区分出以上两类人，如果后者具有减少前者生活机会的力量和可能，那么承受污名者就会经历被"污名化"的过程，遭受生活机会的丧失和种种歧视。污名化，从核心观点来看，是承受污名者和施加污名者之间的挑战和对抗。因而，克洛克认为，一个被污名化的人其在社会群体中的社会身份和社会角色在其他人看来都是贬值、损坏或有缺陷的。②③④ 从施加污名者的角度上看，污名化包含了反感、威胁、残忍和其他一些刻板性的不良印象。因此，"污名化"具有个人性、群体性和社会性的特点。因而，污名的过程包括如下几个步骤。第一，污名开始于对该群体的"贴标签"，人与人之间的区别被强调贴上了标签，通过这一过程，被贴标签者就与其他人产生了显著的差异；第二，当把这些被贴上标签的人分在了负面的一类，并在文化和心理上形成了一种社会成见和思维定势后，污名也就随之而产生；第三，承受污名者随之被分离成"不同的"群体，成为"他们"而不是"我们"中的一员，一旦这种区分被主流文化所接受和利用，通常就会导致社会隔离；第四，作为以上过程的结果，带有污名的个人会丧失许多生活机会和社会地位，甚至被区别对待，如在就业、住房、教育或婚配市场等；第五，个体或群体被污名化的程度完全视社会、经济和政治权利的可得性而定，也就是说，除非一个社会群体具有足够的资源和影响力来左右公众对这一群体行动的态度，否则污名就很难消除；第六，承受污名的一方往往在公共污名的形成过程中，不断强化自我意识和自我评价，常常带来更多的自我贬损、自尊下降、效能降低、个人情绪低落和安于社会控制与命运安排的心理。

综上所述，污名化呈现了一个动态的过程，它将群体的偏向负面的特征

---

① Parker, R., & Aggleton, P. 2003. "HIV and AIDS – related stigma and discrimination: A conceptual framework and implications for action." *Social Science & Medicine* 57: 13 – 24.
② Crocker, J., Major, B., & Steele, C. 1998. "Social stigma." In D. T. Gilbert, S. T. Fiske, & G. Lindzey (Eds.) *Handbook of Social Psychology* (4th ed.). Boston: McGraw-Hill 2: 504 – 533.
③ Goffman, E. 1963. *Stigma: Notes on the Management of Spoiled Identity*. Englewood Cliffs, NJ: Prentice-Hall, 504.
④ Jones, E. E., Farina, A., Hastorf, A. H., Markus, H., Miller, D. T., & Scott, R. A. 1984. *Social Stigma: The Psychology of Marked Relationships*. New York: Freeman.

刻板印象化，并由此掩盖其他特征，成为在本质意义上与群体特征相对应的"指称物"。在这个过程中，处于强势且不具污名的一方最常采用的一种策略就是"贴标签"。因而，污名化的反映有赖于污名过程和污名结果，这在不同的反映者身上是不同的，而刻板印象和偏见也可被看做污名过程的核心要素。

二 污名的维度研究

污名由于指代一种非常不光彩的、具有耻辱性质的特征，因而随着研究的细化，它被逐渐区分成不同的污名类型，比如精神疾病的污名[1][2]、传染性疾病的污名[3][4][5]、性取向的污名[6]、种族的污名[7]、身体污名[8]、艾滋病污名[9][10][11]等。研究者们一直以来试图将污名进行有意义的分类。

---

[1] Corrigan, P. W. 2000. "Mental health stigma as social attribution: Implications for research methods and attitude change." *Clinical Psychology* 7: 48 – 67.

[2] Rüsch, N., Angermeyer, M. C., & Corrigan, P. W. 2005. "Mental illness stigma: Concepts, consequences, and initiatives to reduce stigma." *European Psychiatry* 20: 529 – 539.

[3] Des Jarlais, D. C., Galea, S., Tracy, M., Tross, S., & Vlahov, D. 2006. "Stigmatization of newly emerging infectious diseases: AIDS and SARs." *American Journal of Public Health* 96: 561 – 567.

[4] Mak, W. W. S., Mo, P. K. H., Cheung, R. Y. M., Woo, J., Cheung, F. M., & Lee, D. 2006. "Comparative stigma of HIV/AIDS, SARs, and Tuberculosis in Hong Kong." *Social Science & Medicine* 63: 1912 – 1922.

[5] Zhang, T., Liu, X., Bromley, H., & Tang, S. 2007. "Perceptions of tuberculosis and health seeking behaviour in rural Inner Mongolia, China." *Health Policy* 81: 155 – 165.

[6] Neilands, T., Steward, W., & Choi, K. 2008. "Assessment of stigma towards homosexuality in China: A study of men who have sex with men." *Archives of Sexual Behavior* 37: 838 – 844.

[7] Dean, M. A., Roth, P. L., & Bobko, P. 2008. "Ethnic and gender subgroup differences in assessment center ratings: A meta-analysis." *Journal of Applied Psychology* 93: 685 – 691.

[8] Roehling, M. V., Roehling, P. V., & Pichler, S. 2007. "The relationship between body weight and perceived weight-related employment discrimination: The role of sex and race." *Journal of Vocational Behavior* 71: 300 – 318.

[9] Choi, K., Hudes, E., & Steward, W. 2008. "Social discrimination, concurrent sexual partnerships, and HIV risk among men who have sex with men in shanghai, China." *AIDS and Behavior* 12: 71 – 77.

[10] Deng, R., Li, J., Sringernyuang, L., & Zhang, K. 2007. "Drug abuse, HIV/AIDS and stigmatisation in a Dai community in Yunnan, China." *Social Science & Medicine* 64: 1560 – 1571.

[11] Liu, J. X., & Choi, K. 2006. "Experiences of social discrimination among men who have sex with men in Shanghai, China." *AIDS and Behavior* 10: 25 – 33.

戈夫曼将污名从形式上分为身体污名（abominations of the body）、个人特质污名（blemishes of individual character）和种族身份污名（tribal identities）。戈夫曼认为，身体的污名包括受贬抑的社会身份及特征，如生理缺陷、残疾、面部毁容、肥胖等；个人特质污名是从已知中推断出个体性格的缺陷或与人格及行为有关的被贬抑的社会身份，如心理障碍、监禁、吸毒、酗酒、同性恋等；种族污名包括种族、民族和宗教等。戈夫曼的观点揭示了导致个体被污名化的各种不同属性，也反映了污名情形彼此区分的重要维度。

琼斯（Jones）将污名化条件分为六个维度。第一，可隐藏性（concealability），即是指污名化特征可以被看见的程度（如面部畸形容易迅速形成污名，而同性恋由于容易隐藏而便于规避）；第二，标记的过程（course of the mark），即随着时间的变化，污名标记是变得越来越明显，还是越来越衰弱；第三，破坏性（disruptiveness），这是指污名特征干扰人际交互作用的程度，干扰性越强则污名化越严重；第四，审美度（aesthetics），它涉及对缺乏吸引性的污名的主观反应；第五，来源性（origin），包含了个体对形成污名所负的责任与归因；第六，危险性（peril），即他人知觉到污名条件对自我造成的危害，这显现在具有高度传染性和致命性的疾病污名化强于对肥胖的厌恶。

迪奥斯（Deaux）在1995年使用实验法得到三种维度，即危害性、可见性和可控性。[①] 巴拉特（Bharat）在2001年从污名的表现形式上将污名分为自我性污名（self-stigma）、意识性污名（perceived stigma）和表现性污名（enacted stigma）；其中自我性污名表现为自责和自我贬低，意识性污名是对存在的或想象到的由于自身具有某些不被期望的特征、疾病或与特性人群的联系可能引起歧视的害怕心理，表现性污名指被污名的个体在现实中被公然歧视的过程。[②]

克洛克将污名维度分为可见性和可控性，可见性污名不能轻易隐藏，因而成为他人污名的重要线索，如种族、肤色、肥胖等；可隐藏性污名则不用

---

① Deaux, K., Reid, A., Mizrahi, K. 1995. "Parameters of social identity." *Journal of Personality and Social Psychology*, 280.
② Bharat, S., Aggleton, P., & Tyrer, P. 2001. *India: HIV and AIDS Related Discrimination, Stigmatization and Denial*. Geneva: UNAIDS, 20.

有此焦虑。由于污名不可见，他们则尽量采用避免他人察觉的方式尽可能不被他人发现线索，如同性恋群体、HIV 感染者和心理疾病群体等；污名的可控性更多牵连的是责任和归因，例如 HIV 感染者和携带者，如果被归因为不健康的生活方式和交友方式所引发的，则污名化严重；如果归因为外在不可控制的因素，如献血感染或输血感染等，则污名化降低。

总之，尽管研究者对划分维度各执一词，但殊途同归，其目的都在寻找污名化形成和改变的机理。

三 污名的模型建构

污名的模型研究一直是相关学者孜孜以求的内容，其主要原因是可以更为清晰和明了地阐明污名形成的心理机制和内在原因。

（一）多维层次的结构模型

通过借鉴以往的维度研究，本书在文献分析和前期研究的基础上提炼出研究污名心理与行为的理论框架，此框架为包括"知觉者与对象维度"（perceiver-target）、"个人与群体维度"（personal-group-based identity）和"情绪、认知与行为维度"（affection-cognitive-behavioral response）的多维层次模型（见图 1-1）。

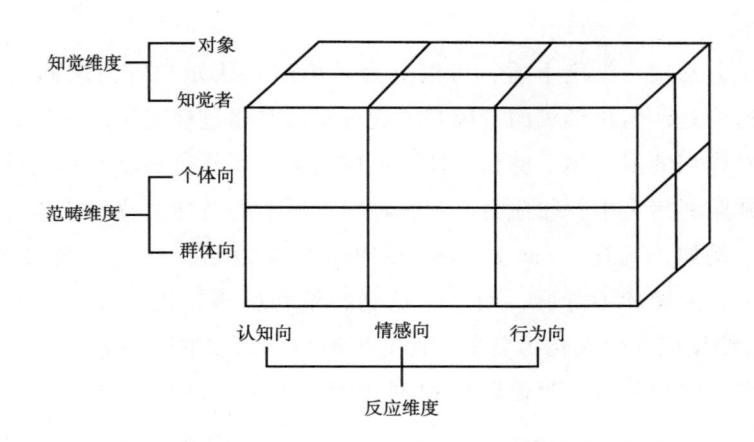

图 1-1 污名的多维层次结构模型

首先，理解知觉维度可以从"对象与知觉者"的角度出发。理解污名以及污名化过程的关键是区分出不同的知觉者，并理解施加污名者（知觉者)和承受污名者(对象)的体验。当一个负面标签出现并形成后,如果施加污名者具有减少承受污名者生活机会的力量和可能,那么承受污名者就会经历被污名化的过程,遭受生活机会的丧失和种种歧视。但是,有时施加污名者在另外一些方面也可能是承受污名者,如身体有残疾的人可能污名其他种族的人,又比如普通的黑人污名肤色更黑的同伴等。同样,知觉者不仅仅是纯粹的观察者,他们在知觉、记忆、解释和归因方面都表现积极,也通过积极行为使其可以保持或激化污名。而且,污名对象也不是被动接受者,他们有时也是对污名进行积极解释、应对和反应的知觉者。[1]

其次,理解范畴维度可以从"个体与群体"的角度出发。从知觉者的角度看,人们对他人形成印象的过程是一个连续体,该连续体反映了知觉者使用对象的个人特点和程度。在连续体的一端是以类别为基础的过程,在这个过程中人们所在的群体特征决定了个体在别人眼中的印象。在连续体的另一端是个体化过程,即个体的特征影响印象的形成。以个人为基础的过程是自下而上的数据驱动机制,它始于最具体的水平,止于能成功进行主观加工的、最低的抽象水平。相反,以类别为基础的过程是从一般到特殊、自上而下过程。因而,从对象的角度来看,污名既是个体间现象也是群际现象,因此理解污名既需要个体的过程、反应和特征,也同样需要群体过程、反应和特征。

再次,从反应维度上看,可以分为"情绪、认知与行为取向"。情绪、认知和行为是污名化形成的三种基本成分,污名化过程正是这三种成分以及他们交互作用的混合体。例如,情绪反应在诸如面部畸形以及其他形式的有关身体缺陷的污名中,往往会产生一种对于原始的负性情感反应和直接的厌恶行为。例如,凯兹(Katz)等早在 1933 年就发现,白人在面对黑人时,最先感觉到焦虑和不舒服,而后感觉到害怕和反感,从而自发产生回避行为。[2] 情绪反应在个人化污名中占据支配地位,而在群际污名中,认知成分则居主要,这与习得的刻板印象和刻板图式有关。也就是说,一旦线索出

---

[1] Hebl, M. R. & Kleck, R. E. 2000. "To Mention or Not To Mention: Acknowledgement of A Stima by Physically Disabled and Obese Individuals." Unpublished manuscript, Rice University, 201.

[2] Katz, D., & Braly, K. 1933. "Racial stereotypes of one hundred college students." *Journal of Abnormal and Social Psychology* 28: 280–290.

现，图式很快就会影响知觉方式、注意内容，并解释注意内容，形成行为反应。但情绪、认知和行为并不一定按照固有顺序出现在污名化的过程中，它们可能相互独立，又或相互影响，并最终形成复杂的污名系统。

(二) 污名的静态与动态模型

为突破多维层次模型的动态性，在文献分析和前期研究的基础上，本书提炼出污名形成的静态与动态模型（stigma static-dynamic model，SSDM），前者为包含"知觉者和对象"维度（perceiver-target）、"个人和群体"（personal-group-based identity）维度与"情绪、认知和行为"（affection-cognitive-behavioral response）维度的多维层次框架的静态模型，后者为基于污名社会表征形成机理的动态模型。从多维层次的静态模型可知（见图1-2），在"对象和知觉者"所区分的知觉维度上，污名化过程中包括了施加污名者和承受污名者；从个体和群体区分的范畴维度上看，人们对他人形成印象的过程是一个连续体，该连续体反映了知觉者使用对象的个人特点和程度；从对象的角度来看，污名既是人际现象也是群际现象，因此理解污名既需要个体的过程、反应和特征，也同样需要群体过程、反应和特征；从情绪、认知与行为的反应维度上看，污名化过程是三种过程以及它们交互作用的混合体。

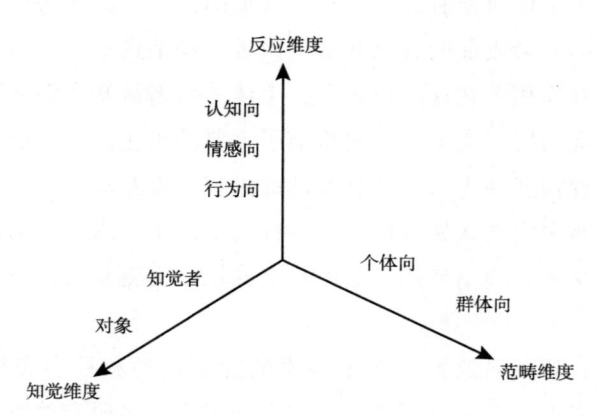

图 1-2 污名的多维层次结构模型

污名的动态模型的提出是基于污名社会表征形成机理的假设。众所周知，由法国社会心理学家莫斯科维奇（Moscovici）首先提出来的社会表征是对共享实在的一种解释，通过对产生于群体的认知和行为作出解释，强调群体的中心性、群体影响和沟通个体的意识，同时也强调社会心理现象和过程只能通过将其放在历史的、文化的和宏观的社会环境中才能进行最好的理解和研究。① 社会表征兼具两种功能，其一为个体在特定生活世界中的生存定向，另一个是提供可借以进行社会交换以及对生活世界与个体、群体历史进行明细分类的符号，使人际沟通得以实现。社会表征是社会群体内成员借以理解其生活世界的框架，它反映了社会群体对周围世界的认识，也指导社会群体与个体的行为，它既被集体共享，又允许个体认知上的差异。社会表征的研究视角为我们提供了一种新的思维，即污名是如何从个人的态度衍变为群体的态度，群体成员如何形成统一而牢固的污名表征，以及相应的形成过程等。

因而，如果从来源上看，个体污名感主要有三个途径，即直接经验、社会互动与媒体影响。直接感受的信息为人们提供了最为清晰的资源，可以作为污名表征形成的基础性信息。而社会互动和媒体信息则属于"借"来的污名表征，其内容不可避免地影响人们对其所传递的现象的理解。同时，外在相关事件的影响不断作用于个体，形成个体的污名印象，这些个体的污名印象逐渐指导和控制个体的行为回应，使其形成产生后果，这些结果反过来又进一步强化了个体对原有的个体社会表征的修正。群体污名表征也正是通过无数的个体的社会表征的分化和重组而进一步结合起来，与群体行动和个体行动一起相互作用。在这一过程中，个体的污名认知和污名评价如何成为社会共享的表征的呢？其中，沟通扮演了重要的角色。人们通过沟通创造社会事实，而此种沟通即为一种社会互动的过程。在互动中，人们通过沟通调整自己已有的污名内在认知表征以符合社会准则所要求的行为反应，即通过沟通达到信息交流，逐渐形成污名的社会共识，也就是大众的污名社会表征（见图1-3）。

总体上看，将污名放置于多维层次的静态模型和社会表征的动态模型中，其假设有三大主要优点：首先，它有助于将污名研究放置于更广泛的研究视野中，既照顾其多维的立体层次，又可获得动态的形成机制过程；其次，该模型提供了一种组织和整合研究的方式，了解大量的研究和概念性解

---

① 管健，2009，《社会表征理论的起源与发展：对莫斯科维奇〈社会表征：社会心理学探索〉的解读》，《社会学研究》第4期。

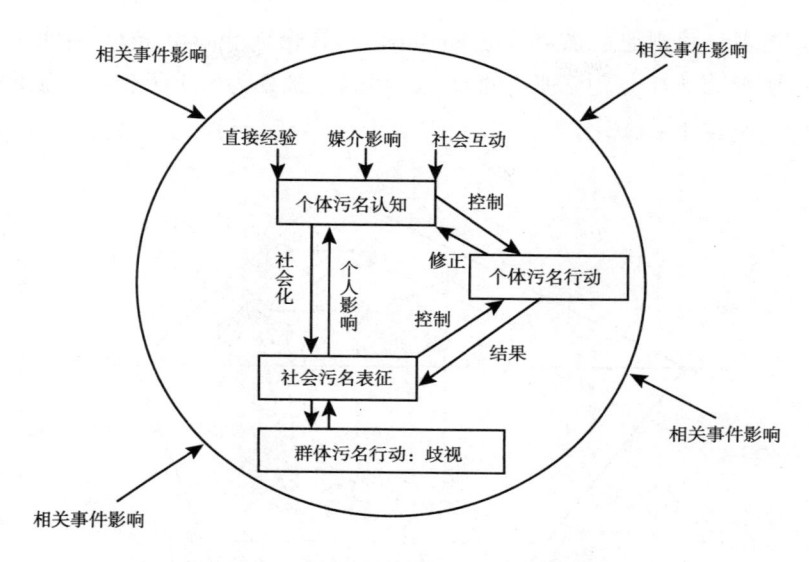

图 1-3 公众污名表征形成动态示意图

释存在的范围有利于厘清未被研究或未被充分理解的领域；最后，依照静态和动态模型来研究污名，强调了施加污名者和承受污名者之间的复杂的、迭代的和动态性的关系。虽然污名研究的静态与动态模型的构想仍然存在较多不完善的地方，但是它在一定程度上却可以帮助我们理解污名的各个环节和各个复杂的进程。除此之外，它也有助于我们找到目前尚未研究但是却具有潜在的理论和实用价值的领域。

（三）多维模型的整体框架

结合之前的动态与静态模型，同时基于社会表征理论，可以将污名提炼为"现象、逻辑和基旨"与"情感、认知和态度"相结合的倒锥形结构。

实际上，社会表征经由莫斯科维奇创立以来一直是对共享实在的一种解释，这一理论是指在特定时空背景下的社会成员所共享的观念、意象、社会知识和社会共识，是一种具有社会意义的符号和系统。它对于建立秩序、为群体成员提供社会互动规则、对社会生活进行明确命名和分类并加以沟通有重要的帮助作用，同时对于形成一致的社会认同和社会心态具有推动作用。将污名作为社会的表征加以研究强调将其放入历史的、文化的和宏观的社会环境中才能得到最好的理解和研究。因而，可以发现，污名具有社会共享性与群体差异性、社会根源性与行为说明性，以及相对稳定性与长期动态性的特点。污名过程则通过锚定（anchoring）和具化（objectifying）两种心理机制加以实现。受社会表征理论的启示，污名应被视为一个类似于倒锥形的三层结构（见图1-4）。

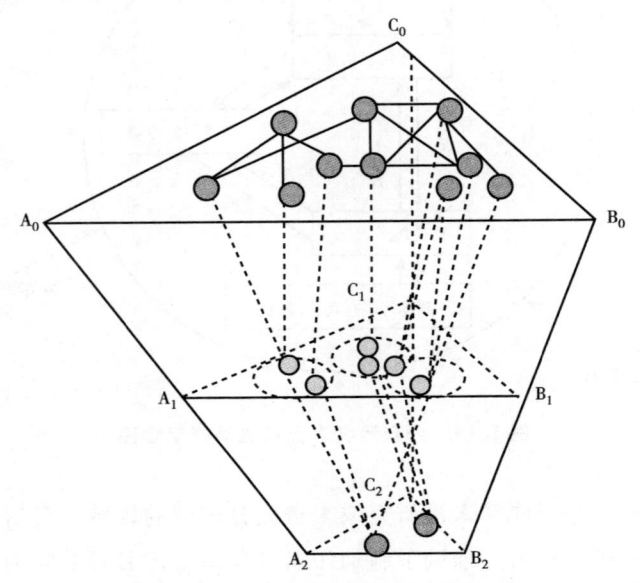

图1-4 基于社会表征论的污名架构模型

首先，从污名的横切三维上看，它可以分为现象维、逻辑维和基耦维。从图1-4中可知，$SA_0B_0C_0$（面积）指代污名的"现象维"（phenomenal dimension），$SA_1B_1C_1$指代污名的"逻辑维"（analytic dimension），$SA_2B_2C_2$指代污名的"基耦维"（themata dimension）。该三维划分是依照社会表征理论中事物的形成过程而获得。所谓"现象维"是指浮于问题表面的各种纷繁的污名现象，在此维中，各种现象虽彼此相倚，却又各自独立，形成混沌却有序的非线性系统；所谓"逻辑维"是污名内在的各种逻辑结构和特质变量，该维中可显见研究分析获得的维度划分、原因阐释和类别属性等；所谓"基耦维"是污名问题的核心问题，科学研究的传统往往只考虑经验的（现象的）和逻辑的（分析的）内容这二维，而忽视了某些蕴于其中的"硬核"，而这恰恰是问题的关键性生长点，是问题不断衍生和形成的二元对话性"种维"（seed dimension），即"基耦"。它是各种污名社会表征的潜在"深度结构"（deep structure），是问题的核心，它不断通过逻辑维产生各种现象。通过这三维，显见污名的树形结构，通过各种研究方法和研究技术与手段可从现象维中获得逻辑结果和分析成果，继而最终获得影响污名研究的基旨性问题。

其次，从污名的纵向三面上看，它可以分为情感向、认知向和行为向。情绪、认知和行为是污名形成的三种基本成分，污名化过程正是这三种过程及其交互作用的混合体。从图 1-4 中可知，$SA_0A_2B_2B_0$ 指代"情感向"（即偏见），这里情绪反应在诸如面部畸形以及其他形式的身体缺陷的污名中，它往往产生一种原始的负性情感反应和直接的厌恶行为；$SA_0A_2C_0C_2$ 指代"认知向"（即刻板印象），污名认知成分与习得的刻板印象和刻板图式有关，一旦线索出现，图式很快影响知觉方式、注意内容，并解释注意内容，形成行为反应；$SB_0B_2C_0C_2$ 指代"行为向"（即歧视），表示可见的或可测量的污名行为。情绪、认知和行为这三者并不一定按照固有顺序出现在污名化的过程中，它们可能相互独立，又或相互影响，并最终形成复杂的污名系统。污名问题实际上是一个包括多个维度和多个层面的构念系统，这是理解社会污名现象的开始。

从总体上看，将污名放置于多维层次的构想有三大主要优点。首先，它有助于将社会心理学中最感兴趣的基本过程联系起来——如刻板印象、偏见、威胁和应对方式等，该模型不仅有助于理解污名现象，更有助于理解更一般的心理过程和知识；其次，该模型提供了一种组织和整合研究的方式，了解大量的研究和概念性解释存在的范围；最后，依照多重维度来研究污名，强调了施加污名者和承受污名者之间复杂的关系，强调了社会学、人类学、心理学等多门学科的融入，既涵盖宏观的群际心理和行为，也包括微观的心理认知领域。

但是，任何试图将污名这样广泛而复杂的主题组织起来的努力都可能会导致简单化，要么可能掩饰了关键的差别，要么可能忽略了关键点。尽管多维层次模型是一个组织性的模型和理解性的视角，但这种方法也有一定的局限性。首先，"知觉者与对象"维度意味着污名只发生在社会互动中，而且强调社会交易中一对一的社会互动。但是，污名化的许多结果可能发生在没有知觉者的情况下，所以有时污名的消极结果不一定要求施加污名者和承受污名者之间互动，因此互动只是一种主要方式，而非唯一方式。其次，各个维度不同水平之间的差别是离散的，而实际生活中这些维度可能是连续的，反应也可能是混合的，但多维立体层次模型仅仅能提供离散形式下的抽离模型，而作为连续体的研究则有待于进一步的深化。

第三节 社会学与心理学的交互视角

污名研究自20世纪60年代在美国兴起之后，21世纪初才开始进入我国研究者的视野。考察污名的相关研究不难发现，这一问题日益成为社会学和心理学视野中的热门课题之一。从社会学和心理学的交互视角中对污名的理论框架及国内外研究进展加以回顾，可以展望其发展趋势，以求对进一步研究污名本土化提供有益的启示。

一 污名的理论框架：社会学和心理学的度量

对污名的探讨可以追溯到古希腊时期，这一词语最早是指希腊人身体上代表其是奴隶、罪犯或者叛徒的标志，而后该词语逐渐扩展到包含所有知觉或推断偏离规范的标记或符号。截止到目前，关于污名的研究仍然缺乏十分系统和成熟的理论，但学者的研究轨迹十分清晰，即社会学取向和心理学取向的交互与融合。前者更加关注社会和个人层面所描述的污名的产生和表现形式，强调制度性的抛离和排斥；后者则更加关注微观的认知层面，强调污名的维度和心理表征。

（一）关于污名产生的社会学和心理学观点

1963年，社会学家戈夫曼最早提出了污名的概念，并把它作为研究社会歧视的起点。他认为，个体或群体由于具有某种社会不期望或不名誉的特征，而降低了其在社会中的地位。污名就是社会对这些个体或群体的贬低性、侮辱性的标签。被贴上标签的人有一些为其所属文化不能接受的状况、属性、品质、特点或行为，这些属性或行为使得被贴上标签的人产生羞愧、耻辱乃至犯罪感，并导致了社会对其的不公正待遇。之后的学者以这一概念为出发点，进一步强调了社会文化背景和过程。

污名化过程进一步从社会学视角指出，污名是社会分层的必然产物，是产生权力和地位的手段，导致社会阶层的进一步巩固和社会不平等的产生，而社会不平等的状态反过来又促使了较上位的阶层对较下位的阶层的排斥，如经济排斥、福利排斥、制度排斥等。与此同时，心理学视角中的污名则包括所有知觉或推断偏离规范的标记或符号，即从一个已知记录中推断出的个体性格的缺点，如精神错乱、监禁、成瘾，以及种族、国家、宗教的群体污名。这样一来，污名就意味着生理特性、性格和行为等方面不受欢迎的偏差。

虽然在不同的范式或者话语之下，污名具有不同的含义，但这些不同的定义具有一些共同的特征。第一，强调污名是一个多维度的概念；第二，强调污名是由不同的社会推动者和施动者导致的；第三，强调污名是一个动态的过程。也就是说，强调"谁"通过怎样的制度过程或心理过程将他人排斥在一定的领域之外。目前对该定义的界定趋势是逐渐从个体化走向群际化，从认知化到系统和制度化。但是，污名的核心仍旧围绕着污名是负面的产生不好结果的社会表征而展开。

（二）关于污名划分的社会学和心理学取向

关于污名的划分维度，社会学和心理学有着十分紧密的交叉取向，但其中也有各自的兴趣点。社会学倾向将污名做细致的种类区分，如戈夫曼将污名从内容上分为"身体污名""个人特质污名"和"种族身份污名"；维斯布鲁克（Westbrook）等从来源上分为"个人"与"内在"污名和"社会"与"外在"污名[1]；赫瑞克（Herek）等从原因上划分为"工具性污名"（instrumental stigma）和"象征性污名"（symbolic stigma）[2]；巴拉特从表现形式上分为自责和自贬的"自我性污名"（self-stigma）[3]，对存在的或想象的由于自身具有某些不被期望的特征或与特性人群的联系可能引起歧视的"意识性污名"（perceived stigma），以及被污名的个体在现实中被公然歧视的过程的"表现性污名"（enacted stigma）。与此同时，心理学取向的污名划分则更加关注影响污名化程度动态趋势的向度，如琼斯区分出污名变化的维度；迪奥斯使用实验法得到三种维度，即危害性、可见性和可控性[4]；克洛克认为可见性和可控性对于施加污名者和承受污名者的体验来说是最重要

---

[1] Westbrook, L., E., & Bauman, L., J. 1997. "The questionnaire for identifying children with chronic conditions: A measure basd on noncategorical approach." *Pediatrics* 99: 513 – 521.

[2] Herek, G., M., & Mitnick, L. 1998. "AIDS and stigma: A conceptual framework and research agenda." *AIDS and Public Policy Journal* 13 (1): 36 – 47.

[3] Bharat, S., Aggleton, P., & Tyrer, P. 2001. *India: HIV and AIDS Related Discrimination, Stigmatization and Denial*. Geneva: UNAIDS, 20.

[4] Deaux, K., Reid, A., & Mizrahi, K. 1995. "Parameters of social identity." *Journal of Personality and Social Psychology*, 280.

的维度①,其中"可见性"是污名的印记和特征的显见程度,如外表可见的疾病比隐藏的疾病污名化严重,而"可控性"直接涉及个体的责任感,如输血和不检点行为各自造成的艾滋病,后者比前者受污名严重。可见,研究者们一直以来都试图将污名进行有意义的分类,尽管对划分维度各执一词,但殊途同归,其目的都在寻找污名化形成和改变的机理所在。

(三) 关于污名理论阐释的社会学和心理学论调

对污名的研究由于角度不同,形成了各种流派和观点。概括起来说,社会学取向着眼于阐释污名价值的功能主义模式和社会系统与结构背景下的制度化模式;而心理学视角侧重解释污名形成的认知条件和认知过程的模式。

社会学视角倾向于将污名放置于历史的、政治的、经济的和社会的背景水平上去理解和关注。为此,社会学家区分了个体层面上的污名和制度层面的污名,并强调污名化既可以来自动机,也可以来自对现有状态的调整与合理化。这些调整与合理化包含不同情境类型的歧视和隔离,这在一定程度上可以满足个体和群体的需要,这种污名化过程可以通过限制潜在竞争对手的机会从而增加自己的机会。通过系统性的歧视,住所、职业和社会隔离,可以增强一个群体对另外一个群体的控制度。总之,社会学模式的观点认为,污名化不是一个个体知觉者的问题,而是社会背景的问题,即一个蒙受污名的对象并不真的是在个体层面上被污名化,而是被社会施以污名。正是社会创造、允许并维持了这种态度和行为,而单个的施加污名者,大体上只是按照其所在社会对于适当行动的规范去行动和反应而已。

此外,社会学视角的污名阐释还进一步强调了污名广泛存在的功能性价值,这一视角认为将他人污名化的功能体现在提高自尊、缓冲焦虑和加强控制上。首先,污名化可以通过下行比较提高自尊,将自己与不幸的他人比较可以增加个体的主观幸福感,这里下行比较可以是相对被动的(寻找在某些方面不如自己的人),也可以是主动的(通过污名创造出他人的劣势),污名化过程中可以同时包含被动和主动的下行比较。同时,通过积极的组内比较,污名化也可以提高群体自尊,将人们分为内群体和外群体,对内群体优于外群体的强调更可以增强集体自尊。另外,污名缓冲知觉者的焦虑和威

---

① Crocker, J., Major, B., & Steele, C. 1998. *Social stigma.* New York: NY: McGraw-Hill, 2 (4): 504.

胁感，污名化他人可以提高知觉者的可控感和实际的可控程度，从而导致对他人的漠不关心、系统性的避免、隔离和边缘化。因为承受污名者往往对施加污名者的健康、资源和价值构成威胁，而污名进程则是心理化与制度化地将某些群体排斥在资源之外。

如果说，社会学视角强调宏观解释的话，那么心理学水平关注的则是污名问题的认知和动机模式。这一阐释主要从信息加工的角度来理解污名现象，核心是围绕着将大脑视为存在复杂认知系统和结构的载体，它可以表征不同水平上的知识结构，帮助人们获得和改造新的信息以快速形成对他人的污名印象。人们可以根据对方的外表、行为方式等进行分类，将头脑中已有的可能产生污名的形象与其相对照，然后指导自己的认知和行为。康托（Cantor）和米歇尔（Michel）认为，知觉者存储了群体典型特征的抽象信息，并在个体与原型的相似性比较中判断个别的群体成员。[1] 污名范畴在认知上是围绕原型（prototypes）组织起来的，即污名范畴化过程就是备选的成员与相关的原型相匹配的过程。每个人都拥有大量的、先在的、内心已编码好的被污名类原型，如果备选成员与其中一个原型共享着足够多的特征，那么它就可以被归入那个受污名的范畴。根据这一理论，污名范畴可按照等级丛（hierarchical chuster）的形式出现。另外，群体的表征通过特别的、具体的样例得以存贮。当知觉者遭遇个体时，哪一种样例会被存储依赖于是否受到了直接的注意，被直接注意的则被激活和运用到目标与背景上。无论何种模型，社会认知理论发现污名在一定程度上可以简化信息、规避风险，这是因为当我们用预存的图式去评价和归类人群时，比实际去认识事物要容易得多。同时，认知模式强调污名产生于人际互动中对他人和群体的认知评价，基于知识和基于情感的分类是研究的大致思路，在这种认知成分中则包括对风险、责任归因和威胁等因素的判断与认知。

二 污名研究的当前发展

国外有关污名的研究已经有将近 50 年的历史，早期的研究是关于对某些疾病的研究，如艾滋病和精神疾病等，近年来逐渐从疾病范围拓展到更宽

---

[1] Cantor, N., & Mischel, W. 1977. "Prototypes in person perception." In L. Berkowitz (Ed.), *Adwances in Experimental Social Psychology*. New York: Academic Press 12: 3 - 52.

广的视野，如女性、有色人种、弱势群体等。现有的学者热衷于采取一种心理认知的研究模式，致力于对污名概念的重新定义、对污名的心理和认知的来源性分析以及对污名化引起的歧视现象的描述等，近来的发展特点如下。

第一，研究领域虽不断拓宽，但疾病污名的研究仍相对突出，尤其以精神疾病和艾滋病居多。如派克（Parker）在 2003 年对艾滋病感染者和携带者污名化的概念结构和行为发展的研究[1]；帕特里克（Partrick）等在 2005 年对精神疾病污名的形成过程和改变模式的研究[2]；尼古拉斯·贾森（Nicolas Rüsch）在 2005 年从自我污名和公众污名的刻板印象、偏见和歧视过程出发，探讨了污名的结构模式和消减措施[3]。这些研究都围绕着对疾病的污名加以展开。

第二，在研究方法上，问卷方法和质性方法被经常使用，而心理实验法和媒体分析法使用较少。其中迪诺斯（Dinos）在 2004 年运用质性研究方法对伦敦北部的 46 名精神疾病患者进行了污名感受和经历的研究[4]；利金斯（Liggins）在 2005 年也用同样的方法对一般医院的精神疾病污名进行了研究[5]；克里根在 2004 年采用问卷方法分析了污名干扰心理卫生保健的方式，探讨了心理保健和治疗中获益的心理疾患采取回避治疗的原因[6]；马提亚斯（Matthias）和安格迈尔（Angermeyer）在 2003 年采用焦点组方法分析了精神病患者及其家属的社会角色、结构性歧视、公众印象和自我反应[7]。

第三，污名自身的特质分析一直成为关注焦点。如怀特（Wright）在

---

[1] Parker R. 2003. "Aggleton R. HIV and AIDS related stigma and discrimination: A conceptual framework and implications for action." *Social Science and Medicine*, 13 - 24.

[2] Patrick, W. C., Amy, K., & Lissa, K. 2005. "The stigma of mental illness: Explanatory models and methods for change." *Applied and Preventive Psychology*, 179.

[3] Niolas Rüsch. 2005. "Mental illness stigma: Concepts, consequences, and initiatives to reduce stigma." *European Psychiatry*, 529 - 539.

[4] Dinos, S., Stevens, S., & Serfaty, M. 2004. "Stigma: the feelings and experiences of 46 people with mental illnes." *British Journal of Psychiatry*, 176 - 181.

[5] Liggins, J. 2005. "Stigma toward the mentally ill in the general hospital: A qualitative study." *General Hospital Psychiatry*, 359 - 364.

[6] Corrigan, P. 2004. "How stigma interferes with mental health care." *American Psychology* 59 (7): 414 - 625.

[7] Matthias B., S., & Angermeyer, C. 2003. "Subjective experiences of stigma. A Focus group study of schizophrenic patients, their relatives and mental health professionals." *Social Science & Medicine*, 299 - 312.

2006 年发现，自我污名来源于他人污名，而污名程度按照业缘关系、地缘关系、姻缘关系和血缘关系逐渐降低[1]。洛波尔（Looper）在 2004 年发现，感知污名的程度决定了疾病中的身体感受和药物疗效，与前者呈正相关，与后者呈负相关[2]。维纳（Weiner）运用归因理论对污名事件的归因、责任判断、情感反应进行研究，认为污名的规律性反应是原因思考、责任推断、情感反应和行动意向。他在 1988 年让被试判断 10 种不同污名发生原因的可控性和稳定性，并记录被试在面对这些污名时的情绪反应[3]。根据维纳的归因理论，对于致病原因的归因会导致个体对患者产生不同的情绪反应，进而影响其对患者采取的态度和行为。这一实验发现，可控性（controllability）是一个重要维度。如果疾病原因是不可控的，那么他人会对患者产生同情；如果疾病的致病原因是可控的，人们则显现情绪上的愤怒和行为中的排斥[4]。

第四，关于污名的量表研究不断扩展。例如，在感知到的羞辱和歧视量表中，博格（Berger）等人在美国白人中发展出艾滋病羞辱量表（HIV Stigma Scale），该量表形成 4 个维度，即"羞辱"（personalized stigma）、"担心公开"（disclosure concerns）、"负性自我形象"（negative self-image）和"关注社会公众态度"（concern with public attitudes）[5]；霍兹梅尔（Holzemer）等通过在非洲 5 个国家历时 4 年多的研究工作，研制了针对 HIV 感染者的艾滋病羞辱测量工具（HIV/AIDS stigma instrument-PLWA，简写 HASI – P）[6]，该量表分 3 个主要的领域，即"社会和社区领域""工作和医疗卫生领域"及"个人感知领域"；法夫（Fife）和怀特（Wright）将社

---

[1] Wright R., G. 2006. "Perceived HIV stigma in AIDS caregiving dyads." *Social Science & Medicine*, 444 – 456.

[2] Looper, K., J. 2004. "Perceived stigma in functional somatic syndromes and comparable medical conditions." *Journal of Psychosomatic Research*, 373 – 388.

[3] 维纳，2004，《责任推断：社会行为的理论基础》，张爱卿译，上海：华东师范大学出版社.

[4] Weiner, B., Perry, R. P., & Magnusson, J. 1988. "An attributional analysis of reactions to stigmas." *Journal of Personality and Social Psychology* 55：738 – 748.

[5] Berger, B. E., Ferrans, C. E., & Lashley, F. R. 2001. "Measuring stigma in people with HIV：Psychometric Assessment of the HIV Stigma Scale." *Research in Nursing and health* 24：518 – 529.

[6] Holzemer, W. L., Uys, L. R., Chirwa, M. L., Greeff, M., Makoae, L. N., Kohi, T. W., et al. 2007. "Validation of the HIV/AIDS Stigma Instrument – PLWA (HASI – P)." *AIDS Care* 19：1002 – 1012.

会影响量表应用于癌症病人,测量与疾病相关的羞辱和歧视是否受到疾病种类的影响,该量表包括4个维度,分别为"社会排斥"(social reject)、"经济无保障"(financial insecurity)、"内心羞辱"(internalized shame)和"社会孤立感"(social isolation)[1];邓(Deng)等提出,对静脉吸毒者来说,HIV 阳性的诊断并没有加重人们对他们的羞辱和歧视,相反 HIV 阳性的诊断反而使他们获得了更多的支持和同情,从而减轻了对他们的羞辱和歧视;陈(Chan)等人在2007年让医学院的学生进行角色扮演,假定自己是静脉吸毒者,结果显示,静脉吸毒者诊断 HIV 阳性后感受到的羞辱低于非 HIV 阳性的静脉吸毒者[2]。

综观国内污名现象的研究现状可以发现,以污名为关键词查到中国期刊全文数据库1994~2012年8月的相关论文篇目共计96篇,其中核心期刊28篇;中国哲学社会科学综合信息支持系统的相关书目(包括章节)67条。综观国内的研究进展,其特点有三。

第一,理论研究介绍居多,领域多为社会学,而心理学视角较少。如吉尔伯特(Gilbert)所著、黄晨熹所译的《社会福利政策导论》介绍了福利污名和社会整合的问题[3];库佐尔特(Cuzzort)和金(King)所著、张向东所译的《二十世纪社会思潮》系统介绍了戈夫曼和其污名观点[4];心理学研究视角仅见维纳所著、张爱卿等译的《责任推断:社会行为的理论基础》中对维纳的责任、归因与污名研究的介绍[5]。在期刊方面,近些年伴随着污名问题严重化,一些新近研究开始进入研究者的视野,并显现日渐繁荣之势。如杨柳与刘力在2010年对污名应对策略的现状与展望研究[6];刘颖与

---

[1] Fife, B. L., & Wright, E. R. 2000. "The dimensionality of stigma: A comparison of its impact on the self of persons with HIV/AIDS and cancer." *Journal of Health and Social Behavior* 41 (1): 50–67.

[2] Chan, K. Y., Yang, Y., Zhang, K. L., & Reidpath, D., D. 2007. "Disentangling the stigma of HIV/AIDS from the stigmas of drugs use, commercial sex and commercial blood donation- a factorial survey of medical students in China." *BMC Public Health* 7: 280.

[3] 吉尔伯特,2003,《社会福利政策导论》,黄晨熹译,上海:华东理工大学出版社。

[4] 雷蒙德·保罗·库佐尔特、艾迪斯·金,1991,《二十世纪社会思潮》,张向东译,北京:中国人民大学出版社。

[5] 维纳,2004,《责任推断:社会行为的理论基础》,张爱卿等译,上海:华东师范大学出版社。

[6] 杨柳、刘力、吴海铮,2010,《污名应对策略的研究现状与展望》,《心理科学进展》第5期。

时勘在 2010 年对艾滋病污名形成机制、负面影响与干预的讨论①；管健在 2011 年对中国城市移民污名建构与认同的代际分化的讨论②；张宝山和俞国良在 2007 年对污名现象及心理效应的讨论；③ 以及李强等对心理疾病污名的理论探讨等④⑤。

第二，国内研究多集中于艾滋病和精神病群体的污名问题，而对其他群体研究较少。如刘能在 2005 年对艾滋病流行与社会歧视和污名之间的经验关系进行了定量分析，并得到了表征当地社会歧视形式和水平的描述性数据与解释当地社会污名水平的回归模型⑥；曹晓斌探讨了艾滋病患者受到相关污名的原因、表现形式和消除策略⑦；张有春认为艾滋病宣传报道一方面传播艾滋病的防治知识，另一方面也将艾滋病和卖淫、嫖娼、吸毒、同性恋与性乱等行为等同起来，使人们充满了对艾滋病的恐惧和歧视⑧；杨金花、王沛和袁斌在 2011 年通过内隐联想测验（Implicit Attitude Test，IAT）的方式研究了大学生对艾滋病的内隐污名状况⑨；张林和邓海英在 2010 年讨论了艾滋病污名的外显与内隐效应及其与人际接纳的关系⑩；王力平在 2010 年基于甘肃省一般人群的调查分析，研究了污名化、社会排斥与低度认知下的艾滋病防治工作⑪；刘颖和时勘在 2010 年分析了艾滋病污名的形成机制、负面影响与干预手段，并强调了减少艾滋病污名可以结合接触假设、知识传

---

① 刘颖、时勘，2010，《艾滋病污名的形成机制、负面影响与干预》，《心理科学进展》第 1 期。
② 管健，2011，《中国城市移民的污名建构与认同的代际分化》，《南京社会科学》第 4 期。
③ 张宝山、俞国良，2007，《污名现象及其心理效应》，《心理科学进展》第 6 期。
④ 李强、高文珺，2009，《心理疾病污名影响研究与展望》，《南开学报》第 4 期。
⑤ 李强、高文珺、许丹，2008，《心理疾病污名形成理论书评》，《心理科学进展》第 4 期。
⑥ 刘能，2005，《艾滋病、污名和社会歧视：中国乡村社区中两类人群的一个定量分析》，《社会学研究》第 6 期。
⑦ 曹晓斌，2005，《AIDS 相关歧视产生的原因、表现形式及消除策略》，《中国艾滋病性病》第 11 期。
⑧ 张有春，2005，《艾滋病宣传报道中歧视现象的研究》，《中国健康教育》第 21 期。
⑨ 杨金花、王沛、袁斌，2011，《大学生内隐艾滋病污名研究：来自 IAT 的证据》，《中国临床心理学杂志》第 3 期。
⑩ 张林、邓海英，2010，《艾滋病污名的外显与内隐效应及其与人际接纳的关系》，《中国临床心理学杂志》第 6 期。
⑪ 王力平，2010，《污名化与社会排斥：低度认知下的艾滋病防治》，《西北人口》第 5 期。

播以及认知行为疗法来处理①；行红芳于 2011 年在《社会支持、污名与需求满足：艾滋孤儿救助形式的比较研究》一书中，提出在社会发展和变迁的大背景下，需要关注儿童，特别是脆弱儿童的权利，并提供理性的分析工具为政府制定政策做参考②。在精神病群体的研究中，高士元应用自编问卷在北京地区对 225 名精神分裂症患者、230 名患者家属、257 名社区居民和 283 名精神科医护人员进行调查，发现精神分裂症患者遭遇到的污名突出表现在与个人社会生活密切相关的工作、婚姻和人际交往三个方面，其中婚姻失败被认为是最突出的问题③；陈熠采用斯科勒（Schooler）等人编制的家庭耻感问卷（Family Stigma Interview，FSI）和阳性阴性症状量表（Positive and Negative Symptoms of Scale，PANSS）对 72 例住院时间少于 1 个月的重性精神障碍患者及家庭监护人进行研究，发现总体样本中家庭监护人隐瞒病情者占 88.9%，其中配偶的显著率高于父母，教育程度高者隐瞒病情和社交被回避评分显著偏高，每上升一个教育程度等级，产生自我污名的危险性增加 5.36 倍④；蒋峰发现，影响精神疾病的因素类型包括被污名的外在属性、疾病本身的特点和对疾病的认识，其中影响污名增加或减少的因素包括性别、外貌、行为、经济状况、疾病原因、责任感、疾病危险程度等⑤；李强等在 2010 年以天津市第一中心医院心理卫生科的 206 名求诊患者为被试，研究了心理疾病患者的自我污名状况⑥；杨柳、刘力和吴海铮在 2010 年研究了污名应对策略⑦；高文珺和李强等在 2008 年对心理疾病污名社会表征公众影响的研究通过全国 12 个省市对 1028 名普通公众的问卷调查，发现心理疾病污名表征的不同维度对于公众接近、帮助心理疾病患者的意愿和专业心理求助意愿产生影响，同时公众污名感知在影响行为意愿过程中起到了中

---

① 刘颖、时勘，2010，《艾滋病污名的形成机制、负面影响与干预》，《心理科学进展》第 1 期。
② 行红芳，2011，《社会支持、污名与需求满足：艾滋孤儿救助形式的比较研究》，北京：社会科学文献出版社。
③ 高士元，2005，《精神分裂症病人及家属受歧视状况》，《中国心理卫生杂志》第 19 期。
④ 陈熠，2000，《精神病患者家属病耻感调查及相关因素分析》，《上海精神医学》第 12 期。
⑤ 蒋峰，2000，《精神疾病病耻感形成的相关因素与对策》，《中国心理卫生杂志》第 16 期。
⑥ 李强、高文珺、龙鲸、白炳清、赵宝然，2010，《心理疾病患者自我污名及影响初探》，《中国临床心理学杂志》第 3 期。
⑦ 杨柳、刘力、吴海铮，2010，《污名应对策略的研究现状与展望》，《心理科学进展》第 5 期。

介作用①。此外，学界对于其他群体的研究也进行了一些有价值的探讨，其中管健在2006年以天津N辖域的农民工为研究对象进行身份污名的建构与社会表征的研究②；行红芳在2007年以艾滋病患者为例研究了熟人社会的污名与污名控制策略③；周方莲在2003年从责任归因角度入手，对大学生群体印象中的污名行为进行研究；张智在2005年通过对污名内涵和影响因素的探讨，认为污名是社会认知与建构的产物，其形成与线索、刻板印象、偏见和歧视的社会认知过程相关；郝志红和梁宝勇在2011年修订了适合中国人使用的专业性心理帮助污名问卷，并进行了信度和效度的检验④；卢芳芳等在2011年探讨了留守儿童的行为特征在留守儿童污名化过程中的作用，同时运用内隐运作机制强调了大学教师对留守儿童的内隐污名效应⑤。

第三，港台学者对本土居民的污名研究非常热衷，也获得了很多有意义的研究成果。如王美珍采用文本分析方法分析了从1991年至2003年的13年间台湾报纸对精神疾病新闻报道呈现的情形，为台湾精神疾病患者在媒体出现的样态做了基本和系统的描绘⑥；张满玲利用多维标度法对台湾疾病污名的社会表征进行研究，发现疾病污名的表征向度分别是可见性、传染性和安全性⑦；钟家辉等在2004年发现，香港的精神疾病患者在污名体验中最主要的应对方式是保密⑧。

三　当代污名研究：社会学和心理学的共同探索

第二次世界大战之后，以美国为代表的西方发达国家的经济得到了迅猛

---

① 高文珺、李强，2008，《心理疾病污名社会表征公众影响初探》，《应用心理学》第4期。
② 管健，2006，《身份污名的建构与社会表征——以天津市N辖域的农民工为例》，《青年研究》第3期。
③ 行红芳，2007，《熟人社会的污名与污名控制策略：以艾滋病为例》，《青年研究》第2期。
④ 郝志红、梁宝勇，2011，《寻求专业性心理帮助的污名问卷在大学生人群中的修订》，《中国心理卫生杂志》第9期。
⑤ 卢芳芳、邹佳佳、张进辅、蒋怀滨、林良章，2011，《小学教师对留守儿童的内隐污名效应研究》，《西南大学学报》（自然科学版）第10期。
⑥ 王美珍，2004，《台湾报纸对精神病患烙印化之初探》，中华传播学会论文，台湾：台北。
⑦ 张满玲，2004，《疾病污名的社会表征：一项多元尺度法的研究》，高雄医学大学行为科学研究所硕士论文，第13~23页。
⑧ Chung, K., F., & Wong, M., C., 2004, "Experience of Stigma Among Chinese Mental Health Patients in Hong Kong." *Psychiatric Bulletin.*

的发展，社会物质生活水平从整体上看在不断提高，人们梦寐以求的丰裕社会正在成为现实，然而一些社会矛盾不断突出，人们更呼唤和谐、平等的生存空间。为此，社会学家首先提出污名的概念，早期的研究是关于对某些疾病的研究，而后才开始从疾病范围拓展到更宽广的视野。当前的学者则开始热衷于采取一种心理认知的研究模式，致力于对污名概念的重新定义、对污名的心理和认知的来源性分析以及对污名化引起的歧视现象的描述等，这些工作正在不断融合社会学家和心理学家来共同完成。

综合国外的污名研究，其特点包括：第一，研究焦点多集中于疾病污名，尤其是以精神疾病和艾滋病居多；第二，研究方法的取向集中于问卷方法和质性方法，心理实验的方法和媒体分析的方法不占多数；第三，污名自身的特质分析一直成为关注焦点。国内大陆研究者对污名的研究大致是从20世纪初开始的，一些研究者在诸如艾滋病和精神疾病等领域中不同程度地涉及了污名的讨论，但大致沿用了国外同类研究的思路和方法，其中艾滋病和精神病污名成为核心问题。港台研究者在对当地居民的污名研究过程中也进行了有价值的探索。污名的形成是一个动态的社会建构的过程，与此有关的研究涉及了大量的复杂问题。目前西方学者已对污名进行了大量的研究，其研究范围不断扩大，研究方法不断更新，这使得对污名相关问题有了越来越深入的了解。但综观国内外对污名行为的一般研究和针对中国人污名行为的研究，其存在的问题也日渐突出，而这些显现的问题正是未来的发展出路。

首先，在污名的研究领域中日渐显现学科整合研究的趋势。这是因为，基于不同的研究传统和研究视角，污名从一开始就存在着两种领域，即社会学家的视角和心理学家的视角。目前，在我国的研究中，仍然较多人类学和社会学视角，较少关注心理学视角。这表现在大量的研究集中于人口统计学的、社会学的和文化的变量，较少关注个人的和心理的变量。其中，理论研究介绍居多，领域多为社会学，而心理学视角较少，尤其是针对我国污名特点进行理论探讨的还为数不多。由于社会的和文化的变量相结合对污名的解释力度仍然处于较低水平，因而提示今后的研究注意力可以更多的放在个体和群体的心理变量的研究上。由于污名问题涵盖了经济排斥、制度排斥、福利排斥等社会系统性指标，也包含了诸如压力感、自我效能感、自主意识等心理指标，所以目前的趋势也正在朝着各个学科加以整合的方向前进。

其次，测量方法走向多样。污名测量和研究的另一个趋势是多种测量方法的运用。自从 20 世纪 90 年代以来，对污名的研究主要采用的是问卷调查的方法和人类学的方法，较少心理实验和测量的方法。诚然，社会调查和问卷调查方式在获得宏观、趋势上的资料方面较有所长，然而心理学的方法，尤其是实验的方法则更能检验理论和解释现象。如果要较全面地分析变量和各个因素之间的关系，更应加强心理学方法的使用。同时各个方法在使用中也存在简单化倾向，方法的粗糙使得很多具体的影响因素和中介变量难以细化。如影响污名程度的因素众多，而目前的研究大多只在确定某些因素有影响，没有进一步分析各个因素的影响力、相互关系、之间有无决定因素、因素之间的相关关系如何、因素是否可以再分等。另外，对于污名研究中存在的自陈量表法，虽然具有较好的测量特性，如得分与日常心境报告、私下报告、亲属报告等呈现相关趋势，但是自陈量表测量也在一定程度上受到被试反应倾向和人格特征的影响，因而多重方法的使用将是未来研究的必由之路。

再次，事实基础上的理论提炼不足。目前的研究显现，在事实和理论平衡上较多事实的描述，较少理论的解释。在该领域的研究中，国内外都主要停留在搜集事实的阶段，在理论探索上较为薄弱。目前的研究既缺乏反映研究现象独特性的概念，又缺乏对变量之间关系的假设性解释，这进一步反映在有关该领域的研究多为实证性结果，但归结的理论模型较不深入甚至很少，更鲜见有影响的理论模型。事实上，对污名的研究需要从理论的角度审视研究的意义，并设法了解其中内外因素之间复杂的相互作用和机制，尤其是加强对解释变量之间关系的理论模型的探索。目前关于污名的研究主要集中于对污名概念的界定，以及对不同群体污名内容的评估。今后的研究趋势是更集中于作为一种认知结构的污名是如何发生的，它又是如何影响个体和群体的知觉与行为的。

最后，中国化研究亟待加强。目前的国外污名研究，在研究对象上对疾病污名的研究过于集中，而对其他受污名群体的研究则很少。但对于中国国情来讲，身份污名的研究更显其重要性，如流动人口的身份污名和地域污名等都在严重影响着经济的发展和社会的和谐与稳定，而该方向上的研究还略显不足。这提示今后的研究应重视这些具有本土化特色的群体研究。另外，本土学者对本土中国人污名心理和行为的特点，影响中国人污名心理和行为的因素、方式和途径等问题还了解不足。目前该领域的研究和成果多来自西方，其结论未必适合于西方以外的社会，尤其是中国社会。因而，从更广泛的角度上看，用多样化的方法和更有效的手段对中国社会，尤其是转型期的污名内容、问题、类型进行科学的揭示对于社会转型过程中变化发展的社会现象具有重要的理论意义，同时对于我国社会削减和降低污名的伤害将具有重要的实践意义。

第二章　社会表征的视角

社会表征理论的创始人莫斯科维奇曾经指出："我们生活在一个大众社会（mass society）和大众人（mass men）的时代里。"[①] 这一断言提醒我们，群体心理是与个体心理有巨大区别的东西。从社会表征理论的提出背景上看，欧洲原本是现代社会心理学的策源地，无论是对"社会心理学"（Social Psychology）这一术语在现代学科分类意义上的最早使用，还是作为这门学科三大直接来源的德国的民族心理学（Folk Psychology）、法国的群众心理学（Mass Psychology）和英国的本能心理学（Instinctive Psychology）的研究都发生在欧洲。但是，当时个体主义化的美国心理学强调实验室研究，忽视了自然情境的真实问题；局限了控制变量和预测行为，忽视意义与理解；强调理论的退化和方法的细化。[②] 针对这些问题，法国社会心理学家莫斯科维奇提出了社会表征理论（Theory of the Social Representations）。该理论自20世纪60年代提出之后，经过瓦格纳（Wagner）、乔德里特（Jodelet）、弗拉门特（Flament）、奥瑞奥（Aorio）、杜瓦斯（Doise）以及莫里内尔（Moliner）和法尔（Farr）等人的研究逐步完善起来，构建成目前与社会认同理论（Social Identity）、话语分析（Discourse Analysis）并列的欧洲社会心理学的三驾马车。[③][④]

[①] 塞尔日·莫斯科维奇，2006，《群氓的时代》，许列民、薛丹云、李继红译，南京：江苏人民出版社。
[②] 方文，2002，《欧洲社会心理学的成长历程》，《心理学报》第6期。
[③] Moscovici, S. 2000. *Social Representations*: *Explorations in Social Psychology*. Polity Press.
[④] 塞尔日·莫斯科维奇，2010，《社会表征：社会心理学探索》，管健译，北京：中国人民大学出版社。

第一节 表征概念辨析

"表征"(representation)最初起源于法语"représentation",是指演员通过象征、符号和对话与他人进行交流的形式,现在其更多的是泛指人类心智的各种不同活动。①② 表征的作用是将客体、人物与事件予以规约化(conventionalize),将它们安置于一种熟悉的类别脉络中。在本质上,表征具有规范性,并由传统和习俗决定,它将自己加诸于人们的认知活动之上。对莫斯科维奇来说,社会表征是集体成员所共享的观念、意向和知识,而思想的共识形态(consensus universe)则是由社会产生的,并由社会的沟通而成为"共同意识"(common consciousness)的一部分。

一 认知视角下的心理表征

目前,表征是认知科学,尤其是认知心理学(Cognitive Psychology)的一个核心概念。自 20 世纪 50 年代的认知革命发生后,认知科学试图以表征概念来描述大脑内的信息加工。那么,什么是表征呢?一般来说,表征离不开替代(stand-in)。③ 表征是指可反复指代某一事物的任何符号或符号集。也就是说,在某一事物缺席时,它代表该事物。④ 特别的,那一事物是外部世界的一个特征或者我们所想象的一个对象(我们自身的内心世界)。按照这一理解,表征是指代某种东西的信号,它代表某种事物,并传递某种事物的信息。例如,一个词代表着某个特定的思想或概念,如猫、狗;一张照片代表着被摄入的人物或风景;一张地图代表着一个国家、一座城市或一片山脉,它们都是不同事物的表征,因此表征包含了内容和形式两个方面。⑤

然而,在认知科学中,表征有特定的含义。表征是心智的计算理论

---

① Pickering, W. S. F. 2000. "Introduction." In Pickering, W. S. F. (Ed.) *Durkheim and Representations*. Routledge: London, 1 – 8.
② Prendergast, C. 2000. *"The Triangle of Representation."* New York: Columbia University Press.
③ Bechtel., W. 1998. "Representations and cognitive explanations: Assessing the dynamicist's challenge in cognitive science." *Cognitive Science* 22: 295 – 318.
④ 埃森克,2002,《认知心理学》,高定国、何凌南译,上海:华东师范大学出版社。
⑤ 彭耽龄、张必隐,2004,《认知心理学》,杭州:浙江教育出版社。

(computational theory of mind) 所设想的一个理论构念 (theoretical construct)，因而表征更多的强调的是心理表征 (mental representation)。根据信息的加工深度，我们可以区分出表征的两个阶段。在第一阶段中，表征是关于信息的加工、存储和表达的结构，而认知状态和过程就是由某种表征的出现、变换和存储组成的。例如，格拉斯等 (Glass) 认为，"信息记载或表达的方式称为对这种信息的表征……表征代表着相应的信息"。[①] 在第二阶段中，表征是关于知识的表征。在认知心理学中，知识是已加工完成的、有组织的信息。[②] 知识的表征研究知识通过语义在心智中的组织方式、结构和过程。马尔 (Marr) 理解的表征就偏向于这一阶段。他认为，一种能把某些实体或某类信息表达清楚的形式化系统，以及说明该系统如何行使其智能的若干规则，即为表征。

其中，在心智的计算理论对表征概念的各种使用中存在五个共享的关键假定：表征是携带信息的智能系统的中介状态 (mediating states)；认知系统要求一些持久的表征；在认知系统中有一些符号；一些表征依赖于特定的知觉系统，但另外一些则是非模态的 (amodal)；许多认知功能的建模无需认知智能体的特定的感觉和效应系统 (sensor and effector systems)。

二 迪尔凯姆的个体表征与集体表征

如果说社会表征和认知视角下的心理表征还存在一定距离的话，对于社会表征理论而言，它很大程度上就受到了来自法国社会学家迪尔凯姆 (Durkheim) 的深远影响。迪尔凯姆早在 1898 年就区分了集体表征 (collective representations) 与个体表征 (individual representations)，他认为"个体表征"是心理学的研究范围，属于"个人建构"，是感觉的复合物，并以研究神经生理活动为基础的个体现象为基础；而"集体表征"则以"社会事实" (social facts) 为基础，它起源于社会，并在社会中广泛传播，由社会成员所分享。如果说"个体表征"是心理学的研究视域的话，那么，"集体表征"则是社会学中的社会心理学的研究领域。

[①] Glass, A. L., & Holyoak, K. J. 1986. *Cognition* (2nd ed.). Reading, MA: Addison-Wesley.
[②] Robert, L. & Solso, M. 2004. *Cognitive Psychology* (7th Edition). Allyn & Bacon, 261.

如果细分集体表征的话，可以发现迪尔凯姆所说的集体表征是指知识的系统化部分，比如科学、宗教等，这些是社会学学者研究的领域；而个体表征则是可以改变的，是心理学学者研究的范围。集体表征是社会表征的最初形式，为社会表征理论的兴起奠定了一定的理论基础。对迪尔凯姆来说，集体表征是社会成员所共享的，其发生也是来自社会的，内容也与社会有关。尽管迪尔凯姆认为表征是从个体的"次层级"（substratum）中产生出来的，但他强烈地坚持并认为表征并不能从个体的层次来加以解释。可以讲，迪尔凯姆的集体表征概念为之后的社会表征概念的提出奠定了坚实的基础。他将群体精神表达为"集体表征"，并将其作为社会学研究的主题，他认为知识和社会结构是不可分割地联系在一起的，人们一般所能得到的一切知识都来源于社会，他将其认定为"集体习性"（collective habits）。这种"集体习性"的东西是一切道德和法律准则、价值、审美标准、政治和宗教信仰的基础。它们不仅是个体的体现，也具有强制性和集体性的特点，而我们能够用以对这些事实进行理解和解释的方法就是经验主义的方法。

迪尔凯姆把社会群体层次上的各种现象都叫做"社会事实"。在《社会学方法的准则》（The Rules of Sociological Method）中，迪尔凯姆给了如下定义："社会事实是任何能够对个人施以外在制约作用的、固定的或不固定的行为方式。或者说，它是一个社会中普遍存在的，并且不依靠个别表现而转移的行为方式。"① 他认为"社会事实"并不是泛指社会中发生的一切现象，而是指那些存在于人们身体以外的行为方式、思维方式和感觉方式，同时通过一种强制力量施加于每个个体。②③ 社会事实和心理学研究的社会现象是不同的，它有一种集体属性和外在性，这种外在性产生的社会事实一经产生就不依赖于行动的某个个体而存在。社会事实具有强制性，即能对人们的行为产生约束作用，这种强制不会因为人们服从它而消失，但却不易明显感觉到，而一旦试图去反对它，则会明显地感觉到它的存在。因此，迪尔凯姆所谓的"集体表征"同社会事实一样是与社会本质的外在表现、价值、信念、规范和知识系统以及潜在的社会事实相符合的，是社会实在的

---

① Durkheim, E. 1898. "Individual and collective representations." In Durkheim, E. (Ed.). Sociology and Philosophy. London: Cohen and West, 1 – 34.
② 迪尔凯姆, 1988,《社会学研究方法论》, 胡伟译, 北京：华夏出版社。
③ Durkheim, E. 1950. The Rules of Sociological Method. Glencoe, Ill.: Free Press.

最终基础。

对于社会事实这一概念,迪尔凯姆引用了卢梭(Rousseau)的观点,即把心理现象和社会现象区分开来。①② 迪尔凯姆认为,所谓"社会事实"就是发生在社会集体层次之上的现象,即个人每时每刻都遵守的、存在于个人之外的集体行为和思维方式。显然,在他看来,道德观念、宗教、时尚、习惯等无疑都是"社会事实"。因此,他坚决反对把社会现象还原为个人行为的主张。他认为,社会是独立存在的客观实体,尽管社会的确是由无数个人集合而成的,但就如同一本书不同于一张张写上字的纸张一样,社会本身具有不能用个人的行为来说明的独特性质,社会本身就是一种实体。但即使这样,社会并不是独立于个体之外而存在的,也不是无数个体的灵魂和本质。而是说,社会具有不同于个体的特性。例如,出生、结婚、自杀都无疑是个人行为,然而出生率、结婚率和自杀率却不仅仅是单个个体行为的简单相加。

具体说来,社会事实有这样几种规定性。第一,外在性(exteriority)。"社会事实"作为某种外部现实是存在于具体的个人之外的。迪尔凯姆曾经以法律、风俗、习惯、道德、宗教、语言、货币为例,认为所有这些"社会事实"都是外在于单个社会成员的。也就是说,它们的存在不受每个个体主观意识的影响,不依靠每个个体的意志为转移。任何个人在加入该社会时,必须接受这些既存的社会事实。也就是说,社会事实在逻辑上是居先的,任何个人都只能存在于由既定的社会事实而构成的群体框架之内。第二,强制性(coercive power over individuals)。迪尔凯姆认为,这些行为与思维模式不仅外在于个人,而且还赋有强迫、强制的力量,它们不管个人愿意与否,都将迫使个人就范。③ 由于社会事实的种类不同,它们迫使个人就范的程度与方式也不相同,大体上有引导、提倡、鼓励、嘉奖、规劝、嘲笑、非难、禁止、制裁等。迪尔凯姆还指出,虽然人有时可能感觉不到,或者很少感觉到社会事实的强制性,但个人能在社会化的过程中非常成功地把相应的社会事实内化为自己的主观意愿,就像一个熟悉交通规则的驾驶员能

---

① Durkheim, E. 1898. "Individual and collective representations." In Durkheim, E. (Ed.). *Sociology and Philosophy*. London: Cohen and West, 1 – 34.
② Durkheim, E. 1950. *The Rules of Sociological Method*. Glencoe, Ill.: Free Press.
③ 迪尔凯姆,2000,《社会分工论》,渠敬东译,上海:生活·读书·新知三联书店。

够自如地驾驶，或者一个熟悉比赛规则的运动员在运动场上能够尽情发挥一样。但是，规则的强制性却并未因此而消失。一旦人们试图蔑视这些规则，它们的强制力量就会立即显示出来，并且强迫人们就范，就如同司机一旦违反交通规则就要受到处罚，运动员一旦犯规就要受到裁处甚至判罚出场一样。第三，稳定性（stability over time）。迪尔凯姆认为，构成社会事实的是那些被群体所接受了的信念、倾向、习惯，这些习惯或行为模式虽然被群体中的相当一部分人所接受，但并不是为群体所共同接受，因而它们并不构成"社会事实"。[1] 此外，那些基于种族遗传学意义的特征，如肤色、体格等虽然也为群体所共有，但这些共同性也不属于"社会事实"。这是因为，"社会事实"是那些建立在群体生活整体的基础上，由群体所塑造和形成的一种特殊力量，这种特殊力量迫使人们采取某种共同的行为、举止或思维方式。总之，迪尔凯姆的集体表征以社会事实为基础，已经贴近莫斯科维奇的社会表征概念了。

三　莫斯科维奇的社会表征

"社会表征"概念的提出不得不归功于莫斯科维奇的伟大工作，他认为回答个体与社会之间的这种难以捉摸的关系是社会心理学的最基本问题，迪尔凯姆为这一问题提供了解答的线索。莫斯科维奇在借鉴与吸取迪尔凯姆思想的基础上，对之前的研究进行了修改，用"社会"取代了"集体"。而后，莫斯科维奇在《社会表征：社会心理学探索》（Social Representations: Explorations in Social Psychology）中进一步解释什么是社会表征现象时，强调了社会表征具有社会共享性与群体差异性、社会根源性与行为说明性，以及相对稳定性与长期动态性的特点。[2][3][4] 他的著作《精神分析：意象与公众》（La Psychanalyse, Son image et son public）就是通过研究20世纪50年代法国的三个不同社会阶层对精神分析的理解和反应，探讨了知识转换的问

---

[1] Durkheim, E. 1950. *The Rules of Sociological Method*. Glencoe, Ill.: Free Press.
[2] Moscovici, S. 2000. *Social Representations: Explorations in Social Psychology*. Polity Press.
[3] 管健，2009，《社会表征理论的起源与发展：对莫斯科维奇〈社会表征：社会心理学探索〉的解读》，《社会学研究》第4期。
[4] 塞尔日·莫斯科维奇，2010，《社会表征：社会心理学探索》，管健译，北京：中国人民大学出版社。

题（transformation of knowledge），即一种形式的知识如何在不同的社会背景下通过传播过程转换为另一种形式的知识。① 这是社会表征研究的开始，之后莫斯科维奇更加强调社会表征以行动和交流为目的，强调群体的中心性，强调群体影响和沟通个体的意识，并强调社会心理现象和过程只能通过将其放在历史的、文化的和宏观的社会环境中才能进行最好的理解和研究的观点。② 至于群体的认知是如何发生与改变的，为什么这种改变不简单地存在于个别人身上而是蔓延到社会中的绝大多数群体中，从而变成近乎为"社会共识"呢？这些问题的答案莫斯科维奇坚信可以用"社会表征"来加以解释。

莫斯科维奇在1963年以不同的方式界定了"社会表征"的概念。在其早期的一篇文章中，莫斯科维奇将"社会表征"定义为，群体为便于行动和沟通而对社会客体的精心阐述③。随后，为了进一步阐明其观点，他又把"社会表征"界定为一套价值系统，包含观念与实践，并强调作为理论或知识分支，它的功能在于发现与组织现实。④ 之后，他还把"社会表征"描述为一种源于日常生活个体间交流过程中的概念、陈述和解释。⑤ 他强调，社会表征是某一群体所共享的价值、观念及实践系统，并认为其兼有两种功能，其一是为个体在特定生活世界中的生存进行定向，其二则是提供可藉以进行社会交流及对现实世界与个体、群体历史进行明晰分类的符号，使人际沟通得以实现。⑥ 在他看来，社会表征实质上是来源于日常生活中人际互动过程的概念、话语及解释体系，相当于传统社会中的神话及信念系统，或者现代版的社会共识。

---

① Moscovici, S. 1976. La *Psychanalyse*, *Son image et son public*. Paris: Presses Universitaires de France.
② Wagner, W., Duveen, G., & Farr, R. 1999. "Theory and methods of social representations." *Asian Journal of Social Psychology* 2: 95 – 125.
③ Moscovici, S. 1963. "Attitudes and opinions." *Annual Review of Psychology* 14: 231 – 260.
④ Moscovici, S. 1973. "Foreword." In C. Herzlich, *Health and Illness: A Social Psychological Analysis*. London: Academic Press, 5 – 9.
⑤ Moscovici, S. 1981. "On social representations." In J. P. Forgas (Ed.), *Social Cognition: Perspectives on Everyday Understanding*. London: Academic Press, 181 – 209.
⑥ Moscovici, S. 1976. *La Psychanalyse*, *Son image et son public*. Paris: Presses Universitaires de France.

第二节 社会表征的理论缘起与发展

在学术研究史中,任何一种新思想或新学说的产生都不是与世隔绝的,也不是凭空想象的,除了历史的洪流之外,思想家也常常站在巨人的肩膀上,与之相遇的同样是一些具有高度哲思的大师。莫斯科维奇为了更好地阐明社会表征的内容,一一解析了社会表征理论与迪尔凯姆、列维·布留尔(Lévy-Bruhl)、皮亚杰(Piaget)、维果斯基(Vygotsky)和冯特(Wundt)的深刻渊源。

一 社会表征的理论缘起

社会表征理论是莫斯科维奇在切合本土社会文化现实中,复归至本国社会心理学发展的传统理智线索寻求支持,并在借鉴迪尔凯姆、列维·布留尔、皮亚杰、维果斯基等一批欧洲学者学术构念的基础上所提出的欧洲版社会认知理论。

(一)迪尔凯姆:概念构思的发端

在阐述社会表征理论时,莫斯科维奇借鉴了各种来源的想法,他从列维·布留尔的人类学作品和皮亚杰的儿童心理学中都获得了许多思想和灵感。但是对莫斯科维奇影响最大的还是迪尔凯姆。

迪尔凯姆作为社会科学的先驱性人物,终其一生着迷于探求人类社会的复杂性,他一生要解释的命题就是独特各异的个体如何能组成一个有机的社会整体。他先是在著述《社会劳动分工论》(*The Division of Labor in Society*)中区分了两种社会整合(social integration)类型,即较为简易的基于社会文化同质性的机械团结(mechanical solidarity)与较为复杂的基于角色互补、相互承诺的有机团结(organic solidarity)。其后,他又在《宗教生活的基本形式》(*The Elementary Forms of the Religious Life*)一书中探讨了"团结"(solidarity)的根源。在他看来,团结根源于集体表征,即荷载有为某一社群或社会所共享的意义的符号,它既可以是理智的,也可以是情感的。这些符号化的意象或方式源自人际互动,并具有一种超个体性,从而构成了无所不包、社会建构的现实。此先在性、实存性的集体表征透过所谓潜移默化的理智过程,不仅强制性地规约了个体的思维、情感及行动,而且为数个世代的所有成员近乎同质化地共享。①

　　莫斯科维奇一开始就以迪尔凯姆的集体表征概念来构思社会表征理论。迪尔凯姆的集体表征具有共享性、再生性、功能性及社会建构性四个方面的特征。在迪尔凯姆的构念中，集体表征虽意蕴丰富，囊括了科学、意识形态、世界观以及宗教神话等理智形式，但其又呈现颇为凝滞化的一面，即作为一种先在的社会设置，它具有稳固性、强制性的特点。迪尔凯姆认为个体表征是心理学的研究范围，属于"个人建构"，而集体表征属于社会学领域，即社会学中的社会心理学领域。②③

　　事实上，迪尔凯姆对集体表征的构念化与其学科认同不无关联。基于严格区分心理学与社会学两学科，以确立社会学之独立学科地位的客观需要，迪尔凯姆力主两学科分疆而治，即认为心理学应以研究微观的个体心理现象（个体表征）为其任务，社会学则应以研究宏观的社会现象（社会表征）为其任务。那么，迪尔凯姆又是如何诠释社会的复杂性及微观与宏观之间的联结呢？在这样一个认识论问题上，他一反方法论上的个体主义（methodological individualism），坚持认为宏观社会规律的演绎应有其认识论上的独立性，而不应化解到处在次层级的个体特性去寻求解释。换言之，集体表征虽是由个体现象突生而来，但并不能还原到个体心理层面进行解释。由此看来，迪尔凯姆所作的学科区隔似乎为现代社会心理学中心理与社会的两相割裂埋下了伏笔，同时这一思想也成为莫斯科维奇构念社会表征理论的基础。

　　莫斯科维奇认为，迪尔凯姆的过人之处在于他确定了社会学的研究主题，指出了它与哲学、经济学、心理学和社会改革的区别。在《社会学研究方法论》（*The Rules of Sociological Method*）和《自杀论》（*Suicide*）中，他提出社会学主要应关注他所谓的"社会事实"④⑤⑥⑦。这些"社会事实"

---

① Moscovici, S. 1988. "Notes towards a description of social representations." *Journal of European Social Psychology* 18: 211-250.
② Durkheim, E. 1950. *The Rules of Sociological Method*. Glencoe, Ill.: Free Press.
③ 迪尔凯姆，1995，《社会学方法的准则》，狄玉明译，北京：商务印书馆。
④ 迪尔凯姆，2003，《自杀论》，冯韵文译，北京：商务印书馆。
⑤ Durkheim, E. 1950. *Suicide*. Glencoe, IL L: Free Press.
⑥ 迪尔凯姆，1988，《社会学研究方法论》，胡伟译，北京：华夏出版社。
⑦ Durkheim, E. 1950. *The Rules of Sociological Method*. Glencoe, Ill.: Free Press.

在人们之外，但是却对人们施以控制。迪尔凯姆相信，"社会事实"应该在其自己的范围内进行研究，要用其他社会事实来解释社会事实，而不是用生理的、心理的特征来解释。迪尔凯姆开创了实证社会学的"社会学主义"传统，把社会事实作为社会学的研究对象，"一切行为方式，不论它是固定的还是不固定的，凡是能从外部给予个人以约束的，或者换句话说，普遍存在于该社会各处并具有其固有存在的，不管其在个人身上表现如何，都叫做社会事实"。而对莫斯科维奇来说，社会表征是集体成员所共享的观念、意象和知识，思想的共识形态是由社会产生的，并由社会的沟通而形成"共同意识"的一部分。社会表征是人们对社会世界以共识性知识理论的方式共享的共同知识和讯息。它们是由概念和图案等元素组成的，借由社会表征，社会成员才可以建构社会实体。这一定义明确揭示了社会事实的先在性、客观性、强制性和相对于个人的独立性等特征，确立了迪尔凯姆社会学方法论的集体主义路径。在迪尔凯姆看来，社会制度绝大部分是由前人定好而留给我们的，我们丝毫也没有参与它的建立。对于整个集体行为来说，具体到每个个体的参与都是微不足道的。① 迪尔凯姆反对心理学的个体主义还原论，认为集体表征所表现的是集体对作用于它的各种物的思想反映，集体的组成不同于个体。为了理解社会对自身和其周围世界的表象方式，人们必须考察社会的性质，而不是个人的性质。在社会团结问题上，社会团结及其纽带是一个典型的社会事实，应当依据客观的表征，使得研究和评价社会团结、社会秩序的问题成为可能。② 方法论的集体主义在自杀问题的研究中体现得淋漓尽致，它关心的不是个别人自杀的原因，而是着眼于广泛的社会现象的自杀率或自杀现象。③ 无论是对社会学研究对象的界定，还是对社会团结问题，对自杀问题以及宗教生活等问题的论述，迪尔凯姆始终贯彻集体主义的方法论，虽然他也辩解自己的研究无意于淹没个人，但个人在他那里无疑居集体与社会之次的位置。

(二) 列维·布留尔：社会心理观的贯彻

与迪尔凯姆同一时期的法国著名人类学家列维·布留尔也彻底地贯彻了

---

① Durkheim, E. 1898. "Individual and collective representations." In Durkheim, E. (Ed.). *Sociology and Philosophy*. London: Cohen & West, 1-34.
② 迪尔凯姆, 2000,《社会分工论》, 渠敬东译, 上海：生活·读书·新知三联书店。
③ 迪尔凯姆, 2003,《自杀论》, 冯韵文译, 北京：商务印书馆。

"社会心理观",他使用"集体表象"(collective representations)这个核心概念来代表不发达部落的社会心理现象。关于集体表象,布留尔写道:"这些表像在集体中是世代相传的,它们在集体中的每个成员身上都留有深刻的烙印,它的存在不取决于个人。"①② 这些从莫斯科维奇在其理论建构中的引证来看就可以发现列维·布留尔对原始社会集体表象探讨的深刻痕迹。它们在一定程度上影响了莫斯科维奇社会表征理论的完善,使其致力于通过把沟通和表征作为它的核心,进一步阐明一种联系,并可以将人类心理学和当代社会与文化问题结合起来,满足人们对不熟悉的事物熟悉起来的愿望。之后,由列维·布留尔创立的原始表征概念重复出现在皮亚杰的儿童表征心理学研究中,从年幼儿童的"前逻辑"表征延伸至青少年更具"逻辑性和个体化"的表征,这些虽然拉大了皮亚杰和列维·布留尔的距离,但却更加接近了莫斯科维奇的观念。

列维·布留尔所谓"集体表象"是指,在一个集体中世代流传、对所有成员发生重要影响的一种意识或潜意识。它不以现代的科学逻辑作为前提或基础,也不是理性思维活动的过程或产物,而是表现为一种类似于狂热情感、执着信仰的神秘心理,即人们所说的一种集体无意识。而集体表象,如果只从大体上下定义,不深入其细节问题,则可根据社会的全部成员所共有的下列各特征来加以识别,即这些表象在该集体中世代相传,它们在集体中的每个成员身上留下深刻的烙印,同时根据不同情况,引起该集体中每个成员对有关客体产生尊敬、恐惧、崇拜等感情。③ 实际说来,虽然它只存在于讲这种语言的个人的意识中,然而它仍是以集体表象的总和为基础的、无可怀疑的社会现实,因为它是把自己强加给这些个体中的每一个。它先于个体,并久于个体而存在。列维·布留尔认为,要研究原始群体中的集体表象,其方法只能是通过研究集体特性来把握所有个体,而不是相反。因为它们的存在不取决于每个人。之所以如此,并非因为集体表象要求以某种不同于构成社会集体的个体的集体主体为前提,而是因为它们所表现的特征不可能通过研究个体本身的途径来得到理解。

---

① Lévy-Bruhl, L. 1925. *How Natives Think*. London: Allen & Unwin.
② 列维·布留尔,1981,《原始思维》,丁由译,北京:商务印书馆,第5页。
③ 列维·布留尔,1981,《原始思维》,丁由译,北京:商务印书馆,第5页。

事实上，列维·布留尔也同样受到迪尔凯姆的影响，考察了原始社会的集体表征问题。与此同时的维果茨基则让莫斯科维奇发现了另外一条途径，即将社会现象引入心理学中。更重要的是，维果茨基将历史和文化维度引入心理学，他的文化和历史发展观带领莫斯科维奇进入了一个全新的思考视域。

（三）冯特：社会表征萌芽的缘起

社会表征的概念有相当长的发展历史，并跨越社会科学中许多相关的领域，在一向重视个人因素的心理学中，从冯特那里已经开始了对社会表征的萌芽性思考。在民族心理学体系中，冯特考察了语言、巫术、神话、宗教以及它们与人们思维结构的心理学关联，他曾经提出"个人心智"与"集体心智"两个对立的概念，个人心智的研究取向将个体视为最基本的分析单位，而团体被视为数个个体的集合。相对的，集体心智的研究取向则强调个人的总和不等于全体。因此，集体的现象无法化约为个人层次。

冯特将心理学区分为"实验室心理学"和"社会心理学"两个领域。其中"实验室心理学"属于个人心理学层次，研究对象指向个体，该层次认为人可以被放置于实验室中去观察和分析，其研究方法一般不考虑外界情境，属于去脉络化的量化研究方式。而"社会心理学"为集体心理学层次，其研究对象是语言、宗教、习俗等社会现象，研究方法也多采取质性研究等多重方法的组合。在冯特看来，将心理学局限在实验室里研究个体的意识和经验是不够的，还必须从更为广泛的意义上去研究社会经验和集体意识以及人类心理发展的历史，只有这样才能对人的心理现象做比较正确而全面的解释。冯特认为，人类历史发展中的各种文化要素，包括艺术产品、劳动、获取食物、婚姻、战争等。尽管是在各种自然条件下发生的，但它们在本质上都是一种心理过程或心理活动的表现。因此，如果违背了业已确立的个体心理学原则，就没有什么可接受的或者甚至是权宜的理论来解释这些现象。冯特指出，我们不能忘记，种族集体离不开在其内发生相互关系的个体，因此，民族心理学是以个体心理学或通常被称为普通心理学为先决条件的。[①]当冯特将实验方法应用于心理学的研究时，他发现实验法仅仅能研究反应时、感知觉和联想等简单的心理过程，而对于思维、想象等复杂的心理过

---

① Wundt, W. 1920. *VöLkerpsychologie*. Leipzig: Kröner-Engelmann.

程，就无能为力了。为了解决这一问题，冯特认为必须求助于民族心理学，因为人的高级心理过程不可避免地和语言、神话及风俗习惯等社会产物联系在一起。我们可以通过对这些社会产物的分析，从中推演出高级心理过程的基本规律。正如冯特指出，在实验法无能为力的地方，幸而还有另外一种对心理学具有客观价值的辅助手段可供利用。[1] 这些辅助手段就是心理的集体生活的某些产物，这些产物可以使我们推断出一定的心理动机，属于这些产物的主要是语言、神话和风俗。由于它们不仅依存于一定的历史条件，而且依存于普遍的心理规律，所以那些衍生出普通心理学规律的现象就成为一个特殊的心理学分支——民族心理学的对象，民族心理学的研究成果给研究复杂心理过程的普通心理学提供了极其重要的辅助手段。至此，冯特的集体心智的概念已经开始接近于社会表征的概念了。

（四）莫斯科维奇：推进社会心理学的欧洲范式

论起社会表征理论的正式成形，应该归功于莫斯科维奇的工作。莫斯科维奇是罗马尼亚裔的法国犹太人，他是当代欧洲最著名的社会心理学家之一。莫斯科维奇出生于1925年，现定居巴黎。他出生于罗马尼亚的一个犹太人家庭，父亲是个谷物商人。二战期间，罗马尼亚成为纳粹同盟，大约有40万犹太人遭到血腥屠杀。莫斯科维奇也被迫离开中学，接受劳动教养。1948年，随着冷战的出现，莫斯科维奇逃到巴黎。在巴黎，莫斯科维奇进入了著名的索邦大学（La Sorbonne，巴黎大学前身）学习心理学，并常常与诗人保罗·策兰（Paul Celan）等幸存的犹太知识分子在塞纳河畔聚会。1961年，莫斯科维奇获得索邦大学心理学博士学位。20世纪60、70年代，他先后在大学和研究所任教。1976年任欧洲社会心理学实验室（European Laboratory of Social Psychology，LEPS）主任，目前莫斯科维奇还在巴黎社会科学高等研究院任教。莫斯科维奇至今已有十多部社会心理学著作问世，其中代表作有自然三部曲《论自然的人类历史》《反自然的社会》《驯化人与野性人》及《心理分析形象与公众对象》《社会影响与社会变迁》《欧洲社会心理学》《群氓的时代》《造神机器社会学与心理学》《社会表征：社会心理学探索》等，并先后创办《欧洲社会心理学》《社会行为理论》《社会心理学》《欧洲社会心理学研究》等多种杂志。鉴于

---

[1] Wundt, W. 1920. *VöLkerpsychologie.* Leipzig：Kröner-Engelmann.

他对社会心理学发展的卓越贡献，2003年莫斯科维奇获得了全球著名的巴尔赞奖（Balzan Prize），该奖自1961年创立以来，在心理学领域，只有皮亚杰在1961年、布鲁纳（Bruner）在1987年和莫斯科维奇在2003年获得过这一大奖。莫斯科维奇把高达100万瑞士法郎的奖金拿出一半，设立了莫斯科维奇基金会（Serge Moscovici Foundation），用于资助从事社会表征研究的青年学者。

在社会心理学方面，莫斯科维奇的主要著作包括《精神分析：意象与公众》（La Psychanalyse: Son image et son public, 1961/1976）、《工业变革和社会变迁》（Reconversion industrielle et changements sociaux, 1961）、《论自然的人类历史》（Essai sur l'histoire humaine de la nature, 1968/1977）、《反自然的社会》（La société contre nature, 1972）、《驯化人与野性人》（Hommes domestiques et hommes sauvages, 1974）、《社会影响与社会变迁》（Social influence and social change, 1976）、《群氓的时代》（L'Age des foules, 1981）、《少数派影响观》（Perspectives on Minority Influence, 1985）、《造神机器》（La Machine à faire les dieux, 1988）、《社会的创造：社会现象的心理学解释》（The invention of society: Psychological exlanations for social phenomena, 1991）、《少数派影响》（Minority Influence, 1994）、《冲突与共识：集体决策的一般理论》（Conflict and consensus: A general theory of collective decisions, 1994）、《社会表征：社会心理学探索》（Social Representations: Explorations in Social Psychology, 2000）、《还自然之魅》（Réenchanter la nature, 2002）、《人文科学研究方法》（Les Méthodes des sciences humaines, 2003）等。目前，中译本仅有三部，即《群氓的时代》（2006）、《还自然之魅》（2005）和《社会表征：社会心理学探索》（2010）。鉴于莫斯科维奇的学术成就，他被许多国际著名大学授予了荣誉博士或荣誉教授学衔。

事实上，我们很难将哲人一生的成就还原为最简短的评述，如果论其贡献，可能引用巴尔赞基金会（International Balzan Prize Foundation）为他获奖而撰写的评语最为妥帖："莫斯科维奇著作的特点是极具创新性，这些著作推翻了社会心理学的规范模式，更新了这一学科的研究方法与研究取向，并首创了社会心理学的欧洲范式，这一范式的原创性举世公认。在人与社会的科学中，莫斯科维奇具有至高无上的地位，只有皮亚杰在20世纪60年代之前的地位可与之媲美。"①

莫斯科维奇对欧洲社会心理学的三大主要贡献包括社会表征理论、少数派社会影响理论和集体选择与社会共识理论，其中社会表征理论和少数派影响理论是莫斯科维奇的主要创新，这些理论建立在整合个体行为和群体行为的大量研究项目的基础上。莫斯科维奇的研究表明，在群体中个体是可以改变的；另一方面，少数派也能够改变社会整体的舆论、行为方式和思维方式。

莫斯科维奇继承了迪尔凯姆和列维·布留尔对于集体表征的想法，提出了社会表征的概念，他对当时欧洲太过于个人主义的心理学取向进行了反思。那是1961年，莫斯科维奇因感念于态度、刻板印象等现有社会心理学概念无力达成心理与社会的整合，而其他诸如意识形态、世界观等概念则又失之宽泛，无以解释社会知识的文化特异性，故才接续迪尔凯姆对集体表征的构念，并在其著述《精神分析：意象与公众》中首次提出了社会表征理论，且对之作了较为详细的阐述。其中既有理论探讨，也有相应的实证研究。在著述中，莫斯科维奇以"社会表征：一个失落的概念"作为首章的标题，寄托了其试图以社会表征理论的引入来达成心理与社会相整合的学术诉求。他在探讨社会心理学现象时，曾经试图将社会学的概念加以放置，同时考量了个人与社会，试图整合社会文化与个人心理层面以建构一个社会心理学。相比较迪尔凯姆的集体表征而言，莫斯科维奇的社会表征概念更具有动态性和转变的特征，也就是通过人与人之间的互动和信息传递与交流，被表征的社会对象（social object）会不断地加以进化和改变。其中，莫斯科维奇利用各种方法从事研究，如民意调查法、测验方法、结构与非结构问卷法和内容分析方法等。

在当代人与社会的科学中，莫斯科维奇与其他科学家迥然不同。他兴趣广泛，起初迷恋哲学、数学和科学史，而后对精神分析和社会心理学有深邃的思考。他有关精神分析的博士论文涉及"公众对精神分析的意象"，由对自然与人类社会关系的一系列研究所构成。莫斯科维奇在这篇论文中详细阐述了他的社会表征理论，揭示了使人们彼此发生关系的联结。莫斯科维奇把独立个体主动性和选择性的理念与家庭、机构、职业范畴和国家的理念联系

---

① International Balzan Prize Foundation, Http://www.balzan.org/en/balzan.prize-milan-54html.

到一起，认为它们共同决定了单一个体和社会整体的行动可能性、命运与尊严。与此同时，他分析了社会整合的层面和信念、价值与社会的意识形态。对于莫斯科维奇来讲，心理解释必须考虑到个体和集体的关系以及主体和系统的关系。这一概念使欧洲社会心理学摆脱了美国心理学，在理论和方法上独树一帜。

二 社会表征的理论背景

以欧洲社会心理学的成长历程为参照背景，美国社会心理学的成长主要经历了两个"美国化"（Americanization）阶段，前一个是欧洲社会心理学传统被移植入美国，经历了一个着地化的发展过程（1945年以前），后一个则是美国在建构起主流社会心理学（实验社会心理学）话语霸权之后，于欧洲本土进行殖民化再生产的过程（1945～1966年）。[1] 然而，时至20世纪60年代末、70年代初，内外交困的社会心理学危机陡然而起，由美国主导的现代社会心理学遭遇到了前所未有的挑战。越来越多的欧美学者从对看似客观中立且行思缜密的研究实践与理论建构中醒来，开始重新审视现代社会心理学在本体论、认识论及方法论基础上的缺失及在具体研究实践中的误区，并积极寻求新的发展出路。其中，一批以莫斯科维奇、泰弗尔（Tajfel）、特纳（Turner）、伊斯雷尔（Israel）与黑尔（Harre）为代表的欧洲学者力图透析现代社会心理学所根植的历史、社会及文化脉络，揭示其实为美国社会文化之镜像的本质，以此来解构美国话语霸权，推动欧洲社会心理学本土化运动的开展。社会表征理论便是在欧洲社会心理学本土化运动萌动待发的背景下生成与发展起来的。

除了社会表征之外，欧洲社会心理学的三个里程碑还包括社会认同理论和话语分析。第一个里程碑是社会认同论，它提供了一种基于群体的认同分析。我们知道，同美国的社会心理学对照，在欧洲的社会心理学中，群体较个体更具有讨论的价值，人被认为是一种社会的存在，凭借着群体的关系，人进而推导出"我是谁"的概念、自己如何举止以及应该相信什么样的标准等。社会就如同是一个集体，而群体间关系的复杂网络紧密交织在一起，正如社会认同理论者强调的那样，社会认同理论指出了个体之内的社会。

---

[1] 方文，2002，《欧洲社会心理学的成长历程》，《心理学报》第6期。

第二个里程碑即为社会表征理论，它也强调社会群体的中心性，但它将焦点放置于群体如何影响与形成个体的意识。社会表征强调人们关于社会世界的社会共识和知识的贮备，这个理论不但关注社会共识内容、社会群体间的不同，也探讨个体与群体如何使用社会表征来理解与建构一个共同与共享的现实。

　　欧洲社会心理学的第三个里程碑是话语分析，这一理论起源于现代社会建构者对于实证科学的批判，话语分析强调人类互动中体现话语和修辞的中心性。由于对人们"所说的是什么"而不是"所想的是什么"的强调，话语分析不但开始挑战当前社会认知和认知心理学的种种假设，也开始挑战社会认同和社会表征这两个发展进程中的经典理论。

　　如果将研究视野从泛欧洲社会心理学本土化中进一步聚焦到社会表征的话，可以看到该理论充分显现了欧洲社会心理学的独有特征，即社会关怀和主流融入。这种典型的特征显著地反映在欧洲社会心理学在学科方法论的反省和方法技术的创新、研究主题的选择及理论构建上。这种典型的研究理论和方法都与美国主流的社会心理学研究范式迥然不同。由此，欧洲社会心理学的奠基人，也即社会表征理论的开创人莫斯科维奇说，美国主流社会心理学的概念框架、理论模式与方法技术是在与欧洲的社会现实和文化传统迥然有别的社会和文化传统中生成和发展的。[1] 同时，欧洲社会心理学的另一领袖人物泰弗尔也严厉批评了美国主流的社会心理学的实验程序是"真空中的实验"，宏大的社会现实被歪曲为人为的实验室中毫不相关的个体之间虚假的社会互动。在对这些美国主流社会心理学研究定向的批评和反省过程中，欧洲社会心理学的一些独特的研究和技术得以创建，这正是修辞学和话语分析[2][3]。

　　尽管社会影响和群际关系并不是新的研究主题，但欧洲学者对于这两个领域的关切表现出与美国经典研究有别的独有特征和分析水平的差异，他们

---

[1] Moscovici S. 1972. "Society and Theory in Social Psychology." In: Isreal, J., & Tajfel, H., *The Gontext of Social Psychology*: *A Critical Assessment*. London: Academic Press, 55–56.

[2] Billig, M. 1966. *Arguing and Thinking*: *A Rhetorical Approach to Social Psychology* (2nd ed.). Cambridge: Cambrige University Press.

[3] Potter, J. & Edwards, D. 1999. "Social representations and discursive psychology: From cognition to action." *Culture and Psychology* 5 (4): 447–458.

更加关注的是对社会行为所发生的、宽广的社会脉络的重视和对理论与元理论建构的追求，这在社会表征理论的发展中就可略见一斑。从1960年开始，莫斯科维奇在巴黎开创了关于社会影响的研究，开始关注群体创新和社会变迁以及少数人的影响。在之后的10年中，由泰弗尔领导的社会认同小组开始深入研究群际过程和群体中的过程现象，如偏见、歧视、刻板印象、群体成员资格和群体凝聚力等，这些都为欧洲社会心理学的发展起到了强有力的推动作用。随着欧洲社会心理学研究的深入，社会表征的理论逐渐获得了美国主流社会心理学的承认和肯定，其中像社会表征理论、社会认同理论已经开始进入美国当代社会心理学的研究视域中，在天才学者莫斯科维奇思想之上的社会表征理论也日益成为对美国社会心理学产生重要影响的理论。可以讲，作为一种能够有效地整合心理与社会的理论工具，社会表征理论对解构美国话语霸权，更有效地探究本土民众的心理与行为作出了巨大的贡献。

第三节　社会表征的核心表述

对莫斯科维奇来说，社会表征是集体成员所共享的观念、意象和知识，而思想的共识形态是由社会产生的，并由社会的沟通而形成共同意识的一部分。以下我们将重点讨论社会表征理论中的核心表述。

一　社会表征概念的内涵与外延

莫斯科维奇将社会表征定义为："社会表征是一种含有自己的逻辑和语言的认知系统。它不是单纯的代表'关于……的意见'、'对……的意象'、'倾向……的态度'，而是藉以发现和组织实在的'知识的分支'或'理论'。"[1] 莫斯科维奇认为，社会表征关切日常思想的内容，以及那些可以让我们的宗教信念、政治观念和我们自然而然的关联得以具有一贯性的种种观念的仓储。[2] 它使得我们可以将事物与人物分类、比较和解释行为，以及将这些东西予以客体化成为社会设置的一部分。他认为，虽然表征常处于我们

---

[1] Moscovici, S. 1973. "Foreword." In C. Herzlich (Ed.), *Health and Illness*. London: Academic Press.

[2] Moscovici, S. 1998. "The history and actuality of social representations." In U. Flick (Ed.), *The Psychology of the Social*. Cambridge: Cambridge University Press, 241.

的心灵之中，却通常只能在世界中被发现。

他将社会表征界定为"某一社群所共享的价值观、观念及实践系统，它兼有两种功能，其一是为个体在特定生活世界中的生存进行定向，其二则是提供可藉以进行社会交换及对生活世界与个体、群体历史进行明晰分类的符号，使人际沟通得以实现"[1]。在他看来，社会表征实质上是来源于日常生活中人际互动过程的概念、话语及解释体系，它相当于传统社会中的神话及信念系统，甚至是现代版的社会共识。[2] 事实上，莫斯科维奇对社会表征的表述与迪尔凯姆多有交叠，但相对于集体表征的静态化与同质化，莫斯科维奇更为强调表征在日趋异质化、权力去中心化的现代社会中所表现出来的动态性及多样性，遂以社会表征取而代之。莫斯科维奇曾将其中作为限定词而存在的"社会"区分为三层含义：其一是表征构成共同的文化，它界定了群体社会认同的符号边界（symbolic boundary）；其二表征是社会群体藉由沟通与社会互动过程而建构起来的，也只有在群体互动中才能发挥它的效用；其三是表征的内容及其具体形式深受历史、经济以及社会文化背景的影响。[3] 由此可见，社会表征中的"社会"并不是简单的共享之义。

表征的角色是将对象、人物与事件予以习俗化（conventionalize），将它们安置于一种熟悉的类别脉络中。本质上，表征也具有规范性，即由传统和习俗所决定，表征将自己加之于人们的认知活动之上。通常我们对这些习俗是没有知觉的，所以我们对影响我们思想的偏见与社会的决定并无知觉，而将我们的思想视为"社会共识"。莫斯科维奇将社会表征的研究和社会共识的研究联结起来，其进程十分类似于伯格（Berger）和卢卡曼（Luckmann）对于社会实体建构的理论。[4]

在莫斯科维奇看来，社会表征并不仅仅指一种特定的结构，其功能还在于为社群提供可随之进行相互沟通与理解的社会共识，这也是该结构赖以建

---

[1] Moscovici, S. 1976. *La Psychanalyse, son image et son public*. Paris: Presses Universitaires de France.
[2] Hogg, M. A., & Abrams, D. 1988. *Social Identifications: A Social Psychology of Intergroup Relations and Group Process*. London: Routeledge, 286.
[3] Moscovici, S. 1976. *La Psychanalyse, Son image et son public*. Paris: Presses Universitaires de France.
[4] Berger, P. L., & Luckmann, T. 1967. *The Social Construction of Reality*. Garden City: Doubleday.

构与转型的过程。莫斯科维奇对此过程的构念化与其对社会表征的共识形态（consensual universe）及科学话语的具体形态（reified universe）所作的区分紧密关联。① 这两种认识形态分别属于不同的社会生活空间，各自对应不同的认知诉求。科学旨在建构一个不为人知的主观欲求所左右的客观世界图景，它遵循逻辑规则，主张通过实证检验来判别知识的真伪，而社会表征则关涉普遍存在于日常生活中的共识性理解，它能够激发与形塑社群的集体意识（或者是社会认同感），它可以用于解释那些在现实生活中触手可及、让人为之关切的事物或事件，由此构成了"思维社会"（thinking society）的核心。② 在这里，所谓"思维社会"其实是一种隐喻（metaphor），旨在表达社会既可以被想象成一个经济或政治的系统，也可以被想象成为一个能够思维的系统。这是因为，在同一历史、社会及文化脉络中，归属于同一文化群体的不同个体在社会行动中所表现出的共性往往会使社群显现得极像单个人那样具有一定的思维力，尤其是在遭遇到新异事物或新异刺激时。简而言之，社会表征的共识形态作为一种有着自身话语逻辑的认知系统，嵌含着一定的价值与观念体系，它是对现实的发现与组织。但是社会表征不同于科学话语的具体形态，它对个体内外主客观两个世界并未作截然的区隔，也无须通过实证来加以证实或证伪。它在日常生活中作为认知库存（cognitive stock），既是社会互动过程的对象，又是社会互动的结果。正如莫斯科维奇在其著述中所言："社会表征创造了一种属于自己的生活，彼此之间相互沟通、合并、吸引与排斥。当旧表征消逝时，新表征也随之被创生出来，由人们所共享并由传统来强化，它构成了唯一的社会实体。起源越是为人们所遗忘，其约定俗成的本质越是被忽略，它就变得越来越稳固，因而表征总是被逐渐地实体化。"③

基于对现代社会心理学中各种理论的综合考量，莫斯科维奇也认为社会表征作为一种理论工具能更有效地沟通心理与社会，并切合人类生存的本

---

① 张曙光，2008，《社会表征理论述评：一种旨在整合心理与社会的理论视角》，《国外社会科学》第 1 期。
② Duveen, G. 2001. "The Power of Ideas." *Introduction to Serge Moscovici. Social Representations*. Duveen, G. (Ed.) New York: New York University Press, 1 – 17.
③ Moscovici, S. 1984. "The phenomenon of social representations." In R. M. Farr & S. Moscovici (eds.), *Social Representations*. Cambridge, England: Cambridge University Press, 3 – 69.

体。也就是说，社会心理学的主要任务应是探讨社会表征的起源、结构、内在动力及其对社会的影响，即探讨"思维社会"的本质。同时，莫斯科维奇认为迪尔凯姆的表征概念是相当静态的，而他则强调表征的可塑性，其特征是一种动态的结构。表征一旦被产生出来以后，其行为就像"实质的力量"（material force）一样。

  莫斯科维奇关于社会表征的经典研究是 1961 年的《精神分析：意象与公众》，在他的研究中，他以社会表征为出发点重新界定了社会心理学，认为社会心理学存在一些需要解决的问题，如研究取向中的个体主义化局限于控制变量进行行为预测，而忽视了意义和理解；强调了实验室研究，忽视了自然情境中的真实问题；研究方法越来越精细化而理论随之出现退化迹象。在这一点，莫斯科维奇认为，研究者应该以社会表征为研究切入点，取代迪尔凯姆的集体表征概念，而强化社会表征概念。这是因为，集体表征是相对静止的和描述性的，更适合于理解非工业化社会；而社会表征具有变化和动态的特征，更适合于理解现代社会。[①] 在此方面，莫斯科维奇曾在实证方法中加以研究，这是他在 20 世纪 50 年代法国社会表征研究中提供的一个大致概念以及方法框架，用以理解大众对不同领域知识的接受情况。这一研究描述了三个不同的法国社会阶层对心理分析观念的反应。这一研究的目的在于探讨知识的转换（transformation of knowledges）问题，即一种形式的知识如何在不同的社会背景下通过传播过程转换为另一种形式的知识。为此，莫斯科维奇通过问卷调查、访谈及对相关出版物的内容分析，反映了一个典型的社会表征过程。当时正处于 20 世纪 40～50 年代，精神分析作为一种革命性思潮广泛渗入到法国公众的生活领域，与共产党、天主教及城市自由主义群体三种社群的不同意识形态模式相互接触、冲撞，并由此引发了一系列社会知识转型和社会表征重构的过程。自由主义者群体、天主教群体和共产主义群体表现出对心理分析不同的社会表征。在方法上，莫斯科维奇同时采用了社会调查数据和媒体资料分析的方法。社会表征的过程、内容以及信息交流的结果都在三个阶层之间系统地进行了比较，而不同阶层之间信息交流的形式和内容也就导致了对心理分析不同的社会表征。他发现，宣传是共

[①] Marková, I. 2003. *Dialogicality and Social Representations*. Cambridge: Cambridge University Press.

产主义群体最为典型的交流过程，该群体抵制心理分析，将心理分析作为"左"的意识形态进行斗争，其目的是保持统一的群体认同；传授则是天主教群体的典型交流过程，该群体将心理分析作为服务于其信仰的一种工具，心理分析的某些观点被主流的天主教意识形态框架所整合，而有些观点则被抵制；自由主义群体是一个相对独立的阶层，他们没有强烈的认同感和结构，信息交流是散漫的、流传性的，该群体对心理分析无所谓抵制（见表2-1）。

表 2-1 莫斯科维奇在 20 世纪 50 年代关于三个群体的表征过程研究*

	共产主义群体	天主教群体	自由主义群体
社会表征产生过程	锚定与具化		
传播过程	宣传	传授	扩散
传播结果	刻板印象	态度	舆论

* Moscovici, S. (1976). La Psychanalyse, Son image et son public. Paris: Presses Universitaires de France.

通过以上研究可以发现，在迎接精神分析挑战的社会过程中，三种社群的群体沟通形式及内容各不相同。时至最后，三种社群对精神分析的表征既非原样，也彼此各异。具体言之，同一社群在对精神分析进行诠释与宣传的过程中，固守于原有意识形态框架，倚重切合相应社会文化语境的话语对之赋以意义，并归入特定的社会认知情感类别（socio-cognitive-affective category），而后将之转化为社会共识性实体。比如，共产党在宣传的过程中将精神分析放置于无产阶级与资产阶级冲突的背景之下，将之刻板印象化为美国资产阶级伪科学而加以拒斥，由此维系了群体社会认同。天主教则在传播的过程中将之锚定于其正统观念及宗教实践之下进行有选择的同化，从中滤除掉了不合理的泛性论思想。相比之下，在散播精神分析的过程中，并无特定认同及组织结构的城市自由党则表现得较为随意，也较少审查与整饰传播内容。由此可见，社会表征过程共有三大要素，即表征主体、表征对象（具体实体或抽象概念）以及表征建构的社会背景（social milieus），它们彼此互为关联。当然，群体沟通也在整个动态过程中发挥着重要作用。

概而言之，莫斯科维奇的学术关怀主要有两个面向，其一是社会文化的主体间性，即同一文化社群成员之间往往会共享一定的观念、意象与知识，也就是有关特定客体的表征；另一个则是社会认知的多相性或异质性，即不同社群对同一客体有着彼此各异的表征。这在相当大的程度上突破了现代社会心理学长时间以来将文化从中抽离，转而视作恒常环境变量的研究定势，它深刻地揭示出文化与认知互构及互生的辩证性联系。那么，由此反观社会表征与美国社会心理学理论体系中的社会图式（social schemata），它们究竟又有何不同呢？尽管两者均涉及为个体在其生活世界中进行定向提供支撑的认知结构，但两者却是基于不同的认识论架构。后者作为对现实的表征，仅发生于人们的头脑之中，其发生的历史、社会及文化脉络已被剥离，而前者则是社群的协商性建构。一言以蔽之，社会表征理论的提出挑战了心理与社会二元分割的认知简化主义，由此作为欧洲社会心理学本土化运动的一面旗帜，推动了社会心理学主流话语的转向。

众所周知，随着社会的现代化转型，社会结构日趋复杂化，权利分布呈现多极化的特点。相比于流动性较弱且较为同质化的传统社会，现代社会发达的大众传媒在加速知识传播的同时，也使得愈来愈多的社群因为有更多的机会参与大规模的社会沟通，而卷入到知识的社会心理生产（psycho-social production）过程中来。其中一个典型现象便是科学术语向社会共识急剧转化，并成为大众文化的一个组成部分。与此同时，各群体社会表征的建构与重构也愈来愈与宏大社会结构的变迁及动态的社会过程紧密关联起来，并从中或隐或显地折射出种种社会矛盾或冲突。在现代社会，新异社会事物的突现往往会导致"意义罅隙"，一系列旨在使之熟悉化，重建一种稳定感的社会表征过程往往会因之而起。从这个意义上说，社会表征理论对转型期社会背景下群体性的意义建构应具有相当的解释力。再者，相比于诸多现代社会心理学理论，创生于社会心理学危机背景之下的社会表征理论以其相对较少的文化局限性，展现出与社会心理学本土化运动更为贴合的特性。归结以上两点，可以认为社会表征理论是研究转型期社会背景下各种社会群体现象的重要且有效的理论工具，在当今的学术研究中深入发掘其应用价值具有重要的现实意义。

毋庸置疑，社会表征理论以其对社会心理学的决定性和创造性贡献，已然得到了世人的关注。从一开始，社会表征概念就一直以多种不同方式被运用在理论探索和经验研究中。无论是社会表征理论的支持者抑或是反对者都普遍承认，目前尚不存在被普遍认可的社会表征定义。① 由于对社会表征概念缺乏明确定义，也引发了一些对社会表征理论不利的观点。有些学者，例如迪特马（Dittmar）试图把这一理论纳入到社会建构主义的大旗之下。② 而另一些学者，例如波特（Potter）和爱德华（Edwards）试图否定社会表征理论。③ 这些对于社会表征理论的误导暗含着社会表征概念的一些认识论问题亟待解决。社会表征概念的确受到了广泛批评，波特和林顿（Litton）以及杰霍达（Jahoda）认为它是模糊不清的和缺乏定义的。④⑤ 波特、林顿和杰霍达对社会表征理论的批评或许是因为莫斯科维奇不能为社会表征提供一个严格的定义。⑥⑦ 也有学者强调，社会表征概念正在冒着成为"万能"理论的风险而失去其特殊性。⑧⑨

其中，针对莫斯科维奇的概念有几个主要的批评，包括社会表征是否真的构成"理论"。⑩⑪ 综观这些理论的批评，主要着眼点是认为莫斯科维奇提出的社会表征概念含混而定义松散，本质上太过抽象，因此难以转化到实证

---

① Liu, L. 2004. "Sensitising concept, themata and shareness: A dialogical perspective of social representations." *Journal for the Theory of Social Behaviour* 34: 3. 刘力, 2010,《敏化性概念、基耦与共享：社会表征的对话主义立场》，管健、孙思玉译，载《中国社会心理学辑刊》，北京：社会科学文献出版社.

② Dittmar, H. 1992. *The Social Psychology of Material Possessions: To Have is To Be*. Harvester Wheatsheaf: St. Martin's Press.

③ Potter, J., & Edwards, D. 1999. "Social representations and discursive psychology: From cognition to action." *Culture and Psychology* 5 (4): 447–458.

④ Potter, J. & Litton, I. 1985. "Problems underlying the theory of social representations." *British Journal of Social Psychology* 24 (2): 81–90.

⑤ Jahoda, G. 1988. "Critical notes and reflections on 'social representations'." *European Journal of Social Psychology* 18 (3): 195–209.

⑥ Potter, J., & Litton, I. 1985. "Problems underlying the theory of social representations." *British Journal of Social Psychology* 24 (2): 81–90.

⑦ Jahoda, G. 1988. "Critical notes and reflections on 'social representations'." *European Journal of Social Psychology* 18 (3): 195–209.

⑧ Allansdottir, A., Jovchelovitch, S., & Stathopoulou, A. 1993. "Social representations: the versatility of a concept." *Papers on Social Representations* 2 (1): 3–10.

⑨ Gervais, M. C. 1997. "Social Representations of Nature: The Case of the Braer Oil Spill in Shetland." PhD thesis, The London School of Economics and Political Science.

⑩ Potter, J., & Litton, I. 1985. "Problems underlying the theory of social representations." *British Journal of Social Psychology* 24 (2): 81–90.

⑪ Hewstone, M. 1986. *Understanding Attitudes to the European Community: A Socio-Psychological Study in Four Member States*. Cambridge: Cambridge University Press.

性的讨论中。但是，在理论回应中，莫斯科维奇却坚持认为概念的含混性以及相关的批评，事实上是他所认为的优点。他认为，研究中的规范性定义和公式将会抑制观念的创新与产生。社会表征理论目前的阶段并不在于发展预测实验的假说，而是在于透过描述和探索研究以产生积淀和理论。

在这些众多的批评中，主要的声音来自波特和林顿。首先他们关注于莫斯科维奇提及的组群问题，他们认为，个体所在的组群通常被选来当做实证研究的分析单位，而未尝探讨研究者所说的组群。社会表征这种对组群的定义是有问题的，因为构成一个组群的竟然是其成员对此组群的表征。[1] 所以组群的资格并不能在当社会表征研究获得其结论时而被视为当然，它本身应该是研究的目标。因此，参与者对其被指派的社会类别有实际的认同是很重要的。赫尔（Harré）在对他这个理论进行反思时也表达了相似的看法。[2] 另一个引起他们注意的焦点是共识概念的含混性。[3] 表征的一个核心特性就是它本质上的共享性，这对组群认同的建立十分重要。波特和林顿及波特和韦瑟尔（Wetherell）认为社会表征理论蕴含着良好定义的共识，但实际上却很少言及到底一个组群究竟要共享这些表征到什么程度才算得上是一种共识，[4] 这是非常重要的，因为组群成员的观点总是存在着歧异性。这些批评认为，在至今为止的实证研究中，例如迪基亚克莫（Di Giacomo）的研究[5]、赫尔兹里奇（Herzlich）的研究[6]以及霍斯顿（Hewstone）的研究等[7]都预设了共识的存在而忽略了歧异度。他们批评了霍斯顿等人的研究并批评迪基亚克莫的研究使用平均分数的分析，使得可能的组内变异被均质化了。可以显见的是，波特和林顿对社会表征的批评是他们将认知主义作为心理学主要派

---

[1] Potter, J., & Litton, I. 1985. "Problems underlying the theory of social representations." *British Journal of Social Psychology* 24 (2): 81–90.

[2] Harré. R. 1984. "Some reflections on the concept of 'social representation'." *Social Researh* 51, 927–38.

[3] Potter, J., & Litton, I. 1985. "Problems underlying the theory of social representations." *British Journal of Social Psychology* 24 (2): 81–90.

[4] Potter, J., & Wetherell, M. 1999. *Discourse and Social Psychology: Beyond Attitude and Behavior*. London.

[5] Di Giacomo, J. P. 1980. "Intergroup alliances and rejuctions within a protest movement." *European Journal of Social Psychology* 10: 329–345.

[6] Herzlich, C. 1973. *Health and Illness. A Social Psychological Analysis*. London: Academic Press.

[7] Hewstone, M. 1986. *Understanding Attitudes to the European Community: A Socio-Psychological Study in Four Member States*. Cambridge: Cambridge University Press.

别而得之批评的一部分。波特等人想要从对于内在心智与认知内容及相关假设的研究转移到对日常话语的研究。其中，帕克还预言，要将社会表征的概念简化为纯粹的认知与个体的现象，这一观点质疑了表征的想法。

由于社会表征的概念中隐含了信息加工的观点，杰霍达也曾建议将社会表征研究与社会认知的研究潮流加以融合。① 帕克也曾悲观地预言，社会表征理论并不能和主流的研究分道扬镳，也许不可避免地为其所吸收，因为这个概念本身就存在着个体认知、行动与表征的混合，因而这个概念本身受到个体主义的困扰。西敏（Semin）认为，环绕于莫斯科维奇概念的困扰，在某种程度来说是不可避免的。因为从集体的层次来探讨社会心理现象有其先天的困难，而传统个体层次的分析就显得容易得多。② 对社会表征理论的批评不但和这个理论本身的观点有关，也和其使用"联合"（laisser-faire）的进程来进行此类研究有关。要将莫斯科维奇的"思考社会"转为实证的探究需要用到许多的方法学。西敏认为关于社会表征的实验研究可以包括实验的③、定量的④以及人种志的研究⑤。但是法尔却认为，实验的方法不被特殊鼓励和偏好，因为集体现象的本质很难只在实验室的情境中进行研究。⑥ 杰霍达也认为社会表征和其他相似的概念，诸如态度、意识形态、文化或信念系统之间具有差异性。他虽然对莫斯科维奇的理论也有许多批评，批评他不愿意为社会表征理论提供规范性的定义和方法学，但杰霍达同时认为，这样的概念形式不见得比其他社会认知潮流的概念逊色。

在这些理论的批评与回应之中，莫斯科维奇积极地为自己辩论，他认为，"含混不清"是蓄意的，这样有助于社会表征理论的发展和完善，他非

---

① Jahoda, G. 1988. "Critical notes and reflections on 'social representations'." *European Journal of Social Psychology* 18 (3): 195 – 209.
② Semin, G., R. 1985. "The phenomenon of social representations: A comment on Potter and Litton." *British Journal of Social Psychology* 24: 93 – 94.
③ Abric, J., C. 1993. "Central system, peripheral system: their functions and roles in the dynamics of social representations." *Papers on Social Representations* 2 (2): 75 – 78.
④ Doise, W., Spini, D., & Clémence, A. 1999. "Human rights studied as social representations in a cross-national context." *European Journal of Social Psychology* 29: 1 – 29.
⑤ Jodelet, D. 1991. "Représentations sociale." In Guard Dictionnarie de la Psychologie. Paris: Larousse.
⑥ Farr, R. M., & Moscovici, S. 1984. *Social Representations*. Cambridge: Cambridge University Press.

常坚持概念的含混性非但不是批评的核心，反而应当成为理论的优点。① 他强调，过于呆板和限定的定义与公式都会抑制观念的创新和发展，社会生活本身不能用刻板的过程模型或公式简单概括和化约。社会表征目前的工作不在于发展预测，而如果能将社会生活中的诸多社会与心理现象通过探索研究加以深描已经是非常大的贡献了。

之后，乔德里特也为社会表征提供了一个清晰的观点，这一观点获得了多数同行的认可。她认为，社会表征概念旨在说明一种特殊形式的知识，即共识性知识（common-sense knowledge），其内容揭示了这种知识的过程具有共生性，并具有特定的社会目的。② 一般来说，社会表征是一种社会思维的形式。同时，社会表征也是实践性和沟通性的思考方式，旨在对环境（包括社会环境、物质环境等）进行理解和掌控。因此，就其内容、心理操作或逻辑的组织而言，社会表征具有明确的区别性特征。这种内容或过程上的社会特殊性来源于表征形成的条件和背景、表征传播的手段和通过表征其与周围世界及他人互动的功能。玛科娃也在 2003 年强调，社会表征研究的最基本目标是识别、描述和分析真实生活情境中所交流的共识性知识的结构性内容和意义。③ 也许，社会表征理论一个关键特征就是明确地关注共识性知识。莫斯科维奇说过，他对于社会表征研究的兴趣，源自他本人对共识性知识进行科学分析的渴望，以及在社会心理学为常识思维和共识性知识昭雪的愿望。④

针对社会表征怎样与社会认知加以区分的问题，莫斯科维奇也同时指出，虽然社会表征和社会认知研究之间存在着相似性，但它们仍然是独立而不同的进程。⑤ 社会认知研究一般来说并不能将社会互动与文化脉络纳入人类认知的考虑之中。认知论的解释力虽然很好，但其几乎不考虑情境或脉

---

① Liu, L. 2004. "Sensitising Concept, Themata and Shareness: A Dialogical Perspective of Social Representations." *Journal for the Theory of Social Behaviour* 34: 3.

② Jodelet, D. 1988. "Représentation social: phénomènes, concept et théorie." In S. Moscovici (Ed.), *Psychologie Sociale*. Paris: Presses Universitaires de France, 357–378.

③ Marková, I. 2003. *Dialogicality and Social Representations*. Cambridge: Cambridge University Press.

④ Moscovici, S. 1973. "Foreword." In C. Herzlich, *Health and Illness: A Social Psychological Analysis*. London: Academic Press, 5–9.

⑤ Moscovici, S. & Fabrice Buschini. 2003. *Les Méthodes des sciences humaines*. Presses Universityaires de France-PUF.

络。莫斯科维奇同时强调,社会表征的研究不仅要探讨集体现象,也要探讨个体现象。显然,虽然某些社会表征可能和个体认知无关,但许多循环于文化内或组群内的表征,不可避免的是以个体的层次来了解的,这些共享的系统构成个体与社会实体之间的桥梁,也使得对这种表征的研究属于社会心理,而非社会学。

二 基本过程:锚定与具化

莫斯科维奇的社会表征理论其目标包括了解常识性知识(common sense knowledge)和科学知识(scientific knowledge)的关系,理解社会思维(social thinking)的一般性过程以及在社会动态系统中,行为与沟通模式的关系,尤其是理解从新异事物到熟悉社会现象和人类经验的过程等内容,[①] 其中的核心表述不得不提及锚定与具化。

锚定(anchoring)是负责整合原有知识与意义并将其变成新系统的过程,是对不熟悉的事物命名或赋予特性,并以熟悉的名词来解释和定义并使其可以被解释和沟通。[②] 在此过程中,相似或可用的定义最先被套用。锚定化过程也是一种规约化与世俗化的过程,是用既有的名词概念或事物规则让新的事物很快被熟悉,让人们将熟悉的事物作为图式来了解新奇而陌生的事物,以化解人们无法应对新奇概念所产生的不安和紧张对立的状态,或是减少由于缺乏相关知识而导致的威胁感受。[③] 锚定机制(anchoring mechanism)是基于熟悉事物或社会刺激既有的认知库存,对新异事物或社会刺激予以分类和命名的过程,也是以既有认知库存为基础进行比较,将新异事物或社会刺激的突显特性类化到基础类别中以寻求解释的过程。[④] 换言之,锚定就是将新异事物或社会刺激划归到既有类别,转化为自身所熟悉的模式以使之熟悉化。这一过程不单单是一种合乎逻辑而不失连贯的知识活动,也是一种与

[①] Jodelet, D. 2006. *Le Dictionrarire des Sciences Humanines, Representation Sociales*, Paris, PUF.
[②] Moscovici, S. & Marková, I. 2006. *The Making of Modern Social Psychology: The Hidden Story of How an International Social Science Was Created*. Polity Press.
[③] 管健,2009,《社会表征理论的起源与发展:对莫斯科维奇〈社会表征:社会心理学探索〉的解读》,《社会学研究》第 4 期。
[④] 张曙光,2008,《社会表征理论述评:一种旨在整合心理与社会的理论视角》,《国外社会科学》第 1 期。

社会态度有关的运作，即藉由分类与命名新异事物或社会刺激使人们不但可以认识与了解它，也可以对它予以正性或负性评价。锚定的历程，如同莫斯科维奇所强调的，蕴含的不仅是将社会信息在熟悉的类别脉络中赋予脉络化更多的内容以及人们在长期的脉络化中建立自己的群己关系，之后产生行为与思考倾向，而且产生路径依赖，进而演变成强势的价值观念。[1]

具化（objectifying）是将各种元素形成社会框架，如规范、价值、行为等，在沟通压力下形成和组织表征元素中，它使人们那些模糊和抽象的观念变得具体。它的产生需要两种途径，即拟人化（personification）和比喻（figuration）。具化机制（objectifying mechanism）是锚定机制的延续，将其内隐的抽象产物具体化为主观上自觉可见、可触、可控的"实存"现实。在社会表征形成阶段中，锚定与具化是非常重要的环节。正是通过锚定这一环节，才将不熟悉的对象放入社会实体中使其具有意义，再通过具化将抽象的概念、态度与关系转化，由具体意象取代原本不熟悉的事物。[2] 锚定和具化就是通过图2-1完成社会表征的建构的。

社会表征作为动态过程，先是通过一种内在引导机制将新异观念或事物放置于熟悉的类别脉络之下，赋予意义，进而给当前的社会行动指出初步的方向或权宜之计，而后再通过一种外在引导机制将相应的产物转化为具体而客观的社会共识实体投放到外部世界，使其成为现有社会设置的一部分。那么，在这一过程中，个体的认知和评价如何成为社会表征的呢？沟通在其中扮演了重要的角色。人们通过沟通创造社会事实，而这种沟通就是一种社会互动的过程。社会互动模式强调意义是通过互动而逐渐显现的，因此在社会互动的过程中，人们首先定义情境，个人在做反应时会假设把反应类推至他人而非特定的人，之后为了维持社会秩序，个人会惯于遵守行为的共同准则，使集体行为得以产生，随后行动者通过主动沟通，调整事件的意义，选择一个最适当的行为表现出来。[3] 因而在互动中，人们通过沟通、协调，调

---

[1] 杨宜音，2008，《关系化还是类别化：中国人"我们"概念形成的社会心理机制探讨》，《中国社会科学》第4期。

[2] Deaux, K., & Philogene, G. 2000. *Social Representations: Introductions and Explorations*. Oxford: Blackwell.

[3] Thompson, L., & Fine, G. 1999. "Social shared cognition, affect and behavior: a review and integration." *Personality and Social Psychology Review* 3: 278–302.

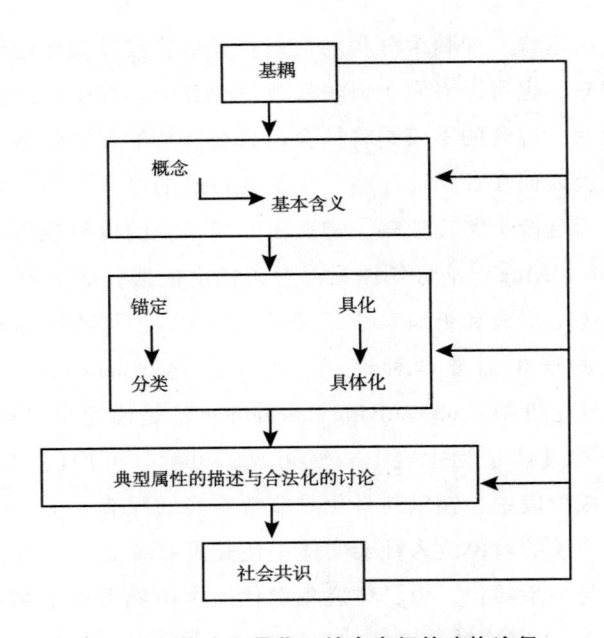

图 2−1　锚定和具化：社会表征的建构途径

＊管健，2010，《社会表征》（第四章），引自黎岳庭、刘力主编《社会认知》，北京：北京师范大学出版社。

整自己已有的内在认知表征，以符合社会准则所要求的行为反应，即通过沟通进行信息交流，逐渐形成社会共识，也就是大众的社会表征。在同一个社会情境中，人们拥有共同的社会表征，这些共同的社会表征使得人与人之间的沟通可以相互理解，进而为沟通者创造了一个有益于沟通的共享环境。生活在同一社会情境中的人们因为具有共享的生活环境与背景，使用同样的语言规则，以及受到同样的人际交往训练而比较容易产生信息沟通。

三　核心层：基耦

社会表征理论的核心是强调社会共识，莫斯科维奇带领我们用科学的分析视角去发现身边的共识性知识，而社会表征的基本目标是识别、描述和分析这些存在于我们日常真实生活中的常识性知识的内容、结构与意义。[1] 为

---

[1] Marková, I. 2003. *Dialogicality and Social Representations.* Cambridge: Cambridge University Press.

此，艾伯瑞克在 2001 年提出这些常识性知识的元素组成和结构化的模式是一种社会认知的系统，它存在"中枢"与"边缘"（或核心与外围）的架构；① 玛科娃则强调社会表征不仅具备"中枢"与"边缘"的静态关联，也是社会性和对话性的动态系统，它的存在类似于中国人头脑中的"阴"与"阳"的态势。②③ 事实上，来自科学史家霍尔顿（Holton）的"现象—逻辑—基旨"（analytic-phenomenal-themata）思维激发了社会表征的"基耦"概念。④⑤

"基耦"（单数 thema，复数 themata）观念在人类思想中是永恒存在的。两者相互对立，又相互依存。这里，"基耦"是指深植于历史中的假定、文化上共享的矛盾体以及社会思想的更深层的逻辑。"基耦"作为表征的深层结构，从理论上说并不总是能够直接观察的。

霍尔顿曾用"基耦"概念来阐明科学思想的起源。⑥⑦ 根据霍尔顿的解释，"基耦"是一种古老的且长期存在的预想或假定，它是典型的二元矛盾统一体，如可分性与连续性，或分析与综合，但有时也可能是三元矛盾统一体，如稳定、演化和突变等。通过对科学史的研究，霍尔顿意识到少数的"基耦"在启发科学思维与产生科学思想中起到突出的作用。霍尔顿的"现象—逻辑—基旨"（analytic-phenomenal-themata）中，"现象"是浮于问题表面的各种纷繁的知识，它们虽然彼此相倚，却又各自独立；"逻辑"是内在的各种逻辑结构和特质变量，包括维度、原因阐释和类别属性等；"基旨"是核心，是蕴于其中的"硬核"，是问题的关键性生长点和不断衍生与形成

---

① Abric, J., C. 2001. "A structural approach to social representations." In Deaux, K. & Philogène, G., (Eds.) *Representations of the Social*. Oxford: Blackwell, 42–47.
② Marková, I. 2003. *Dialogicality and Social Representations*. Cambridge: Cambridge University Press.
③ Marková, I. 2006. "Themata in dialogue. Taking social knowledge as shared." In I. Marková, P. Linell, M. Grossen, & A. Salazar-Orvig (Eds.) *Dialogue in Focus Groups: Exploring Socially Shared Knowledge*. London: Equinox.
④ Holton, G. 1975. "On the role of themata in scientific thought." *Science* 188: 328–334.
⑤ Holton, G. 1978. *The Scientific Imagination: Case Studies*. Cambridge, New York: Cambridge University Press.
⑥ Holton, G. 1978. *The Scientific Imagination: Case Studies*. Cambridge, New York: Cambridge University Press.
⑦ Holton, G. 1996. "The role of themata in science." *Foundations of Physics* 26 (4): 453–465.

的"种维"(seed dimension)。莫斯科维奇提出了社会表征中的"基耦"概念，并强调了它在社会表征和对话中的独特意义，它一方面存在于共识性知识的原型中，另一方面也长期根植于文化和观念的锚定中。①②③ "基耦"位于表征层面中最为核心的层面，是从复杂的现象表征归纳出进行科学阐释的逻辑维，而这些现象表征和逻辑维度就其根源都是由核心的基耦维度所衍生的，而"基耦"就其存在形式而言，又常常以二元或三元对偶形式出现，它们相互交错衍生出诸多的复杂表征。④ 基于它们所存在并调节的文本及表征，"基耦"的出现及应用有以下三个层面——概念或概念的基耦要素、方法基耦以及基耦命题或基耦假设。

"基耦"是社会表征中潜在的深层结构，它既是一种生成性的结构，同时也在社会表征的整体结构上起到了组织性原则的作用。在这一点上，基耦看起来类似于艾伯瑞克所说的中枢系统。的确，艾伯瑞克指出了中枢系统与基耦之间的重叠，然而基耦比中枢系统包含更为丰富的意义。这体现在两个方面⑤：首先，一个基耦通常是一个矛盾统一体，这个统一体的两个方面是对话式相互依存的。基耦的生成性与组织功能取决于人类思想的矛盾性，⑥ 社会表征正是通过辩证的对立与统一而产生和转换的。其次，基耦概念明确强调社会表征与沟通中的对话性，⑦ 这蕴含着社会知识的动态性，即社会知识建构于文化历史背景，同时社会知识通过沟通类型维持并进行转换。正如莫斯科维奇等所指出的那样，基耦是与印刻在语言中的集体记忆交织在一起的。⑧ 基耦

---

① Moscovici, S., & Marková, I. 2006. *The Making of Modern Social Psychology*: *The Hidden Story of How an International Social Science Was Created*. Polity Press.
② Moscovici, S., & Vignaux, G. 2000. "The concept of themata." In S. Moscovici, *Social Representations*: *Explorations in Social Psychology*. Cambridge：Polity Press, 156 – 183.
③ Liu, L. 2008. "Yang and Yin in communication: towards a typology and logic of persuasion in China." *Diogeness* 55（1）：120 – 132.
④ 管健, 2007,《污名的概念发展与多维度模型建构》,《南开大学学报》第 5 期。
⑤ Abric, J. C. 1996. "Specific processes of social representations." *Papers on Social Representations* 5（1）：77 – 80.
⑥ Marková, I. 2003. *Dialogicality and Social Representations*. Cambridge：Cambridge University Press.
⑦ Marková, I. 2003. *Dialogicality and Social Representations*. Cambridge：Cambridge University Press.
⑧ Moscovici, S., & Vignaux, G. 2000. "The concept of themata." In S. Moscovici, *Social Representations*: *Explorations in Social Psychology*. Cambridge：Polity Press, 156 – 183.

根深蒂固地根植于历史中那些不言而喻的观念，同时从基耦中产生的社会表征又是特殊社会文化中所固有的，并在日常生活中以不同形式表现出来。基于"基耦"的概念，社会表征并不是无序的集合，而是多形态的建构，这种多形态的建构是围绕"基耦"来组织的。基耦渗入并支持了社会表征的主要方面，因此组成了表征的深层结构。

从基耦到其现实显性的转换是一个动态且连续的过程，这种转换涉及并依赖于锚定和具化两个过程。就其本意而言，锚定和具化涉及社会表征被创造、维持和改变的过程，以及现实世界和思想世界相互联系与转换的过程。可以认为，基耦通过锚定与具化过程在现实显性中被呈现。锚定，作为一种内在导向的过程，在现有知识中整合了新的、不熟悉的现象，丰富了基耦的意义。具化作为一种外部导向过程，把基耦的抽象概念转变为现实概念，并且在现实显性中使基耦得以具体地表达。可以讲，在使基耦向其现实显性转换的过程中，锚定与具化相互补充。

基耦强调了社会表征的深层结构，以艾滋病表征（AIDS representations）为例，社会表征的学者关注不同文化和社会的群体是如何表征艾滋病的起源、感染和传播，如何界定高危人群和冒险行为的。在现代应用社会表征的艾滋病研究中，基青格（Kitzinger）发现白种人相信非洲是艾滋病的策源地和温床；[1] 伯德（Bird）和博加特（Bogart）却发现，美国黑人倾向于信奉"阴谋理论"，认为艾滋病源于白种人人为制造和操纵的病毒；[2] 约非（Joffe）等认为，非洲黑人倾向于认为艾滋病源于西方社会的同性恋和毒品文化；[3][4] 刘力在 2008 年的研究发现，中国人将艾滋病与吸毒、嫖娼、同性恋和一些不良性行为相关联。[5]

---

[1] Kitzinger, J. 1998. "Media impact on public beliefs about AIDS." In D. Miller, et al. (Eds.) *The Circuit of Mass Communication*. London, Sage.

[2] Bird, S. T., & Bogart, L. M. 2005. "Conspiracy beliefs about HIV/AIDS and birth control among African Americans: Implications for the prevention of HIV, other STIs, and unintended pregnancy." *Journal of Social Issues* 61 (1): 109 – 126.

[3] Joffe, H. & Bettega, H. 2003. "Social representation of AIDS among Zambian adolescents." *Journal of Health Psychology* 8 (5): 616 – 631.

[4] Joffe, H. 1996 "AIDS research and prevention: A social representational approach." *British Journal of Medical Psychology* 69: 169 – 190.

[5] Liu, L. 2008. "Yang and Yin in communication: Towards a typology and logic of persuasion in China." *Diogenes* 55 (1): 120 – 132.

另外，以生活质量的研究为例，刘力在 2003 年发现，"生活质量"（quality of life）在中国作为一种社会表征，它以"占有"（having）与"存在"（being）这一矛盾统一体为核心。"占有"与"存在"这一对基耦就如同"阴"和"阳"这一基耦，深深地根植于中国社会的集体记忆中。① "占有"与"存在"是既对立又辩证地相互依存的。一方面，"占有"把优先权赋予主体如何使客体工具化，并使其作为资源来被占有并消耗；而"存在"把优先权赋予主体与客体之间的真正关系。没有纯粹的"占有"或"存在"，它们是以彼此竞争或相互补充的方式动态地共存着。"占有"与"存在"的并存是生活质量话语的最显著特征。只有"存在"才有生命的价值，只有"占有"事物才能享受生活。正是这种"占有"与"存在"的对立统一，才生成了生活质量的社会表征，也构成了其深层结构。作为社会表征的生活质量还涉及了生活中许多核心领域，如健康、家庭、工作、社会关系以及自然环境等。

可见，在特定社会中人们对某一现实问题的社会思维与社会行为植根于特定的文化底蕴，社会表征的显性内容与其深层结构、社会形态和社会共识的相互依赖关系，也是基耦模型所提出的核心问题。

莫斯科维奇明确地把基耦概念引入到社会表征理论中是为了更好地理解社会表征的结构与起源。② 之后，莫斯科维奇与玛科娃还详细阐明了在社会表征与沟通研究中基耦的概念，即基耦一方面作为永恒性公理烙印根植于文化并锚定于信仰中；③ 另一方面，在一定的社会历史背景下，基耦在公共话语中被赋予了主题且凸现出来。莫斯科维奇认为，社会表征的结构化内容与其起源是相互依存的，这种相互依存性与基耦有关，这是因为社会表征的结构化内容依赖于最初的一系列基耦，并且这些基耦在社会表征的形成过程中有一种生成和规范性作用。④ 玛科娃进一步澄清了在社会表征形成过程中基

---

① Liu, L. 2003. "Quality of Life in China: A Social Representational Approach." PhD thesis, The London School of Economics and Political Science.
② Moscovici, S. 1993. "Introductory address." *Papers on Social Representations* 2 (3): 160 – 170.
③ Moscovici, S., & Vignaux, G. 2000. "The concept of themata." In S. Moscovici, *Social Representations: Explorations in Social Psychology.* Cambridge: Polity Press, 156 – 183.
④ Moscovici, S. 2001. "Why a theory of social representations?" In K. Deaux & G. Philogène (Eds.) *Representations of the Social.* Oxford: Blackwell, 8 – 36.

耦的社会文化嵌入性与其建构作用之间对话式的相互依存关系。[1] 她认为，基耦概念比其他任何概念的含义都更为丰富，这不仅显示出社会思想与社会文化的嵌入性，还提供了一个社会表征生成的起点。因此，基耦概念的引入标志着从以还原主义方式对社会表征进行元素性描述，转变到以非还原方式探索其潜在深层结构和社会历史性。基耦，在社会的集体记忆中作为一种基本的预断，它深深地锚定在社会中并被共享且世代相传。

四　结构观：中枢系统和边缘系统

社会表征的中枢系统和边缘系统理论认为，社会表征的结构可以区分为中枢系统（central system）和边缘系统（peripheral system）。中枢系统由社会表征中枢因素组成，直接与历史的、社会的和意识形态的条件相联系并被其所决定，同时它强烈地带有其所涉及的规范系统的印记。中枢系统形成了社会表征的集体共享的基础部分，决定了社会群体的同质性，它是稳定的、一致的和不变的，并且对即时的环境不敏感。而边缘系统则依赖于情境和个体特质，是整合个体的经验和历史。它支持了社会群体的异质性，是灵活的，有时可能还是矛盾的，并且对即时的环境非常敏感。

边缘系统是中枢系统不可替代的补充，边缘系统反映了社会群体的现实性，是具体的现实世界和中枢系统的分界面。相对于中枢系统来说，边缘系统更加灵活，可以调节与中枢系统和现实世界之间的差异，它最先感觉到挑战中枢系统的新异信息并作出反应。边缘系统充分考虑到个体变量并将其整合到社会表征中去，进而达到二者的互补。社会表征的中枢系统不仅要求在量上更肯定表征，而且要求在质的分析上该维度或该项目能明确代表社会表征客体。中枢系统决定了整个社会表征的含义，并在一定程度上确定了社会表征的构成。边缘系统更适应具体的现实世界和具体的个体，允许在内容上分化，在客观上起到了保护中枢系统的作用（见表2-2）。

在考察社会表征的中枢系统和边缘系统时，一般的方法是先计算出对各维度肯定表征的百分比，然后对社会表征的维度两两进行卡方检验，中心因素和边缘因素的维度差异都很显著，而同是中枢因素或同是边缘因素差

---

[1] Marková, I. 2000. "Amédée or how to get rid of it: Social representations from a dialogical perspective." *Culture and Psychology* 6 (4): 419 – 460.

表 2-2　中枢系统与边缘系统对比 *

中枢系统	边缘系统
特定群体的历史和集体记忆,并与其紧密关联	个人经验与群体的集体记忆的整合
决定群体的同质性	支持群体内的差异性
稳定的、有序的和刚性的	弹性的,具有矛盾性
对直接内容的非敏感性	对直接内容的敏感性
形成表征的内涵,决定社会表征的组织	适应不同背景,保有内容差异,保护中枢系统

* Abric, J., C. (2001). A structural approach to social representations. In Deaux, K. & Philogène, G., (Eds.) *Representations of the Social*. Oxford: Blackwell, 42-47.

异则不显著,中心因素比边缘因素的表征更肯定。加密利（Guimelli）研究了"团体"的社会表征的中枢系统和边缘系统,他要求被试判断"友谊""平等""观点相同"和"同样的社会背景"四个表达与"团体"的同义关系,结果50%的被试认为"友谊""平等"与"团体"是同义的,41%的人认为"观点相同"与"团体"是同义的,42%的人认为"同样的社会背景"与"团体"是同义的,对这些百分比进行卡方检验,发现"友谊"和"平等"之间差异不显著,"观点相同"和"同样的社会背景"之间的差异不显著,而两组词语之间差异显著,因此确定"友谊"和"平等"是"团体"社会表征的中枢系统,而"观点相同"和"同样的社会背景"是"团体"社会表征的边缘系统。[1]

在利用以上量化方法分析得到社会表征的中枢系统之后,一些研究还会采用怀疑技术进行质化分析。在这种技术的使用中,研究者会给被试呈现4个选择（非常典型客体；不太典型客体；不是这个客体,但有点像；不是这个客体,也不像）,要求被试选择中枢系统项目的客体符合哪一项,根据回答结果将1+2和3+4的频次进行卡方比较,哪项多,哪项是中枢系统。例如,赫尔兹里奇在1973年对法国社会的健康和疾病的研究就是采用这一方法。[2]

无疑,从核心到边缘的方法为社会表征结构的研究作出了不可磨灭的贡

---

[1] Guimelli, C. 1993. "Locating the central core of social representations: Towards a method." *European Journal of Social Psychology* 3 (3): 317-334.

[2] Herzlich, C. 1973. *Health and illness: A Social Psychological Analysis*. London: Academic Press.

献。根据这种方法，一个社会表征有许多元素组成。这些元素被组织起来以形成社会认知系统的特殊类型。一个社会表征的核心由一个或几个元素组成，用以解释这个社会表征的意义和组织。然后，剩下的就是边缘元素，用来使社会表征适应不同的情境。社会表征和它的两个组成部分——核心和外延结合起来使用，每个部分都有其特殊性又互为补充。实证研究的实质表明了用这种方法分析社会表征理论结构的丰富多样。然而，原子假说使"从核心到边缘"的方法遭到质疑。这种方法的关键在于把社会表征分解为许多元素并强调它们重要的方面。这样，每个社会表征对应于一个精确的元素集合，因此而被固定化。然而，社会表征有结构，并且本质上是互相联系的整体。虽然每个社会表征都通过词语联想与一些元素相联系，但是在一开始就把社会表征分解为元素，然后从元素中建立关系，而不是相反的过程显然有些偏颇。这是因为，社会表征理论强调了社会形态和与之相联系的社会知识结构的对话性关系，而从核心到边缘的方法必然会将重点放在分析社会表征理论的组织核心上，进而可能忽视其社会性与互动式的动力学基础。

第四节 社会表征的多元视角与形成

社会表征理论是当前国际社会心理学一个新的理论与研究范式，它主要从社会文化的层面探讨人们对各种现实问题的社会共识，以及这种社会共识对日常行为的内在规范作用。[1][2] 以下我们将共同讨论社会表征的多元视角与形成。

一 社会表征的多元化视角

基于社会表征的理论，多元化的解释视角开始进入人们的视野，其中成因化视角、结构化视角和动态性视角是最为关注的方面，它们大部分都由定性研究和定量研究两种方法获得。

（一）成因化视角

成因化视角（genetic perspectives）强调社会表征的出现条件和转化是

---

[1] Moscovici, S. 2000. *Social Representations: Explorations in Social Psychology*. Polity Press.
[2] Farr, R. M. 1984. "Social representations: Their role in the design and execution of laboratory experiments." In Farr, R., & Moscovici, S., *Social Representations*. Cambridge university press.

由于社会沟通方式和其产生的社会条件结构化。① 社会表征理论分析了科学、常识和社会表征之间的关系，认为从社会心理学来看，受众对于科学传播内容的吸收是主动的、有选择的。在社会表征的框架中，科学理论条理化为一个整体，通过去背景化过程，与受众已有的信息相融合成为新的信息，这些信息在日常生活文本中成为常识性内容。根据莫斯科维奇的观点，源于科学的科学理论在非科学家中创造并形成了一种"二手常识"（second hand common sense）。常识成为科学，科学使常识不再寻常。莫斯科维奇在《社会表征：社会心理学探索》中强调，对认知一直有两种预设：其一，一般正常的个体对于现象、人、事件等理解与科学家、统计学家是相同的，所以"人人都是科学家"；其二，理解只是一般的资讯处理过程，而此过程的正误完全可以由其符合或偏离规则、常模、理论范型的程度来判断。莫斯科维奇本人也发现了三个更稀松平常的事实刚好和上述预设矛盾，其一，很显然的事情我们不一定看得见；其二，我们以为理所当然的事情有时只是我们的错觉；其三，我们对于知觉对象（刺激物）的反应有赖于自身所处的社群对事物所给定的定义。所以，这表示我们是受到再现的影响而看到事情，其能见度、事实感、事实的定义皆如此。莫斯科维奇特别强调这种社会再现对于真实自然造成全面论断性的干预，而与思考有关的种种活动，包括分类、描述、图示、隐喻、分析等都依赖着社会再现的方式而发生，以致所谓的知识都变成了我们熟悉的事物。莫斯科维奇发现的社会再现现象对于知识的支配力量远远大于我们的想象，特别是对科学而言都变成一种社会再现的形式，即科学被社会生活中的常识所支配。

（二）结构化视角

结构化视角（structural perspectives）描述了核心和边缘要素的内容，即认为核心要素的功能是整体表征运作的重要力量，因而它是稳定的。除此之外，结构性的观点也强调了系统的逻辑方面。②③ 在结构化模式中，典型的

---

① Jodelet, D. 2006. *Le Dictionnarire des Sciences Humanines, Representation Sociales.* Paris, PUF.
② Abric, J., C. 2001. "A structural approach to social representations." In Deaux, K. & Philogène, G. (Eds.) *Representations of the Social.* Oxford: Blackwell, 42 – 47.
③ Marková, I. 2003. *Dialogicality and Social Representations.* Cambridge: Cambridge University Press.

理论是关于社会表征的中枢系统和边缘系统理论。

艾伯瑞克的中枢与边缘系统取向为研究社会表征的结构做出了不可磨灭的贡献。[1][2] 这种取向认为，社会表征包含着一系列元素。这些元素被组织和被结构化，从而组成一种特殊类型的社会认知系统，该系统由一个中枢系统和许多边缘系统组成。一种或几种社会表征元素构成了中枢系统，它决定了表征的意义和组织结构，而另一些元素则构成了边缘系统，边缘系统的作用在于使表征适应于不同的背景。社会表征及其中枢系统与边缘系统作为一个整体来发挥作用，其中每一部分都有其特殊功能，但同时又彼此相互补充。正如艾伯瑞克所指出的那样，大量实验与经验研究似乎表明，中枢与边缘系统取向对于分析社会表征的结构是富有成效的。[3]

（三）动态化视角

动态化视角（dynamic perspectives）强调了沟通和符号互动系统中对共同框架的分享，以及表达了社会表征在态度影响和干预中的力量。社会表征的动态性视角连接了社会沟通中的对话因素。[4] 对于社会表征的动态模式，瓦格纳（Wagner）进行了详细描述并认为社会表征的形成经历了如下六个阶段的历程，[5][6] 即个人或团体受到威胁或遭遇不熟悉的现象或事件；为化解威胁或不熟悉事件而产生的应对（coping）；以锚定和具化为途径形成社会表征；对于新事物的沟通和深思后所产生的社会表征通过想象、隐喻或符号的方式透过大众媒介和人际沟通形成；通过不断的沟通与使用新概念，将过去被视为陌生的现象转化为共同知识；形成共同的知识表征进而带来群体的社会自我认同。其中，关于应对包含了两种类别，其一是有形应对

---

[1] Abric, J. C. 1993. "Central system, peripheral system: Their function and roles in the dynamics of social representations." *Papers on Social Representations* 2 (2): 75 – 78.

[2] Abric, J. C. 1996. "Specific processes of social representations." *Papers on Social Representations* 5 (1): 77 – 80.

[3] Abric, J. C. 2001. "A structural approach to social representations." In K. Deaux and G. Philogène (Eds.) *Representations of the Social*. Oxford: Blackwell, 42 – 47.

[4] Jodelet, D. 2006. *Le Dictionnarire des Sciences Humaines, Representation Sociales*. Paris, PUF.

[5] Wagner, W. 1998. "Social representations and beyond: Brute facts, symbolic coping and domestic world." *Culture and Psychology* 4: 297 – 329.

[6] Wagner, W., Duveen, G., & Farr, R. 1999. "Theory and methods of social representations." *Asian Journal of Social Psychology* 2: 95 – 125.

(material coping），这是专家的任务，即从专业角度解释新现象；另外一种是符号应对（symbolic coping），这是社会表征的核心，即个人或所属群体开始描绘和解释新事件。当一个团体的身份受到威胁或在与环境原本的社会规则进行沟通时，社会表征就会逐渐显现，同时开始建构新的事件。社会表征的形成模型见图 2-2。

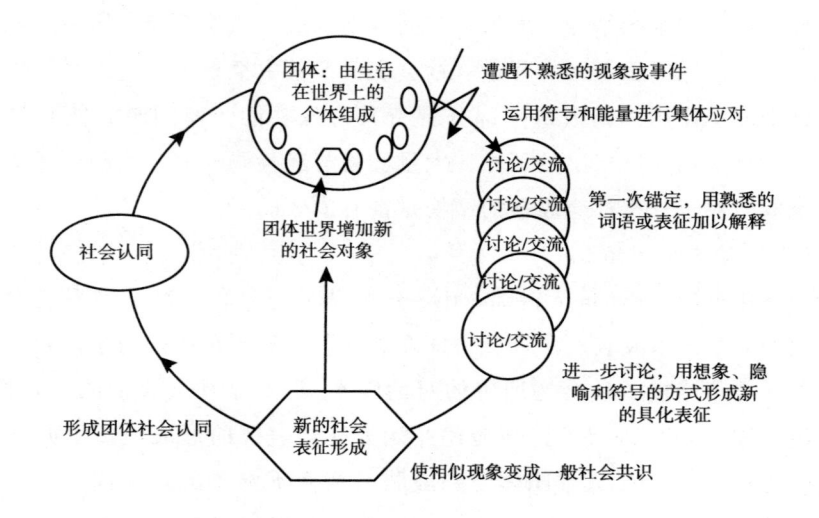

图 2-2 社会表征进化示意图*

* Wagner, W., Duveen, G., & Farr, R. 1999. "Theory and methods of social representations." *Asian Journal of Social Psychology* 2: 95-125.

社会表征从起源上看，主要有以下三种途径，即直接经验、社会互动和媒体影响。首先，直接感受的信息为人们提供了最为清晰的资源，它可以作为表征形成的基础性信息，并且这种信息最容易被人们直接控制。而对于潜在的社会互动和媒体信息则属于"借"来的社会表征，它们对于个体来讲具有传播的主动权，而且具有强大的感召力和影响力。美国心理学家布鲁纳（Bruner）将人类对其环境中的周遭事物，经知觉而将外在物体或事件转换为内在心理事件的过程称为认知表征。身处传媒时代的人们，媒介已经成为人们直接接触的世界，传媒对事物的表征、对人们认识客观世界有着至关重要的影响。比如，科特雷恩（Coltrane）和梅西诺（Messineo）的研究发现，广告中白人的已婚人数是非洲裔美国人的 2 倍，而且非洲裔美国人跟其他群体相比，更可能被描述为具有强烈的攻击性。① 这不但对黑人，而且对整个社会都形成了不可避免的种族偏见，使得白人警察在处理黑人嫌疑犯时常常会作出暴力反应。由于传媒广泛地渗透于我们的心理生活中，其内容不可避免地影响我们对其所传递的现象的理解。人们可能通过传媒中社会群体的表征来理解自己。社会要作为一个统一的整体存在和发展下去，就需要社会成员对该社会有一种"共识"，也就是对客观存在的事物、重要的事物以及社会的各种事物和各个部门以及相关的关系要有一个大体一致的或相接近的认知。只有在这个基础上，人们的认识、判断和行为才会有共通的基准，社会生活才能协调。在现代社会，大众传媒在形成社会表征的过程中承担了责无旁贷的任务。外在事件影响不断作用于个体，形成个体的感知印象，这些个体的感知印象逐渐指导和控制个体的行为回应，使其产生后果，并反过来又进一步强化了个体对原有的个体社会表征的修正。而群体表征也正是通过无数个体的社会表征的分化和重组而进一步结合，与群体行动和个体行动一起相互作用。

二 社会表征的典型特征

社会表征理论强调行动和交流的目的、强调群体的中心性、强调群体影响和沟通个体的意识、强调社会心理现象和过程只能通过将其放在历史的、文化的和宏观的社会环境中才能进行最好的理解和研究。② 因而，对于群体的认知是如何发生改变的，为什么这种改变不简单地存在于个体身上而是蔓延到社会中的绝大多数成员中，甚至变成近乎为"社会共识"（common sense）的东西呢？社会表征理论的出现正力图解释这样的问题。可以讲，社会表征理论作为 20 世纪下半叶欧洲社会心理学本土化运动的重要成果，有力地冲击了在相当长的时间内主导现代社会心理学发展的美国版社会认知理论，为社会心理学带来了崭新的理论视角。③④⑤ 这种以社会知识为核心的

---

① Coltrane, S., & Messineo, M. 2000. "The perpetuation of subtle prejur dice: Race and gender imagery in 1990s television advertising." *Sex Roles* 42: 363 – 389.
② Wagner, W., Duveen, G., & Farr, R. 1999. "Theory and methods of social representations." *Asian Journal of Social Psychology* 2: 95 – 125.
③ Moscovici, S. 1976. *La Psychanalyse, Son image et son public*. Paris: Presses Universitaires de France.
④ Moscovici, S. 1998. "The history and actuality of social representations." In U. Flick (Ed.), *The Psychology of the Social*. Cambridge: Cambridge University Press, 241.
⑤ Moscovici, S. 1984. "The myth of a lonely paradigm." *Social Research* 51: 939 – 967.

理论介于社会学、心理学和人类学的交叉视角中,反对以二元论、实证主义和个体主义为基础的社会心理学,关注于在不同社会背景中的社会知识的建构和转换问题。可以讲,这是一个不折不扣的对社会现实问题加以研究的社会心理学范式。从典型性上讲,社会表征具有以下特点。

(一) 社会共享性与群体差异性

社会表征最为重要的特征之一就是"社会共享"。社会表征作为一种产生于日常生活的社会共识性知识,应该被同一组织群体内部的所有成员所共同拥有,并且成为群体成员之间交流与沟通的基础。它强调的是群体而非个人,但是在群体层面上,由于群体中有多个呈相互竞争关系的子群体存在,因而并不是所有的社会表征都能在群体成员中达成一致。正是根据一个社群内各子群体在对待某些特定事物的态度一致程度上的差异性,莫斯科维奇将社会表征划分为三个层次,即被整个社区一致接受的"支配性"(hegemonic)社会表征、子群体对之持有一些不同观点的"无约束性"(emancipated)社会表征,以及存在于群体冲突中的"争端性"(polemical)社会表征。

(二) 社会根源性与行为说明性

社会表征作为一种社会共识性的知识体系,主要来源于人们的经验基础,同时也来源于人们通过文化、教育和社会交流接收和传递的信息、知识和思维模式。这就是说,社会表征根源于人们的社会互动过程,因而具有社会根源性。有趣的是,社会心理学家发现社会表征反过来又可以对社会群体成员的行为、思想和感知施加一种近乎是强制性的影响力量,即所谓的"行为说明性"(behaviorally prescriptive)。也就是说,社会表征会预先安排个体的行为,同时也会影响群体成员的感知,进而会影响他们对所经历事件的解释和行为回应。艾克比(Echabe)和罗比拉(Rovira)的研究发现,人们对于那些和他们的预想相一致的事情记忆特别深刻,而对于那些和预想不相一致的事情,则倾向于在记忆中对其加以修改。[①] 也就是说,不管与事情的实际情况是否相符,人们在认识世界的过程中对于某些新事物的预想,或者说社会表征,通常情况下会进行巩固。

---

① Echabe, A. E., & Rovira, D., P. 1989. "Social representations and memory: The case of AIDS." *European Journal of Social Psychology* 19 (6): 543 – 551.

(三) 相对稳定性与长期动态性

一方面，因为社会表征具有行为说明性，并且会在社会群体的思想意识中得到巩固；另一方面，由于社会表征作为一种社群内成员共享的知识体系，一旦产生之后，就会超越成员个体而独立存在于社会中。所以社会表征在一定时期内具有相对的稳定性，可以被看成是客观存在的社会现实。但是，社会表征具有客观性并不意味着它们是静态的。随着社会群体成员关于某一特定问题的直接经验逐渐丰富，成员间社会互动日益加深，以及诸如媒体等社会机构在信息传递、劝说教育等方面发挥越来越重要的作用，人们会对原本持有的对该事物的社会表征和实际感受之间的差异产生疑问，进而导致人们在有关该事物社会表征的一致性程度上出现分化和对现有社会表征的修正，甚至是重新导向。从这个角度上看，社会表征应该被视为一个会随着外界因素变化而变动的动态知识体系。对此，莫斯科维奇认为表征是动态而持续改变的结构。他认为，个体或组群在社会互动与沟通的过程中，会持续地对表征进行协商。表征不断受到表征自己的生命力（life force）所影响，并和其他表征结构合并、排斥与互动，也与个体组群互动。然而，一旦这些结构转换为实质与客观的类别后，就变成僵化（fossilized）与静态的，其起源被遗忘，被认为是常识。因而，在经过一段时间不予质疑的接受或固着化（fossilization）之后，后续的社会力或历史力仍然可以对这种结构再予以重新的协调，甚而完全改变这些结构。

第五节 社会表征的现实主义观照

法尔认为，社会表征取向的研究不能仅仅局限于实验室中，因为社会表征是在社会的、非实验室情境中发生的，是具有历史性的现象。[1] 正因为如此，社会表征必然会紧密联结社会现实，从现实出发，寻找其理论的直接消费者。

一 社会表征的研究方法

在社会表征领域的研究中，研究者采用的方法各不相同，量化方法、质

---

[1] Farr, R. M. 1984. "Les representations sociales." In Moscovici, S. (Ed.). *Psychologie Sociale*. Paris: Presses Universitaires de France.

性方法、人类学方法、实验方法、访谈方法、词组联想法、焦点组方法、多元分析方法都被大量尝试和使用。

(一) 人类学方法

社会表征大量使用人类学的方法，由于社会表征与文化有着密切的联系，而人类学的方法对于文化的求证具有得天独厚的研究优势，这些表征性的文化既存在于最具体的日常生活和技术的物质层面，也表现在比较抽象的伦理道德和信仰与艺术等领域，还可以归结为行为中的逻辑思维结构，因而使用人类学的方法有助于在社会表征研究中探讨事物的原创性、表达性与独特性方面对内在意义与价值的诠释，更加注重质方面的研究。这些方法常常包括田野调查法、背景分析法、跨文化比较法、主位与客位研究和大传统与小传统研究法等。比如乔德里特所进行的精神疾病的社会表征研究正是应用了人类学的方法，这项研究在法国中部的 13 个村庄里进行，从 20 世纪初开始，这些村庄接受精神疾病患者作为"寄宿者"在家庭中生活。乔德里特运用人类学方法考察了精神疾病与精神疾患的道德性关系，并讨论精神病患者的社会表征行为与象征性行为的关系，分析了这种社会表征对"寄宿者"以及房东的行为方式的影响。[①]

此外，社会表征领域的经典研究是赫尔兹里奇 (Herzlich) 在法国所做的健康与疾病的表征研究。赫尔兹里奇在对健康与疾病的表征研究中，使用开放式的访谈方法，他发现被访者将都市生活表征为发生疾病的主要因素，他们认为都市生活令人厌倦和使人神经紧张，人们缺乏抵抗能力而患有精神疾病。赫尔兹里奇的研究被认为是社会表征理论研究的里程碑，这不仅是因为他的研究发现，更是因为他对质的方法的采用。又如帕卡斯特 (Pelcastre) 和加里多 (Garrido) 用质的方法考察了停经妇女对停经的社会表征，结果显示，停经被表征为生育能力的结束和老年的开始。研究中他们使用深度访谈的方法从 1998 年 9 月到 10 月中间访问了 20 位 45~65 岁的妇女，搜集了有关社会人口变量、诊断、感觉以及情绪、生活方式变化和心理变化的资料，得到了老年妇女对于停经事件的心理表征。[②]

---

① Duveen, C., & De. Rosa, S. A. 1992. "Social representations and the genesis of Social Knowledge." *Ongoing Production of Social Representations* 1: 94 – 108.

② Pelcastre, V., B, & Garrido, L., F. 2001. "Social representations and practices." *Salud Pubilca Mex* 43: 408 – 414.

在人类学方法中，有学者还采用了人种志的研究方法对社会表征进行研究。杜温（Duveen）利用人种志的方法研究孩童时期性别概念的发展，他观察孩子在教室内的行为，认为孩子的动作行为比反应性的语言行为更具有丰富的社会表征特性。通过长时间的人种志研究，他了解了孩子的性别身份的发展情形，并认为由于儿童生活在充满社会文化意蕴的、复杂的社会网络中，这个网络一方面透过孩子与他人的互动而被组织起来，另一方面也提供了一套独特的意义架构，让孩子们能够将他对世界的了解组织起来，因而孩子性别认同的发展历程正是通过社会表征理论来显现的。[1]

（二）焦点组方法

焦点组方法（focus group）是利用小组讨论来搜集信息的方法，它最早应用于第二次世界大战和一些商业活动，调查中所收集到的信息可以用来决定项目需求和进行项目设计与改造。焦点组一般由6~12人组成，小组成员在许多方面具有类似特点，不同的焦点组往往在某一个特征上有显著区别。小组讨论时间一般不超过90分钟。

在应用焦点组方法讨论的时候，一般由主试根据讨论时间事先设计几个开放性的问题，这几个问题彼此之间应该是有关联的，而且不会是唐突的。贝克斯特姆（Backstrom）等在2003年所做的对新异食物的社会表征研究就使用了焦点组的方法，该研究将44名被试分配到9个年龄、性别和教育背景基本同质的焦点组中进行讨论，在对讨论结果的内容分析中研究者发现，对新异食物的社会表征有5个二分性特征，分别是信任与不信任、安全与不安全、自然与人工、乐趣与必要、过去与现在。[2] 在我国，管健分别在2006年、2010年以农民工和该辖区的城市居民为研究对象，对农民工社会污名与歧视的经验关系进行了研究分析，给出了表征当地针对农民工身份污名的基本向度和水平的描述性数据并加以解释，并从社会表征的对话主义视角研究了污名化过程的社会表征。[3][4]

---

[1] Duveen, C., & De. Rosa, S. A. 1992. "Social representations and the genesis of Social Knowledge." *Ongoing Production of Social Representations* 1: 94-108.

[2] Backstrom, A., Pirttila-Backman, A., M. & Tuorila, H. 2003. "Dimensions of novelty: A social representation approach to new foods." *Appetite* 40: 299-307.

[3] 管健, 2006,《身份污名的建构与社会表征：以天津市N辖域的农民工为例》,《青年研究》第3期。

[4] Guan, J. 2010. "Stigma toward the rural-to-urban migrants in China: A qualitative study." *Interpersona: An International Journal on Personal Relationships* 4 (1): 21-37.

毛丹2005年在关于"青少年儿童对中国和美国国民以及国家的社会表征"的研究中抽取中美两国的4个年龄阶段的被试进行焦点组讨论，并将每个年龄阶段的被试分成8组，每组有4~8名被试分别对中国人和美国人进行评价，然后得到结果进行年龄对比。[1] 此后在质的研究中编制问卷，实施问卷调查研究。这一阶段中有168名被试通过讨论得到1033个对中美两国国民和国家的印象词语，通过分析确定了主要的16个描述国民和10个描述国家的词语形成了进一步的社会表征问卷，再通过对问卷的分析获得结论。这些结论包括：中国青少年儿童和美国19岁青年对两国和两国国民的社会表征是多维的；中国人注重性格维，美国人注重公德维；中国青少年对中国人的社会表征更具有肯定性等。

（三）多维标度法

多维标度法（muti-demensional scaling）是以空间方式表达资料，用以找出资料背后向度的一种统计方法，它利用相似性的刺激描绘出各种刺激在空间上的关系，并找出它们的相对位置，用以帮助研究者找出隐藏在资料背后的模型。这是一种探索性的资料分析方式，在概念上它存在以下几个前提。第一，刺激在个体心理上形成的概念可以用这些刺激在空间中的点的位置表征出来，一个刺激所赋予的概念就如同空间中的一个点；第二，个体所知觉到的刺激与刺激之间的差异被认知为一种心理距离，这等同于空间中的点与点之间的距离，也就是以物理距离表征事物在个体思想中的心理距离；第三，物理空间的向度和心理空间的向度是相关的。基于上述前提，个体会在心理上对事物形成各种不同的社会表征，就如同将大脑看做一个空间，而不同的事物如同一个个点散布在上面，不同事物表征的距离就如同点与点之间的物理距离。

因此要了解事物的社会表征或认知表征可以利用多维标度的方法找到相应的空间距离。例如，皮克哈特（Pirkhardt）在1993年采用多元尺度方法来了解心理疾病的社会表征；[2] 管健在2007年运用多维标度法，研究了249

---

[1] 毛丹，2005，《青少年儿童对中国和美国国民及国家的社会表征》，华中师范大学硕士学位论文。

[2] Pirkhardt, S. C., & Stockdale, J. E. 1993. "Multidimensional scaling as a technique for the exploration and description of a social representation." In Breakwell, G., M., & Cantor, D. V. (Eds.) *Empirical Approaches to Social Representations*. Oxford: Oxford University Press.

名普通城市居民对 25 种污名的基本分类，结果表明，普通城市居民对于污名群体有两个基本维度（社会性和自然性维度）和两个基本特征（强特征与弱特征），并依据此维度的划分将 25 种污名分为躯体外貌性污名、人际高危性污名、社会身份性污名和行为人格性污名，同时基于维度分类提出污名表征生产过程中的污名概念分类的权变模型构念。[1]

以多维标度法研究社会表征的优点在于社会表征和认知表征具备以下一些共同的前提。第一，两者的中心概念都是基于"知识是共有的"的观念，即生活在同一社会情境中的个体拥有共同的知识表征，这是人们的"共识"；第二，两者皆假设人们在思考复杂的刺激时会指涉一些心理上相关的属性或是刺激的向度；第三，使用该方法可以在不束缚、不强迫被试进行自由判断的前提下，让存在于社会情境中的各种类型的社会表征被量化和被解释分析。因而，在对社会表征的研究中，多维标度法体现了它的优点，如判断方式简单，对被试的干扰可以降低到最低的程度，可以使被试自由反应，以及直接反映被试的内隐的知识概念等。

（四）词语联想法

词语联想方法有利于保证被试社会表征的所有内容不带有研究者的主观引导和价值偏好性。如梅尔（Meier）和吉希勒（Kirchler）在澳大利亚对欧元的社会表征研究中使用了词语联想的方法，他们让 534 名被试对"欧洲统一货币"这一词语进行可以多达 10 个词语的自由联想，研究搜集到 1900 个结果，然后获取有价值的进行分类研究。[2]

（五）问卷量表法

问卷的方法有利于研究者系统地考察观点、态度和假设是否成立，在社会表征的研究中常常被大量使用，且具有一定的说服力。如一项典型研究是在健康领域展开的，即德罗萨早在 1987 年在对心智疾病的表征研究中，就采用问卷的技术和社会距离尺度以及语义分化的手段来得到表征，她认为历史上针对疯癫的人的社会意象是多层面的。[3] 她追踪了儿童到成人的有关疯

---

[1] 管健，2007，《污名的维度分类与表征生产的权变模型构念》，《理论探讨》第 6 期。

[2] Meier, K. & Kirchler, E. 1998. "Social representations of the euro in Austria." *Journal of Economic Psychology* 19: 755–774.

[3] De Rosa, A. S. 1987. "The social representation of mental illness in children and adults." In Moscovici, S. *Current Issues in European Social Psychology*. Cambridge: Cambridge University Press, 2.

癫的社会表征，并通过让被试产生有关疯癫的图案表征进行内容分析，发现儿童和成人都将疯癫视为社会的偏态行为。她的研究将被试的表征与西方社会文化的集体表征加以对照分析。又如在对攻击性社会表征的研究中，格兰（Gran）采用攻击性表现量表对西班牙马德里的被试进行研究，得到攻击性的三维社会表征结果，并发现在年龄维度和性别维度中存在显著效应[①]；伯格曼（Bergman）于1999年在对欧洲美国人和墨西哥美国人身份的社会表征研究中通过质的研究得到27个诸如勤劳、尊敬、城市、迟钝、粗鲁等词语，然后将27个项目编制成4点计分问卷分别考察欧洲美国人和墨西哥美国人对内群体、相对外群体和自己的社会表征。[②]

另外，在关于组间社会表征（inter-group representation）的研究中，也有一些采用多种方法探求不同类别的人群所拥有的不同社会表征。其中比较典型的是霍斯顿（Hewstone）等探讨了英国公立学校和普通学校男生的组间表征结构，这项研究被认为是透过组间而进行社会比较的过程研究，它对每一组群的正向社会认同的建立都具有重大意义。[③] 他们运用问卷调查的方法研究了社会表征、社会认同过程和组间归因的互动关系，探讨了两个极具冲突的群体——自费学校和公费学校的男学生，他们长期处于竞争关系，彼此都认为自属群体和他群体之间有着非常大的差异表征，而这些表征却在组群内部共享。

（六）实验法

社会表征的研究也曾经在实验室中被使用，艾伯瑞克采用实验方法研究了社会表征影响下的社会行动和行为方式。他利用"两难游戏"探讨竞争与合作情境中的人际互动问题，并发现被试对对手的不同表征形态影响了其对策略的选择和反应，他的研究对于社会互动和沟通过程有着十分重要的意义。[④] 事

[①] Gran, H., L. 2003. "Structural Dimensions of the Social Representation of Aggression." *Social Behavior and Personlity* 1 (13): 223–236.

[②] Bergman, M., M. 1999. "Wold the roal social representation please stand up? Three levels of analysis of social representations of European American and Mexican American Identity." *Papers on Social Representations* 8 (4): 1–4.

[③] Hewstone, M., & Jaspars, J. 1987. "Covariation: A logical model of the intuitive analysis of variance." *Journal of Personality and Social Psychology* 53: 663–672.

[④] Abric, J., C. 1996. "Specific processes of social representations." *Papers on Social Representations* 5 (1): 77–80.

实上，两难游戏在心理学中是一个普通的方法，被用来探讨在竞争与合作的情境中，影响人类互动的因素。艾伯瑞克只探讨了实验情境的客观条件，并未对被试的主观分析或表征方式作进一步展开，但是他的研究仍然具有十分重要的意义。艾伯瑞克让被试在进行两难游戏时，告诉他们这不是竞赛的游戏，其中一半被告知他们的对手是另外的学生，而另一半被试则被告知，对手是一台机器。不过，在这两种情境中，真正的对手都是实验者，并且都采取同样的游戏策略。研究者发现，在知道对手是人的情境中，人们更愿意采取的是合作性策略，而得知对方是机器的游戏者更倾向于采取竞争的游戏策略，从而降低合作水平。研究者进一步发现，人们常常根据对方的社会表征来调整自己的行为策略和行为手段，之后这一研究成果被借用到人际关系心理学中的人际交往问题上。其实，在很多研究中都可以看到多种方法在表征领域中的应用，较显著的常常是出现在某项具体研究中的多种方法参与完成的情况，如迪基亚克莫（Di Giacomo）利用非结构化的描述方法探讨了在天主教大学由学生发起的示威活动中学生们拥有的表征体系，他通过自由联想、形容词核对、内容分析、判别意义、聚类分析和多尺度分析等方法描述和分析了学生的政治行为与政治策略等问题。[1]

从以上对社会表征的研究方法回顾可知，传统的研究其内容和方法的变化都非常大，除了接受社会表征作为研究的框架之外，这些研究并不具备共同的特征。但是，其中社会表征的研究方法的选择非常重要，应该充分考虑到被调查对象的复杂性和多样性，并强调关注背景性因素。

二 社会表征的研究实例

理论与应用的统一是社会表征研究的另一个主要特点。自从社会表征理论问世以来，它被广泛地应用于各种社会现实问题的研究。例如，法国共产主义者、天主教徒和自由主义者对精神分析的不同社会表征研究；[2][3] 赫尔

---

[1] Di Giacomo, J. P. 1980. "Intergroup alliances and rejuctions within a protest movement." *European Journal of Social Psychology* 10: 329–345.

[2] Moscovici, S. 1984. "Introduction: Le domaine de la psychologie sociale." In S. Moscovici (Ed.) *Psychologie sociale*. Paris: Presses Universitaires de France, 5–22.

[3] Moscovici, S. 1984. "The phenomenon of social representations." In R. M. Farr & S. Moscovici (Eds.) *Social Representations*. Cambridge, England: Cambridge University Press, 3–69.

兹里奇对法国社会健康与疾病的社会表征研究;① 乔切勒费舍尔（Jovchelovitch）和勒尔韦（Gervais）对旅英中国人关于健康与疾病的社会表征研究;② 约非关于白人和黑人对艾滋病的社会表征比较;③④ 迪瓦斯（Doise）等关于人权的社会表征研究;⑤ 霍斯顿关于欧洲一体化的社会表征研究;⑥ 刘力关于中国文化背景下生活质量的社会表征研究;⑦ 管健关于污名承担者和施加者的双向互动过程的社会表征研究;⑧ 等等。这些经验研究既是社会表征理论的应用，也反过来推动了社会表征理论的进一步发展。

（一）关于健康与疾病的社会表征

1. 赫尔兹里奇的研究

关于社会表征的实证研究由来已久，社会表征文献中最常引用的一个研究是赫尔兹里奇在1973年所做的健康与疾病的研究。他使用开放式的访谈法，围绕先前对20位样本访谈后所得到的重要主题展开研究。其中共有80位受访者，有一半被归为专业群，另一半则为中间群。大部分的受访者居住在巴黎，有12位居住在诺曼底的郊区。赫尔兹里奇发现最重要而一再出现的主题之一就是被试普遍认为都市的生活方式是疾病发生的主要因素。许多受访者认为都市生活令人厌倦和使人神经紧绷，结果使得人们较缺乏抵抗力而易于罹患疾病，其中精神疾病、心脏疾病和癌症等是受试者最常提及的因生活方式而产生的疾病。虽然外在环境，即都市生活是产生疾病最重要的原

---

① Herzlich, C. 1973. *Health and Illness: A Social Psychological Analysis.* London: Academic Press.
② Jovchelovitch, S., & Gervais, M-C. 1999. "Social representations of Health and Illness: The case of the Chinese community in England." *Hournal of Community and Applied Social Psychology* 9: 247–260.
③ Joffe, H. & Bettega, H. 2003. "Social representation of AIDS among Zambian adolescents." *Journal of Health Psychology* 8 (5): 616–631.
④ Joffe, H. 1996. "AIDS research and prevention: A social representational approach." *British Journal of Medical Psychology* 69: 169–190.
⑤ Doise, W., Spini, D., & Clémence, A. 1999. "Human rights studied as social representations in a cross-national context." *European Journal of Social Psychology* 29: 1–29.
⑥ Hewstone, M. 1986. *Understanding Attitudes to the European Community: A Socio-psychological Study in Four Member States.* Cambridge: Cambridge University Press.
⑦ Liu, L. 2006: "Quality of life as a social representation in China: A qualitative study." *Social Indicators Research* 75: 217–240.
⑧ Guan, J. 2010. "Stigma toward the rural-to-urban migrants in China: A qualitative study." *Interpersona: An International Journal on Personal Relationships* 4 (1): 21–37.

因，但个体的特质、体质及脾气等内在因素，也被认为是抵抗疾病发生的重要因素。

如果疾病源自个体和社会的冲突，那么不健康通常被归因于人类天性和其活动产品间的冲突。赫尔兹里奇总结说，健康和疾病的表征，似乎围绕于一些对立的概念，即内在与外在、健康与不健康、自然和不自然、个体和社会等。受访者使用许多类别和分类来区分疾病，但这些纯粹是偶发的方式。分类的指标包括严重性，例如疾病是否疼痛、时间的长短和初期的病状等。这种指标并不是医学的用法，他们并不以医学专业的方式，例如以有机体解剖的或生理的指标来分类疾病。相反的，受访者是以疾病的程度及其对个体生活的影响来分类它们。人们在归类疾病时，通常会以个人的参考架构来分类，这正是各种疾病如何获得意义和类别的过程。人们以对日常生活的干扰程度和对个体角色的影响程度来谈论疾病，对疾病了解的真正效标并非其生理或解剖上的特性，而是疾病对个体影响的程度。许多人认为疾病使其倦怠的影响远比疾病令其疼痛的影响还要重要。心情和人格特质的改变被认为和正常生活的挫折有关，因此行为的效标是定义疾病的重要依据。对疾病意义的探讨是透过其对个体日常生活、角色及和他人关系的效应而获得的。

赫尔兹里奇认为，在他的研究中，对疾病和健康表征的稳定的概念架构是在个体和社会二分的条件下形成的，健康被认为是主观的经验，而它使得个体能与社会整合，并参与和实现其角色与义务；另一方面，疾病所带来的倦怠和挫折造成了社会的排斥。因此，对于健康和疾病的主观状态，借着对健康人和病人的社会行为而获得意义。赫尔兹里奇的研究指出，生病不直接归因于个体的行为，而是都市生活中的压力及角色责任所带来的结果。个体在疾病发生时所应负的责任低于外在因素，他们所研究的女性更强调超乎个人所能控制的因素，诸如环境、气候、污染、遗传、细菌及传染等。不过在妇女组群间存在一些差异，高教育水平的妇女较可能提及诸如饮食、优生、保健、运动及休息等生活形态的因子是生病的肇因。这些妇女也较强调预防式的健康食物以及较可能将生病归因为个体的生活方式。

赫尔兹里奇的研究被认为是社会表征理论研究的里程碑，这不但是因为他的研究发现，也因为他所使用的方法是质的研究法。法尔将此研究认为是"素朴且未磋商的说明"（naive unnegotiated accounts），但是法尔也同时质疑了赫尔兹里奇的研究结果,他认为这可能是一种归因现象,即自我照顾归因的作用使然。

2. 德罗萨的研究

在健康领域的社会表征研究中,另一个典型研究是德罗萨(De Rosa)对精神错乱的表征研究。德罗萨认为,历史上对于"疯子"的社会意象已是多层面的或多形态的。这些表征可能来自科学及法律世界和日常共识形态之间,这是由对于"疯"的各种意象、信念与共同理解的辩证关系所产生的。德罗萨反对正统历史对"疯"的观点,在以往的观点中,研究者将"疯"看成是由中世纪的超自然着魔的心智疾病,到目前医学与心理治疗的观念的线性演变过程。她认为从柏拉图时代就已经存在多重之疯的意象和想法,其中大部分还存留在人们的集体意识之中。

德罗萨追踪了"疯"这一概念的发展路径,它是从孩提时代到成人的社会表征。她用语意问卷的技术,例如社会距离尺度和语意分化等来引出这些表征,她要求受试者产生"疯"的图案表征,再对其内容加以分析。她让720名从5岁到16岁的学童及成人受试者(涵盖不同性别、社会阶层、城乡等变因),一共绘出2160幅图画以供分析。每一个受试者画出三张图,一张是人类的图(测验A),一张是疯子图(测验B),还有一张像疯子的图(测验C),这些图均以不同的维度予以编码。她希望测验C可以刺激一些无法在测验B中表现出来的元素。德罗萨将这些图和一般通俗与艺术绘画的插图做比较,并参考历史上各个阶段的人类学和神话的文献比较,以探讨这些图画中的核心表征。

在分析这些图画时,德罗萨发现学童和成人的疯子都被表征为社会的偏态。其中,像疯子的画中含有神奇幻想的元素。测验C的图画范围从疯子之正向的内涵到负向的内涵,前者包括小丑、丑角、仙女等。有些图画中,疯子被表征为艺术家或天才。在负向这一极中,恶魔和怪物为其主流。德罗萨指出,要在历史的插画材料中找出类似的表征并不困难,尤其是那些表现为正向极的疯子。这些可能是疯子的人被视为与日常角色、行为以及常态的思想参数不同的人。

在一些图画中将疯子表征为邪魔是中世纪的一个共同表征,同时将疯子表征为怪人也是相当典型的做法。怪物的特征不同,但主题是人兽的混合(例如,鸡与人、猴与人、蟾蜍与人等),神话中奇形怪状的图形也是共同的（例如，人头马身怪、独眼人、阴阳人等图案）。测验 B 的图画描述的是反常的元素，而不是恐怖的元素。这些将疯子表征为社会的孤立者。刻板印象的核心包括那些违背社会常模的人（例如不穿衣服上街、对神不敬、语无伦次的人等）。其他的图画所涉及的失常行为则包括暴力与犯罪，代表的是疯狂谋杀者的刻板印象。西方历史也提供了以罪犯来表征疯狂的证明。有趣的是，社会失常的疯狂也由较近代的一些失常行为所表征，诸如吸食禁药者和醉汉等。在青少年的图画中，社会上半途而废的人也是共同的表征之一，其他共同的表征也包括流浪汉、无赖、衣着褴褛的人等。尽管将疯狂表征为失常是共通的，但在小朋友及大人的图画中，医学上的表征并不寻常。虽然以文字的方法所做的研究指出，从八九岁开始，医学的表征就开始取代犯罪的表征，但这种演化却未出现在图画的研究中。德罗萨猜想这可能是以图像表达这些表征较难的缘故。

德罗萨说明了那些在学童和成人的图画中所呈现的种种刻板印象的核心如何和历史与现代社会中的疯狂概念对应。疯狂刻板印象的形成似乎在正常与反常、健康与生病、美与丑等二极化主题间徘徊。就心理学来说，这些两极化的主题是在任何社会中建立组内与组外关系的基础。德罗萨的研究中以非语文的方式引出对于心理疾病的象征意象，这可与其他心理疾病的态度研究对照。藉由将这些意象与历史图像材料进行比较和评价，其受试者的表征和西方社会文化对疯狂的集体表征之间取得了联结。

（二）关于群体关系的社会表征

社会表征源自社会互动和建构对社会世界的了解过程，使得互动在组群间共享表征。这个理论是想要寻求社会认知的结构与内部的组间差异。因而，莫斯科维奇所宣称的、不同类别的人群所拥有的社会世界的表征不同，这种共享的表征是建立在组群认同的基础上。

1. 霍斯顿的研究

霍斯顿等人的研究尝试表明社会表征、社会认同过程和组间归因之间的互动关系。[1] 这个研究探讨了英国两个具有冲突历史的组群，即公立学校与普通学校就读的男学生。公立学校与普通学校这两个教育系统之间在地位上

---

[1] Hewstone, M., & Jaspars, J. 1987. "Covariation: A logical model of the intuitive analysis of variance." *Journal of Personality and Social Psychology* 53: 663–672.

存在长期的竞争状态，这些男同学们被认为对自己和彼此具有定义良好而充分共享的表征。这些表征被视为透过组间社会比较的过程，对每一个组群的正向社会认同的建立有一定的贡献。

被试为20个公立学校的男生以及20个普通高中的男同学，其平均年龄是16岁，被试被要求在20分钟内撰写一篇描述公立学校男生和普通高中男生异同的文章。然后对这40篇文章进行内容分析，组间的异同性是以单字或词语在卡片上编码，再将具有相似词语、单字与意义的卡片放在一堆，并对每一堆加以命名。有趣的是，被试很少提及相似性，他们所提及的大部分是彼此差异的对照。组群之间对于下列差异的同意度相当高，如公立学校男生具有较好的社会背景以及前景；公立学校男生认为自己是具有较高学术价值的，而普通高中的男生认为公立学校的男生比较用功和受到较好的训练；在学校的结构方面，公立学校认为自己的学校是小班级、有多样的选择，所以有较高的学术水平。普通高中的同学也提到公立学校有较好的结构，诸如较少的班级、老师有较佳的待遇等。每一个组群都提到了自己组群所具有的特色。公立学校的男生说他们有优越的智识能力，并认为普通高中的男生有较多学科上的问题和反社会的行为。他们也指出，普通高中合科教育的本质是让普通高中的男女同学有较好的同学关系，导致公立学校和普通高中男生有不同的政治和社会态度。相反，普通高中的男生会提到公立学校男生的势利及他们的优越性，同时他们也认为公立学校的男生是有礼貌的、用功的，但是无趣的。正如霍斯顿所指出的那样，在公立学校男生的文章中，他们对自己的组群包含着正向（例如，智力与能力）及负向的评价（例如，和女生的关系不佳），但普通高中的同学则未尝以正向的特征来自我定义，却以对公立学校男生的负向特征来定义自己。这或许反映出这两个组群不同的社会地位，即公立学校的地位使得他们有空间可以负面地描述自己，这样并不会危及其正向的社会认同。

霍斯顿在结论中说，尽管这两个组群之间共享了一些类别，但总体来说，这两个组群的学生拥有对自己和对方相当不同的表征，这些表征广泛地为组内的成员所共享。这些表征或许对其建立各自的组内认同相当重要，而组内认同可以决定组群的自我定义和社会中的相对地位。

2. 迪基亚克莫的研究

迪基亚克莫的研究探讨了在天主教大学由学生所发起的一次示威活动中

学生所拥有的社会表征，[①] 此次示威的目的是抗议比利时政府调涨大学学费的政策。他比较了学生对此次示威委员会的目的表征，以了解为什么所有学生都强烈地反对政府的决定，却无法联合这一问题。迪基亚克莫利用一种非结构化的描述方法来探讨这些表征。9个在此次冲突中的核心"目标词"（target words）被挑选了出来，并以对这些词自由联想的方式来引出对这个委员会的表征，包括它的政治立场和策略、学生对自己的表征，以及对权利的表征等。8个访谈者从28个学生处收集资料，每个受访者被要求对这些目标词进行自由联想，每一个刺激词所引起的形容词都根据词典加以核对。这些初始数据经过内容分析，以判别意义的相似性，因此得以简化由每一个刺激词所引出词数。共同词的相似性被计算出来以后，得到一个相似性矩阵，再以阶层聚类分析和多维标度方法来进一步分析。这个分析将这些目标词分为两群，其中一群是和政治领域有关的目标词，如学生、行政部、学生大集合、罢工、委员会、劳工。迪基亚克莫由此得出结论说，学生、示威及此次示威的组群并不被视为是传统的意识形态，这和示威委员会的立场迥异。多维尺度分析的结果更进一步指出学生和示威委员会之表征结构的不同。他把大部分的兴趣放在区分"学生"和"委员会"的第二个维度上。在这个维度中，学生将自己置于最靠近"行政部"的位置。迪基亚克莫认为学生对行政部门的认同度高于劳工，因为他们认为自己是行政人员。尽管他们现在可能无权，但他们向上流动的可能性使他们会向权力靠近，所以会和"行政"较近而和"劳工"较远。

整体来说，迪基亚克莫认为，从学生词语中获得的表征结构来看，学生不愿加入具有政治目的和策略的示威委员会是不足为奇的。学生并不认同委员会对此事件的政治立场，也不认同委员的呼吁。基本上，委员会无法组织学生以对抗政府的决定，这是因为学生对此议题的表征和委员会不同。

（三）关于生活质量的社会表征

将生活质量作为社会表征进行研究是由于生活质量本身就是一套关于"理想生活"的符号和意义系统，它是在特定文化历史背景中形成和传播的社会共识和社会知识，其功能在于为日常生活的组织提供一种符号性思维环

[①] Di Giacomo, J. P. 1980. "Intergroup alliances and rejuctions within a protest movement." *European Journal of Social Psychology* 10: 329 - 345.

境（symbolic thinking environment）。刘力基于对中国文化背景下生活质量的社会表征研究，鉴别、描述和分析了中国特定社会中的生活质量的意义和内容，并研究了普通中国人对生活质量的沟通与交流。[1][2][3] 研究方法采用的是三种测量方法的整合，即个体访谈法、焦点小组法和媒体分析法。样本取自北京市居民8人和河北省某村村民8人，此16个样本根据3个类别进行范畴化，这三个类别是性别、年龄和城乡身份。然后将这16个样本分成4个焦点小组进行讨论，其中包括年老与城市人、年轻与城市人、年老与农村人和年轻与农村人，每个小组包括5~6个参与者，被试在小组中是2男2女。媒体分析的方法选择1998年1月至2000年3月间的《参考消息》中的145篇相关文章进行研究。访谈策略选择无结构式、开放式访谈。一般性的问题都围绕生活质量的核心问题展开，如"你是如何理解生活质量的？你如何来描述你的生活质量？现在请想一想你感觉生活中特别高兴的时刻，然后告诉我们发生了什么？现在请想一想你感觉特别悲伤的事情，然后告诉我们发生了什么？你认为，你的生活怎样才算上更好？怎样的话就是更糟糕了？回顾之前的几年，你的生活取得了哪些你希望的成就，你将来还想获得哪些生活方面的进步？"特殊问题包括三个水平，以健康为例的话，包括描述性问题、解释性问题和比较性问题。描述性问题如"你认为什么是健康，什么是疾病"；解释性问题包括"为什么你认为生活质量中健康最重要"；比较性问题如"比较各种因素，你认为健康对于生活质量的影响重要与否"。在资料的整理分析中，采用QSR – NUD * IST4.0（Non-numerical Unstructured Data Indexing, Searching and Theorising），获得关于中国社会生活质量的社会表征的经验模式（见图2 – 3）。

　　作者认为，社会表征理论中最重要的概念是"基耦"，它在社会表征理论中常常是以相互交织的二元形式出现。在生活质量领域，它表现为"占有"（having）和"存在"（being），二者相互依赖，辨证且相互对立。这一

---

[1] Liu, L. 2006. "Quality of life as a social representation in China: A qualitative study." *Social Indicatiors Research* 75: 217 – 240.

[2] Liu, L. 2007. "To have and to be: Towards the social representation of quality of life in China." *Journal of Community & Applied Social Psychology* 17: 1 – 20.

[3] 刘力，2010，《敏化概念、基耦与共享：社会表征的对话主义立场》，管健、孙思玉译，载《中国社会心理学辑刊》，北京：社会科学文献出版社。

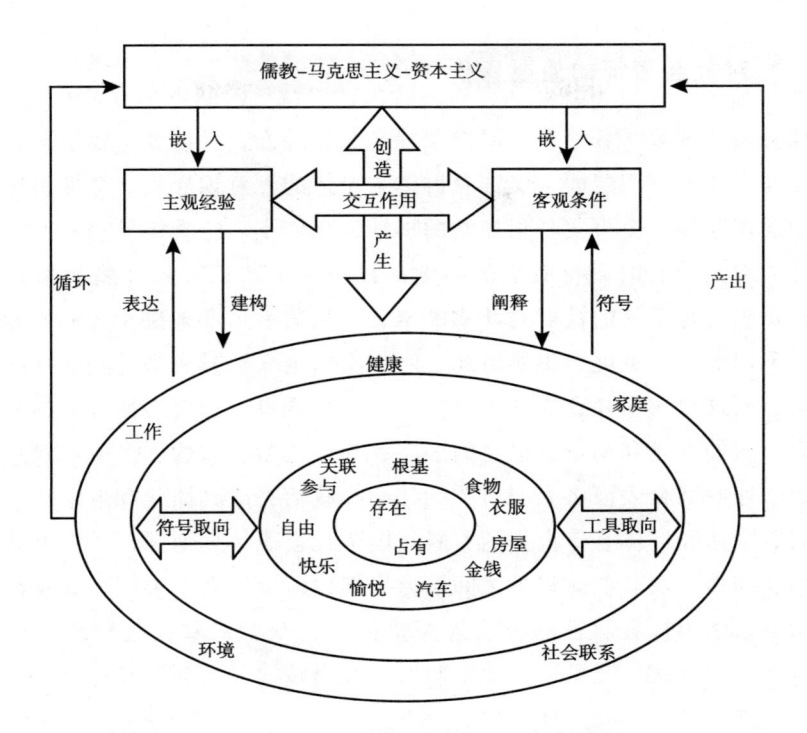

图 2-3　中国社会生活质量的社会表征模式[*]

[*] Liu, L. 2006. "Quality of life as a social representation in China: A qualitative study." *Social Indicatiors Research* 75: 217-240.

基耦的生存根基就是中国的文化,而表面生成的则是复杂的各种由此萌生的生活质量的表征,其中"占有"包含了金钱、食物、衣服、房屋和汽车;而"存在"包括根基、联系、参与和自由。由"占有和存在"这一基耦衍生的是各种不同的表征(见表2-3)。

表 2-3　由"占有-存在"基耦衍生的表征[*]

生活领域	工具取向	符号取向
健　康	攒　钱	积极活力
家　庭	财政支持	刹那融入永恒的生活
工　作	赚　钱	挑战与成就
社会联系	物质获益	情感支持
自然环境	资源储备	人与自然的和谐

[*] Liu, L. 2006. "Quality of life as a social representation in China: A qualitative study." *Social Indicatiors Research* 75: 217-240.

三 对社会表征的简要评价

社会表征现象十分复杂，既涉及社会文化层面，又涉及个体层面；既涉及群体与个体的意识层面，又涉及群体与个体的无意识层面。莫斯科维奇在研究中发现这样三个事实：很显然的事情，我们不一定看得见；我们认为理所当然的事情，有时只是我们的错觉；我们对于知觉对象（刺激物）的反应，有赖于自身所处的社群对此物的定义。从这一角度来讲，人们所看到的事物，不论是其能见度、事实感还是对事实的定义，其实都受到了社会表征的影响，而这也成为社会表征理论的一个基本观点。社会表征理论的支持者们认为，人们就是利用自己以往的经验和知识作为参照物去了解和熟悉新鲜事物的，这些社会表征将人们有关的社会和政治态度具体化和形象化，同时也影响着个体和群体看待世界的方式。因为社会表征理论强调社会群体意识反映的共同性，而非群体成员之间的差异性，所以许多学者，尤其是社会学家开始尝试利用社会表征的方法来探察社会公众对一些社会现象，如互联网、宗教、精神病、艾滋病、贫困问题、社会歧视与污名以及移民等所持的态度和观点。

可以讲，社会表征是社会群体成员为了能够更好地互动和沟通而需要通过认知、交流和共享知识等途径来表达对一定的社会性客体的集体性理解和认知。它可以被化约或客体化为认知或图形元素，以形成储存于记忆中的核心或象征核心，并在沟通与互动时得以接触。许多人们生活中的社会表征来自科学的世界，并通过媒体和一般人的精炼而成，可以帮助人们了解日常生活。同时，社会表征理论也为人们提供了一些新的思维，如人们之间的相似态度是如何形成的，以及群体成员之间如何形成社会表征，并分享社会表征等，这种信念的分享有助于人们组织和理解对世界图景的观念，使人们更为有效地和群体成员进行交流。

另外，社会表征理论作为欧洲社会心理学本土化的成果，自其提出起便颇受推崇，也在于这一理论强有力地突破了美国版社会认知的信息加工范式，以其更贴合人类生存本体的理论视角揭示了宏大社会背景下民众的社会认知过程。莫斯科维奇和玛科娃 2006 年的著作《现代社会心理学的形成：一门国际社会科学创建的轶事》（*The Making of Modern Social Psychology: The Hidden Story of How An International Social Science Was Created*）一书就充分证明了关键性事件对于学科形成的影响，它为寻找统一知识的全球化提供了路径，强化社会心理学要不断促进人与人之间的相互理解，同时也在打破美国模式的社会心理学一统局面。莫斯科维奇以欧洲学者的口吻强调，欧洲的社会心理学不仅要关注社会问题的研究，而且要关注欧洲自己的社会问题。更为重要的是，莫斯科维奇以其对社会共识或社会表征生成的历史、社会及文化脉络及意义的社会建构性的强调，重返人文主义话语形态，借此解构了美国社会心理学的话语霸权。众所周知，在西方心理学发展史的进程中，人文主义话语与自然科学话语的斗争与冲突构成了整个西方心理学的主线索。这两种话语形态的分野实质上是两种科学精神的对立，即人文主义思想与科学主义思想的对立。最终，人文主义思想因不敌科学主义思想而受到压制，一直未能摆脱被边缘化的境地。美国社会心理学隶属自然科学话语形态的典范，它在相当程度上消泯了社会心理与行为的文化性、社会性及历史性，致使研究视野中的人被抽象化了。而与此相对的人文主义话语形态则侧重一种根植于特定历史、社会及文化脉络的真实性，在此真实性特征下，个体的主体性、完整体以及社会交往中的话语关联性都未受到牵制。社会表征理论对人文主义话语形态的张扬，主要建基于一个辩证性的前设，即个体作为社会的一分子，其存在与认同均根植于一种集体性，并为社会所塑造。与此同时，它作为积极主动的参与者，在社会变革的过程中又有所贡献。这一前设的引入，无疑开阔了社会心理学的研究思路。

但是，由于社会表征的理论体系尚未十分清晰和稳定，本质上也过于抽象，因此一开始的发展目标就在于通过描述和探索性研究以形成资料和理论，并且由不同的研究方法来了解和研究，因而也遭到了一些学者的批评。在一篇《社会表征：社会心理学对社会学的（误）用》（Social representations：Social psychology's (mis) use of sociology）的论文中，帕克尔（Parker）质疑了这一理论是否真的比主流的社会心理理论更具有社会性。[1]他对社会心理学者倾向于将社会学的理论作为取代实证主义和个体主义的方法提出批判。帕克尔认为，莫斯科维奇认为的社会表征理论是继承其先驱迪尔凯姆的传统，但并没有解决实验主义和个体主义之下实验取向的问题，它

---

[1] Parker, I. 1987. "Social representations: Social psychology's (mis) use of sociology." *Journal for the theory of social behavior* 17: 447-470.

只不过让人们有解决的印象而已。其实迪尔凯姆的社会学本身也含有实证主义和个体主义的倾向。莫斯科维奇以迪尔凯姆所建立起来的个体与集体表征的二元论为基础，认为对个体表征的研究是了解集体表征符号与社会本质所必需的。接着论证社会表征并不只是符号的，它也是认知的，帕克尔认为莫斯科维奇将此概念个体化了。因此，社会表征变成常驻于每一个个体心灵中的认知结构，对主观意义的建构反倒比这些内容的社会共享与符号的本质更重要了。帕克尔认为社会表征理论不但没有打破传统社会心理学的进程，而且还可轻易地为其主流所调节和吸收。奥兰杜蒂斯（Allansdottis）等也以类似的理由认为社会表征概念的多样性使得它非常容易被社会心理学中个体主义的潮流所误用。[1] 海尔表达了相似的关切，认为该理论蕴涵了一种表征的分布模型，不能将表征视为一种从集体活动产生的文化产品，而将其看做存在于每一个个体头脑中的认知内容。[2][3]

之后，沃克莱恩（Voelklein）与豪沃斯（Howarth）在 2005 年就学术界对社会表征理论的批评概括为如下方面，即理论的模糊性（theoretical ambiguities）、社会决定论（socially deterministic）、认知简化主义（cognitive reductionism）和缺乏批判性（lack of a critical agenda）。[4] 当然，前三种批评多有误读之嫌，但第四种批评却颇具建设性。社会表征理论本身就有这样一个重要缺陷，即其因偏重社会表征的内容与结构而忽视了社会表征的功能及丰富的社会意涵。在现实生活中，表征往往不是中立的，而是与各种权力关系纠葛在一起的，比如豪沃斯在 2004 年就曾在研究中发现，在学校拒斥（school exclusion）的背景下，权势群体的表征中往往充斥着意识形态权力（ideological power）以使其主导地位合理化，不平等的权力结构系统也由此得以维系下去。[5] 除此之外，他认为社会表征理论另一不足之处是其尤为关

---

[1] Allansdottis, A., Jovghelovitch, S., & Stathopoulou, A. 1993. "Social representations: The versatility of a concept." *Papers on Social Representations* 2 (1): 3 – 10.

[2] Harré. R. 1984. "Some reflections on the concept of 'social representation'." *Social Researh* 51: 927 – 938.

[3] Harré. R. 1998. "The epistemology of social representations." In Flick, U. (Ed.) *The Psychology of the Social*. Cambridge: CUP.

[4] Voelklein, C., & Howarth, C. 2005. "A Review of Controversies about Social Representations Theory: A British Debate." *Culture and Psychology* 11: 431 – 454.

[5] Howarth, C. 2004. "Re-presentation and resistance in the context of school exclusion: Reasons to be critical." *Journal of Community and Applied Social Psychology* 14: 356 – 377.

注社会文化的主体间性，却未触及个体层面动态化、多样化的认知过程，诸如个体如何基于共享认知库存进行自我定位（self-positions）之类的问题还有待于进一步探求。通过梳理相关文献，沃克莱恩与豪沃斯发现，这一不足之处正成为实证研究的着力点之一。

针对这些批评，尤其是对于批评其将概念个体化，进而剥夺了它应有的社会与集体特质的问题，莫斯科维奇在辩解中称，探讨概念与意象和讨论某特定组群的文献及出版物的集体现象一样合法，社会表征研究有的可能与个体认知无关，但许多蕴涵文化在内或组群在内的表征不可避免地是从个体层次来了解。总之，社会表征理论被传统的美国社会心理学家所质疑的原因主要是其理论的复杂化，并且充斥着定性研究，虽有定量研究但仍显缺乏，以及同时缺乏统一的标准，虽然百花齐放但是操作性和规范性不强等。

应该说，社会表征理论的研究是非常复杂的，它的研究难点就在于表征将小组一起分享社会表征定义为循环的圆形，这种想法还有待考察；社会表征使用的方法在高度一致的群体或冲突频发的群体中是不是能够发挥有效作用也需要进一步验证。另外，社会表征虽然强调社会交互作用在建构中的重要性，但是现实的复杂性使得操作也很难进行。虽然这些疑义使得社会表征理论并不是非常精确，且关于这一概念的研究也有不同程度的限制，但是社会表征理论对于人类了解共享的社会认知是具有突出贡献的。随着近10年来，整个欧洲社会心理学与美国社会心理学的研究逐渐走向融合，社会认知研究与社会表征和社会认同以及话语分析也出现了合流的趋势。当前的社会认知范式也成为当代欧洲社会心理学主导的研究范式之一。在未来的研究中，社会表征理论将会在一些重大问题上不断进行研究，比如对社会表征理论自身的进一步深度研究、对形成过程和形成模型的深入研究、对社会表征转型中的媒介影响机制和效果研究等。同时，社会表征理论的研究兴趣一直在社会生活中的关注焦点，如疾病、贫困和弱势群体等，所以该理论今后的研究也将不断在这些重要领域中拓宽，同时这方面的研究对于整个人类消除不平等、促进全球和谐共生具有重要的价值。总之，社会表征这一词语是从"常识"思维中提炼出的结果和分类过程，它在一定的风格逻辑中被一群人或一个社会与文化群体共享，是社会对话的产物。20世纪下半叶以来，这种"共同常识"已经获得了显著地位，其中包括各类社会科学的研究，它为人类学、历史学、心理学、精神分析学、社会学以及最近在认知科学、哲学、语言学和哲学思想中都提供了新的研究方向。

从 1961 年的《精神分析：意象与公众》(1961) 到 2000 年的《社会表征：社会心理学探索》，再到 21 世纪的今天，由莫斯科维奇任顾问导师、意大利社会心理学家德罗萨创建和主持的欧洲社会表征与沟通博士生合作培养网络 (European Ph. D. on Social Representations and Communication) 的如火如荼，说明社会表征理论已经对全球社会心理学产生了重要影响。目前依据社会表征理论而召开的国际学术会议从 1992 年的意大利拉韦罗后两年举行一次，之后是 1994 年巴西里约热内卢、1996 年法国普罗旺斯、1998 年墨西哥的墨西哥城、2000 年加拿大蒙特利尔、2002 年苏格兰斯特灵、2004 年墨西哥瓜达拉哈拉、2006 年意大利罗马、2008 年印度尼西亚巴厘、2010 年北非突尼斯、2012 年葡萄牙，国际社会表征大会 (International Conference of Social Representations) 从第一次会议开始，20 年来，社会表征理论已经逐步在欧洲、美洲、南美洲、非洲和亚洲传播开来，研究者已经从社会心理学领域拓展到社会学、人类学、历史学、传播学等各个层面中。

第三章　城市新移民的污名认知与体验

自 20 世纪 80 年代初改革开放以来，我国已经有相当数量的农民工从中西部的内陆地区到东部与南部的沿海城市打工，其人数更由 20 世纪初期的 30 万剧增至 2010 年的 26139 万[①]，同 2008 年的 22542 万人相比[②]，增长了 16%。据国家统计局在 2012 年 1 月 1 日公布的最新信息，截至 2011 年底，全国人户分离（居住地和户口登记地所在乡镇街道不一致且离开户口登记地半年以上）人口为 2.71 亿，比上年增加 977 万；其中流动人口（人户分离人口中不包括市辖区内人户分离的人口）为 2.30 亿，比上年增加 828 万人[③]。

克里弗德（Clifford）认为，移民本身是一种"旅行的文化"，它包含着"连续和断裂、本质和变迁以及同质和差异的历史性对话"[④]。美国麦肯锡全球研究所（McKinsey Global Institute）在 2009 年的一份研究报告中指出，在未来 20 年内，中国城市 40% 以上的人口将由外来移民构成。大量农村人口向城市聚集，这是城市化进程的必然结果，也不断促进了人口城市化和城乡结构的转变。在人口扩张的进程中，中国的移民人口越来越成为典型性群体。在移民潮中，外来务工群体占据了最主要的部分。改革开放 30 多年来，农民的弱势群体地位得到了极大的改善，农民阶层迅速分化并向城市迁移，

---

① 国家统计局，2010 年第六次人口普查报告，http：//www.stats.gov.cn。
② 郑松泰，2010，《信息主导背景下农民工的生存状态和身份认同》，《社会学研究》第 2 期。
③ 国家统计局，http：//www.stats.gov.cn/tjfxljdfx/t20120118－402779722.htm。
④ Clifford, J. 1992. "Traveling cultures." In Grossberg, L., Nelson, C., & Treichler, P., A. (Eds.) *Cultural Studies*. New York：Routledge.

成为行走于城乡之间的中国新兴而特殊的产业工人群体,但是农民工本身的社会地位和社会身份依然给其带来了不可磨灭的身份污名。由于二元体制和二元社会的障碍,农民工的身份历来被划分到农民阶层,使得他们即使进入了城市,但却以边缘化人群的身份存在于目前鲜明的身份社会中。可以讲,他们既是改革开放的受益者,又是身份社会的受害者。他们不仅是廉价劳动力、超时劳动力还是高危劳动的直接从事者,他们本身还承受着很大的身份污名。

在我国这样一个身份社会中,身份对于个体的日常生活、角色及人际关系会产生重要的影响,而人们从这些影响中获得了对身份理解的意义,人们通常会在思维中存在一套参考架构,透过这些架构,人们赋予各种身份以各种意义,而这些架构就是人们对于角色身份的认知表征。这种通过人际互动、意见交流、沟通而形成的认知表征的过程,正是社会表征所观照的重心。本章力图从社会表征的观点出发,将对农民工的污名放置于社会的大环境中去探究,目的在于理解社会对身份污名的建构与形成机制。

第一节 城市新移民的身份污名感知

人们日常生活中的很多活动,其本质都是在寻找或者证实自己的身份。何为身份?从根本上说,身份(identity)就是某人或某群体标示自己为其自身的标志或某一事物独有的品质。人们一旦从社会中获得了某种身份,也就意味着他获得了与此种身份相适应的种种权利。身份是一种建构的过程,是在演变中持续和在持续中演变的过程。话语建构是通过日常生活中的话语选择而实现的,这种建构形式表现得更为直接和明显。有关群体边界的研究指出,所有的身份认同同时也是差异化的表现,对"他们"群体的社会建构同时也创造出了一个体现群体分化和社会利益冲突的"我们"群体。这种群体间的分化也强化了群体之间潜在的,甚至是公开的边界。

进入21世纪的第一个十年,农民工群体内部日趋分化,无论是第一代农民工还是第二代农民工都是这种分化所产生的一个备受关注的群体。农民工融入城市的过程是农民从表征传统文明的乡土社会进入表征现代文明的城市社会的过程,也是一种再社会化的机制,由于其定居的意愿越来越明显,这一群体日益演化为城市移民群体。移民是人类社会的普遍现象,在一定意义上说，人类社会的历史就是一部移民史。贝瑞等（Berry）在2006年认为，移民个体与主流社会的个体或集体的交互过程就是文化的互动和适应过程。① 移民已经是当代国际学术界研究的热点问题。从近年来西方学术界对移民问题的研究看，多种学科都已经纷纷介入当代移民研究领域，并形成了许多富有特色的理论。当前，伴随着我国城市化的高速推进，由农村向城市迁移的人口持续增加，这一群体是一个规模巨大、本身经历着巨大转变，同时又影响着中国经济发展和社会转型的群体。有别于人口流动或人口迁移现象，"移民"都是以重新定居作为最终目标的。相对于通过毕业分配、工作调动、财富投资等正规渠道而移民到城市的人来说，农民工只是一群劳动力新移民，或者更准确地说，他们现在充其量只是一群寻求定居的非组织化或非正式的农村劳动力移民。受社会时空转换以及经济条件的影响，外来务工人员对城市生活有了更多的接触和认识，他们开始主动模仿和接受城市的生活方式，这是一种主动的同化过程。但是由于长期受到传统农业生产方式和生活习惯的影响，他们对于多元化的城市生活方式还需要进一步适应，而心理学更愿意从交互双方的视角去了解城市移民群体和城市居民群体彼此的认知。

一 城市新移民身份污名的表征视角

污名是当代社会生活中广泛存在的压力和应激情境。自古以来，人们通常会对具有严重身心疾病者、贫困者等持有偏见和消极刻板印象，并进而采取歧视性行为。国际上对污名的研究，主要是一些社会心理学家和人类学家开展的。1963年，戈夫曼最早提出了污名概念，并把它作为社会歧视的起点。当时污名被认为是由于个体或群体具有某种社会不期望或不名誉的特征，而降低了其在社会中的地位，污名是社会对这些个体或群体的贬低性、侮辱性的标签，被贴上这一标签的人有一些为其所属文化不能接受的状况、属性、品质、特点或行为，这些属性或行为使得被贴标签者产生羞愧、耻辱乃至犯罪感，并导致了社会对他们的不公正待遇。歧视则是指社会对被贴上污名标签的人所采取的贬低、疏远和敌视的态度和行为，是污名化的结果。之后，社会心理学家以戈夫曼对污名的定义为起点，进行了大量有关污名和

---

① Berry, J. W., Phinney, J. S., & Sam, D. L. 2006. "Immigrant youth: Acculturation, identity and adaptation." *Applied Psychology: An International Review* 55 (3): 303–332.

歧视的研究。事实上，除了疾病和行为取向的污名现象外，还存在社会身份和地位的污名现象。作为消极的刻板印象，污名成为社会对某些个体或群体贬低性的、侮辱性的标签。

　　社会表征理论与社会认同理论、话语分析并列成为欧洲社会心理学中的三个重要领域。这一理论强调群体的中心性，强调群体影响和沟通个体的意识，强调社会心理现象和过程只能通过将其放在历史的、文化的和宏观的社会环境中才能进行最好的理解和研究，任何社会问题都应该注意到其特殊的社会脉络。这里，我们力图从社会表征的研究角度探讨对农民工产生污名的机制是如何建构起来的，又是如何从个体泛化到社会范围中的，同时是如何具有如此强大的统一性的。单就社会表征的形成过程来讲，它经历了如下几个阶段，如个人或团体受到威胁或遭遇不熟悉的现象或事件；为化解威胁或不熟悉事件而产生的应对；以锚定和具体化为途径形成社会表征；对于新事物的沟通和深思后产生的社会表征以想象、隐喻或符号的方式透过大众媒介和人际沟通形成；通过不断的沟通与使用新概念，将过去被视为陌生的现象转化为共同知识；共同的知识表征带来群体的社会自我认同。由于污名代表了个体不可分割的特质，对被污名者的自我认同将会产生重大影响。戈夫曼认为自我认同（ego identity）是个人对自我的主观性认知，是各种经验的融合，包括对自我情境、自我连续性和角色的主观感受，是个体获得各种社会经验的结果。那么，关于对农民工污名所产生出的社会表征又是如何构建的呢，这是本书所关心的重点。

　　众所周知，群体生活最基本的利益来源于分享群体内所有个人的努力、知识，以及物质资源。但个人可能无法独立完成任务，所以借由多人参与、合作努力以及共享的知识和经验来完成。这种分享的方式会对群体成员有益处，而且会成为社会系统中可信赖的一部分。但是，如果先前的给予者所付出的努力、知识或物质资源后来被接受者回报以同样的努力、知识或物质资源的时候，人类便拥有了互惠互利的规范。按照这样的逻辑，人们会对那些被认为阻碍群体功能有效发挥的人实施污名。进化论视角下的污名假设，就是那些被人们认为在行动中没有实施回报的个人或亚群体将会被污名。

　　其实，生活世界一开始就是一个主体间性的世界，人们面临纷繁复杂的世界，总是试图简化互动的程序，希望能够有一个简化了的行为模型，通过这个模式来处理日常生活中面临的事和人。农民工和城市人之间建立起了一种特有的互动结构，在这种不平等的互动结构中，农民工处于一种劣势和弱势的地位。这里，污名作为一种社会表征是由文化和历史因素塑造的一种社会建构。

二 身份污名的研究策略与方法

社会充斥着人与人之间的差异，而这些差异的重要性来自团体身份。污名的第一步是标示差异的存在，并将差异与负面特征联结，被标示的差异承载社会所赋予的负面评价。而后由负面评价区分开施加污名者和承受污名者，承受污名者随之而来的是机会的丧失、资源的减少等情境并伴有一定的身份焦虑。进而，公众污名直接导致承受污名者的自我印象，造成其低自我评价、自尊受损，影响个人情绪和生活满意度，从而产生自我污名化现象。

伴随着改革开放和城市化进程，大量农村剩余劳动力涌入城市，为我国城市的经济发展和城市建设作出了巨大贡献。然而，长期以来，这些农民工却或明或暗地遭受到来自城市居民诸多方面的污名、偏见和歧视。本章的研究希望回答下面两个问题。第一，城市居民对农民工存在何种形式的污名与歧视？农民工主要感受到何种形式的污名和歧视，水平如何？第二，影响城市居民作出不同水平的、针对农民工的污名的因素是什么？如果不同的农民工感受到不同水平的污名和歧视的话，那么其影响因素为何？其中第一个问题在于展示我国城市居民和农民工所感受到的污名的主导形式以及他们所感受到的具体水平；第二个问题在于分离出影响其污名机制的主要变量因素，分析这种身份污名的社会表征是如何构建起来的。

因而，如下研究选择了天津市 N 地的农民工居住区为个案研究的地点，调查共进行了 138 例深度访谈和非参与式观察。研究对象是天津市某地区的农民工和生活于该地区的城市居民。本研究采用质性研究（qualitative research）方法，即"以研究者本人作为研究工具，在自然情境下采用多种资料收集方法对社会现象进行整体性探究，使用归纳分析资料和形成理论，通过与研究对象的互动对其行为和意义构建获得解释性理解的一种活动"[1]。

---

[1] 陈向明，2000，《质的研究方法与社会科学研究》，北京：教育出版社，第 12 页。

由于质性研究重在"解释性理解",重在发现事物的复杂性和多样性,而非归纳事物发展的一般规律和趋势预测,因而较多采用非概率性目的抽样,按照研究的目的抽取为研究问题提供最大信息量的研究对象。研究地点选取的是天津市 N 辖域农民工的居住和工作区,选取这一地点主要考虑的原因为该地区是农民工的主要居住区和工作区,其人员既包括建筑工人,也包括各种服务性行业劳动者,具有多行业的典型意义。表 3-1 为两类调查对象的分类情况。

表 3-1　人口学变量描述

	性别		年龄分布				小计
	男	女	20~29 岁	30~39 岁	40~49 岁	50 岁及以上	
农民工	49	29	39	26	9	4	78
本地居民	26	34	19	11	10	20	60
小　计	75	63	58	37	19	24	138

三　身份污名产生机制与表征建构

在社会环境急剧变迁的当今中国社会,身份不再是赋予和既定的,而处在不断的解构与建构的过程中,流动人群获得了一种社会表征性的身份,这是群际互动的结果。

(一) 承受污名者与施加污名者的交互反应

在对 60 名城市居民的访谈中,城市被试对农民工所采取的污名指向呈现多元化,从外在到内度推测,无一不涵盖其中。肮脏、随地吐痰、偷盗、不礼貌、不文明等,似乎天然正当地加在农民工的身上。一旦在一个地方发生了刑事犯罪,人们也总是首先将怀疑的对象指向进入城市的农村人,而且这种消极的刻板性污名还存在得如此广泛和一致。这里既包括了外显的态度,也涵盖了内隐的态度。虽然这两种态度是相互独立的系统,代表着不同的心理轨迹,前者是可意识到并受意识控制的,后者是在意识控制之外的真实性想法。但是在污名的交互作用中,城市居民虽然在行为上表现得礼貌和客气,但在内隐态度上常常具有偏见和自动化的消极反应(见表 3-2)。

表 3-2 城市居民对农民工群体的污名化操作

污名化特征	指向	描述性资料
肮脏、没有素质、不文明	外貌举止	"有农民工出来给我家搞装修,我从未和他握过手,我想他身上可能有虱子。"(S1-44)
粗鲁、野蛮、不遵守城市规则	行为	"我家附近有农民工的孩子在玩的时候,我绝对不让自己的孩子和他们一起玩耍,这样会把孩子带坏,那些孩子特别野,没有家教。"(S1-46)
偷盗、违法犯罪	人格质量与道德水平	"如果到天黑的时候,我在街上走,有民工在我后面,尽管很远,我心里也非常紧张,我害怕他会有什么不好的企图。"(S1-15)
怪异、愚昧、精神疾病、性压抑	怪异行为	"电视里的民工形象都是傻乎乎的,我也这么认为。"(S1-4)
传染性疾病	内隐疾病	"我自己的小买卖雇几个民工干活,我很少和他们一起吃饭,我怕他们有乙肝。"(S1-51)

注：本部分中括号内的 S 即 Subject,被研究者；S 后的数字 1 表示城市居民,2 代表农民工；"-"后的数字表示其所在序列中的位置编号。

在城市人群对农民工的称呼中,诸如"盲流""暂住人口""农村流动人口""进城务工人员",这些称谓都说明这一群体被认定为介于农村与城市、农民与市民、农业与非农业之间的位置,也反映了整个社会仍将其视为流动大军,而尚未真正视其为新一代的移民群体。农民工自我感受到的污名,基本和上述描述性数据相类似,他们自我报告比较多的是认为"城市居民与我们说话,就是想雇佣我们,不会和我们交朋友"(S2-71)、"感到处处受到排斥和白眼"(S2-17)、"别人的眼光让我们感到低人一等"(S2-46)、"城市人认为我们啥也不懂,啥也没见过"(S2-3)等。其中,他们自我报告,常常感到的污名既有来自城市普通居民的,也有来自政府机构工作人员的。其中,他们对空间距离体会较深,认为这是对他们最大的歧视。不过在自我报告形式中,他们虽然有埋怨,但是非常宽容,反映出强大的接受性和自我认同感。

此外,找出城市居民对农民工污名的基本向度,有助于更为系统地了解人们是如何形成和看待身份污名即污名团体的。本研究利用质的研究方法找出区分污名团体的行为研究加以解释归纳,得到六种污名的向度。第一,可见性,即外表的外化印象影响对污名的认知和推测；第二,好感度,对他人的反感度或喜好度影响污名建构；第三,危险度,推测他人的危险性,是否通过接触与交往会带来不安全感,如"报纸上总看到有民工偷盗,所以我一看到有民工模样的人在小区转悠,我就万分警惕"(S1-8);第四,来源性,来源地点、省份和家庭背景影响污名形成,如"我碰到河南的民工就十分害怕,不是报道那里有个艾滋病村子吗"(S1-19);第五,时间性,外出打工的时间及在本地生活的时间影响污名认知;第六,交往性,交往性和污名程度呈现明显的负性相关,如"我考大学从农村出来,我哥哥弟弟都在外面打工,我一碰到民工就十分亲切,不像我老婆那么敌视,她是城市人,歧视人家的"(S1-23)。

发生在城市居民和流入城市的农民工两个社会群体之间的社会身份的污名化,建基于"我们"和"他们"这一本原性的区分,更建基于城市居民和农村居民不同的社会身份。对农民工的污名化,源于城市人对"流动而无根"的陌生人的恐惧,这是自我对他者的恐惧。这种原初的恐惧,被"城市-农村"这一显示着群体之间高下优劣的二元概念的落差进一步放大,并借助城市社会中的各种话语建构过程通过卷标等策略得以表现,进而形成根深蒂固的歧视与偏见。这些观念与制度化的歧视性政策相互扭结,锻造出几近凝固与僵化的污名化现实。社会总是由不同的范畴组成,社会范畴在权力和地位关系上是彼此相关的,它会依据民族、国家、种族、阶级、职业、性别、宗教而划分。依据权力和地位的范畴评价了更多的话语权、声望与地位,它不是孤立存在的,一个范畴只有在它与另一个范畴的对比中才能彰显其存在的意义。因而,城市居民对农民工污名的基本向度本身不是孤立存在的,也不是完全一致的,它与城市的社会特征有密切联系。我国城市居民具有强烈的地理边界认识和户籍意识,是一个内部团结和整合程度较高的集合体。作为农民工来讲,他们所感受到的(或想象中感受到的)不同水平的污名也与很多因素有关。相比较而言,来自本省外县市的人员更容易融入当地社会,尤其是在本地居住多年或与本地人结婚的外来人;受教育程度越高,体验到的社会污名的心理感受越强烈,如"我小学没毕业就出来了,感觉还可以,赚钱回家盖房,我弟弟不行,折腾半年也没上个大学,高中毕业出来的,总是不服气,常说城里人瞧不起人,要我说,他想得太多,没用"(S2-13);年龄越小,出来打工时间越短,心理感受越强烈;本人从事工作越简单、社交圈子越小越容易有强烈的感受,如"我们工地上的,工作一年多,每天碰的都是民工,一上街人家一眼就认出来,不像人家单干的,很快就和城里人学得像那么回事啦,回村子都比我们脸上有光"(S2-4);经济水平越低,社会支持性因素越少,越容易感受到污名的存在等。

(二) 身份污名产生机制与表征建构

污名这一概念实际上清晰地阐述了歧视发生的社会机制,也就是污名化过程及结果,它表明,污名实际上包含了污名化、承受污名者和施加污名者几个角色。可以讲,当一个负面的标签出现并形成污名后,就区分出了承受污名者和施加污名者这两类人,如果后者具有减少前者生活机会的力量和可能,那么承受污名者就会经历被"污名化"的过程,遭受生活机会的丧失和种种歧视。结合林克和费伦的定义①,这里我们将农民工身份污名的形成从社会大背景中去考察,将这种对于该群体的身份污名分为六个相关同时出现或发生的集合。

第一,污名开始于对该群体的"贴标签",人与人之间的区别被强调并被贴上了标签,通过这一过程,被贴标签者就与其他人产生了显著差异,即将城市人和农村人人为地划分出来,当然这其中的划分在一定程度上是原始户籍制度造成的。户籍制度不只是一种单纯的人口管理手段,它更将本来平等的中国公民划分为不同的社会群体,使人们按户籍身份的差异不平等地占有社会资源,而城乡户口之间的对比和差异尤其明显。户籍制度一直深刻地建构着中国的社会分层体系。在改革开放之前,城乡差别经常被总结为中国社会最为根本的不平等结构,而且这种差别同时具有地理和制度上的双重意义。改革开放以后,尤其是20世纪90年代以来,对人口流动的行政控制逐渐放松,但户籍制度却一直未有质的改变,于是就形成了大规模的"流动人口"现象。从城市社会的角度来看,农民工最早被视为外来者,他们严重冲击了二元体制下构建起来的社会秩序,在一定程度上导致了公共资源的紧张、公共交通的拥堵、社会治安的混乱,甚至还是许多不文明行为的"肇事者",如随地吐痰、小便、高声喧哗等。这些歧视还反映在一些公开的报道中,这些隐蔽的、潜在的、根深蒂固的标签一直如影随形。

第二,当把这些被贴上标签的人分在了负面的一类,并在文化和心理上形成了一种社会成见和思维定势后,污名随之产生,如将农民工与犯罪、抢劫、贫穷、性出卖等词语的结合更是产生了负性评价。我们知道,个体不仅

---

① Link, B., G., & Phelan, J. C. 2001. "Conceptualizing stigma." *Annual Review of Sociology*, 363.

具有个人身份,还具有社会身份。根据社会认同理论,人们不仅有动机维持高水平的自尊,还有动机维持积极的社会认同,这一动机影响个体对内外群体的知觉和评价,使其对内群体成员态度更加积极,而对外群体成员存在贬抑。当然,由于污名在很大程度上是一种社会建构,在一个历史时期被看做污名的特征也许在另一个时期就不是,或者在同一时期的一种情境中是污名而在另外一个情境中就不是,情境也是决定污名化社会心理结果的关键因素。

第三,被分离为"不同的",成为"他们"而不是"我们"中的一员,一旦这种区分被主流文化所接受和利用,通常会导致社会的隔离。这一点在农民工身上尤为明显,比如外来移民具有强烈的外群体意识,很难融入城市的内群体中,他们将城市的人称做"他们城里人"和"那些城里人"等。

第四,作为这些过程的结果,带有污名的个人就会丧失许多生活机会和社会地位,如在就业、住房、教育、婚姻市场等许多主要方面遭受歧视和区别对待。例如,农民工在城市获得了就业的机会,却没有获得相应的职业福利,包括休息权、就业保障权等。他们的子女教育也存在着各种或明或暗的制度性门槛。

第五,被污名化的程度完全视社会、经济和政治权利的可得性而定。也就是说,除非一个社会群体具有足够的资源和影响来左右公众对另一群体行动的态度,否则污名就很难消除。作为农民工本身而言,其人数尽管众多,但是其地位和权力领域小,这必然使该群体很难成为具有足够经济资源和政治资源的群体。所以,农民工的反弹方式比较激烈,缺乏合理的通道,或者他们根本不了解这些通道,就会采取类似跳楼、卧轨、上街抗议或围堵政府机关等极端方式来讨薪水或讨说法。

第六,承受污名的一方往往在公共污名的形成过程中,不断强化自我意识和自我评价,常常带来更多的自我贬损、自尊下降、个人情绪低落和安于社会控制与命运安排的心理。莱尔(Lever)等人在2005年的研究中发现,和普通人相比,贫困者的工作自尊、竞争性、主观幸福感更低。[①] 因此污名成为贴标签、形成成见、隔离、地位丧失、歧视等要素同时发生在一个社会中的情况。这里,我们将农民工身份污名的形成机制与表征建构绘成图3-1。

---

① Lever, J., P. Piňol, N., L., & Uralde, J., H. 2005. "Poverty, psychological resources and subjective well-being." *Social Indicators Research* 73: 375 - 408.

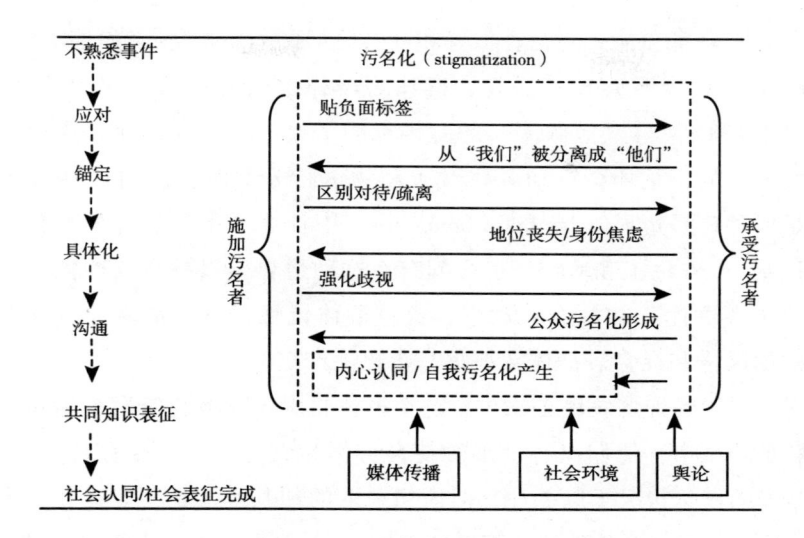

图 3-1　身份污名产生机制与表征建构

资料来源：管健，2006，《身份污名的建构与社会表征：以天津市 N 辖域的农民工为例》，《青年研究》第 3 期。

（三）身份污名的社会表征与心理机制

污名来源理论的任务之一就是要解释一个特定的社会或文化是如何共享关于污名化的信念的。能成为污名的特质，必然是在某一特定群体成员之中共享的。有人可能偏爱白色人种而讨厌黑色人种，而另外的人可以有相反的倾向。但是，这些个体的评价性信念并不能形成污名。污名必须是被人们共同拥有的信念，以至于这些信念不仅会在个体水平上，而且会在群体水平上影响互动交往。这一点就需要使用社会表征的理论范式了。

在特定的社会语境中，每个人都被分类或范畴化，因此获得多重确定的群体身份或范畴成员资格，并占有自身确定的社会位置。以社会资本、文化资本、经济资本和权力资本为核心的价值负荷为分类线索，这些范畴或群体被称为阶层或阶级，以表征种种社会资源占有不平等的割据，并以之作为洞悉社会秩序和社会变迁的线索。[1][2] 这些分类的尺度或标准以及分类结果，作为共享的社会实在或社会表征是人的社会知识体系的一部分。人在社会互

---

[1] 李培林，2004，《中国社会分层》，北京：社会科学文献出版社。
[2] 陆学艺，2004，《当代中国社会流动》，北京：社会科学文献出版社。

动中，对其自身和他人的社会位置和社会阶层的所属进行有效的识别。边界（boundary）则表明人与人之间、群体与群体之间在区分"我物"与"他物"、"我群体"与"他群体"的时候标明了差异和不同，而且这种区分是社会共识性的，是社会行动者在对人和物进行分类时所获得的概念上的区分，是一种符号边界（symbolic boundary）中社会不平等过程的社会心理过程和机制。① 农民工和城市居民之间存在这种边界是以社会范畴化的认知为基础的"我群体"在社会行动中，通过群体记忆，不断地表征和再生产自己的群体风格和社会表征体系，进一步再生产出来的。

对于中国的许多农民工来讲，这个群体自发地从乡村迁移到城市，并顽强地驻足于城市，他们以行动来改变自身作为农业人口的生存环境和条件，并对自身的权益状况予以关注，但他们采取的却基本上是不表达和不申诉的态度。因而他们成为特殊的"沉默的群体"。这些农民工的生活目标设定与价值获得方式以及在城市的生活原则、生活方式，基本上都是以农村和农民为参照的。他们往往将拥有城市户口的人称为"他们城里人"，而自己为"我们外地人"，对自身作为城市"局外人"（outsiders）的身份，他们有较普遍的认同感。据此他们程度不同地接受他们在城市所处的现实的权利状况和生活状况，他们通常把这种身份认同作为解释自己的现实状况，以及不表达、不行动的理由。其实，对作为非市民的"农民工"身份的认同，直接影响了他们作为城市居住者的权利意识。作为一个与"农民""城市居民"并存的身份类别，"农民工"在中国社会中是由制度与文化共同建构的第三种身份。② 在这个建构过程中，城市政府成功地将城乡二元的社会结构移植、复原于城市内部。凭借既有的户籍制度，城市行政管理系统和劳动部门、社会保障、公共教育等各个系统将城乡迁移人员排除在"城市居民"之外，使城乡迁移人员成为事实上的"城市里的非城市人"——制度规定的"非市民"。客观上，这种身份的认同会给他们一个理由，让他们说服自己，去接受某些不公地位和待遇。这种认同的心理更多的是在感受相对剥夺的情况下，致力于自我保护的一种应对行为，而这一身份概念使得歧视性的身份制度在城市空间中得以延伸和

---

① 方文，2005，《群体符号边界如何形成？——以北京基督新教群体为例》，《社会学研究》第 1 期。

② 陈映芳，2005，《农民工：制度安排与身份认同》，《社会学研究》第 3 期。

再生，同时还有了"世袭制"，如"农民工子女""第二代城市移民"等。

由此，我们可知，由于污名化的存在使得脆弱人群更容易受到排斥，难以获得相应的尊重和权益的享受，而这些人群又大都集中于相对弱势的群体，从而使污名加剧了对边缘人群原有的污名和歧视，进而还不断加强了地区污名化和群体污名化的显现。在边缘人社会地位的基础上，逐渐形成了一种边缘人的独特心态。污名会造成群体之间的冲突，让强势群体对弱势群体的排斥和剥夺变得合法化。社会心理学家发现，污名他人最直接的后果就是获得个人的优越感。而被污名的人，一般会受到他人污名的影响，在情绪上会持续焦虑、压抑，甚至出现反社会倾向。福克曼（Folkman）和拉扎勒斯（Lazarus）早在1986年的研究就发现，根据应对的功能，可以把应对方式分为两类：以问题为中心的应对（problem-focused coping）和以情感为中心的应对（emotion-focused coping），即相当于积极应对和消极应对。消极的应对方式如逃避、幻想、焦虑、抑郁等，[1] 在行为上会受到负面诱导。当然，身份污名的社会后果还可能造成群体之间的区隔和疏离，甚至对立和冲突。一个和谐的社会需要群体之间减少偏见、歧视，形成各种社会类别的人相互理解、相互帮助、相互合作的良好状态。缩小城市农民工与本地居民之间的心理距离，促进农民工尽快融入城市社会，是建设和谐城市、推动城市化健康发展的重要途径。

第二节　城市新移民的污名维度与权变模型

一直以来，研究者试图使用各种各样的方法将污名进行有意义的分类。戈夫曼从形式上分为身体污名、个人特质污名和种族身份污名。琼斯认为污名包括可隐藏性（污名化特征可被识别的程度）、标记过程（随着时间的变化，标记是变得越来越明显还是越来越衰弱）、分裂性（污名特征干扰人际交互作用的程度）、审美度（对缺乏吸引性的污名的主观反应）、来源性（个体对生成污名所负责任的归因）和危险性（他人知觉到污名条件对自我造成的危害）；[2] 迪奥斯使用实验法进一步区分出三种维度，即危害性、可

---

[1] Folkman, S., & Lazarus, R. S. 1986. "Appraisal, coping, health status and psychological symptoms." *Journal of Personality and Social Psychology* 50 (3): 571–579.

[2] Todd, F. H., Robert, E. K., Michelle, R. H., & Jay, G. H. 2000. *The Social Psychology of Stigma*. New York, Guilford Publications, 6.

见性和可控性;① 克洛克认为可见性和可控性对于施污者和受污者的体验来说是最重要的维度;② 巴拉特从污名的表现形式将污名分为自我污名、意识性污名和表现性污名。③ 尽管研究者对划分维度各执一词,但殊途同归,其目的都在寻找污名化形成和改变的内在机理。

以下研究采用多维标度方法,对分类结果进行统计分析。多维标度法是近40年发展出的一种十分有意义的结构分析法,在许多领域中都有成功的应用,可以用来处理自然分类的结果,有效地测量人的知识结构。它假定相似性数据和距离数据之间存在着线性关系,利用客体之间的相似性数据,将相似性数据转换为距离数据,从而建立起与客体集合相对应的被试的心理空间。分类数据经多维标度法处理后,客体集合中的每一点都与心理空间中的每一点相对应。点与点之间的距离越近,客体的维度特征越相似;距离越远,差异越大。这样,就可以通过心理空间的维度、客体在各个维度上的坐标揭示事物之间的相互关系,以确定引起心理活动的因素的个数,对各个因素进行命名或对客体进行分类。本研究假设人们对事物的自然分类能比较真实地反映他们头脑中的概念组织,在没有给出分类标准、分类数目、分类名称的情况下,如果被试能够将项目分成不同的类别,就可以反映出被试头脑中外显和内隐的分类标准和语义组织维度。多维标度法收集数据主要有两两比较法、排序法和自由分类法。自由分类法适用于对象数量较多时,它要求被试自由地将事物分成若干种类,用被分在同一类别中的次数作为相似性的指标,得出反映事物相似程度的矩阵。同时,已有研究表明,自由分类的方法在研究被试头脑中的概念结构和空间语义方面很有成效。④⑤ 所以,本内容将立足于之前的研究,采用自由分类的方法研究中国大陆普通城市居民对各种污名群体的类别划分与概念组织。

---

① Deaux, K., Reid, A., Mizrahi, K., & Ethier, K. A. 1995. "Parameters of social identity." *Journal of Personality and Social Psychology* 68: 280 – 291.
② Crocker, J., Major, B., Steele C. 1998. "Social stigma." In Gillbert, D. T., Fiske, S., Lindzey, G. *The Handbook of Social Psychology*. New York: NY: McGraw-Hill 2 (4): 504 – 553.
③ Bharat, S., Aggleton, P., & Tyrer, P. 2001. *India: HIV and AIDS Related Discrimination, Stigmatization and Denial*. Geneva: UNAIDS, 20 – 23.
④ 张启睿、和秀梅、张积家,2007,《彝族、白族和纳西族大学生的基本颜色词分类》,《心理学报》第1期。
⑤ 张积家、陆爱桃,2007,《汉语心理动词的组织和分类研究》,《华南师范大学学报》(社会科学版)第1期。

一 基本方法与实验结果

本研究的被试是 249 名普通的城市居民,其中男性 112 人(45%),女性 137 人(55%)。研究之初,首先确定社会生活中遭受污名的人群种类。本部分采用的污名人群种类主要来源于 4×8 焦点组访谈(每小组 8 人,共进行 4 个小组的研究)所获得的资料。实验中,将前期通过焦点组访谈获得的 25 种社会生活中的污名类别作为实验材料(这些类别包括性病人群、头脑简单的人、农民工、感染艾滋病人群、肝炎携带者、肥胖人群、同性恋者、狐臭者、身材侏儒者、农民、贫穷群体、患癫痫者、少数民族、犯罪者、失业者、娘娘腔者、智力障碍者、残疾人、相貌丑陋者、有精神疾病者、性别中性者、吸毒人群、行为让人反感者、文盲、性格怪异者),将类别词语打印在问卷上,随机排列,问卷下方留出空间以备被试填写对项目的分类。

在具体实验程序中,实验员发给被试调查表,要求他们按照自己的想法将 25 种基本污名词语分类,将其心目中认为属于同一类别的人群写在一行,不允许之间相互讨论。要求被试根据自己的标准对 25 个群体进行自由分类,每个群体名称只能归到一个类别中,不能重复。而分类数目不作规定,完全由被试个人意愿决定。测验中,以纸笔的形式做一对一测试,指导语告知被试对群体的分类没有对和错之分,只要符合自己的意愿标准即可,然后根据分类简要填写自己的分类标准。每一类别的群体词语写在一起,类别与类别之间留出空档,分类完成后仔细检查自己的分类,不应出现遗漏的情况。完成之后,收回问卷,先将每个被试的分类数据输入记事本,再将结果转换成 25×25 的相异矩阵;如果两个人群组被分作一类,就在两个人群词语的交叉点上记作 0,否则就记作 1。把所有被试的分类矩阵相互叠加后,以 EXCEL 格式输出结果,然后将 EXCEL 格式文件转入 SPSS16.0 中,利用多维标度方法进行分析,以确定污名群体的组织维度和聚类情况,得到其结构不同维度的解、压力值以及各个群体在不同维度中的坐标值。

本研究中,在得到 249 名普通城市居民对社会现象中普遍存在的 25 种人群的污名词语的相异矩阵后,用 Non-metric MDS 的统计分析式 SAS PROC MDS 程序处理,得到 249 名普通城市居民对污名群体概念结构的不同维度的解、压力值以及各个污名词语在不同维度中的坐标值。统计表明,普通城市居民将污名群体按照其心目中的划分标准分为4类的最多，占46.99%，其次是分成5类、3类和6类，分别占30.12%、12.85%和10.04%（见表3-3）。

表3-3 普通城市居民污名分类

分类数目	被试数目	百分比(%)
3	32	12.85
4	117	46.99
5	75	30.12
6	25	10.04

其中，平均分类数目为4.37（SD=1.33）。数据经过多维标度方法处理后，Stress值为0.096，RSQ值为0.967。多维标度法拟合模型有两个指标，一般说来，Stress≤0.05最好；0.05≤Stress≤0.1次之；Stress>0.1较差。RSQ值越接近1越好。在本书中，城市居民对25种污名群体的基本分类的结果令人满意，被试的结果令人满意，被试的分类较一致（结果见表3-4和图3-2）。

表3-4 普通城市居民对25种污名人群在语义空间中的坐标值

	基本污名群体	维度1：社会性/自然性	维度2：强特征/弱特征
S1	性病群体	.569	.408
S2	头脑简单的人	-.523	-.151
S3	农民工	-.404	.516
S4	艾滋病人群	.595	.360
S5	肝炎携带者	.628	.216
S6	肥胖人群	.226	-.235
S7	同性恋者	-.298	-.593
S8	有狐臭者	.451	-.330
S9	身材侏儒者	.328	-.327
S10	农民	-.432	.527
S11	贫困群体	-.356	.543
S12	患癫痫者	.593	-.225
S13	少数民族	-.605	.411
S14	犯罪者	.264	.658
S15	失业者	-.329	.580
S16	娘娘腔者	-.444	-.568

续表

	基本污名群体	维度1:社会性/自然性	维度2:强特征/弱特征
S17	智力障碍者	.315	-.506
S18	残疾人	.340	-.193
S19	相貌丑陋者	.156	-.283
S20	有精神疾患者	.555	-.403
S21	性别中性者	-.416	-.532
S22	吸毒人群	.398	.583
S23	行为让人反感者	-.591	-.405
S24	文盲	-.479	.329
S25	性格怪异者	-.539	-.380

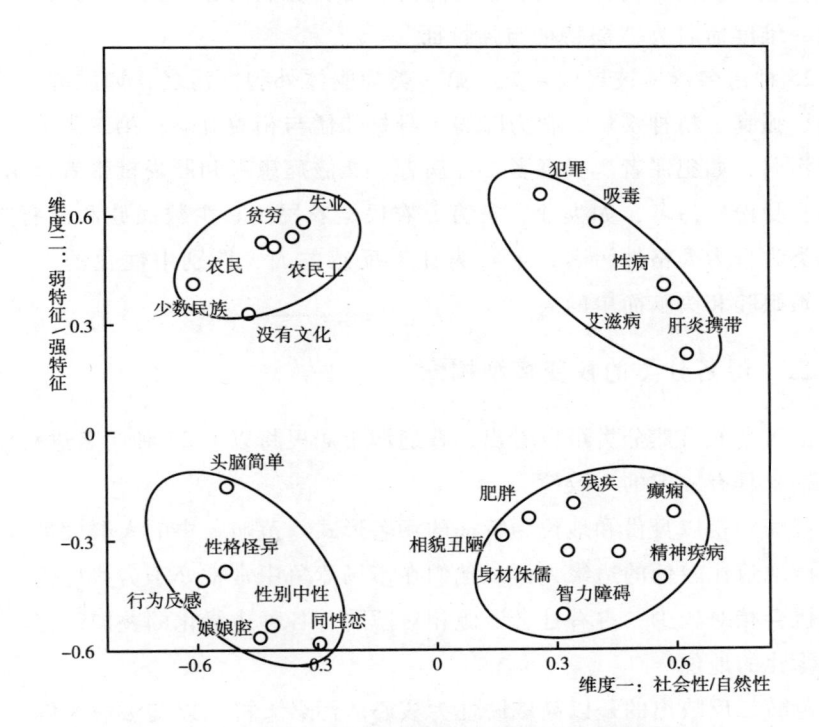

图 3-2 249名普通城市居民对污名群体的基本分类

从图 3-2 可见，横轴从右向左，右边表征自然性污名特征，即无论在何种文化或国家与地区内，或是历史上的任何时期，这些污名自然性生成，如犯罪者、吸毒者、性病者、艾滋病患者和肝炎携带者，以及肥胖、残疾、癫痫、狐臭、精神疾病、智力障碍、身材侏儒与相貌丑陋；左边是表征由社会建构所引发的污名形式，该污名的类型大多受社会文化所影响，并属于某种文化生成的污名形式，如失业、贫穷、农民、农民工、少数民族和没有文化者，以及行为让人反感的人、性别中性化的人、同性恋、娘娘腔和头脑简单的人。因此，我们将这一维度命名为"社会性与自然性维度"。纵轴从上到下，上方是弱特征污名，即被污名特征容易被隐藏，包括失业、贫穷、农民、农民工、少数民族和没有文化，以及犯罪者、吸毒者、性病者、艾滋病患者和肝炎携带者；下方是强污名，即污名形式较容易暴露，如行为让人反感的人、性别中性化的人、同性恋、娘娘腔和头脑简单的人，以及肥胖、残疾、癫痫、狐臭、精神疾病、智力障碍、身材侏儒与相貌丑陋。因此，我们将这一维度命名为"弱特征与强特征"。

25种污名群体被聚成4类。第一类为躯体外貌性污名，如肥胖、残疾、癫痫、狐臭、精神疾病、智力障碍、身材侏儒与相貌丑陋；第二类为人际高危性污名，如犯罪者、吸毒者、性病者、艾滋病患者和肝炎携带者；第三类为社会身份性污名，如失业、贫穷、农民、农民工、少数民族和没有文化；第四类为行为人格性污名，如行为让人反感的人、性别中性化的人、同性恋、娘娘腔和头脑简单的人。

二　污名分类的权变模型构念

由污名的自然分类可以看出，普通城市居民将以上25种污名进行归类，所得结果具有一定的一致性。

范畴一是以身份和地位为特征的污名形式。范畴一中的人群大都属于社会经济地位比较低的边缘人群，他们在市场竞争中常常处于劣势地位，向上流动机会相对较少，占有社会资源相对薄弱，各种边缘化的叠加效应使其处于边缘化的地位。

范畴二反映出的是以高威胁性为核心的污名人群。以艾滋病为例，这是一种致死率极高的疾病，且目前是不可治愈的，其传染途径十分多样并能潜在地威胁到每一个非感染者，而且感染者可以相当容易地掩盖感染身份，增加非感染者被感染的潜在风险。另外，该疾病的感染以越轨性行为中的性接触感染和吸毒者静脉注射感染最为突出，因此非感染者认为感染者本身是可耻的。范畴二显示出城市居民对于肝炎携带、性病、艾滋病、犯罪者等人群都因对自身的高威胁性而存在一定的排斥心理。

范畴三反映了以行为与性格为外显特征的污名群体。由于社会文化的影响，人们在经历统一的社会文化和社会规范的熏染下形成大致一体的行为模式和人格模式，而一旦有群体出现异质性倾向，则会被归入污名的类别。

范畴四反映了以疾病为特征的污名形式。疾病是一种形式的异常变化，并且具有一系列不被人们期望的特征，如残疾、形象损害、死亡等，因此这些疾病会带来一定程度的污名。历史上，人们就曾经对一些疾病，如麻风病、结核、梅毒、精神病等污名化相当严重。由于疾病本身许多特性与污名团体的向度相符，如可见的病症、传染性等，所以疾病历来都是主要的被污名对象。

尽管从以上分类可以窥见中国居民对于污名群体的分类情况，但考虑到污名问题本身的广泛性和复杂性，图表获得的各维度不同水平之间的差别是离散的，而实际生活中这些维度是连续的，反应也是混合的，污名的施加方和承受方本身也并非稳定不变，可能会依照情境发生个体或群体性质的转化从而发生分类转化，因而我们提出"污名概念分类的权变模型"的构念以便更深入了解污名分类中的非静态过程。

在这里，污名成为社会成员共享的观念、意象、社会知识和社会共识，并成为人们彼此心照不宣的符号和系统，一方面它是人们在特定生活世界中的生存定向，另一方面它也是人们交换思想与意义的载体和媒介。污名体系的形成反过来又对社会成员形成"辖制"，成为影响社会成员行为感知和价值判断的强制性力量。这一共享的认知构念（cognitive constructs）来源于日常社会互动，也提供了个体在世界中对常识性的理解。莫斯科维奇指出，群体的社会表征体系是特定群体在社会行动中不断建构和重构出来的，它一方面塑造了群体共同分享的社会世界和社会认同，使得本群体得以与外群体区分开来；另一方面，这种不断生产和再生产的社会表征体系也为共同成员提供了社会行动的资源。[1] 污名的社会表征是一套有其自身架构的逻辑、语言和涵义的认知系统，它关联着特定的价值观、概念和论述，它不是对态度、表象和心理构成的简单化表征形式，而是发掘和组织现实的那些自成体系论调的理论，这些表征是群体沟通与互动的结果，反过来也成为群体达成一致

---

[1] 管健、乐国安，2007，《社会表征理论及其发展》，《南京师大学报》第1期。

性信念的强有力的支撑。在污名社会表征的生产和再生产过程中，可以显见，污名是一个动态的过程，具有权变性的特点，即"视情况而定"或"依条件而变化"。污名化过程中观察者对于刺激变量的态度和分类标准不是恒定的，而是具有权变的特性。当污名的刺激变量呈现给观察者的时候，观察者的信息处理与采择标准无时无刻不在进行权变的采择，而采择之后才会形成相应的策略调动（见图3-3）。

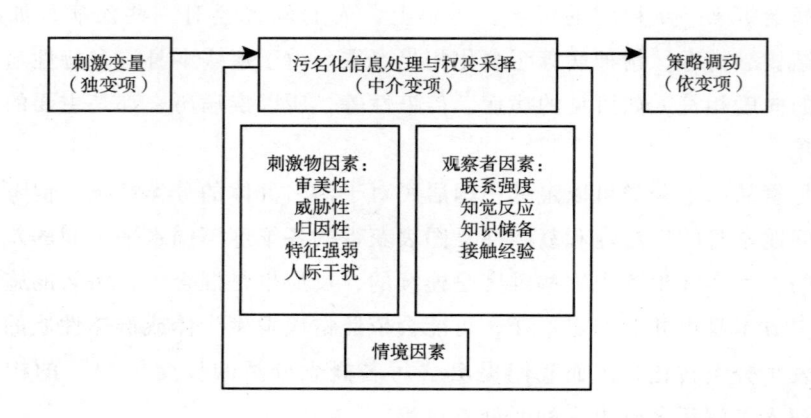

```
┌─────────┐      ┌─────────────────┐      ┌─────────┐
│ 刺激变量 │─────→│ 污名化信息处理与 │─────→│ 策略调动 │
│ (独变项)│      │  权变采择       │      │ (依变项)│
│         │      │ （中介变项）    │      │         │
└─────────┘      │                 │      └─────────┘
                 │ ┌──────────┐ ┌──────────┐ │
                 │ │刺激物因素：│ │观察者因素：│ │
                 │ │ 审美性   │ │ 联系强度 │ │
                 │ │ 威胁性   │ │ 知觉反应 │ │
                 │ │ 归因性   │ │ 知识储备 │ │
                 │ │ 特征强弱 │ │ 接触经验 │ │
                 │ │ 人际干扰 │ │          │ │
                 │ └──────────┘ └──────────┘ │
                 │    ┌──────────┐           │
                 │    │ 情境因素 │           │
                 │    └──────────┘           │
                 └─────────────────┘
```

图3-3 污名概念分类的权变模型

这些信息处理与采择受多重因素的调节，其中既包括来自刺激物因素的干扰，也包括观察者和情境的影响。其中，低审美性、高威胁性、内控归因、强特征和强干扰性都将强化污名化的程度，而较高的联系强度、较低的知觉反应和已有的知识经验的储备是降低污名化程度的必要条件。所有这些因素都聚合作用于权变的采择过程，调节对污名问题的策略调动。

总之，将污名化的分类过程置身于权变的模型中有助于将污名放置于静态与动态模型的更广泛的研究视野中，了解大量的研究和概念性解释存在的范围有利于认清未被研究或未被充分理解的领域，同时观照其复杂、迭代和动态性的关系，强调其多因素的融入。但是，值得注意的是，除了架构中所列出的诸多因素外，还会有一些更复杂的因素加入其中，甚或是多重因素相互交织而互动作用等。因而，该模型中包含了大量的假设，检验这些假设，完成模型中的许多命题是研究者今后一段时间的主要工作任务。

第三节 城市移民的污名建构与
认同的代际分化

  我国改革开放以来,农民的弱势地位得到了极大的改善,农民阶层迅速分化并向城市迁移,成为行走于城乡之间的中国新兴而特殊的群体。30 多年来通过正式或非正式途径实现区域性迁移的这一代移居城市的农民已经获得了相对稳定的工作或住所,逐步从临时性流动阶段转向定居城市的新阶段,他们被视为中国城市的第一代移民群体。与直接脱胎于农业生产和农村生活的第一代移民不同,他们的子代——第二代城市移民大多生于农村、长于城市或生于城市、长于城市,他们在身份认同观方面已经出现了代际分化的取向。但就社会整体而言,因移民群体的社会地位和社会身份而导致的污名依然存在。污名问题受到了高度关注,这不仅因为其关系到被污名者的生存、生活和与主流社会的融合,也关乎到社会的稳定与和谐。在中国,虽然国外移民和种族差异不太明显,但存在比较明显的城乡二元社会结构,重大历史事件对城市人口和农村人口的影响就可能显著不同。所以研究不同代际的外来务工人员和城市移民就很有必要。在代际移民的视角下,本研究引入社会表征的视角,探讨我国改革开放 30 年来由于城市化进程而迅速分化和形成的第一代城市移民和其子代污名的社会表征,认为城市移民污名的建构体现了对话与互动的双向特征,并通过锚定和具化机制加以实现。在这一背景下,城市一代移民和二代移民的认同根基与认同应对策略选择都显现出代际的差异和不同的偏好,同时也体现了代际从自在阶段到自为阶段的过渡,这是代际认同分化和污名感知的深层动力与驱动性的基耦所在。引入社会表征的研究视角可以进一步深层次地了解移民污名的社会表征建构过程和基耦本质,以及移民的污名感知和认同观与应对策略的代际变迁。

一 一代与二代:城市的代际移民

  西方代际问题的研究可以追溯到古希腊罗马时代,但作为一种独立的理论形态,代际理论形成于 20 世纪。不论最初确立,还是进一步发展,代际理论得益于历史学、社会学、心理学、文化人类学和政治学等多个学科的促进与推动。① 20 世纪 30 年代，德国著名哲学家、社会学家卡尔·曼海姆（Mannheim）发表的《代际问题》一文，至今仍被视为关于代际问题的原创性理论研究。曼海姆认为，代际具有生物与社会文化两重属性。首先，代际是基于生死的生理节奏；其次，代际现象有社会文化特征，即因为面临着基本相同的社会文化条件与环境，处于同一年龄层的人才会有基本相同的需要、价值观念、思维方式、情感体验和行为习惯。在我国，从 1982 年在农村实行家庭联产承包责任制以来，农民开始从土地中解放出来，并大量涌入城市，形成了具有中国特色的农民工群体，这一特殊群体在社会经济生活中发挥着非常重要的作用。随着时间的推移，第一次农民潮中生长起来的农民工开始了家庭式迁移，由此也衍生了第二代移民群体。

进入 21 世纪的第一个十年之后，中国城市第二代移民也开始成长起来。作为一个与"农民""城市居民"并存的身份类别，从农村进入到城市的移民在中国社会中是由制度与文化共同建构的第三种身份。本研究所指的"第一代城市移民"是指 20 世纪 80 年代之后来自农村的劳动力移民，他们主要依靠体力劳动从事一些非技术性的工作，目前这一群体在城市中已经有了相对固定的住所和工作。而"第二代城市移民"是指第一代城市移民的子女，他们大多生在农村、长在城市，甚至生在城市、长在城市，由于长期脱离了家乡的社会生活环境，他们对乡土产生了距离感与陌生感，乡土认同逐渐减弱甚至不复存在。然而城市并不完全接纳他们，社会资源并不平等地向他们开放。与直接脱胎于农业生产和农村生活的第一代移民不同，第二代城市移民处于乡村和城市的夹缝中，他们缺乏乡土认同，虽然对城市充满期待但现实情境常常表现出认同错位，他们生活在无法回到农村，又无法融入城市社会的双重悖论中。

针对第二代城市移民，目前国内相关研究大多采用"流动儿童"的概念，但考虑到如下一些因素，本研究决定采用"二代城市移民"（second generation immigrants）的提法，其主要初衷包括：第一，移民现象是指个人或群体持续进行的跨越地域的运动，也就是通常所说的人口的地域流动。国内许多相关研究在使用"流动"概念时，蕴涵着该群体最终要返回原籍的

---

① 陈坚、连榕，2011，《代际工作价值观发展的研究述评》，《心理科学进展》第 11 期。

预设①，但现实情况显示农村人口形成了一个长期的向城市集中的趋势，因而本研究使用"移民"来替代"流动"之说。城市移民者已经摆脱了以往流动人口的"迁徙"式的生活态势，他们在城市出现长期化和常驻化的倾向，移民性越来越强。2000 年以后，随着我国大规模民工潮运动的相对稳定，一部分早期就已进城务工的农民工开始产生分化，尤其是随着第二代农民工的出现。② 农民工群体本身正在发生着巨大的变化，如果我们再用"流动人口"来笼统地指称今天所有的城市农民工，显然不太妥当，至少在一个层面上没有充分关注到农民工本身所发生的悄然分化。他们当中绝大多数都是潜在的定居者，而不是临时的流动者，他们中的很多人实际上与家乡仅保持着微弱的联系。这些长期居住在城市的中国农民工实际上已经完全构成了中国城市的新移民群体。当他们可以自主选择并有流动的可能时，似乎不会再返回农村。

第二，根据 2005 年全国 1% 人口抽样调查样本数据，14 周岁及以下流动儿童占全部流动人口的比例为 12.45%。根据这一比例和全国流动人口总量（1.4735 亿）推算，全国 14 周岁及以下的二代移民规模达到 1834 万人。③ 事实上，进入 21 世纪的第一个 10 年后，城市二代移民中不仅有大量的流动儿童，也出现了大量的已成年或接近成年的移民群体，他们较之年幼的儿童心理更为成熟，对城市的感知和认同也越加复杂。另外，按照国际惯例，二代城市移民群体不应仅仅限于 0～14 岁，而应涵盖符合以上条件的子代。因而，本研究将二代城市移民群体定义为，20 世纪 80 年代中国改革开放以来通过第一代移民群体正式或非正式途径实现区域性迁移后，已在移居城市中获得相当稳定的工作、学习或住所并且具有长期定居意愿的第一代移民群体的子代。

这里，二代移民群体有的虽然脱胎于农业生产和农村生活，但是他们对传统农业并不熟悉，对农村生活也逐渐陌生，他们更多的卷入到城市生活中。城市新移民对农村的认同越来越淡漠，同时他们还没有真正确立起对城市社会的认同，因而进入了社会认同的丧失和重构的艰

---

① 马西恒、童星，2008，《敦睦他者：城市新移民的社会融合之路》，《学海》第 2 期。
② 文军，2006，《从季节性流动到劳动力移民：城市农民工群体的分化及其系统构成》，《探索与争鸣》第 1 期。
③ 段成荣、杨舸，2008，《我国留守儿童状况研究》，《人口研究》第 3 期。

难阶段。① 王春光在 2001 年首先提出了农民工开始换代的变化，并提出相应的新生代流动人口的社会认同和城市融入问题。② 阿兰特斯（Arends）等也在 2007 年发现，代际关系影响移民价值观。③ 但是，我国的城市化政策，尤其是对待城市一代和二代移民的政策一直处于调整之中，城市移民的城市生存环境有了极为重要的改善，但是这种调整仍然是碎步前行的，现实中仍然存在种种的融合困境。

二　社会表征视角下城市移民的污名建构和代际感知分化

早在 1954 年，奥尔波特（Allport）就在《偏见的本质》（*The Nature of Prejudice*）一书中指出，偏见和歧视是不可避免的。④ 在社会的语境中，每个社会人都被分类或范畴化，为此人们获得了多重的群体身份和群体成员资格。城市移民属于其中的一个特殊范畴，由于群体地位的差异，城市移民群体无论在认知上还是情感上都会对自我和所属群体产生不承认或拒绝，并同时伴发一种悲观和颓伤的心态，心理上也会产生一种污名感、疏离感和自卑感。当然，在身份建构的过程中，城市力图改变以往的城乡二元结构，打破其内部的城乡范畴化，但是在城市居民的内心中这种建构起来的污名却很难改变其固化的性质，并日益以内隐的方式存在。在人们所共享的主流文化中有关群体被污名化的认识和理解构成了污名的社会表征，它包括了施加污名者对被污名者消极刻板印象的认知、持有偏见的情绪和歧视的行为。

（一）社会表征视角下城市移民的污名建构

1963 年，美国社会学家戈夫曼在《污名：受损身份的管理诠释》一书中首先使用"污名"的概念用以表示所有知觉或推断偏离规范情况下的标记或符号，而带上标记即代表该对象被认定为异常的、犯了错误的、有缺陷

---

① 王春光，2001，《新生代农村流动人口的社会认同与城乡融合的关系》，《社会学研究》第 3 期。
② 王春光，2001，《新生代农村流动人口的社会认同与城乡融合的关系》，《社会学研究》第 3 期。
③ Arends, T. J., Fons, J. R., & Vijve, V. D. 2007. "Acculturation attitudes: A comparison of measurement methods." *Journal of Applied Social Psychology* 37 (7): 1462 – 1488.
④ Allport, G. W. 1954. *The Nature of Prejudice*. Cambridge, MA: Addison-Wesley Publishing Company.

的、坏的或者一般来说具有不为人所需要的某种特质。因而，污名被认定为是一种能够损害某个人或某个群体声誉的社会标记。这之后的若干年中，西方社会心理学家以其对污名的定义为起点，进行了大量的相关研究，但这一概念直到 21 世纪初才开始进入我国研究者的视野，其中在我国最典型的是身份性污名。

污名，从本质上来讲是因个体或群体具有某种社会不期望或不名誉的特征，进而降低了其在社会中的地位，并形成对这类个体或群体的贬低性和侮辱性的标签。当这类负面的标签出现并形成后就自然区分出两类人——承受污名者和施加污名者，后者常常具有减少前者生活机会的力量和可能，这一过程被统称为"污名化"。伴随着污名化进程而产生的贬低、疏远、回避和消极的态度与行为被视为歧视。

本研究引入社会表征的视角，探讨城市新移民中的一代移民与二代移民污名的社会表征。社会表征理论是当前国际社会心理学的一个新的理论与研究范式，它主要从社会文化层面探讨人们对各种现实问题的社会共识，以及这种社会共识对日常行为的内在规范作用。对社会表征论的创始人莫斯科维奇来说，社会表征是某一群体所共享的价值、观念及实践系统，它具有两种功能，其一是为个体在特定生活世界中的生存进行定向，其二是提供可借以进行社会交流及对现实世界与个体和群体历史进行明晰分类的符号，使人际沟通得以实现。在某种程度上，人们给某群体赋予意义是凭借人们表征这一群体的方法、所用的描述词语、所讲的关于群体的叙事、所制造的关于群体的形象、所产生的相联结的情绪，以及对群体分类并概念化的方法等。社会表征理论作为欧洲社会心理学本土化的成果，自其提出起便颇受推崇，它以更贴合人类生存本体的理论视角揭示了宏大社会背景下民众的社会认知过程，因而被广泛地应用于各种社会现实问题的研究中。正如法国社会表征学者玛克娃所说，社会表征研究的最基本目标是识别、描述和分析真实生活情境中所交流的共识性知识的结构性内容和意义。[①] 本研究之所以选用社会表征的研究视角，源于在这一框架下可以从代际视角下的移民群体以及相应的城市公众群体共享和对话的风格逻辑中寻找移民群体偏见和代际认同的结果

---

① Marková, I. 2003. *Dialogicality and Social Representations*. Cambridge: Cambridge University Press.

与分类过程。城市移民污名的社会表征正是来源于施加污名者日常生活中的人际互动过程、主流性话语以及解释体系，并最终形成现代版的社会共识现象。污名的社会表征强调被污名者所共享的主流文化中就存在有关污名化的认识和理解，比如被污名者在他人心目中被贬低的意识、主流文化中被污名的身份刻板印象以及对成为歧视受害者的识别线索等。

在社会表征的理论视野中，污名的建构过程首先是一种对话式的表征形态（dialogical representations），它体现了承受污名者（城市移民）和施加污名者（城市居民）之间的互动过程和彼此互倚的对话式关系。日常生活中的非正式讨论和沟通常常是混杂的，为了满足个体理解世界的需求，于是出现了社会表征这种对于世界的共识性理解，社会表征将不熟悉的事物转换成熟悉的，并且为人们提供了一个解释日常经验的框架。在污名的建构过程中，城市居民的认知和评价形成了对城市移民群体污名的社会表征和相应的话语体系，同时城市居民群体创造了有关移民的社会事实，并通过交流与沟通形成了进一步固化的社会互动和对相应群体污名的共同认识，进而达成大众性社会表征，并演化为社会共识。污名的社会表征又从"常识"思维中提炼出的结果和分类过程，在一定的风格逻辑中被城市居民和社会文化所共享，成为社会对话的产物。在这场声势浩大的对话中，直接经验、社会互动和媒体影响成为污名的直接成因。其中，直接感受的污名信息为施加污名者提供了最为清晰的资源，是污名社会表征形成的基础性信息；社会互动是施加污名者彼此相依沟通的最直接途径；媒体信息评价以其强大的感召力和影响力，将主流人群的价值观念渗透于人们的心理生活。

其次，城市移民的污名进一步通过锚定和具化机制加以实现。现代社会中的锚定是一种规约化和世俗化的过程，它是用一套既有的规则模式来解释身边的事物。莫斯科维奇认为锚定是负责整合原有知识与意义并将其变成新系统的过程，是对不熟悉事物命名或赋予特性并以熟悉的名词来解释和定义，使其可以被解释和被沟通的过程。20 世纪 80 年代，大量的农民工涌入城市，这一新鲜事物以其凸现的社会特性被类化到认知库存之中，随之以"农民工""流动人口""打工仔""城市新移民"等身份在社会原有类型中找到分类标准并加以解释。随后伴随着城市移民群体行为方式与规范的固化，其特殊的表征元素逐渐形成整合的社会框架，这一群体逐渐通过各种具化手段将原有的"新奇"事物变成"实存"现实。根据中枢与边缘系统理论，污名的社会表征包含着一系列元素，它们被逐一组织化和结构化，进而形成一种特殊类型的社会认知系统。在城市移民及其相应污名的形成过程中，锚定和具化的环节促进了这一新生群体和新生事物从抽象和新异现象向熟悉事物转化，也进一步加深了二者之间彼此对话式的依存关系，并将城市移民的污名在日常交流和大众传媒中广泛传播，成为一种新的社会表征根植于中国社会的集体记忆中。在中国，有关身份的污名被看做集体记忆中的基本预设，它深深锚定在社会存在中并在广泛意义上予以共享。

生活世界一开始就是一个主体间性的世界，人们面临纷繁复杂的世界，总是试图简化互动的程序，希望能够有一个简化了的行为模型，通过这个模式来处理日常生活中面临的事和人。农民工和城市居民虽然共享着城市这个生活世界，但是他们在这个世界里，由于在地位、职业、权利等方面和城市居民基本上都处于一种区隔状态，这种区隔状态阻碍了城市居民通过直接的互动来认知农民工的群体形象，居民对农民工形象的认知大多来自阅读和感性的体验，通过媒体和一些零散的感性接触完成了对农民工群体形象的认识。因此从这个意义上说，农民工在城市社会的形象大部分不是农民工真实形象的自我表达，而更多的是被建构出来的。被建构出来的形象是一种符号化的固定认识，这种符号化建构出来的形象，影响了城市居民和农民工的互动。这种互动中的符号化形象建构并不是建立在完全的事实真相的基础上的，而是城市居民依据自身的文化模式和实际需要，对城市农民工群体的形象建构。因此，可以说城市居民和农民工的互动就是一种符号化的互动结构，这种互动结构主要表现为城市居民对农民工的歧视效应，而且城市居民对农民工的歧视行为不再仅仅是个体的、偶发性的行为，而是已经集中成为一个群体性、惯常性的行为。正是城市居民对农民工的歧视性互动，让农民工永远生活在一种被歧视、被边缘、被漠视的感觉中，也严重地影响了他们对自己的基本评价。同时，媒体在城市居民与农民工互动的建构中起着至关重要的作用。媒体关于农民工的各类报道以及所持有的看法，基本上都把农民工符号化，而这种符号化的互动在一定程度上也成为城市居民了解、认知农民工的模式，影响了农民工群体的自我定义，成为其行为举止的参考规范。

（二）城市移民的污名感知与认同威胁的代际分化

人是社会中的个体，通过社会化的过程不断建构自己。社会使个人产生本体支点,它是人们对自己以及与他人关系的定位。如果缺乏了可接受的认同,个体就会陷入困境,产生认同威胁(identity threat)。心理学家将社会认同威胁视为在社会比较的情况下,由于群体地位的差异,某一群体的个体在认知和情感上对自我和所属群体身份的不承认,他们以一种悲观、颓伤的心态看待本群体的一切,对本群体的地位、文化、习俗等充满了自卑,甚至有时以自己身为群体的一员而感到耻辱,从而产生某种深深的污名感,在心理上产生一种疏离感、剥夺感和自卑感。① 城市居民具有强烈的地理边界认识和户籍认识,社会也常常以社会资本、文化资本、经济资本和权力资本作为价格负荷的分类线索将不同的群体划分为不同的阶层,以表征不同的资源占有情况。无论是城市第一代移民还是第二代移民,他们常常被视为统一体,被有形或无形地排斥在城市的主流话语之外,并与城市居民形成社会共识性的符号边界。城市移民在与城市社会交往的过程中呈现经常性和交易性的特点,常常出现的交往大多是市场交易行为,缺乏深度的情感沟通和情感交往,他们虽然生活在城市中,却处于与城市社会相隔离的亚社会之中。此时,个人会将知觉到的来自外在对自我的消极反应整合到自我概念中。如果个人知觉到更多的社会偏见时就不容易对自我形成积极的感知,这使得外在的污名直接影响到城市移民的内心机制。那么,在第一代城市移民和第二代城市移民身上,这种污名的感知是否一致呢?

事实上,我国城市代际移民在污名和认同威胁的感知中已经开始出现代际分化。第一代移民的污名感知和认同威胁感并不强烈,他们的言谈中对城市人有一种天然的"自卑情结",他们自认为本群体是存在突出劣势的,因而他们默认或服从来自外在的偏见和歧视。这些外在的消极评价并没有过多地干扰他们的生活和对自我的信念,他们有强烈的边界意识,交往的圈层大多集中于熟人群体和同乡群体中。正如帕克在其移民同化理论中指出的那样,移民之所以是陌生人,是因为新的社会环境导致社会认同的缺失和亲近感的缺乏,从而在心理上产生社会距离,由此产生紧张、失落和自卑,而行为上表现为更多的过分小心、拘谨、懦弱和对天性的抑制。② 但是中国的第

---

① Ellemers, M., Spears, R., & Doosje, B. 2002. "Self and social identity." *Annual Review of Psychology* 53: 161–186.

② Park, R. E. 1922. *The Immigrant Press and Its Control*. New York: Harper, 217.

一代城市移民也具有许多积极的特点，比如他们更多地具有天然的乐观精神，他们对外在的偏见和负面评价反而能够积极应对，很少感到威胁或自尊的失落。他们常常以乡村的同辈群体作为参照目标，因而能体会到更多的幸福感和满足感。

相比较而言，第二代城市移民却深深地感受污名，并存在强烈的认同威胁，他们不满于城市对自己的疏离，在认知和情感上感受到更多的相对剥夺感。在面临同样的偏见情境下，他们比上一代显示出更多的诉求，他们有强烈的市民化要求和城市化倾向，他们希望获得正式城市居民的身份和地位，并享受同样的市民权利。这种诉求远远高于第一代移民，也造成了二代移民对于现实更多的欲求不满和挫折感。这是因为，一代移民倾向进行内归因，认为是自身的受教育原因和生活方式造成了当下的污名，而二代移民普遍将污名归因于外在，即认为是社会的原因或他人的原因而形成他人对自我群体的偏见和歧视，这种外归因使得二代移民相应的情绪和行为也发生分化，反应更加激烈和敏感。同时，二代移民的污名感知和认同威胁还来自其信奉的价值观。第一代移民往往信奉"命运观"和"宿命论"，宿命归因是这一代移民的一大特色。但二代移民更加相信自己的命运是自己努力的结果，他们极少相信宿命论，反而支持"精英价值观"，即每个人都可以获得成功，这使得二代移民的自我效能感更强，他们对自己的积极肯定和确认程度远远高于第一代移民，同时他们对自身努力、价值等做出的正向认知和评价更趋稳定，在成就动机上也更加强烈。另外，城市二代移民更加注重内在工作价值观，而非外在价值观。其中，内在工作价值是与工作性质直接相连的，如工作意义、对工作的兴趣等，而外在工作价值是与工作性质无关的一些因素，如薪酬等。对于第一代城市移民和外来务工者而言，工作的目的主要是生活和物质获取，这些是工具性功能的体现。而对第二代城市移民而言，他们更加注重工作的内在价值、社会尊重和社会地位，这些内在价值的获得成为更重要的因素。

三 中国城市代际移民的认同变迁与代际分化

每个人都拥有多个社会群体的成员资格，但是他们都只会使用其中一部分来建立自己与他人的社会身份。那么，城市外来移民在选择以某些成员资格来建立身份时，有怎样的心理动机，认同便是最受关注的问题。认同是一种包括群体特性和群体意识的集体现象,是深刻的、基础的、持久的和根本的内容与表征。现实社会中,人的认同是动态而复杂的,其动态性缘于它的过程性,认同的结构是一个基于记忆、意识、生物有机体特质、社会结构和社会情境等互动和影响的动态社会结果,它根植于一定的心理过程,如思维、行为和情感。① 人类在内心中总是寻求高的自尊,获得高的社会地位,这不仅是物质性因素的体现,也伴之一定的声望和赞誉等无形价值,消极的认同总会破坏个体的自尊。欧洲社会认同论的鼻祖泰弗尔(Tajfel)强调,人们建立社会认同是为了透过所认同的群体来提高自己的自尊。② 在社会生活中,人们希望透过所依附的群体而获得归属感。但如果个体发觉所属群体不能带来相应的声望和自尊的话,便会采取相应策略来予以应对。在应对外在的负面评价中,代际存在不同的认同策略偏好。

(一) 认同根基的代际分化

在当下,城市一代移民和二代移民的认同根基和认同策略偏好已经开始出现差异,并随着诸多因素的改变而逐渐加以变迁。两代之间面对共享的污名实在,对自己与他人的社会位置以及社会心理的归属都进行了不同的识别。

1. 第一代城市移民的认同根基

在我国,第一代城市移民普遍认同命运观和宿命论,他们更相信命运使然,以及命运不可改变,因而他们的认同根基仍然在乡村中,其主观幸福感的参照群体仍是乡村中的熟人群体,在与之相比较的过程中,这一代移民更容易获得相对稳定的幸福感。正如布兰斯考姆(Branscombe)等认为,群体内在化的低姿态(derogation)可以导致一种宿命论,使得人们疏懒于社会性的改变或继续奋斗的社会行动。③ 所以,虽然城市第一代移民群体从乡村迁移到城市,并顽强地驻足于城市,他们以行动来改变自身作为"农业人口"的生存环境和条件,但是对自身的权益状况,他们采取的基本上是不

---

① 管健,2011,《中国城市移民的污名形塑与认同的代际分化》,《南京社会科学》第4期。
② Tajfel, H. 1978. Interindividual behavior and intergroup behavior. In Tajfel, H. (Ed.), *Differentiation Between Social Groups: Studies in the Social Psychology of Intergroup Relations*. London: Academic, 27–60.
③ Branscombe, N. R., Spears, R., Ellemers, N., & Doosje, B. 2002. "Intragroup and intergroup evaluation effects on group behavior." *Personality and Social Psychology Bulletin* 28: 744–753.

表达、不申诉的保守主义态度。第一代移民面对歧视采取的更多的是放弃抗辩、逆来顺受的生存哲学，这与第二代更为积极和激进的竞争哲学是有显著不同的。李培林认为，第一代移民其生活目标的设定基本上仍然是以农民、农村为参照对象的。① 相对城市，他们具有很强的"局外人"（outsiders）身份，因而在行为上更多的是不表达和不行动。他们在最终认同上并没有把城市作为自己的归属地，认为回乡创业或者落叶归根是最终的出路。

2. 第二代城市移民的认同根基

城市二代移民在价值取向、受教育水平、生活经历、家庭经济条件等方面都和第一代移民有着明显的差异，这些因素直接导致他们的认同观和上一代有着明显的差异。由于子代移民从形成价值观的年龄就开始受到城市文化的熏陶，他们更相信自己，不认同命运的把持，认为自己可以改变一切，相信群体间流动的通透性。由于缺乏长时间的乡村生活，他们对于乡村的认同并不明显，而更多的参照群体是城市的同辈群体，这使得他们在社会比较中主观幸福感常常低于父辈群体。他们对家乡的认同越来越淡漠，而由于城市的深层排斥和不接纳使其对于城市的认同没有真正的建立起来，有学者称其为"无根的漂泊者"②。二代移民缺乏最终的认同归属，乡村的远离和城市的隔离使其在社会心态上缺乏稳定感和安全感。相比较一代移民最终仍希望回乡，二代移民认为乡村已经是一个"无法回去，也不能回去"的故乡了。

（二）认同策略选择的代际分化

认同策略是个体或群体面对否定性情境时通过心理策略和行为策略来改变其目前消极形势的做法，这一提法强调了城市移民并非是污名感知的被动接受者，事实上他们也是直接参与者和主体建构者与反馈者。在认同策略的选择上，基于不同的认同观代与代之间也存在不同的偏好性。

1. 第一代城市移民的认同策略偏好

认同连接着社会结构和个人行动，费斯廷格（Festinger）最早提出"社会比较"（social comparison），他认为个体自身存在一种评价自己观点和能

---

① Li, P. L., & Li, W. 2007. "Economic status and social attitudes of migrant workers in China." *China and World Economy* 15（4）：1–16
② 王春光，2010，《对新生代农民工的认识》，《人口研究》第 2 期。

力的驱力，如果不能利用相对客观的手段来评价自己的能力和观点，个体就倾向于通过与他人的比较来判断自己的能力和观点。泰弗尔也力证，社会比较是群体间比较群体成员获得身份感的手段之一。① 在社会情境中，人们会自动地进行社会比较（social comparison），以获得积极的自我评价（positive self evaluation），并在此标准导向下进行自我归类，把情境中的人们按照外群体和内群体的方式区分开来。与自我存在相同或相似特征的他人被知觉为内群体成员，而与自我特征有明显差异的他人被知觉为外群体成员。与此同时，个人的认知、情感和行为往往和内群体的标准或规范紧密结合在一起。按照这一论断可以假定，社会生活中的个体都希望把自己纳入比较优越的社会群体中，并倾向认定自己的群体具有某些值得称赞的良好特征。也就是说，人们都会评价和比较各个社会群体的优劣、社会地位和社会声誉，然后把自己归纳进那些比较优越的群体中，进而可以提高身价、提高自尊。第一代城市移民在主流话语污名的情境下，他们感到所属群体无论是声望还是话语权都不及其他群体，因而为了维护自尊，他们在认同策略的选择上通常以"转换参照群体策略"和"转换比较维度策略"为主要方式来作为补偿机制。

首先，"转换参照群体策略"表现为当第一代移民在与城市居民这一参照群体相对比时，如果评价是消极的，他们有可能寻找新的外来群体加以比较，甚至以更低层次的群体来比较以获得自尊。比如第一代移民常常选择的参照群体是自己尚在农村中的同乡，他们在社会比较中常常偏好进行下行比较，通过与不如自己的群体成员比较获得有效的保护自尊感的方法。

其次，"转换比较维度策略"是通过转换比较维度重新评估现有的维度使得内心中赞同自我建构的新维度。当人们认同的社会身份受到攻击或威胁时，人们会在思维或行动上捍卫自己的群体声誉，他们在思想上会进一步肯定自己群体成员的价值和优势。在进行群际社会比较时，群际差异性（inter-group distinctiveness）有最大化趋势，人们尽可能希望获得更多的积极性自我评价。比如第一代移民在城市中遭遇负面评价时，他们往往转换维度，强调自我群体比城市居民群体更淳朴、更善良，这样换取其他维度就可

---

① Tajfel, H. 1982. "Social psychology of intergroup relations." *Annual Review of Psychology* 33: 1 – 39.

以继续维持原有认同，保持个人自尊。也就是说，第一代移民会为了满足自尊的需要而突出自己或本群体某些积极的维度，在这些相关维度中，本群体成员比其他人表现得更为出色。

2. 第二代城市移民的认同策略偏好

相比第一代移民的保守主义策略，城市二代移民长期生活在城市背景中，由于缺乏与乡村生活的联系和乡村认同，又接受了大量的城市生活，因而在认同策略的选择上偏好积极进取型认同策略，比如"社会竞争策略""强调一体感策略""自我流动策略"和"隐瞒掩饰策略"等。

首先，"社会竞争策略"是指第二代移民认为无法改变所属群体的消极评价，同时又不致力于向另外群体流动时，尤其是个体无法挣脱自己的群体背景而进入到城市参照群体时，往往采用激进的方式，如竞争、模仿、抵抗或对立等。霍格（Hogg）和阿布拉姆斯（Abrams）强调，当弱势群体成员感觉到所属群体在声望和权势上都比不上其他群体时，为了维护自尊，他们会与强势群体展开竞争，其中有积极性的也有消极性的。[①] 在这一策略中，积极的行动是正常竞争和模仿，比如强化个人努力行为，争取向上流动的机会，或者依靠模仿进入参照群体等。而消极的行动则是抵抗和对立，比如当今社会身份关系的阶层化越来越明显，使得处于社会底层的群体容易产生抵抗和对立情绪，国内学者孙立平提出"民粹化"就是指代下层人群的反感、激怒和对立的情绪。[②] 当前在阶层分化中，还出现阶层固化的苗头，如果相对弱势的群体觉得社会流动性较低，无法摆脱本群体而进入优势群体时，通常会采用负性竞争的方式，如集群行为和攻击性行为等消极性的竞争策略等。

其次，"一体感策略"是强调所属群体和参照群体的一致性与一体感，强化彼此的互倚性，而忽略其差异性和对立性，这一点在城市第二代移民身上体现得较为明显。第一代移民的群体身份边界意识较为明显，他们严格地将自己从城市人的符号中划分出来。但是子代移民更加强调自己的城市人身份和城市生活经历，并不遗余力地彻底改变自己身份模糊的状况。他们尽力

[①] Hogg, M. A., & Abrams, D. 1988. *Social Identifications: A Social Psychology of Intergroup Relations and Group Process*. London: Routeledge, 286.

[②] 孙立平，2009，《中国社会结构的变迁及其分析模式的转换》，《南京社会科学》第5期。

弥合不同群体之间的边界，并强调两者之间的统一性和一体感。这种一体感策略常常显现的是"去身份化"（de-identification）的特性，如选取更包容的角度来弥合内群体和外群体的差别以及自身的劣势和身份模糊性。

再次，"自我流动策略"是个体对所属群体评价消极时，个体采取尝试离开群体，进入仰慕的参照群体的过程，这是个体解决认同威胁的策略之一。[1] 也就是说，人们可能会拥有一种关于社会流动的信念系统（belief system），即群际边界是可以渗透的，人们可以在两个群体间流动，这种信念系统为个体的尝试行为提供了基础，个体会努力地离开他们的群体，寻找能够使他们更加满意的认同群体，这种流动的策略是非常普遍的。这一策略在第一代移民身上也有体现，但是二代移民表现得更为突出。二代移民更加确信彼此之间的群际边界是开放的，自己通过模仿参照群体的行为模式有可能尝试离开所属群体而进入参照群体，并尝试隐藏或改变身份。作为城市第二代移民，越认同所属群体和参照群体之间的边界是开放的而且具有通透性，就越认同自己可以凭借个人努力获得流动，进而强化自我群体迁移的动机。

最后，"隐瞒掩饰策略"在第一代和第二代移民身上也有表现，但是二代移民更为强烈，他们大多不愿意暴露自己的移民身份，而是采取隐瞒和掩饰策略，以减少自己的污名线索，并通过改变自身力图与参照群体保持一致，比如语言的使用上学习标准的普通话，以方言和家乡语为耻；着装上贴近参照群体，甚至更为时髦和现代等。

总之，第二代农民工群体与第一代农民工群体在价值取向、受教育水平、生活经历、社会态度、家庭经济条件、城市与乡村认同等方面都有着明显的差别和不同的表现，这些不同影响了他们与城市社会的关系，他们更具有市民化和城市化的倾向，他们更希望获得市民身份、享受市民权利。

四 从自在阶段走向自为阶段：建构代际认同分化的基耦

在移民逐步发展的过程中日益显现的代际认同分化表征了移民群体从自

---

[1] Jetten. J., Iyer, A., Tsivrikos, D., & Young, B. M. (2008). When is individual mobility costly? The role of exonomic and social identity factors. *European Journal of Social Psychology* 38: 866-879.

在阶段到自为阶段的逐步建构过程。污名、偏见和各种疏离与排斥，以及相对应的代际认同分化都是当下我国社会生活中的共识性表征，但如果进一步去识别、描述和分析这些存在于日常真实生活中的常识性知识的内在结构与意义的话，则会发现污名表征的基耦所在。

"基耦"是社会表征的核心概念之一，被认为是位于"现象"层面和"逻辑"层面之下的核心层面，就其存在形式而言，它常常以二元或三元对偶形式出现，它们相互交错衍生出诸多的复杂性表征。在组织架构中，现象层面位于第一层，它充斥的是浮于问题表面的各种纷繁的现象，虽彼此相倚，却又各自独立；逻辑层面位于第二层，包括内在的各种逻辑结构和特质变量，包括维度、原因阐释和类别属性等；基耦层位于第三层，即终极核心层，是蕴于社会现象中的"硬核"，是问题的关键性生长点和不断衍生与形成的"种维"。此三层形似倒立的三角体状。为何提及污名的基耦，其原因在于人们对污名这一现实问题的社会思维与社会行为都植根于其文化底蕴，第一层是纷繁复杂的污名社会表征的显性内容，如诸多的偏见、刻板印象与歧视的诸多现象和种类等；第二层是推动各种显性内容成形的逻辑机理，比如城市移民污名化过程中的归因变量、人格变量、情境变量、社会网变量等因素，它们构建了这一问题的逻辑层面；第三层体现污名社会表征的显性内容与深层结构，社会形态、社会共识之间的相互依赖关系的核心本质。

本研究认为城市移民污名的核心本质体现了城市移民从自在性（self-being）向自为性（self-making）的过渡。更确切地说，二者本身是对偶存在于城市移民污名的社会表征之中的，但是就分配而言，第一代移民更多的显现自在性，而第二代移民更多的彰显自为性。

这里，借助黑格尔的"自在自为"论，本研究认为"自在"表达了一种现存的情境，它自在存在，只可接受无法拒绝，而"自为"是运动和发展的。[①] 二者就关系而言是由自在而来的自为，彼此具有不可分离性，人的存在是自在与自为的统一。在城市代际移民认同分化的现象中，第一代移民是伴随着中国改革开放出现的新型群体，他们更多的固守自己的自在特质；而第二代移民开始进入自为阶段，无论是认同的代际分化、污名的感知、现

---

① 黑格尔，1981，《精神现象学》，贺麟、王玖兴译，北京：商务印书馆。

实的诉求还是认同策略的选择，无不体现了其主动寻求自为性发展的特点。在前一阶段中，自在性的第一代移民群体盲目受着外在各种必然性的支配，心理和行为已经固化，并进一步消融在已有的现实中，他们面对消极的刻板印象、偏见和歧视表现出的是顺应和被动承受，他们显现的是群体的自在性阶段的诸多特征。但在第二代移民身上，他们显现更为积极的自为性，他们的文化程度相对较高、消费观念更加开放、生活方式更加现代化、维权意识日益强烈，他们已经从"娶妻盖房"的原始自在性动机过渡到"开眼界求发展"的自为性阶段。

作为基耦的"自在自为"是代际认同分化和污名感知的深层结构，同时也对逻辑层面和现象层面起到了组织性作用。当代中国的代际移民正在从自在阶段走向自为阶段，这是他们选择的路径，也是必然的发展路径。第一代城市移民群体并没有把自己视为城市居民，他们并非把城市当做自己的最终归属，一方面他们认为在城市生活有更多的益处，但是从情感上他们又缺乏归属感，对城市有矛盾性的情感特征。第一代城市移民的生活目标和价值获得以及生活原则和生活方式，基本上是以农民和农村为参照点的，他们自认为是城市生活的"局外人"，这成为他们对现实状况予以疏解的有效方式。第一代农民工生活在城市，面对政府和制度，对于自身的权益状况，他们采取的是不表达和不申诉的态度，因而在学术界被称为"沉默的群体"。但是，中国社会正进行着历史上最重大的一次社会变革。这次变革，使中国社会发生了深刻的变化，主要表现为社会结构的变迁和经济体制的转型，经济全球化的文化开放和文化碰撞，主体意识的日益觉醒。新生代的农民工群体其成长环境明显不同于以往的第一代农民工，他们的社会认知、社会认同和城市期望远远高于以往的父辈群体。

另外，第一代农民工尽管在经济地位和社会境遇上处于弱势地位，但他们却是一个在社会态度上甚为积极的群体。虽然他们的经济状况和社会待遇低下，但他们倾向于认为这是自身的素质与能力所致，而非社会性因素造成的。农民工由于受教育水平较低，生活需求和社会期望也低，因而更容易满足于得到的收益，他们的社会安全感、公平感、满意感、信任感等社会评价也就更加积极。农民工更容易与家乡的农民相比较，与自己过去的生活相比较。换句话说，农民工的利益曲线是向上走的，更容易产生比较积极的社会态度。①②

尽管自在性阶段对于移民群体也有许多的优势和保护作用，比如主观的满意度更高、幸福感更强，但其毕竟是囿限群体发展和进步的初步阶段。同样，在向自为阶段迈进的过程中，第二代移民也会遭遇到更多的风险、挫败和不平衡，但是这是必然的趋势和不可阻挡的进程。同样，城市二代移民越来越重视城市融合问题和公平、公正问题。新生代农民工所发生的变化来自两大关键性催化剂，其一是农民工这个群体本身发生了质的变化，有更多的农民工希望在城市中获得市民权。另一方面，国家对农民工从过去的控制转向一定程度的接纳和肯定，为农民工提供了更为宽松的政策环境。③ 这也是农民工群体从"自在"向"自为"转变的基础所在。

---

① 李培林、李炜，2010，《近年来农民工的经济状况和社会态度》，《中国社会科学》第 1 期。
② 李培林、李炜，2007，《农民工在中国转型中的经济地位与社会态度》，《社会学研究》第 3 期。
③ 王春光，2011，《中国社会政策调整与农民工城市融入》，《探索与争鸣》第 5 期。

第四章 城市代际移民的偏差地图

"偏见"这一词语最早在拉丁文中表示"判断在先"的意思。也就是说,持有偏见的人在通常情况下并不意识到或不想意识到自己是有偏见的,而会把自己对偏见对象的态度看做与他人一样的客观性评价。奥尔波特将偏见概括为是一种对属于某一集团的人所产生的厌恶,甚至敌视的态度,这种态度的产生仅仅是因为这个人是某个集团的一员,因而这个人也就具有这个集团所有的令人不愉快的特征。如果偏见是一种态度,歧视就是以偏见态度为基础的行为。既然偏见是建立在信念之上的一种态度,那么歧视则是一种行动或行为。更准确地说,歧视是指由于某些人是某一群体或类属成员对他们施以不公平或不平等的待遇。在城市人与农村人这一对无解的研究主体中,依据社会认同论的内群体偏好(ingroup favoritism)和外群体敌意(outgroup hostility),很难厘清这一复杂的关系。但是当代社会认知的大师,来自普林斯顿大学的菲斯克(Fiske)团队却使用刻板印象内容模型(Stereotype Content Model, SCM)巧妙地解决了这一难题,并在偏见地图(Behaviors from Intergroup Affect and Stereotypes Map, BIAS Map)模型中把刻板印象(群际认知)、偏见(群际情感)和歧视(群际行为)有机地融为一体。

心理学家们发现,人们经常以社会类别知识为基础进行社会判断和推理,其中刻板印象是最常见、影响最大的一类社会类别的知识集合。刻板印象(stereotype)是人们有关某一群体成员的特征及其原因的、比较固定的观念或想法以及特定的社会认知图式,对人们的社会认知和行为有着重要影响。①② 这一词语是由李普曼（Lippmann）在1922年引入社会科学界的。身为一位记者，李普曼从印刷界将此名词借用过来。在印刷界，"刻板印象"是一种用来复制纸上字母形状的金属模型。李普将此词模拟为人们将相同的特性应用在他们对于一个团体及其成员的印象上。社会表征和社会刻板印象有许多共同的特质，如两者都具有共享性，都在社会中获得，都是人们的一种预先判断。刻板印象是人们从更高的高度去认知事物，它受理论动力驱使，在记忆中形成稳定的社会结构，并且具有内在的组织。由此，刻板印象就如社会表征一样，它存在于社会中团体的具体化认知中，也存在于锚定的情感结构中。它不仅显现于个人的头脑，也弥漫在日常生活和沟通的建构过程中，变成了约定俗成的实体。

第一节　偏差地图中的内容模型和系统模型

从知觉者的角度来看，菲斯克和纽伯格（Neuberg）认为，人们对他人形成印象的过程是一个连续体，这个连续体反映了知觉者使用对象的个人特点。③ 在连续体的一端是以类别为基础的过程，在这个过程中人们所在的群体特征决定了他在别人眼中的印象；在这个连续体的另一端是个体化过程，即是指个体的特征影响印象的形成。布莱利（Braly）在1933年最先使用技术性方法考察普林斯顿大学的大学生，请他们从84个形容词中选出5个形容词来轮流描述数个不同的社会团体。④ 他们设计了一个程序来预测人们对特定社会群体的刻板印象，这个程序要求被试在一系列的形容词中选出那些他们认为代表某一种族，比如黑人、犹太人、爱尔兰人、土耳其人的典型特征词语，然后从中选出5个最有代表性的词语。这些形容词必须对任何一个

---

① Gilbert, D. T., Fiske, S. T., & Lindzey, G. Eds. 1998. *Handbook of Social Psychology*. Boston: McGraw-Hill 2: 357-411.

② Fiske, S. T. 2004. *Social Beings: A Core Motives Approach to Social Psychology*. John Wiley and Sons, 398-400.

③ Fiske, S. T., & Neuberg, S. L. 1990. "A continuum of impression formation, from category-based to individuating processes: Influences of information and motivation on attention and interpretation." In M. P. Zanna Ed. *Advances in Experimental Social Psychology*. New York: Academic Press 23: 1-74.

④ Katz, D., & Braly, K. 1933. "Racial stereotypes of one hundred college students." *Journal of Abnormal and Social Psychology* 28: 280-290.

团体而言都是一般用来定义该团体的刻板印象的，所以在他们1933年的研究中，75%的白人大学生选择"懒惰"作为描述"黑人"的形容词，而最常用来描述黑人的5个形容词分别是迷信、懒惰、随遇而安、无知，以及有音乐倾向。相反的，"美国人"的类别被描述为勤奋的、智力高的、物质主义、有野心，以及革新主义。之后，汉密尔顿（Hamilton）等将刻板印象简单地定义为"社会知觉者在加工关于人的信息时使用的认知类别"[1]。刻板印象一旦被建立，就会作为认知结构而发挥作用，影响对相关他人信息的编码、存储和提取。这些刻板化过程可以是有意识的，也可通过无意识和无心的方式起作用。社会化过程和个人经历中的重复会使一些社会刻板印象被过分学习，以至于那个群体的代表或象征一旦呈现在人们面前时就会被自动激活。当刻板印象被激活时，人们就会根据群体的预期或标准来判断单个群体成员。

在刻板印象的研究领域，普林斯顿大学一直位于前沿位置。[2] 从最初凯茨（Katz）与布莱利在1933年的研究[3]，到蒂伯特（Gilbert）1951年的研究[4]、凯林斯（Karlins）等1969年的研究[5]，乃至莱斯利（Leslie）等在2007年的研究[6]，几乎每20年就要进行一次大规模的刻板印象调查。沃伊塔泽克（Wojciszke）在2005年评价这一工作虽然是一项举世瞩目的庞杂工作，但也是意义非凡的工作。[7]

---

[1] Hamilton, D. L., & Trolier, T. K. 1986. "Stereotypes and stereotyping: An overview of the cognitive approach." In J. Dovidio & S. Gaertner Eds. *Prejudice, Discrimination and Racism.* Orlando, FL: Academic Press, 127–163.

[2] 佐斌、张阳阳、赵菊、王娟，2006，《刻板印象内容模型：理论假设及研究》，《心理科学进展》第14期。

[3] Katz, D., & Braly, K. 1933. "Racial stereotypes of one hundred college students." *Journal of Abnormal and Social Psychology* 28: 280–290.

[4] Gilbert, G. M. 1951. "Stereotype persistence and change among college students." *Journal of Abnormal Social Psychology* 46: 245–254.

[5] Karlins, M., Coffman, T. L., & Walters, G. 1969. "On the fading of social stereotypes: Studies in three generations of college students." *Journal of Personality and Social Psychology* 13: 1–16.

[6] Leslie, L., M., Constantine, V. S., & Fiske, S. T. 2007. "Fourth in the Princeton quartet's analyses of ethnic and national stereotypes: Private ambivalence moderates modern stereotype content 70 years later." In Cuddy, A. J. C., S. T. Fiske, & P. Glick 2008. Warmth and competence as universal dimensions of social perception: The stereotype content model and the BIAS Map. *Advances in Experimental Social Psychology*, 40: 61–147.

[7] Wojciszke, B. 2005. "Affective concomitants of information on morality and competence." *European Psychologist*, 10: 60–70.

进入 21 世纪，在刻板印象领域中最受瞩目的当属刻板印象内容模型的研究，它通过不同的歧视行为，以热情（warmth）和能力（competence）为基础建立二维刻板印象内容模型，并通过 17 个不同国家和地区的跨文化研究进一步验证了热情和能力两个维度决定外群体的分布这一假设。同时刻板印象内容模型认为大多数刻板印象是混合的，群体的社会地位可以预测群体的刻板印象，以及刻板印象中普遍存在参照群体偏好和外群体贬抑等四个前提假设。① 刻板印象内容模型在学术引导和实践指导方面都具有开创性的意义。而新近研究在此基础上进一步将刻板印象内容模型与群际情绪、行为反应等方面相结合，开创性地形成了群际情绪—刻板印象—行为趋向系统模型，即偏差地图。② 这一系统模型是对刻板印象内容模型有价值的延伸，同时二者的有机结合，也促进了刻板印象的群际与内群体研究的整合研究，对于实践的具体指导是非常有意义的。③

一 内容模型：偏差地图的基础

刻板印象内容模型是描述和预测群体在既定社会分类中的框架，它指出了群体成员所遭受的偏见类型以及群体怎样形成其独特的位置。④⑤ 菲斯克等在 1999 年要求被试使用 5 点量表，在 27 个特质形容词（如有能力、自信、热情、温和、真诚等）中报告社会对 17 个目标群体（如黑人、亚裔人、女权主义者、家庭妇女、残疾人、富人等）的评价。研究者分别对被试在 17 个目标群体 27 个特质上的评价得分进行因素分析，结果发现存在两个主要的因素，研究者将之命名为"热情"和"能力"维度。其中"热

---

① Fiske, S. T., Cuddy, A. J. C., Glick, P. S., & Xu, J. 2002. "A model of (often mixed) stereotype content: Competence and warmth respectively follow from perceived status and competition." *Journal of Personality and Social Psychology* 82: 878 - 902.
② Cuddy, A. J. C., Fiske S. T., & Glick, P. 2007. "The BIAS Map: Behaviors from intergroup affect and stereotypes." *Journal of Personality and Social Psychology* 92: 631 - 648.
③ 管健，2009，《刻板印象从内容模型到系统模型的发展与应用》，《心理科学进展》第 4 期。
④ Fiske, S. T., Cuddy, A. J. C., Glick, P. S., & Xu, J. 2002. "A model of (often mixed) stereotype content: Competence and warmth respectively follow from perceived status and competition." *Journal of Personality and Social psychology* 82: 878 - 902.
⑤ Fiske, S. T., Xu, J., Cuddy, A. J. C., & Glick, P. 1999. "(Dis) respecting versus (dis) liking: Status and interdependence predict ambivalent stereotypes of competence and warmth." *Journal of Social Issues* 55: 473 - 489.

情"维度包括真诚、性善、宽容等反映有关个体意图的特质;"能力"维度主要包括自信、竞争、独立等特质。[1] 依靠"热情"和"能力"这两个基准维度,刻板印象内容模型被划分成四个群体丛:高热情—高能力群体(High Warmth-High Competent, HW–HC)、低热情—高能力群体(Low Warmth-High Competent, LW–HC)、高热情—低能力群体(High Warmth-Low Competent, HW–LC)和低热情—低能力群体(Low Warmth-Low Competent, LW–LC)。菲斯克等通过大样本的实证研究发现了这四种群体的典型代表:"高热情高能力"群体的代表是美国中产阶级等,"低热情高能力"群体的代表是亚裔美国人、犹太人和富人等,"高热情低能力"群体的代表是老人、残疾人和智障者等,"低热情低能力"群体的典型代表是吸毒者、流浪汉和乞丐等。[2] 与此相对应,刻板印象内容模型认为,存在着四种不同的群际情绪,它们依次是对"高热情高能力"群体的赞美情绪(admiration)、对"低热情高能力"群体的嫉妒情绪(envy)、对"高热情低能力"群体的可怜情绪(pity)和对"低热情低能力"群体的轻视情绪(contempt)。在具体做法中,研究者让被试(大多数是白人)首先对社会中的人群进行提名分类,如"当今社会是如何将不同的人分类为组群的,如种族、性别、职业、能力等?""哪一类人被美国社会认为是社会地位最低的?"结果获得的目标群体包括黑人、西班牙裔人、女人、老人、亚裔人、蓝领、白人、学生、教授、中产阶级、女人、男人等。其次,被试报告社会对于这些群体的能力和热情(前者包括能胜任、自信、有能力、有效率、聪明和技能熟练,后者包括友好、好意、可信赖、热情、温和与真诚),以及社会地位、竞争性的评价。聚类分析的研究结果显示,被试将人群聚成四类。其中,老年人和残疾人被认为是热情友好但不能干的,他们被划分为"可怜"类;穷人、接受救济者、无家可归者被划分为"嫌弃类";富人、男人、犹太人、亚裔、专业人员被划分为"嫉妒类";基督徒、中产阶级、白人和学生被划分为"自豪类"。

---

[1] Fiske, S. T., Xu, J., Cuddy, A. J. C., & Glick, P. 1999. "(Dis) respecting versus (dis) liking: Status and interdependence predict ambivalent stereotypes of competence and warmth." *Journal of Social Issues* 55: 473–489.

[2] Fiske, S. T. 2004. *Social Beings: A Core Motives Approach to Social Psychology*. John Wiley and Sons.

刻板印象内容模型认为，热情和能力维度的具体评价一般与群际的相对地位和竞争性密切相关，社会地位对群体的能力评价存在显著的预测作用，而竞争性对群体的热情评价存在显著的预测作用。① 这一原则在对虚构群体的刻板印象研究中得到了证实。②③ 刻板印象内容模型在全球17个国家和地区（比利时、保加利亚、法国、德国、意大利、荷兰、挪威、葡萄牙、西班牙和英国、中国香港、日本和韩国、哥斯达黎加、多米尼亚和墨西哥、犹太以色列和穆斯林以色列地区）得到了验证，显现出刻板印象内容模型具有很好的文化普适性和群际关系的预测性。④ 目前，有关刻板印象内容模型的研究已经扩展到诸多群体。例如，林（Lin）等人在2005年的研究表明，美国大学生对亚裔美国人的刻板印象通常是能力强和缺乏社会性的一种混合的嫉妒类型。一方面，他们大多认为亚裔美国人通常能力较强、喜欢追求成就与权力、喜欢当第一、喜欢竞争、努力工作、非常聪明、重视教育；另一方面，他们又觉得亚裔美国人往往不大喜欢社交活动、社交能力相对较差、不喜欢成为大家注意的中心、总想超过别人、很少发起社会事件或集会、害羞安静、缺乏幽默感、不知道娱乐和放松。⑤ 此类研究还包括库迪（Cuddy）在2005年研究的老年群体⑥、麦雷格（Maddux）在2008年研究的亚裔美国

---

① Cuddy, A. J. C., Fiske, S. T. & Glick, P. 2008. "Warmth and competence as universal dimensions of social perception: The stereotype content model and the BIAS Map." *Advances in Experimental Social Psychology* 40: 61 – 147.

② Capozza, D., Trifiletti, E., Pasin, A., & Durante, F. 2007. "EPA and warmth-competence dimensions: Are the two universals redundant? Unpublished manuscript. Universita di Padova." In Cuddy, A. J. C., Fiske, S. T. & Glick, P. 2008. Warmth and competence as universal dimensions of social perception: the stereotype content model and the BIAS Map. *Advances in Experimental Social Psychology* 40: 61 – 147.

③ Oldmeadow, J., & Fiske, S. T. 2007. "Ideology moderates status = competence stereotypes: Roles for belief in a just world and social dominance orientation." *European Journal of Social Psychology* 37: 1135 – 1148.

④ Cuddy, A. J. C., Fiske, S. T., Kwan, V. S. Y., Glick, P., Demoulin, S., & Leyens, J. P. 2009. "Is the stereotype content model culture-bound? A cross-cultural comparison reveals systematic similarities and differences." *British Journal of Social Psychology* 48: 1 – 33.

⑤ Lin, M. H., Kwan, V. S. Y., Cheung, A. & Fiske, S. T. 2005. "Prejudice for an envied outgroup: Scale of anti-Asian American stereotypes." *Personality and social Psychology Bulletin* 31 (1): 34 – 37.

⑥ Cuddy, A. J. C., Norton, M. I., & Fiske, S. T. 2005. "This old stereotype: The pervasiveness and persistence of the elderly stereotype." *Journal of Social Issues* 61: 265 – 283.

人群体[1]、利（Lee）和菲斯克在 2006 年研究的移民群体[2]、科劳塞（Clausell）等在 2005 年研究的同性恋群体[3]、库迪等在 2007 年对女性群体的研究[4]、埃塞克斯（Esses）在 2002 年对黑人群体的研究[5]、拉塞尔（Russell）在 2007 年对精神病患群体的研究[6]以及沃尔帕托（Volpato）等在 2007 年对种族群体的研究[7]。最新的研究主要包括克兰格（Collange）等在 2009 年对自我威胁与刻板印象内容模型的研究[8]、杜兰特（Durante）等在 2007 年用档案法的刻板印象内容模型研究法西斯主义[9]。当前该团队的研究主要集中于使用认知神经科学的方法进一步检验刻板印象内容模型的深层机理，如凯文（Kervyn）[10]、伯格西克尔（Bergsieker）[11]、西卡拉（Cikara）等

---

[1] Maddux, W. W., Galinsky, A., Cuddy, A. J. C., & Polifroni, M. 2008. "When being a model minority is good…and bad: Realistic threat explains negativity toward Asian Americans." *Personality and Social Psychology Bulletin* 34: 74 – 89.

[2] Lee, T. L., & Fiske, S. T. 2006. "Not an outgroup, but not yet an ingroup: Immigrants in the stereotype content model." *International Journal of Intercultural Relations* 30: 751 – 768.

[3] Clausell, E., & Fiske, S. T. 2005. "When do the parts add up to the whole? Ambivalent stereotype content for gay male subgroups." *Social Cognition* 23: 157 – 176.

[4] Cuddy, A. J. C., & Frantz, C. M. 2007. "Legitimating status inequalities: The effect of race on motherhood discrimination Manuscript submitted for publication." In Cuddy, A. J. C., Fiske, S. T. & Glick, P. 2008. Warmth and competence as universal dimensions of social perception: the stereotype content model and the BIAS Map. *Advances in Experimental Social Psychology* 40: 61 – 147.

[5] Esses, V. M., & Dovidio, J. F. 2002. "The role of emotions in determining willingness to engage in intergroup contact." *Personality and Social Psychology Bulletin* 28: 1202 – 1214.

[6] Russell, A. M., Fiske, S. T., & Moore, G. 2007. *Applying the Stereotype Content Model to Perceptions of Mental Illnesses.* Manuscript under review.

[7] Volpato, C., Durante, F., & Fiske, S. T. 2007. *Using the Stereotype Content Model to Examine the Evils of Fascism: An Archival Approach.* Unpublished manuscript, Universita di Padova.

[8] Collange, J., Fiske, S. T., & Sanitioso, R. 2009. "Maintaining a positive self-image by stereotyping others: Self-threat and the stereotype content model." *Social Cognition* 27, 138 – 149.

[9] Durante, F., Volpato, C., & Fiske, S., T. 2009. "Using the stereotype content model to examine group depictions in Fascism: An archival approach." *European Journal of Social Psychology* 39: 1 – 19.

[10] Kervyn, N., Bergsieker, H. B., & Fiske, S. T. 2011. "The innuendo effect: Hearing the positive but inferring the negative." *Journal of Experimental Social Psychology* 9: 1 – 9.

[11] Bergsieker, H. B., Leslie, L. M., Constantine, V. S., & Fiske, S. T. 2012. "Stereotyping by omission: Eliminate the negative, accentuate the positive." *Journal of Personality and Social Psychology.*

在 2011 年的研究①②③④⑤和艾米斯（Ames）与菲斯克等在 2010 年的研究等⑥。

二 偏差地图系统模型

刻板印象内容模型深化了对刻板印象的研究与应用，但是它尚未涵盖行为模式的预测，新近的偏差地图系统模型⑦则将刻板印象内容模型与群际情绪、行为反应倾向相结合，并考虑到道德维度的重要性，开创性地形成了群际情绪—刻板印象—行为趋向的偏差地图系统模型。

（一）偏差地图系统模型对刻板印象内容模型的继承

刻板印象内容模型强调了刻板印象中情绪的矛盾性。⑧既然对某一群体的情绪是矛盾的，那么其唤醒的行为是否是矛盾的呢？偏差地图系统模型正是用来回答这一问题的。人们常常对"高热情低能力"群体体现了"父权式偏见"（paternalistic prejudice），例如种族偏见、年龄偏见和性别偏见等。但是这些偏见并不是一味的诋毁或贬抑，一定程度上目标群体被描述为缺少帮助和支持的群体。而人们对那些"高能力低热情"群体显现的是"嫉妒偏见"（contemptuous prejudice），认为他们是高能力但缺乏热情的群体，例如一些职业女性、女权主义者、女同性恋等都被贴上了这样的标签。同样美国被试把亚裔描绘成既充满能力、勤劳但同时缺乏社交性和孤僻冷淡的群

---

① Cikara, M., & Fiske, S. T., 2011. "Bounded empathy: Neural responses to outgroups' (mis) fortunes." *Journal of Cognitive Neuroscience.*
② Cikara, M., & Fiske, S. T. 2012. "Stereotypes and Schadenfreude: Affective and physiological markers of pleasure at outgroups' misfortunes." *Social Psychological and Personality Science.*
③ Cikara, M., Botvinick, M. M., & Fiske, S. T. 2011. "Us versus them: Social identity shapes neural responses to intergroup competition and harm." *Psychological Science.*
④ Cikara, M., Eberhardt, J. E., & Fiske, S. T. 2011. "From agents to objects: Sexist attitudes and neural responses to sexualized targets." *Journal of Cognitive Neuroscience.*
⑤ Cikara, M., Farnsworth, R. A., Harris, L. T., & Fiske, S. T. 2010. "On the wrong side of the trolley track: Neural correlates of relative social valuation." *Social Cognitive and Affective Neuroscience.*
⑥ Ames, D. L., & Fiske, S. T. 2010. "Cultural Neurosceince." *Asian Journal of Social Psychology* 13 (2): 72-82.
⑦ Cuddy, A. J. C., Fiske S. T., & Glick, P. 2007. "The BIAS Map: Behaviors from intergroup affect and stereotypes." *Journal of Personality and Social Psychology* 92: 631-648.
⑧ 陈志霞、陈剑峰，2007，《矛盾态度的概念、测量及其相关因素》，《心理科学进展》第 6 期。

体。由于矛盾刻板印象的存在，必然联结着更为复杂的行为系统，而这一点上，刻板印象内容模型并未获得相应的联结，这使得偏差地图系统模型在此基础上进一步提出不同的偏见均包含二元因素，即否定层面和肯定层面，二者均根植于群体对社会结构的评价。认知维度（刻板印象）、情感维度（情感偏见）和行为维度（歧视）三者是交织在一起的，它们同样具有功能性、预测性和系统性。同时，相对于刻板印象而言，情绪对行为的预测力将更为强大。

另外，对于行为而言，偏见导致歧视的路线近年来出现了一些迥然不同的结果，[1] 如负性偏见可能引发贬低和疏远，而正性偏见则引发同情、怜悯和帮助。这里，矛盾式偏见评价区别于以往的单纯性偏见模式，对于识别不同对象的不同评价偏见的提出也有助于防止和减少各种不同形态的偏见和歧视。[2] 另外，偏差地图系统模型中的复杂行为还反映在情感的多元化上，科特雷尔（Cottrell）和纽伯格（Neuberg）在2005年以社会功能结构论的方向为切入点，发现虽然同为被歧视群体，但其唤起的却可能是截然不同的情绪反应，对同性恋和第三世界移民，前者因健康和性取向被歧视，唤起厌恶与反感性情绪；后者因贫困和身份被歧视，唤起同情和怜悯性情绪。[3] 因而，情绪驱动并唤醒不同的行为，偏差地图系统模型在情绪与行为之间的紧密联系上比刻板印象内容模型继续向前延伸了一大步。

（二）偏差地图系统模型的框架结构

一直以来，偏见都被认为是三维整体，其中包括认知元素（刻板印象）、情感元素（情感偏见）和行为元素（歧视与污名）。[4] 而偏差地图作为刻板印象内容模型的扩展模型，加入了由热情和能力维度交互作用的情绪与行为结果。其中，根据能力和热情的高低所引发的行为反应包括主动助长

---

[1] Leach, C. W. 2006. *The Meaning of Prejudice.* Unpublished manuscript, University of Sussex, Brighton, England.

[2] 陈志霞、陈剑峰，2007，《善意和敌意性别偏见及其对社会认知的影响》，《心理科学进展》第3期。

[3] Cottrell, C. A., & Neuberg, S., L. 2005. "Different emotional relations to different groups: A sociofunctinal threat-based approach to prejudice." *Journal of Personality and Social Psychology* 88: 770–789.

[4] Fiske, S. T. 2004. *Social Beings: A Core Motives Approach to Social Psychology.* John Wiley and Sons, 398–400.

（active facilitation）（例如帮助与保护）、主动伤害（active harm）（例如攻击与反抗）、被动助长（passive facilitation）（例如合作与关联）与被动伤害（passive harm）（例如忽略与漠视），如图4-1所示。

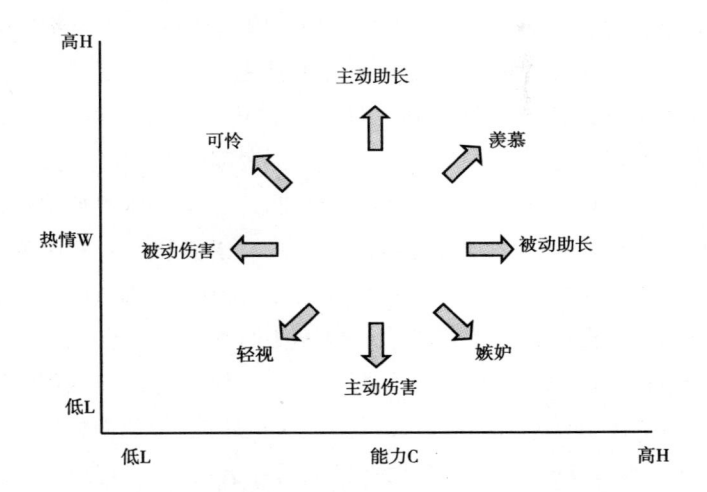

图4-1 刻板印象内容模型情绪反应与偏差地图系统模型行为模式结合图＊

＊Cuddy, A. J. C., Fiske S. T., & Glick, P. 2007. "The BIAS Map: Behaviors from intergroup affect and stereotypes." *Journal of Personality and Social Psychology* 92: 631-648.

进一步讲，偏差地图系统模型首先假定热情是首要维度，知觉到的热情唤醒积极性行为，如果群体被判断为热情，则引发主动助长行为（如帮助行为），否则导致主动伤害行为（如攻击行为）。在处于从属位置的能力维度上，如果群体被判断为高能力则唤起被动助长行为（如合作行为），否则引发被动伤害行为（如忽视和忽略行为）。偏差地图系统模型正是将群际情绪—刻板印象—行为趋向形成统一的系统模型，图4-2是在刻板印象内容模型基础上的细化偏差地图系统模型的表征图。也就是说，在高热情和高能力的维度中，这一群体具有良好的社交性，与这样的人群交往，人们会不由自主地形成对该群体的美好感受，如钦佩、赞美，随之而带来的则是友好的交往、互帮互助，这类群体属于刻板印象中的内群体偏好。在大多数国家的样本中，中产阶级、大学生、教授、科学家、体育明星都属于这一群体。在高能力与低热情相交织的维度中，这部分群体被认为聪明、有能力，具有强的社会竞争性和向上流动的意愿与行为，但是他们给其他人的感受并不良好，人们认为他们不够亲和，缺乏慈善，不具有良好的社交性，因而人们对他们的心态是矛盾的。一方面人们赞美他们的能力，希望如他们一样具有聪明的才智，但另一方面人们又认为他们不够友好，不够亲切，因而这种矛盾情绪中既有嫉妒，也有妒忌情愫，而在行为取向上更多的是工具主义，而非情感主义，如开展合作、互为利用等。这部分群体在大样本测试中包括亚裔美国人、犹太人、富人、政客和演艺明星等。很有趣的现象是，大部分被试认为体育明星付出许多辛苦和汗水，他们更亲和，因而属于高能力和高热情的群体，而演艺明星则没有那么幸运，人们常常认为他们是外貌高于演技，人们印象中演艺明星常常不苟言笑，爱摆架子，因而被列入高能力但低热情的群体中。在另外两个遭遇偏见、歧视和排斥的群体中，由于他们本身所占据的位置不同，因而决定了人们看待这一群体的情绪不同，行为反应也有差异。例如，在高热情与低能力的群体中，这一群体更类似"父权式偏见"。他们虽然被认定为缺乏向上流动的能力，缺乏高的社会地位，缺乏社会资源，但是他们比较亲和、温暖，人们对于这一群体的态度也是矛盾的，这种排斥和歧视之中充满了可怜和同情，人们也希望伸出援助之手去帮助和支持他们，至少不会攻击和诋毁，最多是有意疏远或回避而已。这部分群体中包括贫困者、领取救济金的人员、残疾人、穷人、老人等。第四类群体是典型的低热情与低能力的群体，他们社会地位低，自身又不能够给他人带来良好的感受，人们对其避之不及，不愿有任何关联。人们对他们的态度大多是嫌弃、极端贬低，在行为上会攻击和诋毁。这部分群体如吸毒者、嗑药者、暴力犯罪者等。事实上，通过这一模型，我们可知，传统的那些遭受排斥和贬低的群体，看似相同，实则有巨大的差异，它们列属位置不同，人们对其刻板印象也截然不同（见图4-2）。

在偏差地图系统模型中，对于行为的划分按照两个不同的维度进行，即"主动—被动"与"助长—伤害"。在第一个维度中，主动特征为直接的、外在的、公然的和强烈的；而被动特征为间接的、隐秘的、不强烈的和回避的。反映在歧视领域，前者诸如鄙视、公然的抵抗和反对；而后者显现更多的是隐蔽的偏见、委婉拒绝雇用与录用、巧妙的拒绝帮助等。在第二个维度中，助长引发表面的赞同行为，伤害则产生对该群体的有害结果。结合以上维度划分，所划分的四个结果包括主动助长行为（其目标是有益的，包括雇佣、合作、帮助），主动伤害行为（包括伤害其目标，使用群体符号予以

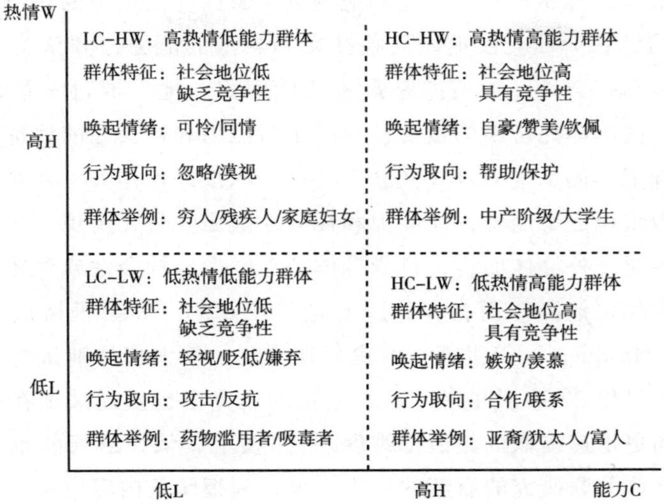

```
热情W
         │LC-HW：高热情低能力群体      │HC-HW：高热情高能力群体
         │群体特征：社会地位低          │群体特征：社会地位高
         │        缺乏竞争性            │        具有竞争性
    高H   │唤起情绪：可怜/同情          │唤起情绪：自豪/赞美/钦佩
         │行为取向：忽略/漠视          │行为取向：帮助/保护
         │群体举例：穷人/残疾人/家庭妇女│群体举例：中产阶级/大学生
         │- - - - - - - - - - - - - - ┼ - - - - - - - - - - - - -
         │LC-LW：低热情低能力群体      │HC-LW：低热情高能力群体
         │群体特征：社会地位低          │群体特征：社会地位高
         │        缺乏竞争性            │        具有竞争性
    低L   │唤起情绪：轻视/贬低/嫌弃     │唤起情绪：嫉妒/羡慕
         │行为取向：攻击/反抗          │行为取向：合作/联系
         │群体举例：药物滥用者/吸毒者   │群体举例：亚裔/犹太人/富人
         低L                    高H                   能力C
```

图 4 - 2　刻板印象内容模型与偏差地图系统模型的模型表征图＊

Cuddy, A. J. C., Fiske, S. T. & Glick, P. 2008. "Warmth and competence as universal dimensions of social perception: The stereotype content model and the BIAS Map." *Advances in Experimental Social Psychology* 40: 61 - 147.

伤害、进一步使得偏见合法化），被动助长行为（行为是被动的，以容忍和其他目标为导向，为了其他目标或共同的益处而采取合作和促进行为）和被动伤害行为（忽略、忽视、回避以及消极应对）。

（三）道德维度的凸显

尽管大量的刻板印象研究证实了能力和热情的作用，但是，沃伊塔泽克（Wojciszke）在 2007 年发现刻板印象还涉及道德维度；[①] 利奇（Leach）在 2007 年也通过一系列工作把刻板印象内容模型与道德联系到一起。[②] 这里，

---

① Wojciszke, B., Abele, A. E., & Baryla, W. 2007. "Two dimensions of interpersonal attitudes: Liking depends on communion, respect depends on agency." In Cuddy, A. J. C., Fiske, S. T. & Glick, P. 2008. Warmth and competence as universal dimensions of social perception: The stereotype content model and the BIAS Map." *Advances in Experimental Social Psychology* 40: 61 - 147.

② Leach, C. W. Ellemers, N., & Barreto M. 2007. "Group Virtue: The Importance of Morality (vs. Competence and Sociability) in the Positive Evaluation of In-Groups." *Journal of Personality and Social Psychology* 93 (2): 234 - 249.

道德是指诚实、可靠和真挚。他们把刻板印象内容模型中的热情改为社会性（sociability），认为社会性更能反映社交和热情的能力，并认为刻板印象内容包括能力和社会性，但道德是最重要的因素。他们通过一系列的实验发现，道德在内群体评价中的重要性要高于对能力和社交性的评价。同时内群体道德影响了群体水平的自我概念，这些与积极评价相关，在对内群体的维度中应最为重视道德因素，而能力和社会性次之。研究发现，尽管有一些内群体认为相对于外群体而言，自身群体缺乏能力、社会性或声望，但他们认为自身群体较之他群体而言，其道德是更良好的。罗德里格兹·莫斯奎拉（Rodriguez Mosquera）等发现，西班牙和荷兰大学生都分别认为对方没有自己更诚实和可信。[①] 在其他的一些跨文化的研究中也发现被试在提取的因素中更愿意和更迅速提取的是道德维度。[②] 事实上，认识道德的重要性是进一步开展内群体关联研究的崭新的一步，也是刻板印象内容模型与偏差地图系统模型的新的视角，在倡导集体主义的国家中尤其如此。

（四）偏差地图系统模型的进一步验证

目前，对于偏差地图系统模型的验证已经在开展。其中不仅有针对不同群体的研究，也有力图使用不用方法加以验证的研究。

麦达克斯（Maddux）等于2008年在偏差地图系统模型的基础上证明对亚裔群体刻板印象中的否定态度和情感与行为具有重要关联性，并认为现实主义威胁是连接类似少数民族群体刻板印象的重要机制。[③] 他们发现，美国白人对于亚裔美国人的刻板印象既包括积极一面，例如聪明、有能力、雄心勃勃、努力工作、精确、自律等；也有消极的一面，例如狡猾、害羞、自私、缺乏热情。他们强调，消极态度与行为的出现是因为美国白人时常感到外群体的现实主义威胁，其中包括可能的工作、教育、经济和政治机会的竞

---

① Rodriguez Mosquera, P. M., Manstead, A. S. R., & Fischer, A. H. 2002. "Honor in the Mediterranean and Northern Europe." *Journal of Cross-Cultural Psychology* 33 (1): 16 - 36.

② Cuddy, A. J. C., & Frantz, C. M. 2008. "Legitimating status inequalities: The effect of race on motherhood discrimination Manuscript submitted for publication." In Cuddy, A. J. C., Fiske, S. T. & Glick, P. Warmth and competence as universal dimensions of social perception: the stereotype content model and the BIAS Map. *Advances in Experimental Social Psychology* 40: 61 - 147.

③ Maddux, W. W., Galinsky, A., Cuddy, A. J. C., & Polifroni, M. 2008. "When being a model minority is good… and bad: Realistic threat explains negativity toward Asian Americans." *Personality and Social Psychology Bulletin* 34: 74 - 89.

争，正是现实主义危机导致了对亚裔群体产生否定消极的态度和情感。林（Lin）等在2005年发现，反亚裔美国人刻板印象区别于能力与社会性维度，反亚裔美国人刻板印象量表（The Scale of Anti – Asian American Stereotypes，SAAAS）通过将131条种族态度条目化约为25条目，通过3个高校的222名美国大学生被试证明对亚裔的偏见不是轻蔑的人种偏见而是认为其高能力但低社交性的倾向，这一点是与对黑人的刻板印象完全不同的，因而被试对两个族群的态度和行为是完全不同的。①

另外一些对偏差地图系统模型的验证从归因角度出发。归因中的基本偏差被认为是一种动机性的自我服务性偏差（self serving attribution error），但刻板印象内容模型和偏差地图系统模型的研究结果显示，不同群体的归因偏见模式不一定遵从基本归因偏差（ultimate attribution error），而是形成一个复杂的模式匹配。克里克（Glick）在2007年称其为"刻板印象证实偏差"（Stereotype-Confirming Attribution Bias），即刻板印象偏差不是单纯的单一性归因，而是根据态度、情绪和行为结果的匹配所获得的。②

也有一些研究力图在个体水平上加以操作，想要去证明的是热情与能力维度是否在大脑皮层和各区域间有反应。如托斯洛夫（Todorov）分别在2005年和2007年想要证明人们是否可以通过面孔来很快地判断能力和热情，甚至假设认为面对高地位、高能力的竞争者可能刺激杏仁核警惕系统（amygdala's vigilance system）。③④ 这些假设都围绕着刻板印象内容模型和偏差地图系统模型可能潜在受到神经系统中不同象限的影响。随着认知神经科学系统的介入，研究者采用脑功能磁共振成像（functional Magnetic Resonance Imaging，fMRI）技术和神经心理学方法对刻板印象的内容模型展开深入的研究。

---

① Lin, M. H., Kwan, V. S. Y., Cheung, A. & Fiske, S. T. 2005. "Prejudice for an envied outgroup: Scale of anti-Asian American stereotypes." *Personality and Social Psychology Bulletin* 31(1): 34 – 37.

② Glick, P., Cuddy, A. J. C., & Fiske, S. T. 2007. *The Stereotype Confirming Attribution Bias*. Unpublished data.

③ Todorov, A., Gobbini, M. I., Evans, K. K., & Haxby, J. V. 2007. "Spontaneous retrieval of affective person knowledge in face perception." *Neuropsychologia* 445: 163 – 173.

④ Todorov, A., Mandisodza, A. N., Goren, A., & Hall, C. C. 2005. "Inferences of competence from faces predict election outcomes." *Science* 308: 1623 – 1626.

三 模型的研究意义与未来发展

受当代全球化的影响,来自不同范畴和类别的群体越来越趋于融合和统一,然而各种不同的社会类别属性依然存在,并无任何显著的消减之势。单就社会地位而言,各群体间的鸿沟依然存在,并不断裂化为不同群体。梅西(Massey)在2007年认为,这种看似戏剧性的分化几乎每天都在上演,在各种群体逐鹿的时代,它们正通过各种各样的方式产生各种各样的刻板印象,甚至是偏见和歧视。[①] 但是,随着历史的改变,刻板印象、偏见及其模式也在发生改变。在全球一致的"消除偏见与歧视"的呼声中,早期的研究者强调的是偏见与歧视的单一化,即偏见一定是负面的和消极的,其引导的行为是歧视、贬低和排斥。而21世纪初期刻板印象内容模型和新近在此基础上的群际情绪—刻板印象—行为趋向系统模型则给人类开拓了刻板印象研究的新视域,它区别于以往的单纯性刻板印象理论,而是提出了识别不同群体与不同评价偏见的刻板印象、态度和行为的框架,这种细分为防止和减少各种不同形态的偏见和歧视开启了一扇崭新的大门。

刻板印象内容模型使用热情与能力维度预测社会地位和竞争,唤醒不同的情绪,如羡慕、嫉妒、可怜和反感。偏差地图系统模型则在此基础上预测不同的行为——主动与被动以及有利与有害。因而,关于刻板印象内容模型和偏差地图系统模型的工作强调了热情和能力是群体刻板印象的核心,它们是引发不同行为的起源,进而建构了不同的情感与行为反应。刻板印象内容模型和偏差地图系统模型的有机结合关注群际和内群体,证明热情和能力是不同目标的知觉者和不同文化中的社会判断的统一维度,其起源于社会结构这一变量,进而引发情感和行为结果。它们回答了一个重要的问题,即对方群体是朋友还是敌人,他们是否能实现自己的意图,因此这些刻板印象是功能化的,人们从身份线索中推断能力和热情特征以及内群体的竞争性。刻板印象内容模型和偏差地图系统模型的研究开启了刻板印象研究中的一个新篇章,借助它我们可以窥见内群体、群际知觉与互动中内隐的多样性。目前和将来的研究方向将会集中于内群体归因、刻板印象内容模型和偏差地图系统

[①] Massey, D. S. 2007. *Categorically Unequal: The American Stratification System*. Russell Sage, New York.

模型中的神经系统验证、对自我知觉的热情与能力维度考量等。

另外，传统的偏见被认为是单维度的反感和憎恶，其策略多关注于减少或削减偏见，而偏差地图系统模型却发现，当被歧视群体的社会地位达到与自己群体平衡或者更高的时候，其知觉到的偏见会发生改变。所以，偏见的削减策略不在于减少某一个群体的负性特征，而在于强调群体被知觉到的方面比自属群体更优越，尤其是这些群体与有限的资源相联结的时候。[1] 在社会情境中，个体社会身份的凸显往往是自动的，甚至在与其他群体成员交往之前，个体就已经存在一定的先入为主的心理预期。[2] 因此，这一效果的好坏往往取决于是否具备与具体的外群体成员建立最佳交往的条件，这些条件包括地位平等、相互之间是合作而非竞争关系、情境支持、积极的交往效果和求同存异。[3] 这对于在实践中削减偏见、弱化歧视、干预污名将产生具体的指导意义。

可以显见，刻板印象内容模型的优点在于通过不同文化样本的实证性研究将复杂的刻板印象内容化约为热情和能力两个基本维度，而偏差地图系统模型的最大创新点在于将刻板印象内容模型和情绪与行为做进一步的联结，使刻板印象内容模型不断走向深入，同时也有助于推动不同地域和文化结构之间的跨文化研究。这说明，相对于以往刻板印象内容模型的研究，偏差地图系统模型研究有助于揭示内群体与群体间态度的复杂性和内在心理过程，体现了社会心理学对于刻板印象研究的进一步深化。同时，研究的重要意义还在于，它进一步探索了将刻板印象从态度、情绪到行为的整体结合，同时对于偏见的缓解和消除起到了细化的参考作用。

尽管如此，现有的偏差地图系统模型尚处于初步研究阶段，依然存在很多问题需要进一步的深究。存在的不足之处以及今后值得进一步探讨的问题包括如下几个方面：其一，模型的态势问题，即偏差地图系统模型是固化静

---

[1] Maddux, W. W., Galinsky, A., Cuddy, A. J. C., & Polifroni, M. 2008. "When being a model minority is good…and bad: Realistic threat explains negativity toward Asian Americans." *Personality and Social Psychology Bulletin* 34: 74 – 89.

[2] Lee, S. 2005. "Judgment of ingroups and outgroups in intraand intercultural negotiation: The role of interdependent self-construal in judgment timing." *Group Decision and Negotiation* 14: 43 – 62.

[3] Chrobot-Mason, D., Ruderman, M. N., Weber, T. D., & Ohlott, P. J. 2007. "Illuminating a cross-cultural leadership challenge: When identity groups collide." *The International Journal of Human Resource Management* 18: 2011 – 2036.

止还是运动平移的。麦达克斯在 2008 年假设了模型的移动性，他认为模型更需要延展其研究群体，以考察群体评价的移动性。按照功能主义和实用主义的观点，刻板印象的维度一般来自人际互动和群际互动，当人们遇到其他个人和群体时总是本能地从行为意图和能力来进行区分，因而形成热情与能力的维度划分，而如果继续强化某一维度，则另一维度的移动趋势如何，这提示该模型下一步研究需要从动态的模式中去寻找新的生长点。其二，模型对于认知自动化的解释，即当今研究更加强调外界情境，态度影响也依靠外界联系，认为与自群体无显著竞争性的群体就不会被认为充满否定性，那么群体的刻板印象源于目标群体的自动化或无意识反应是如何阐释的呢，这提示偏差地图系统模型的方向将朝着个体水平推进，更多的突出知觉者的内部心理机制问题。其三，中介变量的穷尽性。刻板印象内容模型与偏差地图系统模型的优点正在于其选择简单的维度来析化复杂的问题，但正是这一点也引起了一些讨论，如欧德米多夫（Oldmeadow）在 2007 年的研究显示，社会结构与跨文化稳定性之间存在相关，刻板印象合法地提供了社会阶层的分层系统，尽管地位和能力之间具有强联系，但是中介变量不是地位和热情，而是不平等的意识形态观念与态度。[①]

论及与中国情境的对接问题，进一步的工作应该包括：其一，道德维度在偏差地图系统模型中已经凸显，但尚未强化其重要程度。在中国这一大的文化背景中，维度划分中道德维预计占据重要位置，起到重要的推动性作用，这提示今后的中国大陆本土化研究应该考量道德维。其二，大量的跨文化研究中，中国样本是以香港样本为例，这在一定程度上虽然具有说明性，但较之复杂的中国大陆的偏见和歧视问题，仍需要大量的关于我国大陆的样本考核。其三，无论是刻板印象内容模型还是偏差地图系统模型的研究目前仍停留在模型建构和方法验证上，对于现实情境问题的研究和干预计划尚未启动，而中国目前处于转型时期，诸多偏见和歧视现象层出不穷，无论是刻板印象内容模型还是偏差地图系统模型完全有可能与中国这一大的样本场域进行对接，可以通过诸多方法获取干预效果的验证，如对于受偏见的目标群通过实

---

① Oldmeadow, J., & Fiske, S. T. 2007. "Ideology moderates status = competence stereotypes: Roles for belief in a just world and social dominance orientation." *European Journal of Social Psychology* 37: 1135 – 1148.

验启动被试对其能力、热情，甚至道德维的高评价，用以判断对于偏见态度与行为消减之效果，进而用于整体社会的实践与干预。总之，未来刻板印象内容模型和偏差地图系统模型在中国场域的研究将进一步推动刻板印象模型研究的工作，同时对于我国现实问题的思考和干预将起到一定的促进作用。

第二节 城市第一代移民的偏差地图

奥尔波特在1954年指出，歧视存在各种不同的类型和模式。[1] 早期的刻板印象内容研究均以刻板印象的过程作为研究重点，如布朗（Brown）在1995年的研究[2]、菲斯克在1998年的研究[3]、莱茵斯（Leyens）等在1994年的研究[4]，以及马可（Macrae）等在2000年的研究[5]等。为了提供一个整体且合理的理论框架，菲斯克等使用热情和能力两个维度为基础建立二维模型并区分了不同的群体刻板印象和情绪反应，形成了刻板印象内容模型，并用以预测不同的内群体行为[6][7][8][9]。该研究通过17个国家和地区的跨文化

---

[1] Allport, G., W. 1954. *The Nature of Prejudice.* Cambridge, MA: Addison-Wesley Publishing Company.

[2] Brown, R. 1995. *Prejudice: Its Social Psychology.* Oxford: Blackwell.

[3] Fiske, S. T. 1998. "Stereotyping, prejudice, and discrimination." In D. T. Gilbert, S. T. Fiske, & G. LindzeyEds. *Handbook of Social Psychology* (4th ed.). Boston: McGraw-Hill (2): 357 – 411.

[4] Leyens, J. Ph., Yzerbyt, V., & Schadron, G. 1994. *Stereotypes, Social Cognition, and Social Explanation.* London: Sage.

[5] Macrae, C. N., & Bodenhausen, G. V. 2000. "Stereotypes." In S. T. Fiske, D. L. Schacter, & C. Zahn-Wazler Eds. *Annual Review of Psychology.* Palo Alto, CA: Annual Reviews (51): 93 – 120.

[6] Fiske, S. T. 1998. "Stereotyping, prejudice, and discrimination." In D. T. Gilbert, S. T. Fiske, & G. Lindzey Eds. *Handbook of Social Psychology* (4th ed.. Boston: McGraw-Hill (2): 357 – 411.

[7] Glick, P., Cuddy, A. J. C., & Fiske, S. T. 2007. *The Stereotype Confirming Attribution Bias.* Unpublished data.

[8] Glick, P., & Fiske, S. T. 2001. "Ambivalent stereotypes as legitimizing ideologies: Differentiating paternalistic and envious prejudice." In J. Jost & B. Major Eds. *The Psychology of Legitimacy.* Cambridge, England: Cambridge University Press, 278 – 306.

[9] Glick, P., & Fiske, S. T. 1999. "Sexism and other 'isms': Interdependence, status, and the ambivalent content of stereotypes." In W. B. Swann, Jr., J. H. Langlois, & L. A. Gilbert Eds. *Sexism and Stereotypes in Modern Society: The Gender Science of Janet Taylor Spence.* Washington, DC: American Psychological Association, 193 – 221.

研究验证了热情和能力两个维度决定外群体分布的假设,并认为大多数刻板印象是混合的,群体的社会地位可以预测刻板印象,以及刻板印象中普遍存在参照群体偏好以及外群体贬抑这四个前提假设。库迪等在2007年的研究中将刻板印象内容模型与群际情绪、行为反应相结合,开创性地形成了群际情绪—刻板印象—行为趋向的系统模型。[①][②]

一 问题提出

作为基础模型,刻板印象内容模型用来描述和预测某一群体在既定社会分类中的框架结构,菲斯克等指出了群体成员所形成的偏见类型与群体怎样形成其独特的位置认知。依靠热情和能力两个基准维度,刻板印象内容模型划分了刻板印象中的四个群体丛:高热情与高能力群体、低热情与高能力群体、高热情与低能力群体和低热情与低能力群体。新近的偏差地图系统模型作为刻板印象内容模型的扩展,加入了由热情和能力维度交互作用的情绪与行为。其中,根据能力和热情的高低所引发的行为反应包括主动助长、主动伤害、被动助长与被动伤害。偏差地图系统模型正是将群际情绪—刻板印象—行为趋向形成统一的系统模型。

然而,现有的偏差地图系统模型尚处于初步研究阶段,依然存在很多问题需要进一步深究。存在的不足之处以及今后值得进一步探讨的问题包括如下几个方面:在模型态势上,是固化静止还是运动平移的;在模型与人格的联结中尚缺乏大量的论证;模型对于认知自动化的解释尚需要更多的突出知觉者的内部心理机制问题的研究;在中介变量的穷尽性上,尚需足够的研究作为支撑。另外,以香港为代表的中国样本中有诸如"菲律宾雇佣""教会工作人员"等群体,而这些在大陆群体中则不具备典型性。相反,"农民工""农民"等中国大陆普遍意义的群体尚未纳入研究之中。因而,中国大陆本土的刻板印象内容模型和偏差地图系统模型的研究将具有独特的意义。另外,模型是固化静止还是运动平移的,是否受中介变量,如心理卷入(involvement)的影响,在卷入这一中介变量的影响下,模型态势是否改变

[①] 管健,2009,《刻板印象从内容模型到系统模型的发展与应用》,《心理科学进展》第4期。
[②] 管健、程婕婷,2011,《刻板印象内容模型的确认、测量及卷入的影响》,《中国临床心理学杂志》第2期。

等相关研究仍属空白，因而这也是我们探求的一个问题。

本部分以刻板印象内容模型和偏差地图系统模型为框架，探讨模型对于中国大陆群体的测量和划分，我们的目的是：（1）检验模型对于我国大陆群体的效度；（2）考察中国大陆群体的类别划分和不同的维度坐标；（3）以农民工群体为例，重点探讨心理卷入情境对模型的影响。本研究是对刻板印象内容模型和偏差地图系统模型的继续拓展，对于深化该模型的研究具有独特的学术意义。

二 群体分类与刻板印象内容模型的测量

在这一部分中，研究小组首先进行了初期研究，旨在探寻中国大陆群体的典型样本，然后根据这一样本形成初期问卷。其次，根据问卷测量我国大陆主要群体的刻板印象模型定位。

（一）预研究：寻找群体分类

首先我们进行了初期研究，初期研究的目的是确定中国大陆的典型性群体的类别和划分。在被试方面，我们采用分层抽样方法选取被试125名，其中男67人，女56人（2人未填写性别）。平均年龄23.4岁（标准差=3.01）。被试之前未经过任何相关刻板印象的调查和研究工作，大部分的被试在10分钟之内完成测试。在材料和设计方面，我们根据被试的经验请被试回答以下问题："社会生活中人们会根据不同的标准将人群分成各个不同的群体，你认为社会上的人们会根据不同的标准将人群分成哪些典型，请列举10~15个群体。"

之后，我们收集整理125名被试的所有问卷，根据被试分类群体进行频次分析，发现了高频群体36个，包括农民（68.3%）、农民工（65.2%）、男人（59.1%）、女人（58.2%）、教师（56.3%）、老人（55.3%）、白领（54.9%）、公务员（52.1%）、知识分子（50.3%）、企业家（49.8%）、城市人（46.3%）、工人（45.1%）、商人（41.3%）、南方人（40.9%）、北方人（39.4%）、少数民族（38.5%）、富人（36.8%）、穷人（37%）、大学生（35.6%）、科学家（35.8%）、残疾人（33.8%）、西部地区人（33%）、沿海地区人（31.7%）、个体工商业者（30.9%）、海归（30.1%）、中小学生（27.9%）、私营企业主（24.8%）、领导干部（23.6%）、无业游民（22.3%）、低保人员（19.7%）、演艺明星

(19.1%)、体育明星（18.9%）、乞丐（16.7%）、下岗人员（15.6%）、常驻中国的外国人（13.5%）和罪犯（12.1%）。

然后，运用初期研究所产生的结果形成问卷，经过初测后正式施测，探讨中国大陆群体的刻板印象的内容和维度，通过聚类分析进行筛选和确认，并考察量表的一致性信度。

（二）正式施测：我国群体的刻板印象位置

在正式研究中，我们选取有效被试103名，男59人，女44人。平均年龄22.1岁（标准差=2.65）。被试之前未经过任何相关刻板印象的调查和研究工作，大部分的被试在30分钟之内完成测试。

根据预研究总结的36个群体类别，以刻板印象内容模型和偏差地图系统模型问卷相结合为蓝本，将英文译成中文，并回译成英文，通过前后比对再译回中文。经过专家确认，获得中国化问卷，并采用利克特量表法，1代表"非常不同意"，5代表"非常同意"。使用SPSS16.0对问卷收集到的数据进行探索性因子分析，运用主成分分析方法和斜交旋转方法抽取因子，采用特征值大于1，因子载荷不低于0.40，交叉载荷大于0.40等标准删除项目。随后，对36个群体进行聚类分析，采用系统聚类方法中的最远邻法，无须经过数据的标准化处理而直接得出结果。

为了检验问卷的结构效度，我们对问卷中的36个群体的刻板印象、情绪唤醒、行为反应和群体特征进行主成分因素结构分析，选取特征值大于1的因子并经斜交旋转获得相应的因子结构，分别以热情与能力，歧视、钦佩、同情与嫉妒，主动助长、主动伤害、被动助长和被动伤害，社会地位和竞争性表示。以农民工群体的主成分分析结果为例，因子对相应问卷部分的总体解释率依次为89.99%、88.04%、85.45%和79.94%。在群体特征的因素分析中，资源占有在社会地位和竞争性上有相近的因子载荷，这与现实生活经验相符，故保留资源占有项目。虽然情绪唤醒中钦佩因子的Cronbach's alpha仅为0.421，但其余因子的Cronbach's alpha均在0.7以上，所以问卷仍然具有较好的内部一致性信度。

我们采用系统聚类对36个群体的能力、热情评价进行聚类分析，选择最远邻法为聚类方法。本研究以四类划分的四个单元为基础，结果显示，农民、穷人、农民工、低保人员、残障人士、下岗人员、老人等归入了高热情

表4-1 问卷的主成分因素结构分析（以农民工为例）

表4-1-1 刻板印象（以农民工为例）

项　目	能　力	热　情
有能力的	0.913	0.143
有才能的	0.925	0.064
待人热情的	0.172	0.955
友好亲和的	0.048	0.970
Cronbach's	0.828	0.934

表4-1-2 群体特征（以农民工为例）

项　目	社会地位	竞争性
权力占有	0.860	0.253
社会声望	0.841	0.280
经济收入	0.219	0.929
资源占有	0.540	0.637
Cronbach's	0.792	0.706

表4-1-3 情绪唤醒（以农民工为例）

项　目	歧视	钦佩	同情	嫉妒
轻视	0.942	-0.049	0.156	-0.074
反感	0.957	-0.006	0.036	-0.010
赞赏	0.140	0.854	-0.101	-0.013
敬佩	-0.226	0.742	0.175	0.141
可怜	0.121	0.064	0.946	-0.038
同情	0.063	-0.009	0.951	0.153
嫉妒	-0.040	0.070	0.045	0.983
妒忌	-0.046	0.055	0.065	0.983
Cronbach's	0.919	0.421	0.913	0.977

表4-1-4 行为反应（以农民工为例）

项　目	主动助长	主动伤害	被动助长	被动伤害
保护	0.937	-0.091	0.184	-0.055
帮助	0.942	-0.125	0.034	-0.137
攻击	-0.224	0.828	-0.001	0.267
欺负	-0.017	0.854	-0.150	0.271
密切交往	0.072	-0.076	0.830	-0.282
合作	0.127	-0.066	0.894	0.003
排斥	-0.146	0.301	-0.169	0.869
贬低	-0.070	0.272	-0.114	0.878
Cronbach's	0.911	0.751	0.717	0.869

与低能力的类型，属于父权式偏见类（paternalistic prejudice）；男人、商人、海归、私营企业主、公务员、南方人、领导干部、城市人、知识分子、科学家、企业家、白领、演艺明星、体育明星、富人等归入了低热情与高能力的类型，属于嫉妒偏见类；蓝领、女人、个体工商业者、大学生、北方人、教师、常驻外国人等归入了高热情与高能力的羡慕类；罪犯、无业游民、乞丐则被归入了低热情与低能力的鄙视类。

随后，我们采用系统聚类分析（hierarchical cluster analyses）对36个群体的能力、热情评价进行聚类分析，选择最远邻法为聚类方法，对中国大陆刻板印象内容模型结构进行了探索。因为此次研究的数据单位一致，所以数据标准化处理与否不会影响到对象间距离的比较。（聚类分析结果见表4-2）

表4-2　36个群体的聚类分析结果

群体	4类	3类	2类	群体	4类	3类	2类
农民	1	1	1	城市人	3	2	1
工人	2	1	1	知识分子	3	2	1
男人	3	2	1	无业游民	4	3	2
女人	2	1	1	科学家	3	2	1
商人	3	2	1	西部内陆人	2	1	1
个体工商业者	2	1	1	沿海地区人	3	2	1
海归	3	2	1	农民工	1	1	1
中小学生	2	1	1	低保人员	1	1	1
大学生	2	1	1	教师	2	1	1
私营企业主	3	2	1	残障人士	1	1	1
罪犯	4	3	2	企业家	3	2	1
公务员	3	2	1	白领	3	2	1
少数民族	2	1	1	演艺明星	3	2	1
南方人	3	2	1	体育明星	3	2	1
北方人	2	1	1	乞丐	4	3	2
穷人	1	1	1	下岗人员	1	1	1
领导干部	3	2	1	富人	3	2	1
老人	1	1	1	常驻外国人	2	1	1

聚类分析的结果往往需要结合样本数据特征以及专业背景进行具体分析。从表4-2的结果看，以四类划分的四个单元为基础，三类、二类是依次将各个单元合并，自始至终并未出现前后隶属不同单元的群体出现。如果采用两类划分，除了罪犯、无业游民、乞丐属于同一类别外，其他群体虽归为一类，但在热情、能力两个维度上的内部差异性显著，所以主要的分歧是采用三类还是四类。三类与四类的区别在于三类划分中将热情值较高的两个单元合并（表4-3），该合并单元的热情值较其他两单元相比，内部差异性显著，降低了该维度上的一致性，所以结合图4-3采用四类划分。

表4-3　36个群体的聚类分析归纳比较

群 体	4类	3类	2类	群 体	4类	3类	2类
农 民	1	1	1	商 人	3	2	1
穷 人	1	1	1	海 归	3	2	1
农民工	1	1	1	私营企业主	3	2	1
低保人员	1	1	1	公务员	3	2	1
残障人员	1	1	1	南方人	3	2	1
下岗人员	1	1	1	领导干部	3	2	1
老 人	1	1	1	城市人	3	2	1
工 人	2	1	1	知识分子	3	2	1
女 人	2	1	1	科学家	3	2	1
个体工商业者	2	1	1	沿海地区人	3	2	1
中小学生	2	1	1	企业家	3	2	1
大学生	2	1	1	白 领	3	2	1
少数民族	2	1	1	演艺明星	3	2	1
北方人	2	1	1	体育明星	3	2	1
西部内陆人	2	1	1	富 人	3	2	1
教 师	2	1	1	罪 犯	4	3	2
常驻外国人	2	1	1	无业游民	4	3	2
男 人	3	2	1	乞 丐	4	3	2

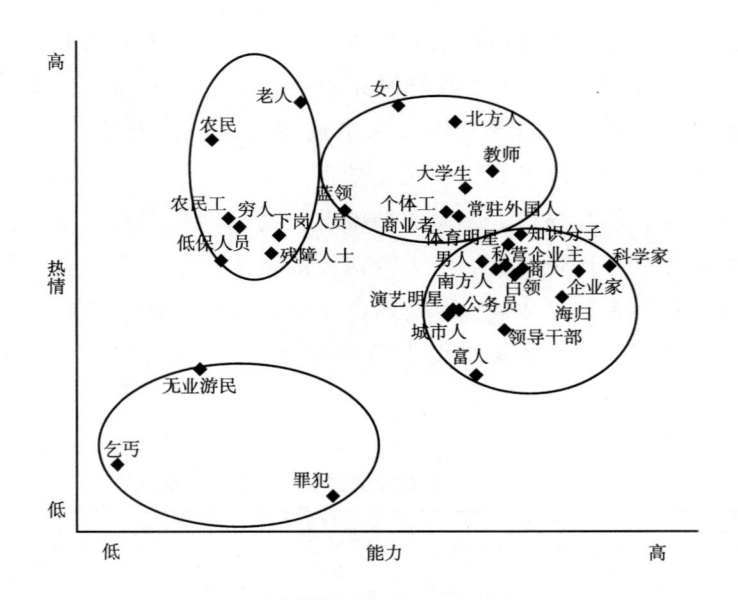

图 4-3 中国大陆主要群体的刻板印象内容模型

三 刻板印象内容模型的结果与讨论

首先,从图 4-3 可以看出,能力和热情两个维度较好地反映和区分了 36 个群体的刻板印象内容,与菲斯克美国样本的研究结果基本保持一致,但也存在个别性和典型的中国化特征,如中国女性群体在能力表征上有所增加,显现了中国当前对女性能力的认可。当然,各群体会表现出内群体偏好和外群体贬抑的倾向,即个体对自己内群体及外群体的评价不一致的情况,倾向于褒奖内群体而贬损外群体。父权式偏见类群体难以受到尊敬却容易唤醒他类群体的同情心,在一定程度上被描述为缺少帮助和支持。在社会生活中,农民、农民工、下岗人员、残障人员、老人等被视为弱势群体。

混合刻板印象的内容是指能力与热情在某一维度上的低评价与另一维度上的高评价,人们对外群体的评价往往是混合的,以下通过配对 T 检验方法进行探讨。首先,对四大类群体的能力、热情均值进行差异比较。第一类群体包括农民、穷人、农民工、低保人员、残障人士、下岗人员和老人群体是高热情的类型,配对 T 检验显示该类群体能力($M = 2.106$)和热情($M = 3.239$)存在显著差异($t = -19.095, p \leq 0.001$),热情显著高于能力,属于能力热情混合类型；第二类群体包括男人、商人、公务员、领导干部、企业家、白领、演艺明星等，是高能力类型，配对 T 检验显示该类群体的能力（M = 3.853）和热情（M = 2.848）存在显著差异（t = 23.756，$p \leq 0.001$），能力显著高于热情，属于能力热情的混合型；第三类群体包括教师、大学生、北方人、蓝领等，虽然他们属于能力和热情双高的类型，但在能力（M = 3.159）和热情（M = 3.613）均值上依然存在显著差异（t = -11.690，$p \leq 0.001$），热情高于能力；第四类群体包括罪犯、乞丐、无业游民，属于能力（M = 1.940）和热情（M = 1.905）双低的类型，能力与热情差异不显著（t = 0.752，$p \leq 0.05$），统计结果支持了混合刻板印象内容假设（见表 4 - 4）。

表 4 - 4 四大聚类的能力和热情均值比较

聚　　类	能力　热情
农民、穷人、农民工、低保人员、残障人员、下岗人员、老人	2.106 < 3.239
蓝领、女人、个体工商业者、大学生、北方人、教师、常驻外国人	3.159 < 3.613
男人、商人、海归、私营企业主、公务员、白领、领导干部、城市人、富人、知识分子、科学家、企业家、南方人、演艺明星、体育明星	3.853 > 2.848
罪犯、无业游民、乞丐	1.940 > 1.905

注：表中 ">" 或 "<" 均表示差异显著及其方向。

另外，针对被试在 36 个群体上分别进行的能力和热情维度评价，采取了配对样本 T 检验方法（见表 4 - 5）。统计结果显示，36 个调查群体中有 32 个群体的能力—热情评价在 $p \leq 0.001$ 水平上存在显著差异，2 个群体在 $p \leq 0.01$ 水平上存在显著差异，1 个群体在 $p \leq 0.05$ 水平上存在显著差异。科学家、海归、企业家、富人、白领、领导干部等 20 个群体的能力评价显著高于热情评价；农民、中小学生、农民工、低保人员、老人等 15 个群体的热情评价显著高于能力评价。研究结果再次支持了混合内容刻板印象假设。

其次，社会地位和竞争性对能力与热情具有预测作用。刻板印象内容模型中热情和能力维度的具体评价一般与群际的相对地位和竞争性密切相关，社会地位对群体的能力评价存在显著预测作用，而竞争性对群体的热情评价存在显著预测作用。这是因为，从群体水平上计算研究对象关于群体的社会地位、竞争性、能力和热情平均值，然后计算其肯德尔等级相关系数；随后，

表 4–5 对 36 个群体的能力与热情评价配对样本 T 检验

群 体	T 值	P	群 体	T 值	P
科学家	16.829***	0.000	常驻外国人	2.625**	0.010
海 归	16.558***	0.000	个体工商业者	2.120*	0.036
企业家	15.536***	0.000	大学生	1.837	0.069
富 人	14.328***	0.000	西部内陆人	-4.306***	0.000
白 领	12.591***	0.000	女 人	-4.652***	0.000
领导干部	12.185***	0.000	北方人	-4.844***	0.000
罪 犯	10.744***	0.000	乞 丐	-5.608***	0.000
沿海地区人	10.498***	0.000	无业游民	-6.196***	0.000
男 人	10.066***	0.000	工 人	-7.423***	0.000
商 人	9.979***	0.000	残障人士	-8.183***	0.000
知识分子	9.663***	0.000	下岗人员	-8.401***	0.000
体育明星	9.452***	0.000	穷 人	-10.687***	0.000
私营企业主	9.011***	0.000	老 人	-11.165***	0.000
公务员	8.824***	0.000	少数民族	-11.682***	0.000
南方人	8.778***	0.000	低保人员	-11.927***	0.000
城市人	8.653***	0.000	农民工	-12.242***	0.000
演艺明星	8.382***	0.000	中小学生	-13.510***	0.000
教 师	2.975**	0.004	农 民	-19.349***	0.000

注：***$p \leq 0.001$，**$p \leq 0.01$，*$p \leq 0.05$

从个体水平入手，计算每个调查对象关于不同群体的地位和竞争性与能力和热情的相关系数；群体水平的统计结果显示，地位和能力的相关系数为 r(34) = 0.700, $p \leq 0.001$，呈显著正相关，竞争性和热情的相关系数为 r(34) = -0.263, $p \leq 0.05$，呈显著负相关。个体水平的统计结果显示，除大学生、罪犯、演艺明星、乞丐外，其他群体的社会地位与能力评价存在不同程度的显著正相关。农民、大学生、罪犯、北方人、无业游民呈现不同水平的正相关。综合群体水平和个体水平的结果可以看出，社会地位与能力评价均存在显著正相关；但竞争性与热情在群体水平上呈显著负相关，在个体水平上呈显著正相关（见表 4–6）。

再次，四种类型群体的情绪唤醒、行为反应具有差异性。由于矛盾刻板印象的存在，必然联结着更为复杂的行为系统，而在这一点上，刻板印象内容模型并未获得相应的联结，这使得偏差地图系统模型在此基础上进一步提

表4-6 社会地位和竞争性对能力和热情的预测作用

预测变量	能力	热情
群体水平		
地 位	0.700**	-0.251*
竞争性	0.626**	-0.263*
个体水平		
地 位		
r	0.371**	0.293**
%	88.6%	16.7%
竞争性		
r	0.238**	0.249**
%	83.3%	16.7%

注：*** $p \leqslant 0.001$，** $p \leqslant 0.01$，* $p \leqslant 0.05$

出不同的偏见均包含二元因素，即否定层面和肯定层面，二者均根植于群体对社会结构的评价。认知维度（刻板印象）、情感维度（情感偏见）和行为维度（歧视）三者是交织在一起的，同样具有功能性、预测性和系统性。同时，相对于刻板印象而言，情绪对行为的预测力将更为强大。

偏差地图系统模型指出，热情和能力高低不同的群体会唤起不同的情绪和行为反应。我们采用单因素方差分析（One-Way ANOVA），从两个角度来对四种类型群体的情绪唤醒和行为反应差异进行统计检验。其一是统计同种类型群体的不同情绪唤醒、行为反应之间的差异；其二是统计不同类型群体间的同种情绪唤醒、行为反应差异。高热情与低能力类型的群体唤醒被试的同情情绪（M=3.3730）显著高于其他三种情绪——歧视（M=3.1254）、钦佩（M=2.0227）、嫉妒（M=1.2605），F（3，20）=77.959，$p \leqslant$ 0.001。高热情与高能力类型的群体则更多的唤醒被试的钦佩情绪（M=2.9872），F（3，40）=9.719，$p \leqslant 0.001$。低热情与低能力类型的群体主要唤醒的情绪是歧视（M=4.0534），F（3，8）=62.635，$p \leqslant 0.001$。低热情与高能力类型群体所唤醒的情绪与其他类型有所不同，偏差地图系统模型表征图表示该类群体的情绪唤醒为嫉妒，但数据统计结果显示它所唤起的钦佩情绪（M=3.4442）和嫉妒情绪（M=2.9542），明显高于其他两种情绪，F（3，60）=116.473，$p \leqslant 0.001$，彼此之间却无显著差异。

不同类型之间的同种唤醒情绪差异比较结果显示，每种类型群体所唤醒程度最强的情绪与其他类的该种情绪唤醒程度相比依然是最强的。在同情的平均数比较中，高热情与低能力类型群体（M=3.3730）显著高于其他三类群体，F（3，32）=40.906，$p \leq 0.001$；高热情与高能力类型群体的钦佩情绪平均数（M=2.9872）显著高于其他三类群体，F（3，32）=43.066，$p \leq 0.001$；歧视在低热情与低能力类型群体中的平均数（M=4.0534）显著高于其他三类群体，F（3，32）=44.043，$p \leq 0.001$；在嫉妒情绪的平均数比较中，低热情与高能力类型的群体（M=2.9542）显著高于其他三类群体，F（3，32）=35.362，$p \leq 0.001$（见表4-7）。

表4-7 四种类型群体的情绪唤醒差异比较

群 体	歧视	钦佩	同情	嫉妒
高热情与低能力群体（HW-LC）	3.1254	2.0227	3.3730	1.2605
高热情与高能力群体（HW-HC）	2.1567	2.9872	2.1087	2.0591
低热情与高能力群体（LW-HC）	1.9287	3.4442	1.5340	2.9542
低热情与低能力群体（LW-LC）	4.0534	1.3252	2.7249	1.6134

行为反应的统计结果与偏差地图系统模型表征图差异较大。被试对高热情与低能力类型群体所表现的主动助长行为（M=3.0947）和被动伤害行为（M=2.7772）均显著高于其他两种行为，F（3，20）=9.903，$p \leq 0.001$；高热情与高能力群体主要引起被试的主动助长行为（M=3.1421）和被动助长行为（M=2.9704），F（3，40）=22.828，$p \leq 0.001$，这两类群体除了启动偏差地图系统模型的表征行为外，还分别有主动助长行为和被动助长行为出现；被试对低热情与低能力群体的行为反应主要是被动伤害（M=3.7071），F（3，8）=33.404，$p \leq 0.001$；只有低情绪与高能力类型群体与偏差地图系统模型一致，被动助长行为反应（M=3.3606）显著高于其他行为，F（3，60）=111.608，$p \leq 0.001$。

在不同类型的同种行为反应中，主动助长行为主要发生在高热情与低能力类型和高热情—高能力类型群体内，F（3，32）=10.306，$p \leq 0.001$；主动伤害行为主要发生在低热情与低能力类型群体内，F（3，32）=14.218，$p \leq 0.001$；被动助长行为主要发生在低热情与高能力群体内 F，（3，32）=52.094，$p \leq 0.001$；被动伤害行为主要发生在低热情与低能力群体内，F（3，32）=34.597，$p \leq 0.001$（见表4-8）。

表 4-8 四种类型群体的行为反应差异比较

群体	主动助长	主动伤害	被动助长	被动伤害
高热情与低能力群体（HW – LC）	3.0947	2.3948	1.9490	2.7772
高热情与高能力群体（HW – HC）	3.1421	2.0275	2.9704	1.9657
低热情与高能力群体（LW – HC）	2.4603	1.9720	3.3606	1.8911
低热情与低能力群体（LW – LC）	1.9385	3.0291	1.3883	3.7071

四 针对农民工群体探讨心理卷入的影响

为了探讨刻板印象内容模型是否因关键性变量而改变，本研究针对农民工群体，采用心理卷入启动方式，测量该模型的改变，同时也可探寻城市居民对农民工的深层刻板印象。

（一）心理卷入对刻板印象内容模型的影响

这部分研究我们采用的有效被试为112名，男59人，女53人。平均年龄23.5岁（标准差=2.31）。被试之前未经过任何相关刻板印象的调查和研究工作。其中，由于以农民工群体为例，所以心理卷入问卷为被试提供了一个假设情境，被试将看到如下的内容，即从小生长在大城市的王羽正在和一个农民工谈恋爱，被试要从王羽父母的角度对农民工群体进行评价。将前一研究数据作为未卷入的原始数据，本研究的数据为卷入启动后的数据，随后进行心理卷入前后的配对样本 T 检验和单因素方差分析。

通过采用配对样本 T 检验和单因素方差分析两种方法，统计心理卷入程度对偏差地图系统模型的影响，配对样本 T 检验发现，在刻板印象内容中，道德、能力评价无显著差异，热情评价在心理卷入后明显低于心理卷入前（t=3.309，$p \leqslant 0.001$）；心理卷入后的主动伤害行为会显著降低（t=4.849，$p \leqslant 0.001$），被动助长行为显著加强（t=-4.662，$p \leqslant 0.001$）；四种情绪唤醒中除了嫉妒情绪无显著差异外，同情（t=4.421，$p \leqslant 0.001$）、钦佩（t=2.804，$p \leqslant 0.01$）、歧视（t=2.058，$p \leqslant 0.05$）的唤醒程度均出现了不同水平的降低（见表4-9）。

单因素方差分析显示，心理卷入程度对情绪唤醒的影响主要体现在同情方面。心理卷入前，歧视和同情的唤醒显著高于钦佩和嫉妒，心理卷入后同情的唤醒程度降低；行为反应中主动伤害行为受心理卷入程度影响最大（见表4-10和图4-4、图4-5和图4-6）。

表4-9 心理卷入程度对偏差地图系统模型的影响

农民工	非心理卷入	心理卷入	T值	P
主动伤害（攻击、欺负）	2.9320	2.2816	4.849***	0.000
同情	3.3235	2.8301	4.421***	0.000
热情	3.2524	2.8803	3.309***	0.001
钦佩	2.0743	1.7789	2.804**	0.006
歧视	3.5243	3.2492	2.058*	0.042
被动伤害（贬低、排斥）	3.2184	3.0421	1.308	0.194
主动助长（保护、帮助）	2.6214	2.6311	-0.079	0.937
道德	3.1165	3.2039	-0.736	0.463
嫉妒	1.2233	1.3107	-1.289	0.200
能力	2.0146	2.1359	-1.491	0.139
被动助长（密切交往、合作）	1.8088	2.2386	-4.662***	0.000

注：*** $p \leq 0.001$，** $p \leq 0.01$，* $p \leq 0.05$。

表4-10 心理卷入前后情绪唤醒、行为反应程度差异比较

卷入度	情绪唤醒类别				行为反应类别			
	歧视	钦佩	同情	嫉妒	主动助长	主动伤害	被动助长	被动伤害
卷入前	3.5243	2.0743	3.3235	1.2233	2.6214	2.9320	1.8088	3.2184
卷入后	3.2492	1.7789	2.8301	1.3107	2.6311	2.2816	2.2386	3.0421

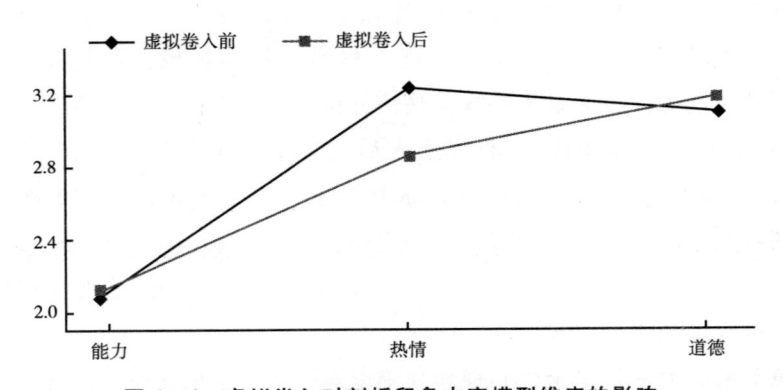

图4-4 虚拟卷入对刻板印象内容模型维度的影响

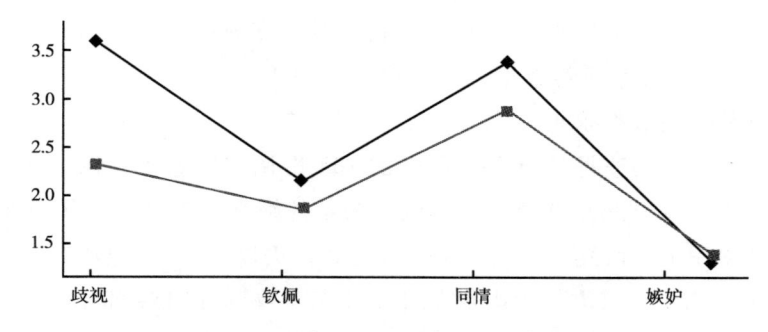

图 4-5　虚拟卷入对情绪唤醒的影响

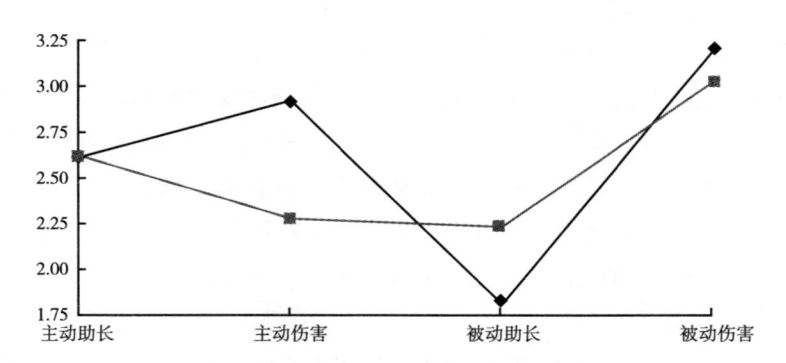

图 4-6　虚拟卷入对行为反应的影响

（二）农民工与城市居民匹配样本分析

在农民工与城市人两类群体的模型比较中，前一研究探究卷入对刻板印象内容模型和偏差地图系统模型的影响，但其结果发现，农民工与城市人两类群体对自身的刻板印象认知及表征可能存在着潜在的差异。农民工群体被归入高热情与低能力群体丛，其不可避免地受到其他群体歧视性因素的影响，却并不能排除农民工群体内部刻板印象表征的作用。由于前述研究以大学生为样本，即使部分学生来自农村，他们也并不能代表"农民工"这一特有的第三类身份。所以，若是利用刻板印象内容模型和偏差地图系统模型直接调查农民工群体，将有助于剖析该群体真实的刻板印象内容及其在人际互动中的心理活动与行为。

因此，本研究基于两类群体样本进行了刻板印象内容模型和偏差地图系统模型的问卷调查。在获取农民工群体样本时，由于人力、物力、时间、地域等客观条件所限，外加农民工群体的整体文化水平偏低，所以，在收集样本的过程中，只能采用滚雪球抽样法和一对一完成问卷的方式，最终获得101份农民工的有效问卷数据，其平均年龄为32.82岁（标准差=9.719），多数被试从事商贩类职业。

城市人样本的获得是在上一研究的103份调查问卷中，以"出生并成长于大城市"或"出生并成长于城镇"为条件筛查调查对象，共获得49份数据，并采用上一研究的调查对象选择方式，仍以"出生并成长于大城市"或"出生并成长于城镇"为附加条件，补充有效调查问卷52份，结果101名城市人样本的平均年龄为22.34岁（标准差=1.273）。

这一研究通过配对样本T检验的方法证实了中国内陆群体也存在着混合刻板印象，并进一步验证了刻板印象内容模型关于这一假设的跨文化稳定性。因此，这一研究比较农民工和城市人的刻板印象内容模型时，依然沿用了配对样本T检验的数据统计方法。在比较农民工和城市人的刻板印象内容模型时，采用交叉比较的方法，即两类群体评价对方的同时，也要对自己进行评价，从而存在着农民工评价城市人（农评城）、农民工评价农民工（农评农）、城市人评价城市人（城评城）、城市人评价农民工（城评农）四种数据。

图4-7综合呈现了城市人与农民工群体彼此评价刻板印象内容模型的差异情况，数据结果显示，两类群体一致认为城市人的能力（$M_{农评城}$ = 3.4455，$M_{城评城}$ = 3.4581）高于农民工（$M_{农评农}$ = 3.1584，$M_{城评农}$ = 1.9901，$t_{农评两者}$ = 2.794，$p \leq 0.01$，$t_{城评两者}$ = 15.686，$p \leq 0.01$），却远不如农民工热情（$M_{农评城}$ = 3.2079，$M_{农评农}$ = 3.9109，$t_{农评两者}$ = -5.865，$p \leq 0.001$；$M_{城评城}$ = 2.6683，$M_{城评农}$ = 3.2178，$t_{城评两者}$ = -4.848，$p \leq 0.001$）。从具体数值上看，可以发现，农民工虽然认为自己能力不高（$M_{农评农}$ = 3.1584），低于城市人（$M_{农评城}$ = 3.4455），但却远高于城市人对他们的能力评价（$M_{城评农}$ = 1.9901，$t_{两者评农}$ = 11.188，$p \leq 0.001$）；农民工的自我热情评价（$M_{农评农}$ = 3.9109）也高于城市人对他们的评价（$M_{城评农}$ = 3.2178，$t_{两者评农}$ = 6.145，$p \leq 0.001$）。也就是说，农民工对于自我的能力和热情评价均要优于他们在城市人眼中的刻板印象。

研究通过采用同样的交叉对比方式进一步比较两类群体的偏差地图系统模型，主要通过两种策略比较四类数据存在的差异，一种是情绪唤醒或行为反应间的差异比较，另一种是同一情绪唤醒或行为反应内的差异比较。

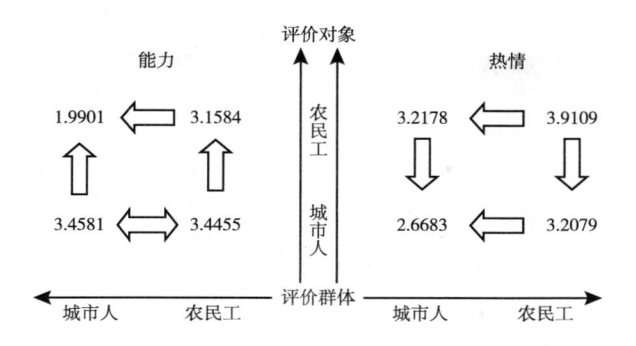

```
                    评价对象
        能力           ↑              热情
                      农
  1.9901 ⇐ 3.1584    民    3.2178 ⇐ 3.9109
    ⇑      ⇑         工      ⇓      ⇓
                      城
  3.4581 ⇔ 3.4455    市    2.6683 ⇐ 3.2079
                      人
  ←────────────── 评价群体 ──────────────→
  城市人    农民工            城市人    农民工
```

图 4-7 城市人和农民工彼此间的刻板印象内容模型评价差异

前述的研究发现，农民工所属的高热情—低能力群体丛主要唤起人们的同情情绪，城市人所属的低热情—高能力群体丛则主要唤醒人们的钦佩和嫉妒情绪（见表 4-11）。这一结果在下表中有一定体现，比如，农民工在两类群体中唤醒了同情情绪，城市人则唤醒了钦佩情绪。而城市人与人们一样，对自己是既钦佩又嫉妒。具体来看，农民工对城市人的钦佩（$M_{农评城}$ = 2.990）情绪唤醒显著高于其他情绪，$F(3, 400) = 11.324$，$p \leq 0.001$，对自己的钦佩（$M_{农评农} = 3.356$）和同情（$M_{农评农} = 3.307$）情绪唤醒显著高于歧视和嫉妒，$F(3, 400) = 95.712$，$p \leq 0.001$，而城市人对自己所表现出与人们相同的钦佩（$M_{城评城} = 2.856$）和嫉妒（$M_{城评城} = 2.634$）情绪显著高于歧视和同情，$F(3, 400) = 24.913$，$p \leq 0.001$，对农民工除了唤醒同情（$M_{城评农} = 3.317$）情绪外，更主要的唤醒了歧视（$M_{城评农} = 3.500$），$F(3, 400) = 115.173$，$p \leq 0.001$。（见表 4-11）

表 4-11 两类群体的情绪唤醒差异比较（情绪间）

评价群体	被评价群体	歧视	钦佩	同情	嫉妒
农民工	城市人	2.569	2.990	2.248	2.322
	农民工	1.634	3.356	3.307	1.658
城市人	城市人	2.109	2.856	1.762	2.634
	农民工	3.500	2.079	3.317	1.230

为了进一步比较这些情绪唤醒间的差异，表 4-12 呈现了单因素方差分析每一种情绪唤醒的四类交叉对比结果。可以看出，两类群体对城市人的嫉

妒程度 [$M_{农评城}$ = 2.322，$M_{城评城}$ = 2.634，$F(3, 400)$ = 46.258，$p \leqslant 0.001$] 和对农民工的同情程度 [$M_{城评农}$ = 3.317，$M_{农评农}$ = 3.307，$F(3, 400)$ = 79.760，$p \leqslant 0.001$] 相同。在歧视情绪方面，城市人对农民工的歧视程度（$M_{城评农}$ = 3.500）最为强烈 [$F(3, 400)$ = 72.306，$p \leqslant 0.001$]，其次是农民工对城市人的歧视程度（$M_{农评城}$ = 2.569）位列第二，可见两类群体都更加歧视对方，且均强于对群体内的歧视程度。至于钦佩情绪的唤醒，略有些复杂。两类群体对城市人表现出相同程度的钦佩（$M_{农评城}$ = 2.990，$M_{城评城}$ = 2.856），农民工对自己的钦佩程度最高（$M_{农评农}$ = 3.356），城市人对农民工的钦佩程度反而最低（$M_{城评农}$ = 2.079），可以说两类群体都更加钦佩自己，农民工的自我钦佩程度要高于城市人的自我钦佩，$F(3, 400)$ = 39.881，$p \leqslant 0.001$。

表4-12 两类群体的情绪唤醒差异比较（情绪内）

评价群体	被评价群体	歧视	钦佩	同情	嫉妒
农民工	城市人	2.569	2.990	2.248	2.322
	农民工	1.634	3.356	3.307	1.658
城市人	城市人	2.109	2.856	1.762	2.634
	农民工	3.500	2.079	3.317	1.230

在分析两类群体偏差地图系统模型的行为反应时我们发现，两类群体仅在对城市人的被动助长行为（$M_{农评城}$ = 2.941，$M_{城评城}$ = 3.356）方面与上一研究的结果相一致。但农民工对城市人的主动助长行为（$M_{农评城}$ = 2.931）同被动助长行为均显著高于其他行为反应，$F(3, 400)$ = 58.839，$p \leqslant 0.001$。两类群体对农民工的行为反应完全不同，农民工对自我的行为反应主要表现为主动助长（$M_{农评农}$ = 3.708），$F(3, 400)$ = 139.796，$p \leqslant 0.001$，并没有显著表现为高热情与低能力群体丛所引发的被动伤害行为；城市人对农民工的主动伤害（$M_{城评农}$ = 2.931）和被动伤害（$M_{城评农}$ = 3.198）均显著高于助长性行为，$F(3, 400)$ = 46.193，$p \leqslant 0.001$。可见，两类群体对农民工的行为反应仅与高热情与低能力群体丛存在部分一致性。

表 4 – 13　两类群体的行为反应差异比较（行为间）

评价群体	被评价群体	主动助长	主动伤害	被动助长	被动伤害
农民工	城市人	2.931	1.594	2.941	1.941
	农民工	3.708	1.490	3.327	1.505
城市人	城市人	2.421	2.010	3.356	1.901
	农民工	2.634	2.931	1.797	3.198

从同一行为反应内的单因素方差分析结果看，两类群体依然是在被动助长方面表现一致（$M_{农评农}$ = 3.327，$M_{城评城}$ = 3.356），即同等程度地倾向于群体内的交往与密切合作，$F(3, 400) = 69.730$，$p \leq 0.001$。除此之外，两类群体在其他三种行为反应中均表现出一致性。农民工群体内主动助长（$M_{农评农}$ = 3.708）的行为反应程度最高，$F(3, 400) = 36.742$，$p \leq 0.001$。城市人在受到两类群体同等程度的主动助长行为时，对两类群体的主动助长行为也会一视同仁，却在主动伤害行为反应中，表现得尤为强烈。一方面，城市人对农民工的主动伤害程度（$M_{城评农}$ = 2.931）最高，$F(3, 400) = 68.483$，$p \leq 0.001$，另一方面，城市人群体内部的主动伤害程度（$M_{城评城}$ = 2.010）也显著高于农民工对两类群体的攻击欺负。两类群体排斥或贬低彼此的程度基本上与主动伤害行为反应相同，只是农民工提高了对城市人的被动伤害程度（$M_{农评城}$ = 1.941），使得城市人受到两类群体相同的排斥或贬低，但依然是城市人对农民工的被动伤害反应程度最强（$M_{城评农}$ = 3.198），$F(3, 400) = 77.908$，$p \leq 0.001$。

表 4 – 14　两类群体的行为反应差异比较（行为内）

评价群体	被评价群体	主动助长	主动伤害	被动助长	被动伤害
农民工	城市人	2.931	1.594	2.941	1.941
	农民工	3.708	1.490	3.327	1.505
城市人	城市人	2.421	2.010	3.356	1.901
	农民工	2.634	2.931	1.797	3.198

五　以农民工为对象的内容模型与偏差地图分析

以上的研究数据表明，中国大陆群体在能力、热情坐标系中被归为四类，每类中心分别处于高热情与低能力、高热情与高能力、低热情与低能力、低热情与高能力四个象限之中。聚类分析结果如下：农民、穷人、农民工、低保人员、残障人士、下岗人员、老人为高热情与低能力类型群体，男人、商人、海归、私营企业主、公务员、南方人、领导干部、城市人、知识分子、科学家、沿海地区人、企业家、白领、演艺明星、体育明星、富人为低热情与高能力类型群体；蓝领、女人、个体工商业者、大学生、少数民族、北方人、老人、教师、常驻外国人为高热情与高能力类型群体；罪犯、无业游民、乞丐则为低热情与低能力类型群体。高能力与高热情群体中包含了内群体大学生，与刻板印象研究中的内群体偏好假设相符。

配对样本 T 检验发现群体热情—能力维度的平均值，只有大学生无显著差异，此外有 30 个群体的显著性差异水平达到了 $p < 0.001$。可见，在我国人们很难对外群体做出极端评价，也很难找出同内群体一样偏好的外群体。刻板印象内容的混合性还得到了四类群体热情、能力总平均值差异性比较的证实。热情高的群体，无论能力高低与否，其热情评价均明显高于能力评价。低热情与高能力类型群体能力明显高于热情。唯一没有差异性的是低热情与低能力类型群体，配对样本 T 检验显示该类无业游民、乞丐群体属于热情显著高于能力型，只有罪犯是能力显著高于热情。所以从单一群体和类型群体两方面验证混合刻板印象内容是十分必要的。数据统计结果支持了混合刻板印象的假设。

刻板印象内容模型假设群体的社会地位和竞争性可以预测能力和热情水平，即社会地位与能力正向相关，竞争性与热情负向相关。本研究采用肯德尔等级相关系数统计方法从群体和个体两个水平验证能力、热情、地位、竞争性的相关程度。结果表明，地位、竞争性在两个水平上均与能力呈正相关，与热情在群体水平上呈负相关，在个体水平上呈正相关。而对群体的地位和竞争性进行逐一的相关程度统计显示两者始终存在显著正相关关系。可见，社会地位和竞争性可以共同预测刻板印象。竞争性在个体水平上与热情呈现显著正相关，这与偏差地图系统模型特征略有差异。这是因为，中国大陆样本对于外群体的情绪唤醒和行为反应均出现了二元化，例如，高热情与低能力类型群体引起的行为反应是主动助长（保护、帮助）和被动伤害（排斥、贬低），人们对待低热情与高能力类型群体既是赞赏与敬佩，也有嫉妒和妒忌。统计结果显示，只有低热情与低能力群体的行为反应与偏差地图系统模型中的截然不同，一个是被动伤害（排斥、贬低），另一个是主动伤害（攻击、欺负），其他方面都在偏差地图系统模型的基础上有所扩展。低热情与高能力类型群体的典型情绪唤醒是赞赏与嫉妒，这两种情绪在实际生活中总是与强者相伴而生，但对于高热情与高能力群体并没有嫉妒情绪，原因可能是高热情与高能力群体的能力值整体上略低于低热情与高能力群体，还不足以唤醒嫉妒情绪。行为反应中，被动行为不受热情维度的影响，被试对能力低的群体是排斥、贬低，对能力高的群体是交往、密切合作；主动助长行为只受热情维度的影响；主动伤害行为没有成为任何类型群体的典型行为反应，这可能与人们的生活环境有关，因为被试的周围环境中出现攻击、欺负行为的概率比较低。

虚拟情境下的上述结果表明，人们会因虚拟卷入程度的影响而对农民工群体的刻板印象、情绪唤醒和行为反应发生变化。可见，刻板印象内容模型和偏差地图系统模型不是静止的模型，会因客观环境的变化而发生移动，这是对模型的新发现。本研究的虚拟卷入情况是子女与农民工谈恋爱，即亲密关系假设，其父母认为农民工的热情降低，对他们的主动伤害行为（攻击、欺负），同情、钦佩、歧视的情绪唤醒均明显降低，只有被动助长行为（密切交往、合作）显著提高。从虚拟卷入前后的典型情绪唤醒和行为反应来看，始终包含歧视情绪和被动伤害行为（贬低、排斥），与中国样本中低能力与低热情类型群体的偏差地图系统模型特征相同，最初被归类为高热情与低能力类型的农民工群体经过"子女与农民工谈恋爱"模式启动而出现向低热情与低能力类型群体移动的趋势。

另外，当农民工和城市人一致认可城市人的能力和农民工的热情相对较高的同时，农民工却认为自己的能力并不如城市人评价得那么差。相反，热情也要高于城市人对自己的评价。这在一定程度上暗示着，也有可能存在着相对意义上的内群体偏好和外群体贬抑。

两类群体偏差地图系统模型的比较结果显示，无论是农民工还是城市人，农民工相对较低的能力确实得到了他们共同的同情、保护和帮助，城市人相对较高的能力则主要引发了共同的嫉妒情绪和交往、密切合作的行为反应。在歧视和钦佩情绪的唤醒方面，两群体均表现出更加钦佩自己和歧视对方，而农民工对城市人的钦佩程度也较高。根据偏差地图系统模型的跨文化验证结果及中国典型群体的偏差地图系统模型特征可知，高能力群体丛往往唤起赞赏、敬佩的钦佩情绪，引发助长类行为，低能力群体丛则唤起排斥、贬低的歧视情绪，继而引发伤害类行为。两类群体在评价对方的偏差地图系统模型时，基本上符合这一规律。比如，城市人在歧视农民工的同时主要表现出主动伤害和被动伤害行为。农民工对自我的能力肯定，可以解释钦佩情绪的唤醒和群体内的主动助长行为，农民工在钦佩城市人的同时表现出了主动助长和被动助长行为。

整体上看，农民工和城市人对彼此的刻板印象内容评价基本上符合其各自所归属的群体丛，偏差地图系统模型在单一群体内或单一群体之间再一次表现出情绪唤醒和行为反应的二元化倾向。此外，在单独评价两类群体的偏差地图系统模型时，并没有与其分别所归属的高热情与低能力群体丛和低热情与高能力群体丛的情绪唤醒和行为反应完全一致，而是出现了部分差异。这一方面说明偏差地图系统模型的确能够在一定程度上预测某一类群体受到的情绪唤醒和行为反应，另一方面，我们也应该认识到，单一群体并不一定表现出与其所属的群体类型引发的同样的情绪唤醒和行为反应。所以，在评价单一群体时，既要基于偏差地图系统模型的整体引导，又要注意该群体所特有的内部表征和外部环境。

第三节 城市第二代移民的偏差地图

刻板印象内容模型是用来描述和预测某一群体在既定社会分类中的框架结构，偏差地图系统模型则在此基础上确定不同群体对其产生的情绪唤醒和行为反应。两者对于了解某一群体在社会生活中的表现具有十分明确的实践指导作用。

由于前节研究所筛选出的典型群体并未包含二代城市移民，然而，一代城市移民作为中国文化背景下特有的第三类身份群体，已经开始影响其后代在社会生活中的方方面面。比如，二代城市移民因没有城市居民户籍，而无法享受同城市儿童一样的教育、医疗卫生等社会公共服务。在此，本节研究将从刻板印象角度探寻二代城市移民在社会大众视野中的形象与地位。

为了尽量避免因调查对象不同、时间差异等客观因素对数据收集的影响，在之前研究的调查过程中，研究者要求被试最后完成针对二代城市移民的刻板印象内容模型和偏差地图系统模型的一份单独问卷，调查的内容完全相同，只是该问卷界定了"城市二代移民"，然后让被试在此基础上对他们心目中的二代城市移民进行表征评价。

参照上例研究的最远邻法，我们依据能力和热情的评价值对二代城市移民群体与其他 36 个群体再一次进行聚类分析，以确定二代城市移民在中国社会群体框架中的位置。在分析过程中，基于上例研究对 36 个典型社会群体的分类验证，我们直接按照 4 类群体丛进行划分聚类，结果如下图 4-8 所示，二代城市移民群体被归属为高热情与高能力群体丛的同时，没有改变任何其他群体的归属，即没有影响最初的中国社会群体框架结构，这在一定程度上证实了刻板印象内容模型预测社会群体框架结构的稳定性。而二代城市移民并没有同一代城市移民和农民一样，被归入高热情与低能力群体丛，表明二代城市移民自身所具有的某些特质或生活经历使调查对象形成了高热情与高能力的刻板印象，尤其是在能力方面优于一代城市移民。

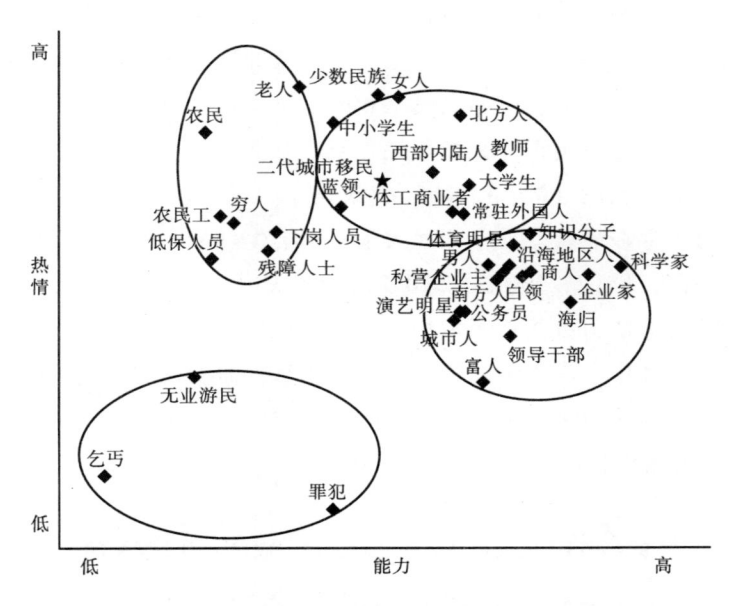

图 4-8　二代城市移民在中国社会群体框架中的位置（见★）

此外，在以"农民工子女""二代移民"为关键词所检索的中国期刊数据库文献中我们发现，除了农民工、农民两类群体频繁出现外，中小学生这第三类群体出现的频率也比较高。可能出于以下一些原因，比如二代城市移民的出现必然是一代城市移民，也就是农民工进城务工潮流所引发的。而在关于农民工及其子女的身份认同和社会制度方面的研究中，农民工子女所叙述的"身份"通常不是农民工子女，而是"本地人与外地人""城里人与农村人"，他们会愤怒地把自己所遭遇的不公归因于自己的"外地人"身份，农民作为一代与二代城市移民与生俱来的社会身份，也不可避免地出现在与城市移民相关的各类研究中，并对二代城市移民产生一定影响。此外，目前对于二代城市移民的研究主要集中在教育领域中的义务教育阶段，所以中小学生成为关注二代城市移民研究的主要群体。可见，社会大众在对二代城市移民形成刻板印象时，有可能会与农民、农民工和中小学生这三类群体的刻板印象存在某些相似或相近的地方。为此，本研究基于刻板印象内容模型，利用单因素方差分析方法，在热情与能力方面，探讨农民、农民工和中小学生分别与二代城市移民之间的相互差异是否存在显著不同。

在进行单因素方差分析之前，首先对农民、农民工、中小学生、二代城市移民四个群体的热情与能力测量值进行求差处理，即用二代城市移民的两个维度测量值分别减去农民、农民工和中小学生在相应维度上的测量值，随后分析这些差值之间是否存在显著性差异。根据表4-15的结果可以发现，在能力维度上，农民（$M=1.1165$）、农民工（$M=1.0194$）与二代城市移民的相差值不存在显著差异，却远大于中小学生（$M=0.6456$）与二代城市移民的相差值，$F(2, 306) = 5.042$，$p \leq 0.01$。也就是说，调查对象认可二代城市移民的能力更接近于中小学生，这在群体丛划分上也显而易见，即二代城市移民和中小学生被归为高能力群体丛，而农民和农民工则被归为低能力群体丛。在热情维度上，二代城市移民与农民工的差异值（$M=0.1990$）显著小于二代城市移民与农民（$M=-0.2816$）、中小学生（-0.3010）群体的

表4-15　二代城市移民与农民工、农民、中小学生的
刻板印象内容模型差异比较

	农民	农民工	中小学生
能力	1.1165	1.0194	0.6456
热情	-0.2816	0.1990	-0.3010

注：表格中的数值＝二代城市移民测量值－农民/农民工/中小学生测量值。

差异值，F（2，306）=5.954，p≤0.01，即调查对象认为二代城市移民的热情更接近于农民工。

偏差地图系统模型提出了识别不同群体与不同偏见评价的刻板印象、态度和行为框架，其研究结果主要针对高热情与高能力、高热情与低能力、低热情与高能力和低热情与低能力这四类群体丛，并没有单独针对某一特定群体的情绪唤醒和行为反应。本研究试图建立二代城市移民的偏差地图系统模型，并同其他群体进行比较分析。每一个单独的群体无论归属于刻板印象内容模型维度所划分的哪一个群体丛，它在能力和热情的二维平面结构中，都占据着独一无二的位置，而基于能力和热情所引发的态度、行为反应也必将具备独特性，群体丛的偏差地图系统模型侧重于整体角度，单一群体的偏差地图系统模型侧重于个体角度，这并不能直接断定归属某一群体丛的单一群体会与其引发相同的情绪唤醒和行为反应。

单因素方差分析的结果显示，即使二代城市移民被归属为高热情与高能力群体丛，但它的情绪唤醒与行为反应几乎与高热情与低能力群体丛的偏差地图系统模型一模一样。二代城市移民所唤醒被试的同情（M=3.2753）和歧视（M=2.9757）情绪之间没有显著差异，但两者均显著高于钦佩（M=2.6214）和嫉妒（M=1.6019），F（3，408）=78.4884，p≤0.001。表4-16中关于高热情与高能力和高热情与低能力群体丛的情绪唤醒数据来自上一研究的分析结果，可以明显看出，二代城市移民所唤醒的主要情绪与其所属的高热情与高能力群体丛不同，虽然高热情与低能力群体丛唤醒歧视（M=3.1254）情绪的程度略低于同情（M=3.3730），但两者的评价值明显高于钦佩（M=2.0227）和嫉妒（M=1.2605）。可见，在情绪唤醒上，二代城市移民更加贴近高热情与低能力群体丛。这可能受到归属于高热情与低能力群体丛的农民、农民工群体的影响。

表4-16 二代城市移民的情绪唤醒

群体	歧视	钦佩	同情	嫉妒
高热情低能力群体	3.1254	2.0227	3.3730	1.2605
高热情高能力群体	2.1567	2.9872	2.1087	2.0591
二代城市移民	2.9757	2.6214	3.2573	1.6019

行为反应的分析结果更是再一次证实了二代城市移民更加贴近于高热情与低能力群体丛的偏差地图系统模型（见表4-17）。二代城市移民的主动助长（M=2.9903）和被动伤害（M=3.0534）行为之间没有明显差异，但均显著高于主动伤害（M=2.6845）和被动助长（M=2.7136）行为，F(3,408)=5.227，$p \leqslant 0.01$。

表4-17 二代城市移民的行为反应

群体	主动助长	主动伤害	被动助长	被动伤害
高热情低能力群体	3.0947	2.3948	1.9490	2.7772
高热情高能力群体	3.1421	2.0275	2.9704	1.9657
二代城市移民	2.9903	2.6845	2.7136	3.0534

库迪在2007年的研究证实了高热情激发主动助长行为，高能力激发被动助长行为。[①] 这一点在对36个典型群体进行行为反应的分析中得以证实，即两个高热情群体丛激发的主要行为反应中均包含主动助长行为，低热情群体丛则无此项特征；两个高能力群体丛均激发了较强的被动助长行为。而二代城市移民所激发的主动助长行为进一步肯定了社会大众对其高热情的肯定。相比之下，二代城市移民的被动助长行为反应并未体现出对其高能力的肯定，再结合情绪唤醒中的钦佩程度偏低，可以看出被试对二代城市移民的能力评价与相应的态度、行为反应同刻板印象内容模型和偏差地图系统模型假设相矛盾。这一点需要通过相关研究进一步探讨。

作为一代城市移民的后代，绝大多数二代城市移民在户籍制度上依然属于农村户口，也就是说即使他们出生或成长于城市之中，也改变不了他们的农民身份。然而，二代城市移民在能力维度上，远高于农民工、农民而被归入高热情与高能力群体的调查结果，暗含着他们在城市生活中有可能未受到农民身份的影响，或者他们更多的被赋予其他身份特征而使农民身份的影响

[①] Cuddy, A. J. C., & Frantz, C. M. 2007. "Legitimating status inequalities: The effect of race on motherhood discrimination Manuscript submitted for publication." In Cuddy, A. J. C., Fiske, S. T. & Glick, P. 2008. Warmth and competence as universal dimensions of social perception: The stereotype content model and the BIAS Map. Advances in Experimental Social Psychology 40: 61 – 147.

趋于弱势地位。

通过对比二代城市移民与农民工、农民、中小学生三类群体的刻板印象内容差异我们发现，调查对象对二代城市移民的刻板印象出现了混合型，即在对二代城市移民形成刻板印象时，在能力方面的评价有可能会参考中小学生群体的能力，在热情方面的评价则会参考农民工群体的热情度。而农民群体的刻板印象内容似乎对二代城市移民的影响并没有农民工和中小学生突出，可能是因为二代城市移民年幼，尚未融入农村文化时，便已被父母带入城市生活，或者直接出生于城市，他们的成长历程中几乎没有日出而作日落而息的务农劳动，这使得社会大众很难将农民与二代城市移民直接联系起来。但被试对二代城市移民的能力评价与相应的态度、行为反应同刻板印象内容模型和偏差地图系统模型假设表现出极其矛盾的结果。也就是说，二代城市移民被评价为高能力，但被试对其引发的情绪唤醒和行为反应更接近于低能力群体的偏差地图系统模型。结合上述二代城市移民与中小学生、农民工的刻板印象内容模型维度比较，纵使当前二代城市移民的能力评价更接近于中小学生的水平，也许这仅是被试对于二代城市移民群体一种当下的阶段性评价，认为他们同普通的中小学生一样，在接受教育阶段都具有同样的能力潜能。伴随着年龄的增长而逐渐步入社会，中小学生会表现出不同的真实能力，继而进入不同能力水平的群体丛，但二代城市移民群体却有可能被认为其能力的体现会更多的贴近于一代城市移民，无法真正进入高能力群体丛。这一点有待进一步的研究探讨。

第四节　偏差地图中的共识性歧视

泰弗尔通过"最简群体试验范式"（Minimal Group Paradigm）观察群体内部的运作方式，发现即使同组群体成员间先前没有互动，还是会倾向对同组成员给予较多的资源和正面评价，这被认为是"内群体偏好"，而对外群体也会出现"外群体贬抑"。那么，在研究中，外来务工人员群体是内群体偏好、外群体贬抑，还是会出现共识性歧视呢？这里，共识性歧视（consensual discrimination）是指各群体之间对低群体地位看法达成共识，并正确感知群体关系的现象。它是社会认同理论解释外群体偏好现象的概念，但是该内容忽略了共识趋向有可能存在认知程度的差异。为此，本研究基于刻板印象内容模型和刻板印象系统模型，调查了 101 名外来务工人员被试和相匹配的 101 名城市居民被试，发现两类群体对外来务工人员低社会地位、低能力和高热情，以及城市居民高社会地位、高能力和低热情达成共识。在体现共识性歧视的同时，也发现存在认知程度的差异，外来务工人员表现出对城市居民保护帮助和赞赏敬佩的外群体偏好，有可能与这种认知程度差异有关。

一　共识性歧视的概念与相关研究

马丁（Martin）在《非公正的承受力》（*The Tolerance of Injustice*）一书中指出，在社会生活中有许多低收入者、穷人和受歧视者群体明显处于劣势地位，但他们却能容忍这种不公平的存在。[①] 其原因何在？在这里，本研究引入社会认同理论中的共识性歧视概念。

在我国，国家统计局农村司发布《2009 年农民工监测调查报告》，推算 2009 年我国外出农民工总量为 14533 万，比 2008 年增加 492 万人，增长 3.7%。国家统计局于 2011 年发布的《2010 年国民经济和社会发展统计公报》指出，2010 年外出农民工持续上涨到 15335 万人，增长 5.5%。庞大的外来务工群体在当下社会群体分类的框架结构中，已经占有不容忽视的地位。管健和程婕婷在 2011 年、高明华在 2010 年分别采用开放式问卷收集我国社会生活的典型群体类型时，外来务工人员群体分别以 65.20% 和 25.51% 的相对频次高居前列。[②③] 作为流动人口，外来务工人员所面临的工作不稳定、社会网络缺乏、偏见与歧视、制度不完善等问题都可能对其认知和行为产生各种影响。而心理学领域对此方面的研究主要集中于对典型群体的心理健康状态、精神疾病及影响因素的探讨，比如闫凤武应用 SCL - 90

[①] Martin, J., Scully, M., & Levitt, B. 1990. "Injustice and the legitimation of revolution: Damning the past, excusing the present, and neglecting the future." *Journal of Personality and Social Psychology* 59 (2): 281 - 290.

[②] 管健、程婕婷，2011，《刻板印象内容模型的确认、测量及卷入的影响》，《中国临床心理学杂志》第 2 期。

[③] 高明华，2010，《刻板印象内容模型的修正与发展：源于大学生群体样本的调查结果》，《社会》第 5 期。

发现新生代农民工心理健康水平低于全国正常人的平均水平①；蒋善、孙崇勇、刘衔华同样证实流动人口存在焦虑、人际关系敏感、偏执和敌意等心理问题②③④；邱培媛用抑郁量表、陈再芳等人用抑郁自评量表均发现流动人口抑郁状况高于一般人群⑤⑥。在关注人口流动影响外来务工人员心理健康的同时，心理学也注意到人口流动必然引发其他群体认知和价值观念的变化及对群际互动行为与模式的改变。在我国当前社会形势下，外来务工人员因处于弱势群体地位而普遍受到其他群体歧视和引发消极的刻板印象，尤其是城市人群体与农村人群体本来因二元制划分而成为接触较少的两类人群，必然在共享社会资源、确保自身权利等群体互动过程中，产生歧视和消极刻板印象等问题。所以，有必要从城市居民和外来务工人员的双重角度明确两群体间的群际认知与行为异同。

共识性歧视与现实竞争（realistic competition）和社会竞争（social competition）被共同看做社会认同理论提出的三种歧视，这一概念以共识性地位为概念基础，用于解释无论群体社会地位高低，各群体都会对所有群体的地位形成共识性看法，并正确感知群体相互之间的关系。⑦ 所谓共识性地位（consensual status），是指某一群体对群际地位的主观感知与客观赋予实现同一性时，其成员会在某些情况下，表现出与这种群体地位相符的行为。⑧ 共识性歧视从理论上支持了高地位群体的内群体偏好和低地位群体的

---

① 闫凤武，2011，《齐齐哈尔市新生代农民工心理健康状况调查》，《中国健康心理学杂志》第 8 期。
② 蒋善、张璐、王卫红，2007，《重庆市农民工心理健康状况调查》，《心理科学进展》第 1 期。
③ 孙崇勇，2007，《东北地区农民工心理健康状况的调查与分析》，《四川精神卫生》第 1 期。
④ 刘衔华，2006，《春节返乡农民工心理健康调查》，《现代预防医学》第 10 期。
⑤ 邱培媛、杨洋、陈权、袁萍、周鸿羽、谢瑶，2010，《成都市流动人口抑郁及其影响因素》，《现代预防医学》第 22 期。
⑥ 陈再芳、张轩、陈潇潇、陈斌、卫平民、胡海霞，2006，《流动人口抑郁与自测健康的关系研究》，《中国健康教育》第 10 期。
⑦ Rubin, M., & Hewstone, M. 2004. Social identity, system justication, and social dominance: Commentary on Reicher, Jost et al., and Sidanius et al. *Political Psychology* 25: 823 – 844.
⑧ Tajfel, H., & Turnel, J. C. 1979. "An integrative theory of intergroup conflict." In W. G. W. Austin, S. Ed. *The Social Psychology of Intergroup Relations*. Monterey, CA: Brooks/Cole, 15.

外群体偏好现象,①②③④⑤ 也阐明了低地位群体得以容忍其劣势社会地位的原因。例如,本哈德(Bernhard)等发现处罚者更加保护内群体成员中的违规者;⑥ 因斯克(Insko)等表明信任仅存在于内群体之中;⑦ 法西奥(Fazio)等验证了白人对黑人的行为中带有歧视和偏见态度。⑧

然而,人们对内群体偏好和外群体敌对、不信任等现象虽然普遍被证实,如一些低地位群体甚至与外群体抗争,试图改变不公平现状的欲望和举措(如女权主义运动、黑人解放运动等),但内群体偏好行为发生在所有群体内的现象依然受到质疑。对此,社会优势理论(social dominance theory)和系统公正理论(system justification theory)分别从社会优势取向和系统公正动机角度提供了理论解释。社会优势理论认为,低地位群体成员的社会优势取向决定其究竟是反抗现状还是接受现状,而系统公正理论则提出系统公正动机会使低地位群体成员做出与其内群体利益相违背的行为。⑨ 两种理论虽然在解释视角上有所不同,但都从逻辑上默许了共识性歧视对群体行为的影响,即所有群体只有在一致认可彼此地位高低的情况下,才会有优势取向

---

① Pacilli, M. G., Taurino, A., Jost, J. T., & Toorn, J. v. d. 2011. "System justificaion, right-wing conservatism, and internalized homophobia: gay and lesbian attitudes toward same-sex parenting in Italy." *Sex Roles* 65: 580 – 595.

② Yoshimura, K., & Hardin, C. D. 2009. "Cognitive salience of subjugation and the ideological justification of U. S. geopolitical dominance in Japan." *Social Justice Research* 22: 298 – 311.

③ Henry, P. J., & Saul, A. 2006. "The development of system justification in the developing world." *Social Justice Research* 19: 365 – 378.

④ Jost, J. T., Pelham, B. W., Sheldon, O., & Sullivan, B. 2003. "Social inequality and the reduction of ideological dissonance on behalf of the system: Evidence of enhanced system justification among the disadvantaged." *European Journal of Social Psychology* 33: 13 – 36.

⑤ Jost, J. T., Pelham, B. W., & Carvallo, M. 2002. "Non-conscious forms of system justication: Cognitive, affective, and behavioral preperences ofr higher status groups." *Journal of Experimental Social Psychology* 38: 586 – 602.

⑥ Bernhard, H., Fischbacher, U., & Fehr, E. 2006. "Parochial altruism in humans." *Nature* 442: 912 – 915.

⑦ Insko, C. A., Schopler, J., & Sedikides, C. 1998. "Personal control, entitativity, and evolution." In C. Sedikides, J. Schopler & C. A. Insko Eds. *Intergroup Cognition and Intergroup Behavior*. Mahwah, NJ: Erlbaum, 109 – 120.

⑧ Fazio, R. H., Jackson, J. R., Dunton, B. C., & Williams, C. J. 1995. "Variability in automatic activation as an unobstrusive measure of racial attitudes: A bona fide pipeline?" *Journal of Personality and Social Psychology* 69 (6): 1013 – 1027.

⑨ 李琼、刘力,2011,《低地位群体的外群体偏好》,《心理科学进展》第 7 期。

或系统公正动机指导行为。然而,两种理论并没有意识到,共识性歧视作为一种群体认知,具有同一趋向的同时有可能存在评价程度上的差异。也就是说,实现共识性歧视的两个群体感知地位高低时存在相对差距,哪怕同样认可某一群体处于"低"地位,却有可能存在两种"低"地位仍有略高、略低之分,这是本研究的一个关注焦点。

二 共识性歧视的研究设计与方法

本研究选取了我国当前群体社会地位差异较为明显且日常互动频繁的两类群体——外来务工人员和城市居民为研究对象,利用刻板印象内容模型和系统模型,分析两类群体的社会互动现状,并提出以下三个假设:(1)外来务工人员和城市居民具有共识性歧视;(2)外来务工人员和城市居民的共识性歧视存在评价程度上的差异;(3)外来务工人员对城市居民具有外群体偏好。

此研究的被试由外来务工人员和城市居民两部分样本组成。以"来自外省市,并持有外省市农业户口"为标准,问卷调查员通过在天津市 3 个大型社区内采用滚雪球抽样方式获得 101 名有效外来务工人员样本,其中男 42 人,女 59 人(M = 29.8 岁,SD = 9.72)。城市居民样本为某高校在读的 101 名大学生,均符合"出生并成长于城市,拥有城市户口"要求,其中男 47 人,女 54 人(M = 22.3 岁,SD = 1.27)。最初共获得 127 名大学生作为城市居民的有效样本,为与外来务工人员样本数量匹配,经过随机数表筛选后删除 16 个样本。所有被试之前未参与过相关研究。

本研究首先通过问卷调查获得数据,之后使用 SPSS16.0 数据分析软件进行配对样本 t 检验和单因素方差分析。问卷调研过程中,外来务工人员样本的文化水平偏低,故采用调查员一对一的问答方式协助其完成问卷,大学生作为城市居民样本则可以单独完成问卷填答。在问卷内容上,除了人口学调查题目略有不同外,外来务工人员和城市居民所完成的其他问卷部分均相同。面对同一问题,两个群体分别要对自己所属的内群体和对方所属的外群体给予评价,从而分为四组数据,即外来务工人员的内群体评价、外来务工人员对城市居民的外群体评价、城市居民的内群体评价和城市居民对外来务工人员的外群体评价。在数据分析过程中,依次用 m~s(外来务工人员对内群体评价)、r~m(外来务工人员对城市居民评价)、r~s(城市居民对内群体评价）和 m～r（城市居民对外来务工人员评价）的下脚标区分同一变量的上述四组数据。

研究的工具包括三类，即刻板印象内容模型量表、系统模型量表和一般人口学调查资料问卷。

首先，刻板印象内容模型量表采用菲斯克 2002 年[①]以及管健和程婕婷 2011 年的研究问卷的中国化版本[②]，具有较好的结构构想效度和内部一致性信度。问卷包含刻板印象特质和群体特征测量两部分，前者由能力和热情组成，描述能力的词语有"有能力的"和"有才能的"，描述热情的词语有"待人热情的"和"友好亲和的"；后者包含对"经济收入""社会声望""资源占有""权利占有"和"竞争性"的评价。指导语强调"我们关注社会大多数人对城市居民和外来务工人员的看法，并不是您个人的观点和想法"。采用利克特 5 点量表法，以"在社会上大多数人看来，城市居民（或外来务工人员）成员是……？"为描述前提，所有词语依次填补"……"位置后构成完整问题，再由调查对象做出评价。

其次，系统模型量表采用库迪 2008 年以及管健和程婕婷 2011 年研究问卷的中国化版本，同样具有较好的结构构想效度和内部一致性信度，测量群际的情绪唤醒和行为反应情况。[③][④] 情绪唤醒包括歧视（描述词为"轻视"和"反感"）、钦佩（描述词为"赞赏"和"敬佩"）、同情（描述词为"可怜"和"同情"）、嫉妒（描述词为"嫉妒"和"妒忌"），行为反应包括主动助长（具体行为是"保护"和"帮助"）、主动伤害（具体行为是"攻击"和"欺负"）、被动助长（具体行为是"交往"和"密切合作"）、被动伤害（具体行为是"排斥"和"贬低"）。为了保持量表的一致性，系统模型量表的评价标准以及指导语同刻板印象内容模型量表一样，只是测量情绪

[①] Fiske, S. T., Cuddy, A. J. C., Glick, P., & Xu, J. 2002. "A model of (often mixed) stereotype content: Competence and warmth respectively follow from perceived status and competition." *Journal of Personality and Social Psychology* 82 (6): 878 – 902.

[②] 管健、程婕婷，2011，《刻板印象内容模型的确认、测量及卷入的影响》，《中国临床心理学杂志》第 2 期。

[③] Cuddy, A. J. C., Fiske, S. T. & Glick, P. 2008. "Warmth and competence as universal dimensions of social perception: The stereotype content model and the BIAS Map." *Advances in Experimental Social Psychology* (40): 61 – 147.

[④] 管健、程婕婷，2011，《刻板印象内容模型的确认、测量及卷入的影响》，《中国临床心理学杂志》第 2 期。

唤醒时使用"社会上的大多数人对城市居民（或外来务工人员）的态度是……?"为描述前提，测量行为反应时改用"社会上大多数人对城市居民（或外来务工人员）的行为是……?"。

再次，一般人口学调查资料问卷中分为外来务工人员和城市居民两个版本，除了性别、年龄、教育程度这三个相同题目外，外来务工人员需要回答"来自哪个省（市）""在大城市工作的时间""平均每年工作时长"三个问题，城市居民需要从"大城市""城镇"和"农村"中依次选择"出生所在地"和"成长所在地"，只有出生并成长在大城市或城镇的被试才会成为城市居民样本。

三 共识性歧视的发现与解析

首先，关于社会地位的共识与差异方面，根据刻板印象内容模型，描述社会地位的词语有"权利占有"和"社会声望"。研究发现，外来务工人员和城市居民一致认可城市居民的地位较高（$M_{r-m} = 3.4531$，$M_{m-s} = 2.1719$，$t = 11.128$，$p < 0.001$；$M_{r-s} = 3.4184$，$M_{m-r} = 1.5714$，$t = 12.783$，$p < 0.001$）。进一步数据显示，两类群体对城市居民的高地位认可程度没有显著差异，而外来务工人员群体的自我地位感知要高于城市居民对其地位的评价（$M_{m-s} = 2.1719$，$M_{m-r} = 1.5714$，$t = 3.920$，$p < 0.001$）。

其次，关于刻板印象内容的共识与差异方面，图4-9综合呈现了城市居民与外来务工人员群体彼此评价刻板印象内容模型的差异情况，数据结果显示两类群体一致认为城市居民的能力高于外来务工人员（$M_{r-m} = 3.4455$，$M_{m-s} = 3.1584$，$t = 2.794$，$p < 0.01$；$M_{r-s} = 3.4581$，$M_{m-r} = 1.9901$，$t = 15.686$，$p < 0.01$），却远不如外来务工人员热情（$M_{r-m} = 3.2079$，$M_{m-s} = 3.9109$，$t = -5.865$，$p < 0.001$；$M_{r-s} = 2.6683$，$M_{m-r} = 3.2178$，$t = -4.848$，$p < 0.001$）。两类群体在刻板印象内容模型上达成了共识。从具体数值上看，两类群体对城市居民的高能力评价没有显著差异，但城市居民内群体的热情评价显著低于外来务工人员对其热情的认可，$t = -4.636$，$p < 0.001$。而外来务工人员虽然认为其能力低于城市居民，但却远高于城市居民对他们的能力评价，$t = 11.188$，$p < 0.001$，而外来务工人员的自我热情评价也高于城市居民对他们的评价，$t = 6.145$，$p < 0.001$。

再次，在关于刻板印象系统模型的共识与差异方面，我们采用同样的交

◆ 城市居民自身评价　　■ 城市居民评价外来务工人员
▲ 外来务工人员评价城市居民　　● 外来务工人员自身评价

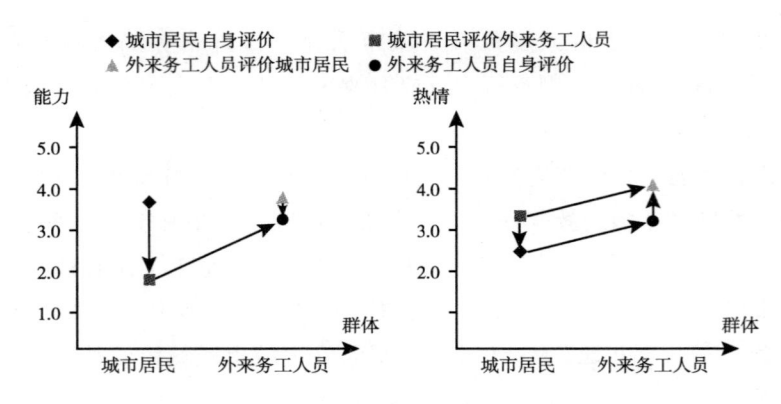

图 4-9　两个群体对刻板印象特质的共识与差异

叉对比方式进一步比较两类群体的刻板印象系统模型，主要通过两种比较策略比较四类数据存在的差异，一种是情绪唤醒或行为反应间的差异比较，另一种是同一情绪唤醒或行为反应内的差异比较。

外来务工人员所属的"高热情和低能力"群体丛主要唤起人们的同情情绪，城市居民所属的"低热情和高能力"群体丛则主要唤醒人们的钦佩和嫉妒情绪，这一结果在本研究中得到验证。如表 4-18 所示，外来务工人员在两类群体中唤醒了同情情绪，城市居民则唤醒了钦佩情绪，而城市居民与人们一样，对自己是既钦佩又嫉妒。具体来看，外来务工人员对城市居民的钦佩情绪唤醒显著高于其他情绪，$F(3, 400) = 11.324$，$p < 0.001$；对自己的钦佩和同情情绪唤醒显著高于歧视和嫉妒，$F(3, 400) = 95.712$，$p < 0.001$；而城市居民对自己所表现出与人们相同的钦佩和嫉妒情绪显著高于歧视和同情，$F(3, 400) = 24.913$，$p < 0.001$；对外来务工人员除了唤醒同情情绪外，更主要的是唤醒了歧视，$F(3, 400) = 115.173$，$p < 0.001$。

表 4-18　两类群体的情绪唤醒差异比较（情绪间）

评价群体	被评价群体	歧视 （轻视、反感）	钦佩 （赞赏、敬佩）	同情 （可怜、同情）	嫉妒 （嫉妒、妒忌）
外来务工人员	城市居民	2.569	2.990	2.248	2.322
	外来务工人员	1.634	3.356	3.307	1.658
城市居民	城市居民	2.109	2.856	1.762	2.634
	外来务工人员	3.500	2.079	3.317	1.230

为了进一步比较这些情绪唤醒间的差异性，表 4-19 呈现了单因素方差分析每一种情绪唤醒的四类交叉对比结果。可以看出，两类群体对城市居民的嫉妒程度 [F (3，400) =46.258，p<0.001] 和对外来务工人员的同情程度 [F (3，400) =79.760，p<0.001] 相同。在歧视情绪方面，城市居民对外来务工人员的歧视程度最为强烈 [F (3，400) =72.306，p<0.001]，其次是外来务工人员对城市居民的歧视程度位列第二，可见两类群体都更加歧视对方，且均强于对群体内的歧视程度。至于钦佩情绪的唤醒，略有些复杂，两类群体对城市居民表现出相同程度的钦佩，外来务工人员对自己的钦佩程度最高，城市居民对外来务工人员的钦佩程度反而最低，可以说两类群体都更加钦佩自己，外来务工人员的自我钦佩程度要高于城市居民的自我钦佩，F (3，400) =39.881，p<0.001。

表 4-19　两类群体的情绪唤醒差异比较（情绪内）

评价群体	被评价群体	歧视（轻视、反感）	钦佩（赞赏、敬佩）	同情（可怜、同情）	嫉妒（嫉妒、妒忌）
外来务工人员	城市居民	2.569	2.990	2.248	2.322
	外来务工人员	1.634	3.356	3.307	1.658
城市居民	城市居民	2.109	2.856	1.762	2.634
	外来务工人员	3.500	2.079	3.317	1.230

表 4-20　两类群体的行为反应差异比较（行为间）

评价群体	被评价群体	主动助长（保护、帮助）	主动伤害（攻击、欺负）	被动助长（交往、密切合作）	被动伤害（排斥、贬低）
外来务工人员	城市居民	2.931	1.594	2.941	1.941
	外来务工人员	3.708	1.490	3.327	1.505
城市居民	城市居民	2.421	2.010	3.356	1.901
	外来务工人员	2.634	2.931	1.797	3.198

在分析两类群体偏差地图系统模型的行为反应时我们发现，外来务工人员对城市居民的两种助长行为均显著高于伤害行为，F (3，400) =58.839，p<0.001。与此相反，城市居民对外来务工人员的两种伤害均显著高于助长性行为，F (3，400) =46.193，p<0.001。

从同一行为反应内的单因素方差分析结果看，两类群体依然是在被动助长方面表现一致，即同等程度地倾向于群体内的交往与密切合作，F (3，

400) $= 69.730$,$p < 0.001$。除此之外,两类群体在其他方面均表现出一致性的行为反应。外来务工人员内群体的主动助长行为最为显著,$F(3, 400) = 36.742$,$p < 0.001$。城市居民在受到两类群体同等程度的主动助长行为时,对两类群体的主动助长行为也会一视同仁,却在主动伤害行为反应中,表现得尤为强烈。一方面,城市居民对外来务工人员的主动伤害程度最高,$F(3, 400) = 68.483$,$p < 0.001$;另一方面,城市居民群体内部的主动伤害程度也显著高于外来务工人员对两类群体的攻击欺负。两类群体排斥或贬低彼此的程度基本上与主动伤害行为反应相同,只是外来务工人员提高了对城市居民的被动伤害程度,使得城市居民受到两类群体相同的排斥或贬低,但依然是城市居民对外来务工人员的被动伤害反应程度($M_{m-r} = 3.198$)最强,$F(3, 400) = 77.908$,$p < 0.001$(见表4-21)。

表4-21 两类群体的行为反应差异比较(行为内)

评价群体	被评价群体	主动助长(保护、帮助)	主动伤害(攻击、欺负)	被动助长(交往、密切合作)	被动伤害(排斥、贬低)
外来务工人员	城市居民	2.931	1.594	2.941	1.941
	外来务工人员	3.708	1.490	3.327	1.505
城市居民	城市居民	2.421	2.010	3.356	1.901
	外来务工人员	2.634	2.931	1.797	3.198

本研究结果显示,城市居民高于外来务工人员的社会地位在两类群体中已然形成共识,并进一步证实了社会地位与能力的显著正相关性,即外来务工人员和城市居民一致认可城市居民的高能力和外来务工人员的低能力。可以说,外来务工人员接受了对内群体不是十分有利的低能力刻板印象,这正是共识性歧视的表现。然而,外来务工人员对自己的低社会地位的认可,明显要高于城市居民对他们低地位的评价,证明的确存在地位认可程度上的差异。这种差异同样表现在刻板印象内容的认知评价中,即所有群体都会认为高地位群体的能力高于热情,低地位群体的热情高于能力,但外来务工人员认为自己的能力并不如城市居民评价的那么差,相反,热情维度也要高于城市居民对自己的评价。这在一定程度上表明,某一低地位群体认可自己在现实社会生活中的绝对能力水平和热情程度时,却在内外群体的相对刻板印象比较中,存在"自我感觉良好"现象,从而削弱其改变低社会地位的动机。

这说明，污名个体本身的反应也不是完全消极的，虽然被贬低、被污名化以及成为偏见的对象这些体验会损害人的自尊，降低人们在各个领域上的成就，但是许多污名者都有很高的自信，他们表现良好，自我效能较高，尽管存在消极的体验但是仍然伴随激情。

两类群体的刻板印象系统模型的比较结果显示，无论是外来务工人员还是城市居民，外来务工人员相对较低的能力确实得到了他们共同的同情、保护和帮助，并没有被城市居民强烈排斥和贬低。城市居民相对较高的能力则引发了共同的嫉妒情绪和交往、密切合作的行为反应。值得注意的是，在保护和帮助方面，外来务工人员对城市居民的行为反应不仅与自身内群体的反应程度相同，而且高于城市居民自身的内群体反应。另外，在歧视和钦佩情绪的唤醒方面，两个群体虽然表现出更加钦佩自己，外来务工人员对城市居民较高的钦佩程度与城市居民的自我钦佩程度没有差异，但外来务工人员受到了城市居民的反感与轻视。这些有别于偏差地图系统模型的跨文化验证结果及中国典型群体的系统模型特征，体现了在共识性歧视下，外来务工人员群体对城市居民群体的外群体偏好，地位和能力的差异不仅没有降低他们的主动助长倾向，反倒令其被城市居民歧视的同时，仍能对城市居民的高能力表示钦佩。

整体上看，外来务工人员和城市居民对彼此的刻板印象内容评价基本上符合其各自所归属的群体丛，但系统模型在单一群体内或单一群体之间所表现出的二元情绪唤醒和行为反应倾向，的确说明了两群体对外来务工人员群体存在共识性歧视。处于低地位的外来务工人员群体，在单独评价两类群体的系统模型中，并没有与其分别所归属的"高热情与低能力"群体丛和"低热情与高能力"群体丛的情绪唤醒和行为反应完全一致，一方面说明系统模型的确能够在一定程度上预测某一类群体受到的情绪唤醒和行为反应，另一方面，也应该认识到，单一群体并不一定表现出与其所属的群体类型引发的同样的情绪唤醒和行为反应，类似共识性歧视的因素都有可能导致系统模型的预测偏差。所以，在评价单一群体时，既要基于系统模型的整体引导，又要注意该群体所特有的内部表征和外部环境，尤其是群体间互动时的地位与关系等相对情况。此外，不同群体在对社会地位、刻板印象存在认知趋势相同的情况下，有可能出现认知程度差异，这为社会优势理论和系统动机理论等从绝对地位高低解释外群体偏好现象以及低地位群体安于现状或争取平等的行为，提供了新的思考方向。

第五章 城市新移民刻板印象的系列再生与社会网

在社会心理学刻板化、偏见、污名、歧视的研究中，学者普遍认为优势群体常常对弱势群体产生刻板印象、偏见、歧视与污名。群体污名意识作为污名群体中的社会共识，在社会认同与群体身份形成中扮演着重要角色。本章从另一个侧面去探求这种刻板印象存在的心理机制，其中系列再生法通过模拟现实生活中的沟通链来探讨关于城市一代和二代移民刻板印象是如何进行信息传递的。社会网的方法则关注真实社会情境对个体行为的影响，关注个体刻板印象的社会表征网络，根据人们头脑的词语网络联想寻求人们刻板印象形成、维持的关联，以及这一网络的中枢与边缘系统。

第一节 偏差中的系列再生法

在现实生活中，人们的许多知识和观念都不是我们的第一手经验，而要通过他人的信息传递才能获得。那么，随之产生的问题是，人们的刻板印象是不是也因此而产生和传播呢？刻板印象是人们由某一群体成员相对固定的观念或期望所构成的认知结构以及特定的社会认知图式，它对人们的社会认知和行为有着重要的指导性作用。系列再生方法以记忆探测为出发点，寻求记忆链条的传播规律对刻板印象的解释，对刻板印象研究起到了积极的推动作用。本研究将对系列再生法在刻板印象研究领域中的最新进展做一深入的分析和探讨。

一 关于系列再生法

记忆研究从19世纪80年代开始一直延续着艾宾浩斯（Ebbinghaus）的思路，将记忆看做先被存储后被提取的信息项目。直到20世纪30年代，巴特利特（Bartlett）强调记忆并非像人们想象中的那样是一个简单的存储记忆库，它更应该被看做一个富于想象的重构和建构的过程，至此记忆开始被视为过去经验的表征或重构。系列再生法（serial reproduction method）正是起源于巴特利特在1932年对记忆的研究，该方法十分类似于中国儿童的典型游戏——打电话，即被试通过阅读、记忆、回忆、重建，将阅读信息传递给下一个被试，循此往复，在被试链上逐一进行。① 在信息传递的过程中，研究者旨在寻找被试之间的信息如何传递和变形，其传播变形背后的意义和规律何在。鹿岛义久（Kashima Yoshihisa）等在2010年将其称为"对文化动态性的实验模拟法"（an experimental simulation of cultural dynamics）②。

（一） 系列再生法的起源

系列再生法起源于20世纪30年代。1932年巴特利特发表了《记忆：实验社会心理学的一项研究》（*Remembering: A Study in Experimental and Social Psychology*），其中，他指出了记忆研究的系列再生方法，该方法旨在揭示一连串的信息建构和传播过程中的信息改变。人类的互动过程包含了各种信息的相互传递，巴特利特从群体动力角度分析了个体记忆，他认为一般人都用一套故事（narration 或者 story）的图式来帮助记忆，故事图式（story scheme）是代表一些典型故事结构的内在表征（internal representation）。在早期的系列再生研究中，巴特利特使用的材料是故事和图画，他选取了三类学习材料——民间故事、描述性散文段落和图画③。研究包括两种方法，重复再生（repeated reproduction）和系列再生（serial reproduction）。前者是让同一个被试在不同的延时条件下对学习材料做多次

---

① Bartlett, F. C. 1932. *Remembering: A Study in Experimental and Social Psychology*. New York: Cambridge University Press, 213.
② Kashima, Y., & Yeung, V., W. 2010. "Serial reproduction: An experimental simulation of cultural dynamics." *Acta Psychologica Sinica* 42 (1): 56 – 71.
③ Bartlett, F. C. 1932. *Remembering: A Study in Experimental and Social Psychology*. New York: Cambridge University Press, 213.

回忆，将回忆内容与原始材料进行比较，用以测量被试记忆不断衰退和变化的情形；后者是邀请系列再生链上的被试 A 阅读或听一份材料，然后让其去回忆，由此产生的回忆内容再制作成实验材料交予被试 B 阅读，余下被试一一复制该方法，就得到一条记忆链（memory chain）。这样，研究者就可以在信息传递的过程中，发现信息在被试间传播过程中如何变形，进而去发现在这些信息变形背后的意义和规律中所揭示的问题。柯日特（Koriat）和戈德斯密（Goldsmith）曾强调，研究者应该关注记忆报告中记忆提取以及遗忘和真实事件之间的丧失关系，即强调遗忘是对真实性的偏离，要关注这种偏离背后的意义，比如记忆歪曲现象中的简化、结合以及增减细节等。[1] 沙赫特（Schacter）和阿迪斯（Addis）在 2007 年强调，记忆的建构性反映了记忆的适应性功能，意味着过去信息表征的灵活性，这确保了过去信息可以随意地被提取和组合，记忆歪曲和错误记忆等都是记忆建构性的副产品。[2]

（二）系列再生法的早期实验

"鬼魂的战争"（The War of the Ghosts）实验最具代表性。[3] 该实验采用记忆系列再生的方法，让被试 A 阅读一篇描述"印第安人之死"的民间故事——《鬼魂的战争》，15～20 分钟后请被试 A 写下记忆的内容，之后交给被试 B 并使其重复同样的步骤，只是阅读内容更改为被试 A 所回忆的故事。依次类推，一共传递了十余个被试。随后，巴特利特把被试依次报告的内容与原文比较，发现两者有明显的差异，被试会在回忆的过程中逐渐引入习惯用语，并用通俗说法来替代原文，内容最后几乎演变成白话文，而且全部变化有序进行，使整个"印第安人之死事件"与被试的文化习俗相一致，合乎常理。其实，"鬼魂的战争"这类民间故事本身内容怪异，表述离奇，导致信息传递过程中，内容和结构易受影响而发生变化。巴特利特恰恰利用这一点，证实了记忆过程不只是再现，还包括建构的成分，人们头脑中已有

---

[1] Koriat, A., & Goldsmith, M. 1996. "Memory metaphors and the real-life/laboratory controversy: Correspondence versus storehouse conceptions of memory." *Behavioral and Brain Sciences* 19: 167–228.

[2] Schacter, D. L., & Addis, D. R. 2007. "Constructive memory: The ghosts of past and future." *Nature* 445 (7397): 22–27.

[3] Xu, J. & Griffiths, T. L. 2010. "A rational analysis of the effects of memory biases on serial reproduction." *Cognitive Psychology* 60 (2): 107–126.

的图式框架会影响回忆的过程。以阅读为例，图式会包含故事中突出的细节和情感信息，再加之被试的个体差异，一旦提取记忆，重构过程中必然会出现或多或少的偏差。由此看来，记忆如同知觉，具有选择性和理解性，缺乏精确性。

（三）系列再生法的施测步骤

系列再生法的施测步骤是将实验材料给予被试 A 阅读，然后经过一段时间后让被试 A 进行材料回忆，之后将被试 A 回忆的材料作为被试 B 的阅读材料，具体方法与被试 A 相同。① 即首位被试阅读实验所提供的材料，第二位被试阅读前一位被试所回忆的材料，然后依次类推，这样以被试 A→被试 B→被试 C→被试 D→被试 E……依次进行下去（见图 5-1）。随着链条的传递，材料开始出现改变，也开始显现不同的偏差。一条系列再生链一般包括 2~3 人以上，10 人以下，一般以 4~5 人为多。②

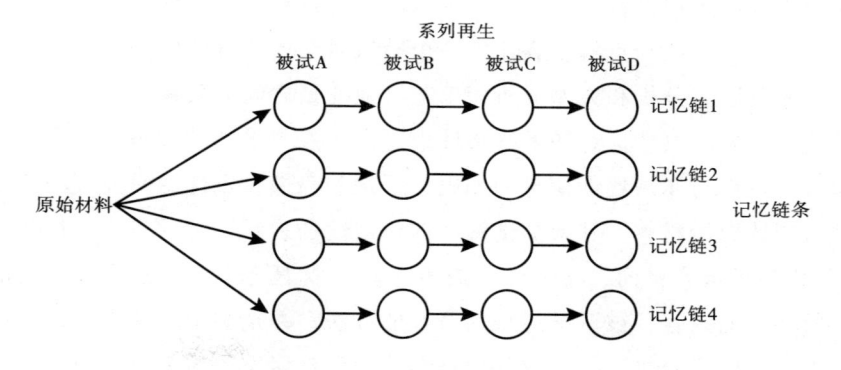

图 5-1　系列再生法的实验过程*

* Mesoudi, A. 2007. "Using the methods of experimental social psychology to study cultural evolution." *Journal of Social Evolutionary and Cultural Psychology* 1: 35-38.

在系列再生的过程中会发生特征变形，这种变形被称为"习俗化表征变形"（transformation to conventional representations），即人们在系列再生中

---

① Mesoudi, A. 2007. "Using the methods of experimental social psychology to study cultural evolution." *Journal of Social Evolutionary and Cultural Psychology* 1: 35-38.
② Kashima, Y., & Yeung, V., W. 2010. "Serial reproduction: An experimental simulation of cultural dynamics." *Acta Psychologica Sinica* 42 (1): 56-71.

出现的记忆变化趋势分为精细加工（elaboration）、简单化（simplification）、命名（naming）和分离细节的保存（preservation of detached detail）。事实上，每个人的学习和记忆都是根据我们过去经验中形成的信息分类方式而进行的。当图式和记忆冲突的时候，人们便会歪曲记忆，使之更符合我们头脑中的原有观念和原有图式。当然，巴特利特早期的研究也具有很大的缺陷性，如大部分材料并非是有意义的材料以及日常生活情境中的材料，也没有涵盖记忆材料的文化背景因素等，这些在新近的研究中都有所弥补。事实上，记忆连续再生法的最大贡献就在于，研究对象不再局限于单一个体，而是将记忆置于动态的信息传递过程中，通过社会群体成员的共同表现，推断个体记忆的情况，为记忆研究指明了新的方向，同时新近的刻板印象研究中也凸显了其方法的优化性。

系列再生法中的数据处理一般包括定量和定性研究两种方法。其中定量的研究方式是采用录音记录上一个被试的回答过程，然后作为下一个被试的试验材料，并使用利克特量表让每一个被试对个体或群体的刻板印象予以评价，并采用因素分析和方差分析探求与其他变量之间的关系。其中试验材料中的刻板印象一致性信息和不一致性信息由未参与设计的成员负责，进行刻板印象一致性与非一致性信息的编码、识别和筛选。定性的研究方法是让首名被试阅读原始材料，其余被试阅读前一被试的材料，然后完成干扰性任务（如利用字母组合单词、绘画任务或者记忆干扰任务等），之后请被试描述刚才所阅读的内容。被试描述采用录音的方法，并请多个实验人员采用德尔斐技术进行内容分析，如一致性信息与非一致性信息的辨别以及与原文差异的内容分析等。

二 系列再生法在刻板印象领域中的进展

系列再生法在新近的刻板印象研究中不断推进，对于该领域的进一步发展具有极强的推动作用，体现在该方法的使用对刻板印象传递性、稳定性、共享性和刻板印象一致性偏差等方面的新近研究证据和研究发现中。

（一）关于刻板印象传递性的研究证据

刻板印象是社会群体保持及改变过程中的表征形式，包含了群体成员的信息一致性，徐（Xu）和格里菲斯（Griffiths）在2010年认为，系列再生法可以解释记忆偏差（memory biases）在文化传递（cultural transmission）

中的作用。① 鹿岛义久等在 2010 年也认为，系列再生法有助于调查文化的动态性。② 事实上，在 20 世纪 30 年代之后，一些研究就开始利用系列再生法开展了许多工作，其中包括 1936 年马柯斯韦尔的挪威儿童和成年人关于民族性的研究，以及奥尔波特和波兹曼（Postman）在 1947 年的图片刺激传递研究等。其中，在偏见研究的历史上，奥尔波特和波兹曼使用系列再生法展现了美国种族刻板印象中的习俗化过程（conventionalisation progress）。③ 他们通过图片展示了一个衣着华丽的黑人男性和一名手拿剃刀的白人男性，在经过了 6~7 个被试的复述后，剃刀变成了黑人男性手中的武器，这一实验揭示了在美国文化中对黑人群体固有的刻板印象。哈克（Haque）和萨比尔（Sabir）在 1975 年也发现了相似的结论，他们通过巴基斯坦学生关于印度士兵的系列再生链，发现巴基斯坦人刻板印象中的印度人是懒惰和无纪律性的。④ 麦索迪（Mesoudi）和怀特恩（Whiten）在 2004 年使用系列再生法考察了人们知识的常识性问题，比如"去餐馆"代表了由行为脚本（action scripts）所进行的分级系统，所有的脚本目标都包括等级水平，脚本可以被分解为一连串的连续性行为，如"去餐馆"的行为脚本就包括走进餐馆、就座、点餐、进食、付款和离开等。⑤ 他们通过 10×4（10 条系列再生链，每个链条上 4 名被试），考察了日常生活事件，如去餐馆、起床和购物等不同文化心理的差异性和传递性。之后，麦索迪在 2006 年研究了文化传递过程中的累积和系统性偏差，调查了日常闲谈对刻板印象传播的影响，通过 10×4（10 条系列再生链，每个链条上 4 名被试），考察了马基雅维利智力假说（Machiavellian Intelligence Hypothesis）的文化传递性，推断文化具有统合性，提出了社会文化在闲谈性氛围中更容易被传递的结论。⑥ 麦索迪等通过系列

---

① Xu, J. & Griffiths, T. L., 2010. "A rational analysis of the effects of memory biases on serial reproduction." *Cognitive Psychology* 60 (2): 107–126.
② Kashima, Y., & Yeung, V., W. 2010. "Serial reproduction: An experimental simulation of cultural dynamics." *Acta Psychologica Sinica* 42 (1): 56–71.
③ Allport, G., W., & Postman, L. 1947. *The Psychology of Rumor*. Oxford: Henry Holt.
④ Haque, A., & Sabir, M. 1975. "The image of the Indian army and its effects on social remembering." *Pakistan Journal of Psychology* 8, 55–61.
⑤ Mesoudi, A., & Whiten, A. 2004. "The hierarchical transformation of event knowledge in human cultural transmission." *Journal of Cognition and Culture* 4: 1–24.
⑥ Mesoudi, A., Whiten, A., & Dunbar, R. I. M. 2006. "A bias for social information in human cultural transmission." *British Journal of Psychology* 97: 405–423.

再生法研究文化传递和文化变异（cultural variation）现象，这是在实验室情境下首次用心理学的方法考察文化心理传递和变异现象的实验。①②③ 在这些研究中，麦索迪还将这一方法简称为"传播链法"（the transmission chain method），并强调该方法可以进一步证明刻板印象在传递过程中显现。

（二）关于刻板印象稳定性的研究证据

近年来，心理学家利用系列再生法研究刻板印象，获得刻板印象稳定性证据。如班格特（Bangerter）在 2000 年使用系列再生法考察被试的性别刻板印象，通过 20×4（20 条系列再生链，每个链条上 4 名被试）有关精子和卵子的故事传递，发现在链条末端记忆内容中精子被赋予了积极的角色，而卵子则被赋予了消极的角色。④ 鹿岛义久的实验考察了个体和集体的记忆，该研究包括 30 名男性和 30 名女性，组成 5×12（5 条系列再生链，每个链条上 12 名被试，男女各半），故事中涵盖 59 条语句，包括短语和句子等。⑤ 6 个独立的判断分别列入每一个命题中，每一类别都包含与性别刻板印象相关的判断，其中包括男性性别和女性性别的刻板印象一致性信息（stereotype-consistent，SC）与刻板印象不一致性信息（stereotype-inconsistent，SI）。在研究中，所有内容均予录音。结果显示，系列再生链前端显示刻板印象不一致性信息高于刻板印象一致性信息，而在链条的末端显示刻板印象一致性信息高于刻板印象不一致性信息，而背景信息的传递链没有发生变化，这在一定程度上证明了刻板印象的稳定性。这一研究的重要性在于它揭示了个体最初的回忆并不能完全预测最后的信息传递内容，同时突破了以往单纯强调单际传递信息记忆研究的局限性。

为何会出现这种情况呢，也就是说当故事在传播式信息交流过程中，那些刻板印象一致性信息被保留了下来，而刻板印象不一致性信息却遭遇到舍

---

① Mesoudi, A., & Whiten, A. 2004. "The hierarchical transformation of event knowledge in human cultural transmission." *Journal of Cognition and Culture* 4: 1–24.

② Mesoudi, A., & Whiten, A. 2008. "The multiple roles of cultural transmission experiments in understanding human cultural evolution." *Philosophical Transactions of the Royal Society* 363: 3489–3501.

③ Mesoudi, A. 2007. "Using the methods of experimental social psychology to study cultural evolution." *Journal of Social Evolutionary and Cultural Psychology* 1: 35–38.

④ Bangerter, A. 2000. "Transformation between scientific and social representations of conception: The method of serial reproduction." *British Journal of Social Psychology* 39: 521–535.

⑤ Kashima, Y. 2000. "Maintaining cultural stereotypes in the serial reproduction of narratives." *Personality and Social Psychology Bulletin* 26: 594–604.

弃，这可能是源于沟通的链条，成员实际上都拥有相同或相近的刻板印象，这种印象成为一种社会共识，当人们的知识并不够全面时，这种固有的、僵化的知识系统往往成为替代品，掌控了人们的知识链。当然，如果个体较认同群体或者相对接受群体观念和群体的价值时，也容易倾向于认同这些人们共识的刻板印象，并内化于心。

（三）关于刻板印象共享性的研究证据

刻板印象一旦形成便难以改变的特征离不开共享性的作用，即人际互动过程中，个体传递的刻板印象信息会受到刻板印象共享性的影响。心理学家已经意识到，人们倾向于保持而非改变自己的刻板印象，其中大量的研究力图去证明这一现象。但其大多关注的是个人头脑中的认知因素对于刻板印象偏差过程的影响，新近的一些研究从交流、沟通和共享视角对刻板印象过程进行探讨。在刻板印象的保持中，已有的研究发现人们在交流中更愿意交流刻板印象一致性信息而不是刻板印象不一致性信息，新近的一些研究者则利用系列再生法去模仿人际沟通链，发现沟通链上的刻板印象的保持与巩固问题，如鹿岛义久[1][2][3]、赖昂斯（Lyons）[4][5][6]、麦金泰尔（McIntyre）[7]等。

---

[1] Kashima, Y., Kashima, E. S., Chiu, C. Y., Farsides, T., Gelfand, M., Hong, Y. Y., Kim, U., Strack, F., Werth, L., Yuki, M., Yzerbyt, V. 2005. "Culture, essentialism, and agency: Are individuals universally believed to be more real entities than groups?" *European Journal of Social Psychology* 35: 147–169.

[2] Kashima, Y., Klein, O., & Clark, A. 2007. "Grounding: Sharing information in social interaction." In Fiedler, K. Ed. *Social Communication*. New York: Psychology Press, 27–77.

[3] Kashima, Y., Peters, K. & Whelan, J. 2008. "Culture, narrative, and human agency." In Sorrentino, R. M. & Yamaguchi, S. Eds. *Handbook of Motivation and Cognition Across Cultures*. San Diego, CA: Academic Press, 393–421.

[4] Lyons, A., & Kashima, Y. 2003. "How are stereotypes maintained through communication? The influence of stereotype sharedness." *Journal of Personality and Social Psychology* 85 (6): 989–1005.

[5] Lyons, A., & Kashima, Y. 2006. "Maintaining stereotypes in communication: Investigating memory biases and coherence-seeking in storytelling." *Asian Journal of Social Psychology* 9: 59–71.

[6] Lyons, A., Clark, A., Kashima, Y., & Kurz, T. 2008. "Cultural dynamics of stereotypes: Social network processes and the perpetuation of stereotypes." In Kashima, Y., Fiedler, K., & Freytag, P., (Eds.) *Stereotype Dynamics*. Mahwah, NJ: Lawrence Erlbaum Associates, 59–92.

[7] McIntyre, A. M., Lyons, A., Clark, A. E., & Kashima, Y. 2004. "The microgenesis of culture: Serial reproduction as an experimental simulation of cultural dynamics." In Schaller, M. & Crandall, C., S. (Eds.) *The Psychological Foundations of Culture*. Mahwah, NJ: Erlbaum, 227–258.

其中，赖昂斯和鹿岛义久在 2001 年使用系列再生法考察了足球运动员相关的叙事沟通中的刻板印象一致性信息和刻板印象不一致性信息。[1] 随着链条的逐渐推进，再生故事逐渐显现了明显的刻板印象，在多个系列再生过程之后，几乎完全丧失了刻板印象不一致性信息，更多刻板印象一致性信息被保留下来。赖昂斯和鹿岛义久 2003 年的研究也发现了这一点，该研究采用记忆连续再生法，通过 3 个实验研究不同情境下传递刻板印象信息的偏向问题。[2] 实验材料分为两类，一类是关于虚构群体"Jamayans"的特征描述报告，包括积极和消极两种描述，另一类材料是某个"Jamayans"成员的行为故事描述，3 个实验在每种被试间变量的处理组合上都有 8×4（8 条记忆再生链，每条上有 4 名被试）组成的记忆连续再生链，他们将其称为"刻板印象一致性偏差沟通链"（stereotype-consistent bias in communication chains），并认为该现象的产生不是因为一般的记忆性偏差，内核是因为刻板印象具有共享机制（sharedness of stereotypes）。这是首次采用系列再生链方法证明刻板印象的共享性。

（四）关于刻板印象一致性偏差的研究证据

刻板印象一致性偏差（stereotype consistency bias）是指在信息交流中刻板印象一致性信息高于不一致性信息的趋势，它一般出现在刻板印象的交流过程中。[3] 在日常生活中，我们花更多的时间用于讨论刻板印象的一致性信息，表达对一致性信息的赞同，并关注于那些一致性信息。当刻板印象相关故事处在交流链条中时，刻板印象一致性偏差就随之出现，而且伴随着的是刻板印象一致性信息的保持和不一致性信息的淘汰。[4] 那么，为什么刻板印象一致性信息相比不一致性信息更具有优势呢？罗萨尔（Ruscher）和同事在 1998 年发现了对话交谈过程可以体现刻板印象。[5] 在实验中两名被试一

---

[1] Lyons, A., & Kashima, Y. 2001. "The reproduction of culture: Communication processes tend to maintain cultural stereotypes." *Social Cognition* 19: 372-394.

[2] Lyons, A., & Kashima, Y. 2003. "How are stereotypes maintained through communication? The influence of stereotype sharedness." *Journal of Personality and Social Psychology* 85 (6): 989-1005.

[3] Clark, A., E., & Kashima, Y. 2007. "Stereotype help people connect with others in the community: A situated functional analysis of the stereotype consistency bias in communication." *Journal of Personality and Social Psychology* 93 (6): 1028-1039.

[4] Kashima, Y., & Yeung, V., W. 2010. "Serial reproduction: An experimental simulation of cultural dynamics." *Acta Psychologica Sinica* 42 (1): 56-71.

[5] Ruscher, J. B. 1998. "Prejudice and stereotyping in everyday communication." *Advances in Experimental Social Psychology* 30: 241-307.

组，主试借助表现刻板印象一致性信息和刻板印象不一致性信息的具体事件向被试展示靶个体的特性与行为，这些靶个体对于被试来说均来自被污名化的外群体，如酒精依赖者、截瘫患者和同性恋等。之后，同组被试通过回忆，讨论对靶个体的印象。结果发现，刻板印象一致性信息被讨论的次数和持续时间都明显多于刻板印象不一致性信息，只有要求同组被试做出合理的准确判断时，讨论的内容才会倾向于刻板印象不一致性信息。田中炳泽（Minoru Karasawa）等人2007年在此基础上，将靶个体扩展为非污名化的内群体成员与外群体成员的比较。[①] 实验材料为一名女大学生的实际访谈录音，内容体现了日本西部两所大学（X和Y）学生的典型特征。来自X大学的88名女生被分成44个小组，她们并不了解实验的真实目的。在实验过程中，以小组为单位，主试向她们播放访谈录音，并告之靶个体来自哪所学校，以此将被试随机分为内群体组（靶个体属于X）和外群体组（靶个体属于Y）。随后，被试根据访谈内容共同完成一份选择题，期间允许两人讨论并充分表达做决策时的所思所想。在此过程中，主试会借故离开实验室，却利用录音机记录了讨论的全过程。10分钟后，每位被试用同一份7点量表问卷先后对靶个体及其所属群体的刻板印象内容进行评价。结果发现，被试如果认定靶个体属于外群体，在回忆和讨论外群体时，无论是谈论时间还是谈论次数都过多关注刻板印象不一致性信息。相反，被试如果认定靶个体属于内群体，刻板印象一致性信息被关注的时间和次数显著高于刻板印象不一致性信息。此外，在回忆内容共享的交谈过程中，被试双方会影响彼此对靶个体的刻板印象判断，再次表明不能忽视个体受群体交流影响而形成的共享刻板印象。

  同时，赖昂斯和鹿岛义久采用定量和定性相结合的方法，包括20×4（20条记忆再生链，每个链条上有4名被试），发现刻板印象一致性偏差出现在被试有意识的交流过程中，结果显示交流过程是刻板印象保持的主要过程。[②] 他们假设交流动机是导致一般记忆偏向（general memory bias）的直接因素，并通过口述和书面形式的双重指导语严格控制被试的交流动机，弥补

[①] Karasawa, M., Asai, N., & Tanabe, Y. 2007. "Stereotypes as shared beliefs: effects of group identity on dyadic conversations." *Group Processes and Intergroup Relations* 10 (4): 515 – 532.
[②] Lyons, A., & Kashima, Y. 2006. "Maintaining stereotypes in communication: investigating memory biases and coherence-seeking in storytelling." *Asian Journal of Social Psychology* 9: 59 – 71.

了以往研究在此方面的不足。实验材料依然采用虚构故事法，描述了一名政客为了赢得公众的支持而采取的一系列行动。考虑到日常生活中，信息的结构和重要程度会影响人们的注意力，赖昂斯等通过量化测定和专家评估法，不仅按照刻板印象特征（刻板印象不一致性信息和刻板印象一致性信息）划分故事内容，还以背景、开端、发展、结果和结论等故事元素与内容的主次结构归类所有语句。实验中，80 名大学生被试被随机分配到 20 条记忆连续再生链内，一半接受纯粹记忆目的的指导语，一半接受信息传递目的的指导语，两种指导语的区别仅在于被试是否知道自己的复述内容将呈现给他人。所有被试阅读两遍故事之后，完成 5 分钟的记忆干扰任务——画出自家房屋平面图，再写出回忆的内容。实验分析的编码过程中不仅要对语句归类，还要注明与原文的差异，如增加或减少的信息，信息的主次程度变化等。研究结果发现，刻板印象特征、内容主次程度与记忆目的之间有显著的交互作用，尤其是为了向他人复述故事时，被试记忆主要内容的刻板印象一致性信息明显多于刻板印象不一致性信息。若不考虑内容主次程度的影响，传递信息动机导致被试回忆的刻板印象一致性信息多于刻板印象不一致性信息。人们在纯粹记忆时，刻板印象一致性信息和刻板印象不一致性信息的记忆量没有差别，这证实了一般记忆偏向受到交流动机影响的假设。为了有效补充量化分析结果，研究又对刻板印象信息的变化情况进行了质性研究，从主题一致性（thematic coherence）和局部一致性（local coherence）入手，综合比较了被试的全部再现故事所围绕的主题、彼此之间的因果关系和时间顺序同原始材料之间的差异问题。结果发现，所有再生链中的故事结构和内容都证实了一致性企图对刻板印象一致性偏向的影响，被试倾向于按照群体共享的刻板印象构造故事，尤其是在交流动机促进下表现得尤为明显。还需指出的是，人们普遍关注故事的主要内容，启动了交流动机的被试对主要内容存在明显的刻板印象一致性偏向，所以赖昂斯等在 2008 年认为信息传达者的首要目的就是实现主要内容与共享刻板印象的一致性，其次才是次要内容，这些都是可能导致刻板印象不一致性偏差信息减少的因素。①

---

① Lyons, A., Clark, A., Kashima, Y., & Kurz, T. 2008. Cultural dynamics of stereotypes: Social network processes and the perpetuation of stereotypes. In Kashima, Y., Fiedler, K., & Freytag, P., (Eds.) *Stereotype Dynamics*. Mahwah, NJ: Lawrence Erlbaum Associates, 59 – 92.

三 对系列再生法在刻板印象研究中的评价

系列再生法具有广泛的应用性，所以早在 80 年前，巴特利特就大胆预测"文化的元素和文化的复杂性可以通过群体中的人们之间或者群体和群体之间进行传递，最终达成一种统一的、约定俗成的形式，而这种形式可以建立在不同群体之上的大多数文化中"[①]。在人类学和生物进化学中，这种范式被认为是"扩散链"（diffusion chains）。同样，将系列再生的方法应用于刻板印象的研究，推动了社会认知心理学的发展。

（一）系列再生法的优势

首先，记忆连续再生法的使用突破了传统的个体认知实验局限，有效地将社会因素引入刻板印象测量领域，在有利于研究者控制变量的前提下，更好地模拟了现实生活情境，提升了实验室研究结果的外部推广效度。记忆连续再生法的串联式信息传递过程重点在于人际互动环节，主试可以自由控制该环节的各种因素，比如是否存在互动、互动对象特征、互动形式等，从而考察刻板印象在不同情况下的表征。因而，系列再生法在减少实验室与社会现实情境差异的前提下，能同时兼顾研究社会和个体两类刻板印象及其彼此之间的相互作用。

其次，从实验材料看，传统的个体认知实验采用词语作为实验材料以代表刻板印象，其中尤以形容词提取法最为普遍。虽然这些词语有利于被试直接明显地表达刻板印象，但未必能够包含丰富的内容，其原因在于日常生活中的刻板印象信息总是伴随着具体行为或事件出现。记忆连续再生法所选用的故事形式和材料可以弥补这一不足，无论是虚构故事、真实故事还是被试的再现故事，都更贴近合理的刻板印象情境。与词语的表意鲜明相比，故事描述的内容较为普遍，可以很好地隐藏刻板印象，降低被试受到社会赞许、实验暗示等因素干扰的可能性。此外，这些故事材料均包含刻板印象一致和不一致性信息，不仅可以测量刻板印象，而且有助于从信息源角度探讨刻板印象保持与改变的心理机制。

再次，记忆连续再生法以被试的回忆再现内容为分析对象，不仅可以通

[①] Bartlett, F. C. 1932. *Remembering: A Study in Experimental and Social Psychology*. New York: Cambridge University Press, 213.

过编码过程将其量化,再对量化部分及其相关关系进行测量、计算和分析,以达到对刻板印象本质的把握,还可以采用质性研究方法,对再现内容进行细致、动态的内容分析,两种方法可以相辅相成。在量化过程中,再现内容以句子为单位被归类为不同的信息分类,必然会丢失句子的细节成分以及破坏内容的整体性。而在质性分析过程中,研究者从自身角度对再现内容的含义与联系进行阐释,又必然缺乏客观性。与传统的测量法相比,记忆连续再生法的实验产物有利于两种分析法同时使用,由此得出的实验结果可以从多角度全面阐释刻板印象。从实验指导语方面看,主试可以灵活且严格地选择指导语的陈述方式、陈述内容,便于控制多种实验变量,且被试不易察觉。

此外,新近围绕人际交往对刻板印象影响的观点,许多研究也采用记忆连续再生法展开探索,发现了群体认同、社会文化、信息真假、记忆偏向、感知共享和语言描述等多因素对刻板印象的影响,这是传统的个体认知方法所不能实现的。在这些因素的作用下,刻板印象信息传递普遍表现出刻板印象一致性偏差,有利于刻板印象的保持。这些研究对于如何改变刻板印象,尤其是社会中的歧视、污名等消极刻板印象有着重要的意义,这也是许多刻板印象研究者所要解决的社会问题。总而言之,记忆连续再生法为刻板印象领域提供了新观点,也开辟了未来发展的新道路。因而,它被认为是一种用来探讨文化动态性的实验模拟法,可以用来描述刻板印象如何形成、维持,以及如何随着时间而变化的规律,也可以通过文化讯息是如何透过社会网络被传播以及文化讯息在由一个人传播到另一个人的过程中是如何转化的这些视角来分析和应用,进而发现潜在的社会心理差异以及互动过程。

(二)系列再生法的局限与启示

在研究的不断推进过程中,任何一种方法都具有其本身的局限性,系列再生法也不能例外。首先,记忆系列再生法的最大困扰是关于外部及其生态效度的问题,由于该方法本身很难使用客观的实验室情境,因而不同的参与者和不同的情境很难严格控制,同时实验链条的个体是有限的,很难进行大规模被试的实验,而且系列再生法是从刻板印象形成的微观过程出发,这使得在宏观过程中很难加以严格验证,这提示今后的研究应尽量弥合微观社会心理过程和宏观社会改变之间的鸿沟问题。

其次,早期的系列再生法的确一味浸沁于认知心理学中记忆方向的探讨,而忽略了本身的社会过程因素,但是在新近的研究中大都关注文化和社会情境相结合的内容。但这仅仅是有益的尝试，尚需要更多的研究扩展，尤其是系列再生法还没有形成系统化和正式化的分析模式，大量的研究还很难进行统一化控制。另外，以往研究中的材料大都选取虚构的故事情节，那么真实的经验是否可以成为实验材料呢？谷德曼（Goodman）等在 2009 年就质疑了虚构材料结果的外部推广效度，这也同时提示今后的研究应适当考虑用真实情境的材料做研究。同时，记忆连续再生法多以书面传递信息的形式代表人际互动，而这种方式并不是现实生活中的主流形式，面对面交流以及网络时代独有的电子交流日益成为最主要的信息传输渠道，而且交流过程往往存在反馈环节，这是当前记忆连续再生法所不能做到的，这也提示今后的研究应该侧重拓宽沟通形式的渠道与方法的进一步结合。[①]

再次，系列再生法依赖于人们汇报记忆内容的能力，所以在保证被试同质性的前提下，选择被试相对复杂，如被试本身的表达性和记忆能力等成为影响诱因。同时，为了控制信息传递中的某些变量，不能对大量被试同时进行实验，避免被试污染，因而导致该方法的实验周期较长。另外，被试在实际过程中具体环节无法操作，如被试是否认真阅读、有无其他心理因素干扰，以及实验链条的具体被试数以多少为宜，这些内容也需要进一步的探索，同时也提示今后的研究还需要对该方法逐步细化和统一，以保证良好的操作性。

此外，系列再生法对刻板印象研究结果和发现中的理论化凝炼与解释也亟待加强。目前理论框架分析仅限少数，如鹿岛义久等在 2007 年讨论了基态模型（grounding model），提出了系列再生法背后的理论解释。[②] 另外，在社会表征理论的研究中，也有将社会表征理论与系列再生法相结合的初步探讨，如讨论习俗化和社会表征之间的关系以及将记忆链研究与社会表征中的知识转化等内容相联结等，并强调经典的记忆研究任务其核心元素都是社会表征的显现。可见，社会表征理论中的习俗化和记忆研究中的习俗化有着异曲同工的效应，它们都强调了社会生活和文化中不同系统之间的信息转化过

[①] Goodman, R. L., Webb, T. L., & Stewart, A. J. 2009. "Communicating stereotype-relevant information: Is factual information subject to the same communication biases as fictional information?" *Personality and Social Psychology Bulletin* 35: 836–853.

[②] Kashima, Y., Klein, O., & Clark, A. 2007. "Grounding: Sharing information in social interaction." In Fiedler, K. (Ed.) *Social Communication*. New York: Psychology Press, 27–77.

程，同时认为这些改变都是社会现实的客体，不依赖个体因素而存在。但是这些理论方面的深入分析还仅仅是一些初步的研讨，尚缺乏严密知识体系的支撑和更进一步的分析，这也提示今后的研究要注重方法背后的理论框架的深化。当然，使用系列再生法在中国情境中进行刻板印象的研究还寥寥无几，这也提示未来可以拓宽该方法在中国实际问题、实际情境和有别于西方的独特文化中的应用，以期获得更多、更新的研究发现。

第二节 城市代际移民系列再生佐证

现实世界中，人们为了更好地了解并适应社会，采取的主要方式之一便是信息传递，诸如日常交谈、信函往来、大众传媒等都是人们获取和输出信息的重要途径。由于在人际互动过程中，总是难以避免个体价值观、情感等主观意识的影响，所以信息传递无法完全保证客观性和真实性的同时，又反过来影响着人们的许多知识和观念的形成，这也就成为系列再生法应用于刻板印象研究的契机。

前述研究已经发现一代城市移民和二代城市移民之间存在着刻板印象的差异，并引发人们不同的情绪唤醒和行为反应。但需要注意的是，置身于社会环境的人们难免会将刻板印象等观念变通地融入各类信息中，以完成同他人的交流。刻板印象内容模型和偏差地图系统模型只是能做到外显性地直接测量群体刻板印象，这在一定程度上影响了研究结果的外部效度。为了尽量弥补这一不足，本节采用系列再生法进一步探究城市代际移民的刻板印象及其偏差。

一 系列再生的实验材料与实验过程

确定记忆材料的信息属性，也就是哪些信息属于刻板印象一致性信息，哪些信息属于刻板印象不一致性信息，是整个系列再生法研究中的重要内容之一。这就需要密切注意系列再生方法中的实验材料与实验过程的严密性。

（一）实验材料

本研究分别以一代城市移民和二代城市移民为主人公，虚构了两个均包含刻板印象一致性信息和刻板印象不一致性信息的故事，以作为系列再生链的初始记忆材料。由于鹿岛义久在先前的研究中发现，若采用一个完整的故事作为记忆材料，那么导致故事发生的主要原因、情节的先后顺序等核心区域内容会表现出更为显著的刻板印象一致性信息保持现象，[1] 赖昂斯也已经证实这种情况的出现并不稳定。[2] 但本节在设计记忆材料过程中，依然避免单一的完整故事模式，转而采用生活事件叠加的方式，逐一体现刻板印象一致性和刻板印象不一致性信息。

我们知道，在沟通过程中，人们一般更多地传递与刻板印象相一致的信息，这就是刻板印象一致性信息，而那些与刻板印象不一致的信息就容易被过滤掉。所以，我们在生活中发现，人们常常保持一种共识性的社会常识，即使人们接触了一些与刻板印象不一致的信息，也会倾向于保持以往那些原有的、固有的刻板印象。本节首先根据城市代际移民的刻板印象内容模型和偏差地图系统模型现状虚构故事，用相对简单的语言和简短的句子描述简单的生活事件，然后采用德尔菲技术确定了每个故事各包含9条刻板印象一致性信息和9条刻板印象不一致性信息。比如，一代城市移民的刻板印象内容模型为高热情与低能力，则用"同事需要请假的时候，他都主动替班，从不计较报酬"表示高热情的刻板印象一致性信息，用"他高中毕业，会操作电脑的办公软件"表示低能力的刻板印象不一致性信息。在情绪唤醒和行为反应方面，用商场售货员的冰冷话语"你一乡巴佬，还想在这儿买东西"表示轻视的刻板印象一致性信息，用"有的同事还经常请李旺去家里做客"表示密切交往行为的刻板印象不一致性信息。之前研究发现，二代城市移民与中小学生之间的能力差异显著低于城市代际移民之间的差异，所以将二代城市移民的故事背景设定为学校，用"赵楠档案袋里全部95分以上的成绩和省级计算机科技竞赛的奖状"表示能力的刻板印象一致性信息，用"不会主动搭话或参与活动，对一些事情的反应也比较平淡"表示热情的刻板印象不一致性信息，用"大家对赵楠的成绩和稳重都是刮目相看"表示赞赏的刻板印象一致性信息，用"邀请他一同参赛"表示合作的刻板印象不一致性信息（见表5-1和5-2）。

---

[1] Kashima, Y. 2000. "Maintaining cultural stereotypes in the serial reproduction of narratives." *Personality and Social Psychology Bulletin* (26): 594–604.

[2] Lyons, A., & Kashima, Y. 2003. "How are stereotypes maintained through communication? The influence of stereotype sharedness." *Journal of Personality and Social Psychology* 85 (6): 989–1005.

表 5-1 系列再生法初始记忆材料的信息分类：
一代城市移民的初始记忆材料

信息分类	内容
SI	2008 年的夏天，李旺为了挣钱给农村老家盖新房，只身来到天津市打工。
SI	他高中毕业，会操作电脑的办公软件，还掌握着一定的科技种粮方法，是当地的种粮能手。
SC	但最后，在这举目无亲的大城市里，只得辗转通过几个老乡才勉强找到一份派送纯净水的活。
SI	好在这里的领导和同事都挺照顾他的，告诉他熟记送水路线的小窍门，帮助他尽快适应工作。
SI	一些同事还总说巴不得自己也是个农村人，能分得一亩三分地不说，不仅锻炼身体，还能呼吸新鲜的空气。
SC	尽管有时分小组送水，愿意与自己同组的人还是相对较少。
SI	但李旺对这样的生活很满意，不仅每个月的收入还行
SI	还结实了许多城里的新朋友。
SC	其实，李旺一直是个热心肠，同事需要请假的时候，他都主动替班，从不计较报酬。
SC	有几次，一些粗心的顾客多付了钱，他都主动退还给了人家。
SI	分管送水业务的领导也总是号召大家向李旺学习。
SI	日子久了，同事们与李旺的关系越来越好，有的同事还经常请李旺去家里做客。
SI	领导也渐渐注意到这个农村人，的确有令人值得肯定的地方。
SC	但在城里生活也有许多事情令李旺费解，比如，他明明按照规定穿好鞋套，但一些顾客宁可自己换水，也不愿意让他进屋。
SC	有一次，同事因记错桶装水数量，而耽误送水，却偏偏找人替他作证说是李旺少装了一桶。
SC	中秋节前，李旺因不能回家，便想托老乡给家里捎点儿东西，当他为母亲相中一件衣服，向售货员询问价钱时，售货员半天才冷冰冰地告诉他："别问了，你一乡巴佬，还想在这儿买东西？"
SC	李旺正想说点儿什么，身旁的一个中年妇女抢先开口说道："人家穿的是简朴，一看就知道挣钱不容易，可能钱的确不够，但他也有权在这儿同价买东西。"李旺感激地看了一眼那个人，便转身走了。
SC	在李旺工作快满一年的时候，正好年终评选优秀送水员。民主评议中，尽管有一小部分人认为李旺的工作表现一般，但他还是得到了许多人的认可。
SI	谁知就在评选前不久，有顾客投诉他服务态度恶劣，导致他失去了评选的优势。这件事一直令李旺耿耿于怀。直到一次同事酒后失言才透露出那个投诉是另一个送水员找人冒充的，就是因为李旺平时的表现太优秀了。
	两年后，李旺通过节衣缩食攒够钱后，并没有留恋城里的生活，在第一时间内返回了农村老家。

第五章　城市新移民刻板印象的系列再生与社会网

表5-2　系列再生法初始记忆材料的信息分类：
二代城市移民的初始记忆材料

信息分类	内　　容
	2008年的夏天，赵楠随同进城务工的父母，来到天津市某中学借读。
SC	教务主任并没有在意，赵楠档案袋里全部95分以上的成绩和省级计算机科技竞赛的奖状。
SC	随便把他安插到一个再普通不过，甚至有点儿落后的班级。
SC	班主任陈老师看到赵楠时，不免感叹又来一农民工的孩子。但凡有点儿能耐的孩子，都不会被送到她的班上来。
SI	陈老师将赵楠介绍给了全班同学，有许多同学表示愿意跟他成为同桌。
SI	最后，陈老师觉得虽然是农村孩子，生活上也许艰苦了些，但也没什么需要特殊照顾的地方，就随便给他安排了一个靠墙的座位。
SI	赵楠性格偏内向，比较沉默寡言，不会主动搭话或参与活动，对一些事情的反应也比较平淡。
SC	有些同学见状就总想逗他，比如谎称老师要他去办公室取东西。赵楠每次都照做，但却从不生气，那些同学一看没意思，也就没兴趣再继续做了。
SC	后来，同学们发现赵楠的笔记做得很好，但凡上课没记完整的内容，都愿意借他的笔记来补充，绝对相信他上课认真，铁定记不错。
SI	平日里，赵楠关心最多的是如何帮父母补贴家用，比如收集同学的饮料瓶，甚至翻找垃圾堆，然后到废品站卖钱。班级同学对此十分理解，反而跟赵楠走得更近了些。
SI	赵楠从来不遮掩捡垃圾这件事。当一些其他班级的同学看到，会有故意朝他扔小石子的、扔饮料瓶的，嘴里还说着什么"快点儿捡完走人，别穿着校服在那里丢人现眼"。
SC	有一次，赵楠的班长恰巧看到这一幕，他二话不说就上前要求他们向赵楠道歉，对方也不示弱，好在赵楠拉住了班长，避免了一场打架。
SI	陈老师了解这一情况后，便借此号召大家向赵楠学习，为父母分忧解难，谁知多数同学却认为这并不是好方式，仅对其表示理解。
SC	不过，一两个月下来，包括老师在内，大家对赵楠的成绩和稳重都是刮目相看。
SI	渐渐地，班级里形成了一个以赵楠为中心的小群体，一些同学还为此不服气，觉得赵楠就会耍小聪明。
	第一学期中旬，正值学校组织团队参加全市七年级学生模型大赛，每班可组织一个团队参赛。
SI	班长了解赵楠有过此方面的竞赛经验，而且觉得他的稳重和耐心正是团队所需要的，便建议邀请他一同参赛。
SC	可其他同学十分反对，认为赵楠的水平也就只能在农村里还算不错，在班里根本称不上优秀，竞赛靠的是能力，不是死记硬背。
	尽管班长极力争取，但还是没能让赵楠参与其中。他们班的竞赛成绩平平，在第二轮的时候便被淘汰了。

续表

信息分类	内　　容
SC	转眼间已经入冬，班长早就发现赵楠的冬装很单薄，总是打哆嗦，却不舍得添件棉衣，看着心理怪难受。
SI	所以班长想买一件羽绒服送给他，可妈妈就是不答应，说："那么多穷人呢，咱家又不是大款，凭什么要咱们给他买。"班长见状，此事也就只能不了了之。
	后来，赵楠在这所中学仅上完初一，便又随着打工的父母，去了另一个城市。

（二）实验被试与实验过程

本研究的 80 名被试（53 名女生，27 名男生）与前述研究的被试来自同一所大学，平均年龄为 20.37 岁（标准差 = 2.96），被自由分配到每 4 个人一条的 20 条系列再生链中，他们在之前未经过任何相关刻板印象的调查和研究工作。

在具体的实验过程中，每条系列再生链由 4 人组成，所以整个实验需要进行四次，每次有 20 名被试参加。实验室的座位安排采用隔位就座方式，每个位置上已经事先放好了需要记忆的材料，只是印有内容的一面朝下扣在桌子上。被试进入实验室后首先被告知不要翻动这些记忆材料，然后可以自由选择位置，选择实验室左半部分座位的 10 名被试即将阅读一代城市移民的故事材料，选择实验室右半部分的 10 名被试即将阅读二代城市移民的故事材料。

在被试阅读故事之前，实验员要熟练地讲出指导语，以让被试了解所要完成的任务。指导语的具体内容如下："十分感谢各位同学抽出时间来参加今天这个实验，本实验主要研究人们如何同他人谈论故事。所以，我们希望你们在读完一篇文章后，完成一些简单的任务。我们将给你们每个人发一篇实际访谈记录的整理稿，每个人只要读两遍，就足够了。你们的任务只是记住它，以便可以用自己的话将它转述给另一个人。而下一个人会重复你们的任务，再转述给第三个人，他们只会看到你所转述的内容，并不会看见这篇原文。所以，你们的转述结果没有好坏之分，不需要有任何的心理负担。请在阅读的同时一定要理解故事的含义。好，明白了吗？那你们现在可以翻开材料，开始阅读了。"

为了强调阅读条件，每份材料的开头处印有"请将故事阅读两遍"的字样，以尽量避免被试为了达到良好的记忆效果而多次阅读。当被试基本完成两遍阅读后，分别负责左右两个区域实验进展的实验员助理会示意实验员停止阅读环节。当实验员宣布阅读结束，两位助理收回所有阅读材料的同时，被试将被要求完成5分钟的记忆干扰任务，即让被试画出自己房屋结构及家具布局的平面图，这是为了防止练习效应的干扰。然后，被试完成对记忆内容的书写，这个过程没有时间限制。为了组成连续再生链，每一个被试的复述内容都会被实验员及其助理输入电脑后打印为纸质材料，以备下一个被试阅读。在输入电脑的过程中，即使出现措辞和语法的错误，也不会改变被试的复述内容。

二 二代移民系列再生的实验结果

两名编码者对所有被试的复述内容分别进行编码。一名编码者是了解整个实验过程的研究者，另一名编码者却是不了解任何实验内容的陌生人。被试的复述内容以句子为单位，被归类为再现或者全新的内容。如果某句话表现出原有内容的大致主旨，则认为是再现内容，就是说不一定非得一字不差地表达出原文，只要表达大意即可。这些句子会按照原文的故事结构进一步划分为刻板印象一致性和刻板印象不一致性信息。如果被试的复述内容对原文进行了修改，比如增加了新的刻板印象一致性或刻板印象不一致性信息，或将刻板印象一致性信息变为刻板印象不一致性信息，将刻板印象不一致性信息变为刻板印象一致性信息，编码者也要做出相应的记录。此外，还需要记录的就是原文中的各种语句的变化，即这些语句无论是在复述内容中被保留下来，还是被删除掉，都要记录。比较两位编码者的编码结果发现，一代城市移民的刻板印象信息归类一致性达到 87.52%，二代城市移民的刻板印象信息归类一致性达到 90.14%。配对 T 检验方法证实两位编码者对信息再现比例的判断程度十分相似（t 一代 $= -0.664$，$p = 0.508$；t 二代 $= 0.000$，$p = 1.000$）。随后，两位编码者通过讨论解决了所有编码不一致的现象。

在分别计算一代城市移民的刻板印象一致性信息和刻板印象不一致性信息、二代城市移民的刻板印象一致性信息和刻板印象不一致性信息的再现比例之后，研究者首先对这四类信息在系列再生链中不同位置的再现情况进行单因素方差分析。就是依次以信息特征的四种分类为因变量，以被试在系列再生链中的位置（从第一次的被试复述到最后一次的被试复述依次为位置

1、位置2、位置3和位置4)为自变量作四次单因素方差分析。再现比例的计算是以原始记忆材料的刻板印象一致性信息或刻板印象不一致性信息数量9为分母，依次以系列再生链中不同位置的被试复述内容的同类型信息数量为分子，进而得出每个位置的信息再现比例（见表5-3）。

表5-3 刻板印象信息的再现比例

	位置1		位置2		位置3		位置4
一代城市移民的SC信息	73.33	>	53.33	>	35.00	=	25.00
一代城市移民的SI信息	54.44	>	33.33	=	25.56	=	22.22
二代城市移民的SC信息	82.78	>	62.22	>	52.22	=	46.11
二代城市移民的SI信息	75.56	>	47.78	=	37.22	=	30.56

注：表中数据为百分制（%），位置2和位置4的数据均有显著差异，">"表示左侧数字显著高于右侧数字，$p \leq 0.05$；"="表示两侧数字没有显著差异，$p \leq 0.05$。

整体上看，所有信息的再现情况均呈现递减趋势 [F 一代，SC（3，36）= 25.128，$p \leq 0.001$；F 一代，SI（3，36）= 28.409，$p \leq 0.001$；F 二代，SC（3，36）= 40.144，$p \leq 0.001$；F 二代，SI（3，36）= 19.650，$p \leq 0.001$]，尤其是位置1与位置2之间的信息递减趋势明显。在位置2与位置3之间的信息传递过程中，代际移民表现出相同的信息缺失状态，即刻板印象一致性信息明显递减，刻板印象不一致性信息没有显著变化。而四类信息在位置3和位置4之间均没有发生显著变化。所以，横向的群体性分析证实刻板印象不一致性信息的记忆与传递相对于刻板印象一致性信息，较早趋于稳定。这也在一定程度上说明了人们保持并传递刻板印象一致性信息的倾向。另外，以被试在系列再生链中的位置为因变量，比较四类信息之间的差异可以发现，与各自的刻板印象不一致性信息相比，一代城市移民刻板印象一致性信息的保持优势集中体现在前半部分再生链，而二代城市移民刻板印象一致性信息的保持优势则集中体现在后半部分，这两类信息直到位置4才出现显著差异。与横向比较的结果相结合，不难看出集体倾向于记忆并传递刻板印象一致性信息。而两代移民刻板印象不一致性信息的记忆差异主要体现在再生链的前半部分，二代城市移民刻板印象不一致性信息的记忆明显优于一代城市移民。

已有文献表明，刻板印象不一致性信息在再生链前端更容易被再现，后端则是刻板印象一致性信息更容易再现。这就意味着刻板印象特征与位置之间存在交互效应。可上述研究结果看上去并不符合这一假设，因为整条系列再生链中更容易再现刻板印象一致性信息。为此，我们在进一步验证该假设的同时，比较了城市代际移民之间的刻板印象差异，本研究以四种类型信息的再现比例为因变量，以两代城市移民（一代与二代）、信息特征分类（刻板印象一致性信息与刻板印象不一致性信息）和被试在系列再生链中的位置（位置 1~4）为三个自变量进行多因素方差分析。没有发现任何交互效应的结果，同样证实了刻板印象一致性信息的再现优势并不会因为位置或代际移民的不同而受到干扰。不同移民、信息特征和位置均有明显的主效应。总体看来，刻板印象一致性信息比刻板印象不一致性信息被复述得更多〔刻板印象一致性信息：$M = 53.75$；SI：$M = 40.83$；$F(1, 144) = 51.465$，$p \leqslant 0.001$〕，位置明显的主效应〔$F(3, 144) = 98.001$，$p \leqslant 0.001$〕表明更多的刻板印象信息出现在链条的开始部分，主要集中在位置 1 上（$M = 71.5278, 49.1667, 37.5000, 30.9722$）。而代际移民之间的主效应〔$F(1, 144) = 60.700$，$p \leqslant 0.001$〕则显示二代城市移民的再现信息（$M = 54.3065$）明显多于一代城市移民（$M = 40.2778$）。这些主效应之间不会受到任何干扰，也就是说每一个复述位置处几乎呈现较多的刻板印象一致性信息，而二代城市移民的信息再现基本上多于一代城市移民。这与纵向分析被试在同一位置上再现四类信息的单因素方差分析结果相一致。之前已经说明了刻板印象一致性信息的记忆与传递偏向。而当分别比较两代城市移民的刻板印象一致性信息和刻板印象不一致性信息在不同位置上的再现差异时，我们发现刻板印象一致性信息的再现差异直到第 4 个位置时才倾向于更多再现二代城市移民的刻板印象一致性信息，前三个位置上没有任何的再现差异，而二代城市移民的刻板印象不一致性信息在前半部分明显多于一代城市移民，两者在后半部分趋于相等。所以整体看来，的确是二代城市移民的信息再现多于一代城市移民。

所有的系列再生链中并没有体现刻板印象不一致性信息的记忆优势，集体呈现记忆刻板印象一致性信息的倾向。当故事在再生链中传递时，刻板印象一致性信息会更多的被保留。由此，在对故事的连续再生过程中刻板印象得以保持。正如斯坦格尔（Stangor）和麦克米兰（McMillan）指出的那样，在许多社会情境中,刻板印象一致性信息更易保存。①

赖昂斯和鹿岛义久的研究结果表明,当被试没有交流动机的时候,只是单纯地根据记忆复述,没有刻板印象一致性信息(或者刻板印象不一致性信息)偏见出现。只有当被试根据记忆再现故事时知道听众的存在,才会出现明显的刻板印象一致性偏见。② 本研究指导语明确告诉被试,被试的任务是记住故事,以便能够用自己的话转述给另一个人,而这个人将完成同样的任务后再转述给第三个人。这无疑再一次证明交流环境需要故事复述中的刻板印象一致性偏见出现。但系列再生链中不能显示刻板印象不一致性偏见并不能说明人们不能记住像刻板印象一致性信息一样多的刻板印象不一致性信息,有可能是还没有找到利于刻板印象不一致性偏见出现的最佳交流条件,因此需要进一步研究系列再生链的交流背景引发刻板印象一致性偏见的作用。

城市代际移民的两类信息在各自系列再生链中所表现出的一致性传递规律,符合刻板印象一致性偏见的同时,也存在着彼此间的内部差异,尤其是被试在前半部分再生链中对二代城市移民刻板印象不一致性信息的记忆与传递倾向最为突出。这可能是因为人们尚未对二代城市移民形成稳定或一致的刻板印象,也有可能是因为人们对二代城市移民的刻板印象存在矛盾性,就如之前研究所发现的那样,二代城市移民虽然被归入高热情与高能力群体丛,受到的情绪唤醒和行为反应却更类似于农民工和农民所属的高热情与低能力群体丛。

从质性分析角度出发,进一步探究二代城市移民刻板印象不一致性信息的保持倾向可以发现,再现比例较高的刻板印象不一致性信息一般都伴随着刻板印象一致性信息,也就是说无法判断刻板印象不一致性信息的保持是完全来自被试的记忆偏向,还是受到刻板印象一致性信息记忆偏向的干扰。比如,表示人们与二代城市移民合作行为的刻板印象不一致性信息是班长想邀

---

① Stangor, C., & McMillan, D. 1992. "Memory for expectancy-congruent and expectancy-incongruent information: A review of the social and social developmental literatures." *Psychological Bulletin* 111: 42 – 61.

② Lyons, A., & Kashima, Y. 2006. "Maintaining stereotypes in communication: Investigating memory biases and coherence-seeking in storytelling." *Asian Journal of Social Psychology* 9: 59 – 71.

请赵楠（二代城市移民）共同参加某项竞赛，随后出现的信息便是其他同学认为赵楠的能力仅在农村里算是优秀，反对让他参加竞赛的贬低行为刻板印象一致性信息。结果这两个信息均出现了记忆偏向。可见，信息之间的内在逻辑关联有可能产生裙带效应，使得刻板印象不一致性信息借助刻板印象一致性信息的记忆偏向而得以保持。

另外，表述某个信息的语言繁简程度会影响被试的再现情况，被试倾向于记住事件性信息，而不是概括性信息。实验指导语向被试强调"请在阅读的同时一定要理解故事的含义"，是为了引导被试对阅读内容进行语意加工，而不要依靠单纯的死记硬背。结果发现，无论是刻板印象一致性信息还是刻板印象不一致性信息，被一句话描述后的保持情况明显不如几句话的详细描述。比如，一代城市移民故事中的刻板印象不一致性信息（结识了许多城里的新朋友）和刻板印象一致性信息（一些粗心的顾客多付了钱，他都主动退还给了人家），二代城市移民的刻板印象不一致性信息（陈老师了解这一情况后，便借此号召大家向赵楠学习）和刻板印象一致性信息（包括老师在内，大家对赵楠的成绩和稳重都是刮目相看），几乎在第一个被试的复述中就被遗忘了。当然，被试的记忆资源分配策略也有可能造成上述情况。不过，单从信息表述角度看来，内容描述详实且具体的确有利于信息的记忆与保持。

需要指出的是，两个故事篇首和篇尾的信息，无论是刻板印象一致性信息还是刻板印象不一致性信息，都得到了较好的保持和传递，甚至出现了刻板印象不一致性信息保持的倾向。比如，一代城市移民初始故事的篇尾处包含赞赏行为的刻板印象一致性信息和嫉妒行为的刻板印象不一致性信息，结果多数被试忽视掉了"民主评议中，尽管有少部分人认为李旺的工作表现一般，但他还是得到了许多人的认可"。却反而记住同事诬陷李旺的嫉妒行为，并且在转述这一嫉妒行为的过程中，往往没有提到"李旺平时表现太优秀"的相关内容，单纯再现了陷害行为的过程，已经略有一些欺负行为的意味，恰好一代城市移民偏差地图系统模型中也具有较多的欺负行为。另外，两篇故事的篇首位置都是关于代际移民的能力描述，一个是能力的刻板印象一致性信息，一个是能力的刻板印象不一致性信息，两者均得到了较好的保持。所以，抛开信息的记忆偏向，不能忽略首因效应和近因效应对信息记忆及再现的重要影响。尽管实验结果受到了这两种效应的污染，却也从另一个角度指出改变或保持刻板印象的可能性途径,就是将重要信息放在开始或结尾的位置,以引起他人更多的注意。

第三节 城市代际移民的污名社会网呈现

外来务工群体是一个独立群体类别吗?外来务工群体成员会将自己看做农村人还是城市人,或者是游离于二者之外的独立的社会群体?外来务工群体是如何表征自身的社会属性的?外来务工群体是我国户籍制度划分的产物,是出于社会分类的需要而产生的,然而作为该群体的成员,外来务工者是如何表征自我群体身份的?根据社会表征理论,我们可知,人际和群际态度建立在交流和互动的过程中,是双方将新信息和原有的知识结构与价值体系相互融合的过程,是不断共识的过程。在这一过程中,人们的态度在不断的交流中建构起来,并指导人们的具体实践。本节将借助于社会表征结构,将社会网络分析方法引入到污名和偏见的认识中,对以上问题加以呈现。

一 问题与假设

社会表征理论认为,一个群体需要存在一种共识性知识,这种共识性知识被群体所有成员拥有,并且成为群体成员相互交流和沟通的基础,这种共识性的知识体系就是社会表征。社会表征提供可借以进行社会交流及对现实世界与个体、群体历史进行明晰分类的符号,使人际沟通得以实现。同时,社会表征具有相对的稳定性,可以在较长时期内保持内部结构的相对稳定。这表明,一个独立的群体应该存在隶属它的群体成员共同拥有的、明确而稳定的社会表征。因此,要判断外来务工群体是否具有独立的群体属性,可以通过探查外来务工群体是否具有清晰而区别于其他群体的社会表征来实现。社会表征的结构化理论同时指出,社会表征可以区分为中枢系统和边缘系统,中枢系统来源于群体的历史和集体记忆,并与其紧密关联,它决定了群体的同质性,并且稳定、有序和具有刚性,对直接内容不敏感;而边缘系统来源于个体经验,支持群体的差异性和弹性。一方面,中枢系统决定和支配边缘系统;另一方面,边缘系统又反过来影响和补充中枢系统。研究表明,社会表征的中枢系统和边缘系统的结构可以表示为由认知要素相互作用而成的网络。在认知网络中,构成中枢系统的要素被称为核心要素,自由词语激发测试（free evocation task）或称为自由联想测试（free association test）可以测得这些要素之间的关系，并由此而构建激发词网络（evoked words network）用以研究社会表征。因此，本节采用自由联想测验方法探查外来务工群体的社会表征网络。

外来务工群体内部具有鲜明的分层结构，这种分层结构不仅包括务工年数和年龄差异，也包括进城务工的动机、居留城市的意愿等社会心理认知的差异。[1][2][3] 外来务工群体内部存在的这种心理认知的差异，很可能导致外来务工群体社会认同的分化，从而使外来务工群体不具备社会心理层面的独立性。依据社会表征的结构理论，这种社会心理独立性的缺乏体现在外来务工群体的社会表征不具备独立和稳定的核心结构。由此，本社会网研究提出了如下假设，即在社会心理层面上，外来务工群体不是一个具有高度同质性和独立性的群体。

另外，通过测查外来务工群体对城市人、农村人和外来务工群体的社会群体表征网络，社会网研究还试图发掘对外来务工群体的社会偏见和歧视是否存在和以何种形式存在，以及外来务工群体是否感知到了这种社会偏见和歧视。我们知道，研究者一直以来将对外来务工群体的社会偏见和歧视作为一个无须验证的预设，很少测查这种社会偏见和歧视是否存在，以何种形式存在，以及外来务工群体是否感知到了社会偏见和歧视。在这一领域中，只有零星的研究表明外来务工群体的确感知到了被歧视。然而，虽然对外来务工群体的社会偏见存在性的研究相对缺乏，但是相关研究指出，偏见的社会根源是不平等的社会地位，较高社会地位的群体通过偏见将社会地位的差距合理化，并试图通过刻板印象将这种合理化加以固化。根据偏见的社会根源论，处于社会最底层的外来务工群体很可能遭受到社会偏见，这种社会偏见来自较高社会地位的群体。由于长期频繁地与城市居民接触，外来务工群体应当感知到了来自城市居民的社会偏见和歧视。如果这种社会偏见和歧视确实存在，那么就会在城市居民和外来务工群体对外来务工群体的社会表征中得到体现。由此，本节也提出相关假设，即在关于外来务工群体的社会表征

---

[1] 郑梓桢、刘凤至、马凯，2011，《新生代外来务工人员城市适应性：个人因素与制度因素的比较——基于中山市的实证研究》，《人口研究》第3期。
[2] 刘传江、程建林，2009，《双重"户籍墙"对农民工市民化的影响》，《经济学家》第10期。
[3] 李强，2003，《影响中国城乡流动人口的推力与拉力因素分析》，《中国社会科学》第1期。

中，城市居民会表现出对外来务工群体的社会偏见，而外来务工群体则会表现出对这种社会偏见的交互性感知。

二 研究方法与研究过程

由于外来务工群体具有鲜明的分层结构，因此社会网研究选取了第一代外来务工群体、新生代外来务工群体（这里指代80后或90后外出打工的新生代农民工，他们本身属于第一代务工群体，但是他们很多方面又和第二代移民群体有着非常相似的特性）和第二代外来移民群体（由于第二代群体中既有部分务工人员，也有大量在读学生，因而这里并未将其称为"第二代务工群体"，而统称为"第二代移民群体"）以及用以作为参照群体的城市居民群体四类样本，测查上述四类群体对城市人、农村人和外来务工群体的社会表征网络。

（一）研究被试

第一代和新生代外来务工群体被试使用方便抽样方法从天津市区外来务工群体聚集的社区抽取，第二代外来务工群体子女通过方便抽样法获得，而城市居民被试通过滚雪球抽样方法从天津市区抽取。四类被试共发放问卷636份，回收有效问卷592份。

第一，第一代外来务工群体被试发放问卷168份，回收有效问卷153份。被试平均年龄40.5岁（SD = 6.78）；来自河北、山东、河南等22个省份；男性81人（52.9%），女性71人（46.4%）；未婚6人（3.9%），已婚140人（91.5%）；无子女者7人（4.6%），有1个子女者62人（40.5%），有2个子女者61人（39.9%），多子女者14人（9.2%）；教育程度初中以下者94人（61.4%），高中程度者42人（27.5%），大专或本科程度者12人（7.8%），本科程度以上者2人（1.3%）；平均进城务工年数10年（SD = 7.3）；平均月收入2520元（SD = 1471）。

第二，新生代外来务工群体被试发放问卷168份，回收有效问卷143份。被试平均年龄22.5岁（SD = 3.4）；来自河北、山东、河南等24个省份；男性53人（37.1%），女性90人（62.9%）；未婚101人（70.6%），已婚42人（29.4%）；教育程度为初中及以下者71人（49.7%），高中程度者32人（22.4%），大专及本科程度者30人（21%），本科以上程度者2人（1.4%）；平均进城务工年数3.5年（SD = 2.7）；平均月收入2113.7元（SD = 1063.8）。

第三，第二代外来移民群体被试发放问卷 100 份，回收有效问卷 88 份。被试平均年龄 16.3 岁（SD = 1.6）；男性 40 人（45.5%），女性 45 人（51.1%），缺省 3 人（3.4%）；有 18 人有本市城市户口（20.5%），70 人为农村户口（79.5%）；其中在本市生活年数 0～1 年者 2 人（2.3%），1～3 年者 13 人（14.8%），3～5 年者 40 人（45.5%），5～8 年者 9 人（10.2%），8 年以上者 24 人（27.3%）。

第四，城市居民被试发放问卷 200 份，回收有效问卷 199 份。被试全部为城市户口；平均年龄 24.7 岁（SD = 10.9）；男性 81 人（40.7%），女性 118 人（59.3%）；世代居住本市者 51 人（25.6%），从祖父及以上开始居住本市者 79 人（39.7%），从父辈开始居住本市者 52 人（26.1%），本人从外市移居本市者 17 人（8.5%）。

（二）研究过程

本研究采用"自由联想测验"和"社会网络分析方法"进行问卷调查研究。自由联想测验问卷要求被试对"城市人""农村人"和"外来务工人员"进行词语联想，而后将最先联想到的 3～4 个词语写在答题框内（见图 5-2）。而后，将自由联想测验得到的词语输入网络分析软件 UCINET 中，得到自由联想测验的词语网络。这些词语网络就是所测得的对某一社会群体的社会表征网络的认知要素，通过对词语网络进行量化分析，就可以得到对某一群体的社会表征网络。

最后，运用 UCINET 软件分析词语网络的两个关键网络特征指标度数中心度和 K 核。度数中心度是指词语网络中的点（又称"节点"）所连接的线的数量，与该点连接的线的数量越多，表明该点的度数中心度越大。点的度数中心度刻画的是点在网络中的重要性和影响力，度数中心度越大，该点在网络中的影响范围就越大，重要性就越高。而 K 核是一个集群概念，指的是网络中的一个范围（称"子图"），处于子图中的点都至少与该子图中的 K 个其他点相连接，K 核刻画点的稳定性，K 核越大，表明与该子图中的点相连接的点就越多，那么该点就越不容易被删除，而该点所处的子图结构也就越不容易被破坏。根据社会表征结构理论的观点，社会网络的中枢系统决定着社会网络的本质和变化，并且具有长期稳定性，那么反映在词语表征网络中，根据度数中心度和 K 核的概念与意义，社会网络的中枢系统就应当是词语网络中具有最大度数中心度和 K 核的点的集合。

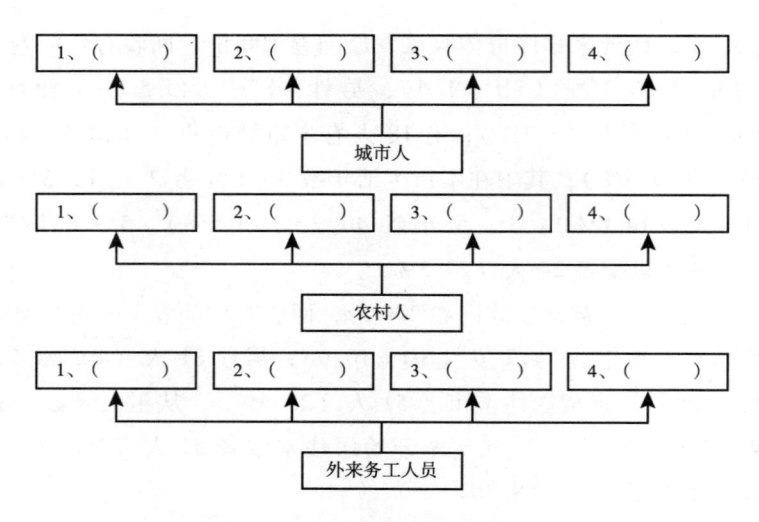

图 5-2 自由联想测验举例

(三) 研究结果

对自由联想测验的词语进行社会网络分析,得到一代外来工群体、新生代外来工群体、第二代移民群体和城市居民四类群体对"城市人""农村人"和"外来务工群体"的词语表征网络图(见图 5-3、图5-4、

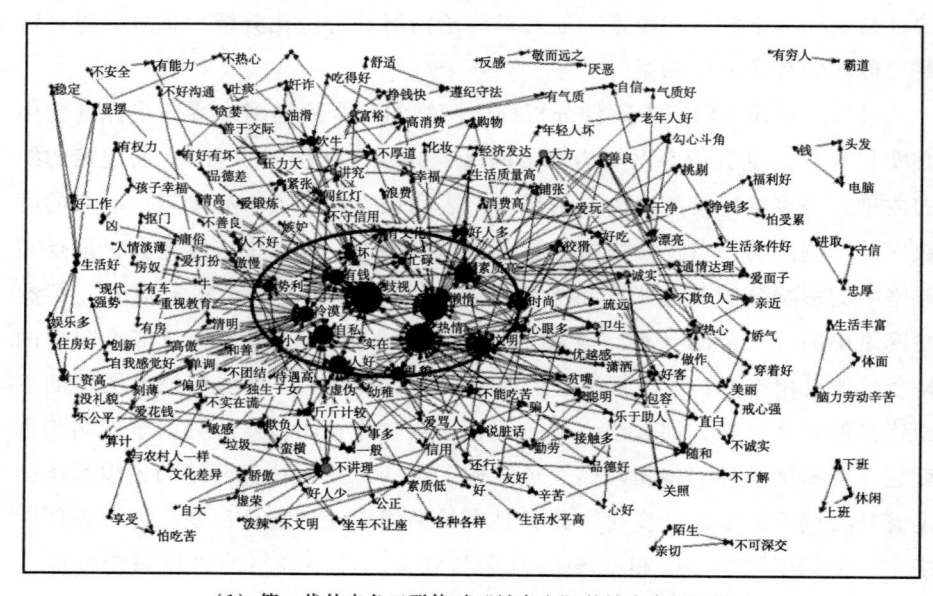

(1) 第一代外来务工群体对"城市人"的社会表征网络

图 5-5）。其中，图中圆圈大小代表点的度数中心度大小，点越大，度数中心度越大；点的颜色表示 K 核大小，椭圆内包括的黑（灰）色的点是该图 K 核最大的点的集群，即表征网络的中枢系统。之后，进行度数中心度和 K 核分析，结果如表 5-3 至表 5-7 所示。

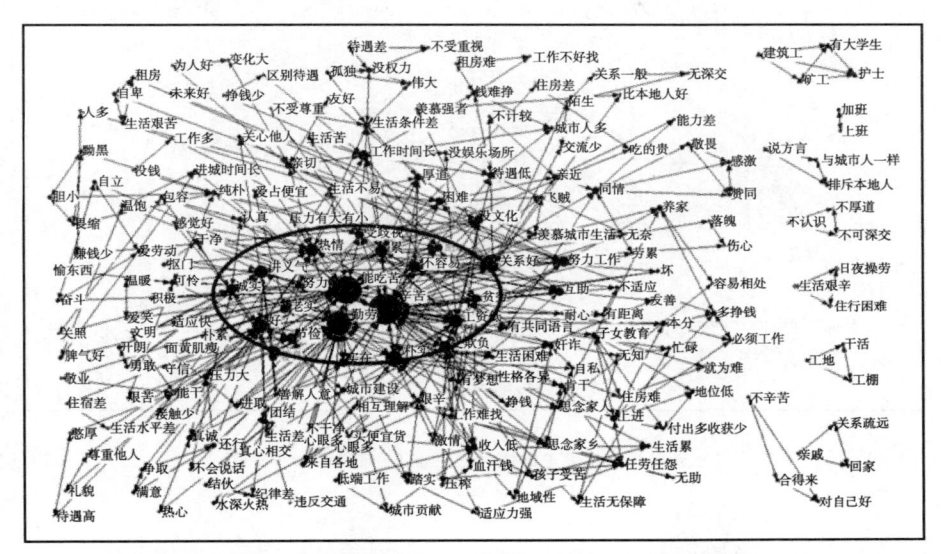

（2）第一代外来务工群体对"外来务工群体"的社会表征网络

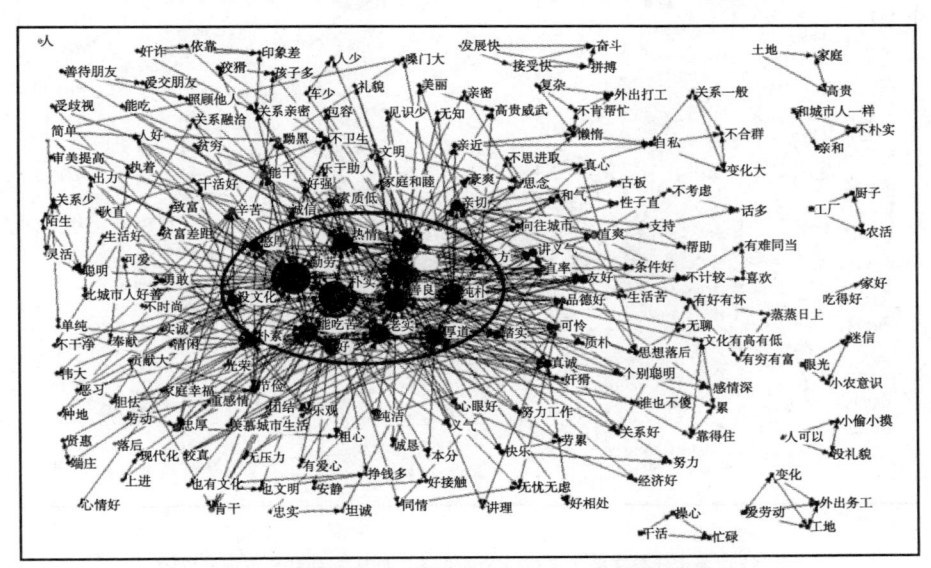

（3）第一代外来务工群体对"农村人"的社会表征网络

图 5-3 第一代外来务工群体社会表征的网络呈现

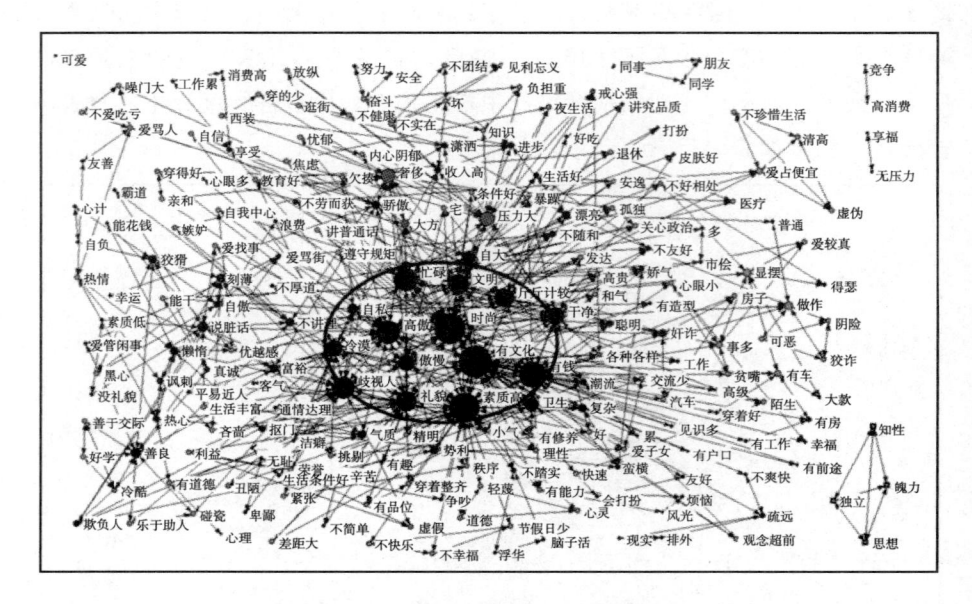

（1）新生代外来务工群体对"城市人"的社会表征网络

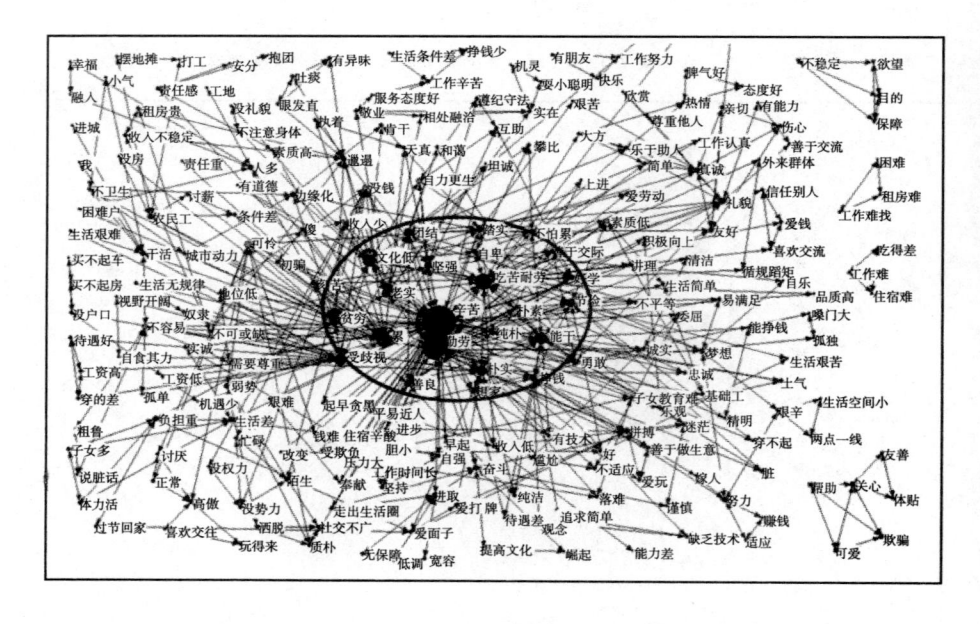

（2）新生代外来务工群体对"外来务工群体"的社会表征网络

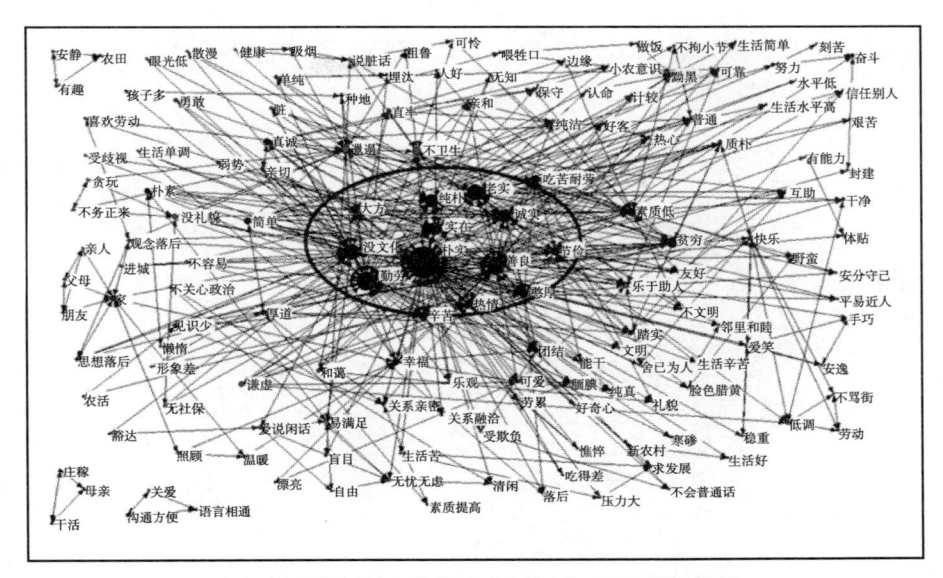

第五章 城市新移民刻板印象的系列再生与社会网　　217

（3）新生代外来务工群体对"农村人"的社会表征网络

图 5-4　新生代外来务工群体社会表征的网络呈现

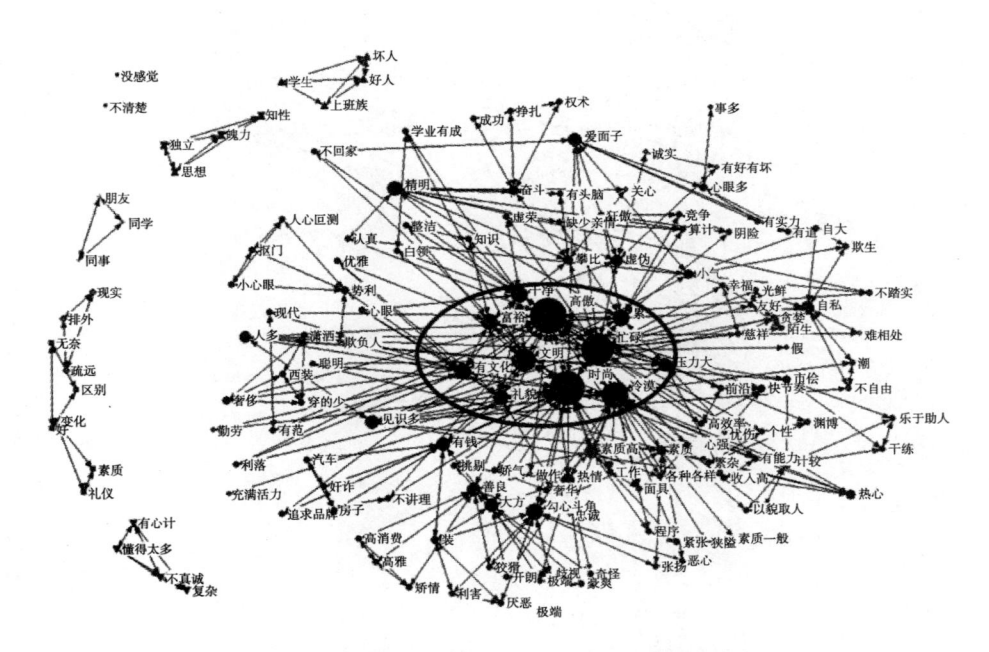

（1）第二代移民群体对"城市人"的社会表征网络

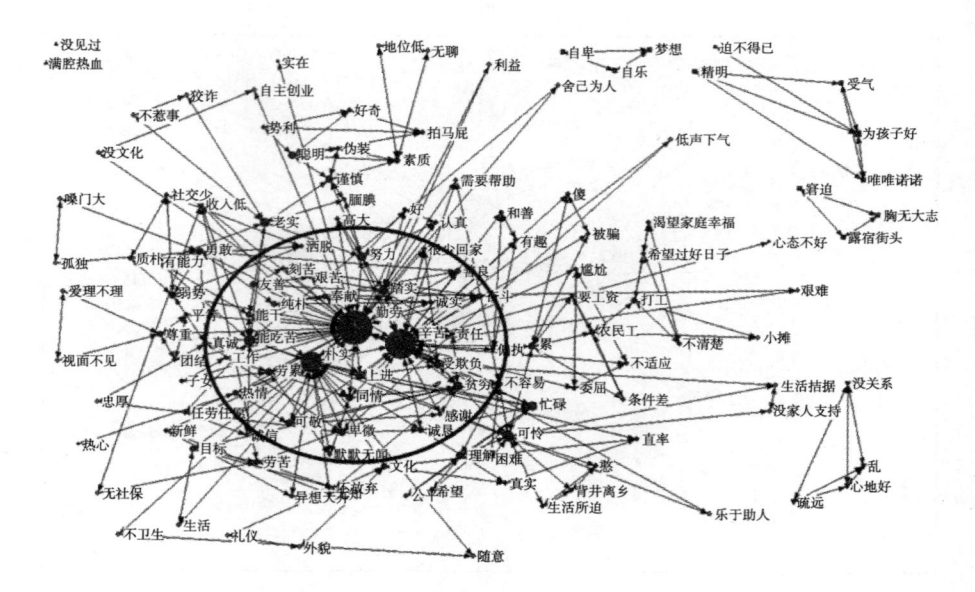

（2）第二代移民群体对"外来务工人员"的社会表征网络

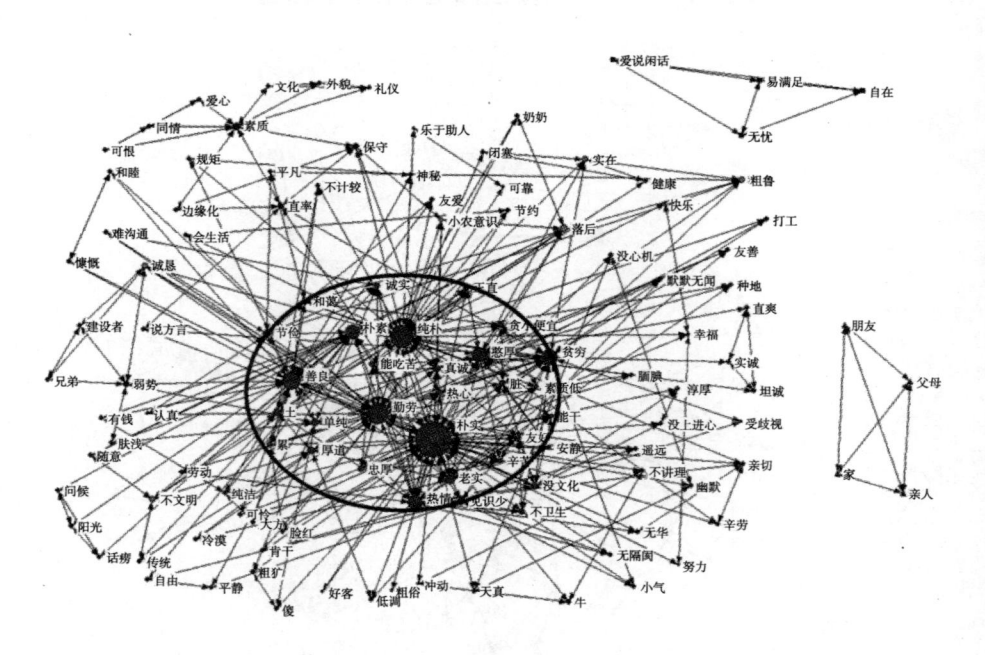

（3）第二代移民群体对"农村人"的社会表征网络

图 5-5　第二代移民群体社会表征的网络呈现

通过度数中心度和 K 核分析，本研究发现了第一代外来务工群体、新生代外来务工群体、第二代移民群体和城市居民对"城市人""农村人"和"外来务工群体"的核心词语集群，这些词语集群映射了上述四类群体对目标群体社会表征的中枢系统，体现了其社会表征的本质和内涵。对表 5-4 至 5-7 的核心词语集群进行分析发现，这些词语集群的分类十分符合刻板印象内容模型的刻板印象二维分类假设。菲斯克提出的刻板印象内容模型理论认为，刻板印象的内容可以在热情和能力两个维度上做出评价，热情包括友好、善良、温暖、真诚等分维度，这是描绘一个群体或者其成员是否值得信任以及对外群体成员的态度的。能力包括自信、才能、技能等分维度，这是描绘一个群体或其成员的能力水平的。热情和能力二维假设在多

表 5-4 第一代外来务工群体对三类群体的词语表征（N=153）

目标群体	K-核	生存状况		能力		热情	
		联想词	中心度	联想词	中心度	联想词	中心度
城市人	5			素质高	23	歧视	37
						热情	34
						懒惰	32
						自私	23
						文明	21
外来务工人员	5	辛苦	44			能吃苦	39
		受歧视	33			勤劳	32
						朴实	20
农村人	7					勤劳	48
						朴实	45
						善良	36
						实在	34
						诚实	29
						老实	29
						热情	27
						能吃苦	26
						厚道	24
						纯朴	22

表 5-5 新生代外来务工群体对三类群体的词语表征（N=143）

目标群体	K-核	生存状况		能力		热情	
		联想词	中心度	联想词	中心度	联想词	中心度
城市人	6	时尚	38	有文化	40	高傲	28
		有钱	32	素质高	37	歧视	26
		忙碌	27				
外来务工人员	5	辛苦	67	文化低	20	勤劳	39
		劳累	26			能吃苦	31
		受歧视	20				
农村人	7			文化低	31	朴实	69
						善良	39
						勤劳	36
						老实	32
						能吃苦	30

表 5-6 第二代移民对三类群体的词语表征（N=88）

目标群体	K-核	生存状况		能力		热情	
		联想词	中心度	联想词	中心度	联想词	中心度
城市人	5	时尚	28			高傲	29
		忙碌	24			冷漠	20
外来务工人员	3	辛苦	34			勤劳	41
						朴实	23
农村人	5	贫穷	24			朴实	57
						纯朴	36
						勤劳	31
						善良	26
						热情	21
						憨厚	20
						朴素	20

种文化背景下的国家和民族中得到了实证研究的验证。因此，按照刻板印象内容模型的二维假设，本研究将得到的词语集群分为生存状况、能力和热情三个方面进行分析。

表 5 – 7　城市居民对三类群体的词语表征（N = 199）

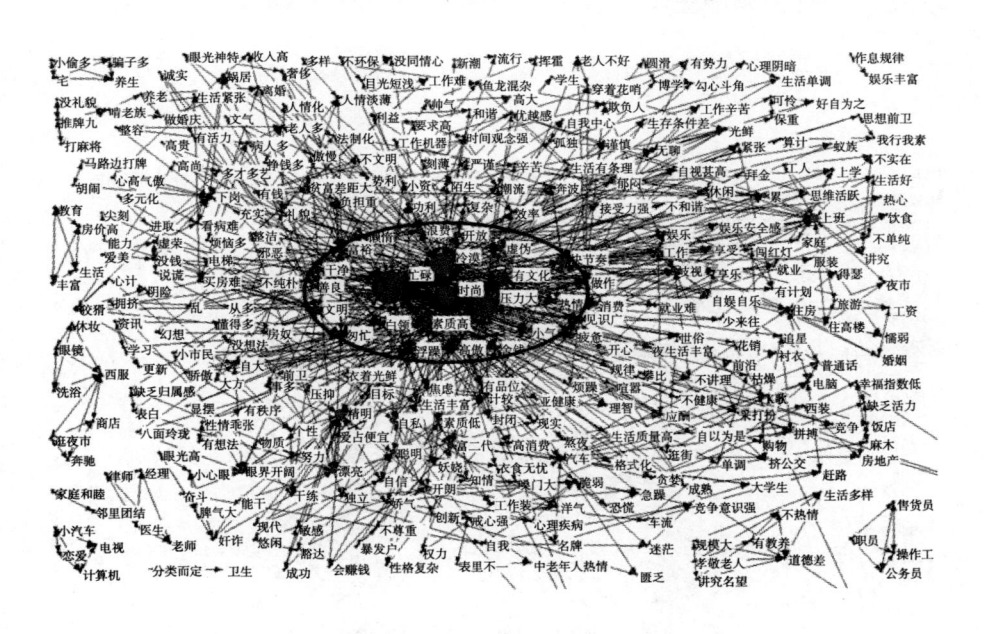

目标群体	K - 核	生存状况		能　力		热　情	
		联想词	中心度	联想词	中心度	联想词	中心度
城市人	6	忙　碌	96	有文化	39	冷　漠	64
		压力大	68				
		时　尚	52				
		快节奏	28				
外来务工人员	6	辛　苦	101	素质低	32	勤　劳	71
		受歧视	33			能吃苦	35
农村人	8	贫　穷	39	文化低	40	朴　实	98
		耕　种	31	不卫生	37	纯　朴	74
						勤　劳	54
						善　良	38
						能吃苦	30

（1）城市居民对"城市人"的社会表征网络

　　刻板印象内容模型有四个基本假设：第一，二维结构假设，即将刻板印象的内容分为热情和能力两个维度；第二，混合评价假设，大多数群体的刻板印象是混合的，或者是高能力与低热情，或者是低能力与高热情，很少有

（2）城市居民对"外来务工人员"的社会表征网络

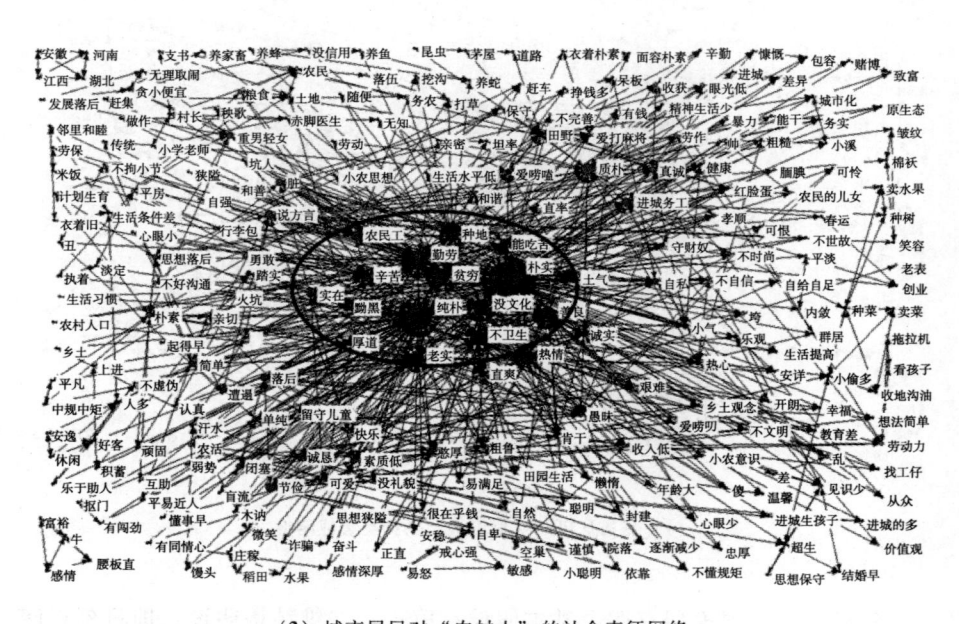

（3）城市居民对"农村人"的社会表征网络

图 5-6　城市居民社会表征的网络呈现

低能力与低热情和高能力与高热情的群体；第三，社会地位假设，由一个群体的社会地位可以预测有关该群体的刻板印象，如社会地位高的群体一般被认为具有高能力，但是缺乏热情；第四，群体偏好假设，人们都有对参照群体（包括内群体和社会原型群体）进行积极评价的偏好，而对外群体进行贬抑性评价。根据刻板印象内容模型的涵义和四个基本假设进行分析，如表5-8所示，第一代外来务工群体和第二代城市移民群体对"城市人""农村人"和"外来务工人员"的评价极为相似，二者都认为城市人是低热情的，而农村人和外来务工群体是高热情的，同时都回避了对农村人和外来务工群体做能力评价。而新生代外来务工群体和城市居民对"城市人""农村人"和"外来务工群体"的评价非常相似，二者都认为城市人是高能力与低热情的，而农村人和外来务工群体是低能力与高热情的。

表5-8 四类群体对不同群体类别的评价

评价群体	目标群体	能力	热情
第一代外来务工群体	城市人	高能力	低热情
	外来务工群体		高热情
	农村人		高热情
第二代移民群体	城市人		低热情
	外来务工群体		高热情
	农村人		高热情
新生代外来务工群体	城市人	高能力	低热情
	外来务工群体	低能力	高热情
	农村人	低能力	高热情
城市居民	城市人	高能力	低热情
	外来务工群体	低能力	高热情
	农村人	低能力	高热情

第一代外来务工群体和第二代移民群体回避了对"农村人"和"外来务工群体"的能力维度进行评价。根据刻板印象内容模型的参照群体偏好假设，可以推论二者将"农村人"和"外来务工群体"视为潜在的内群体。但是虽然如此，二者有关外来务工群体的热情维度词语完全包含在"农村人"的核心词语集群中。同时，二者关于"外来务工群体"词语集群的K核也低于"农村人"的评价。这表明，在第一代外来务工群体和第二代移

民群体的社会表征中,"外来务工群体"并非具有独立而稳定的群体属性,与"农村人"之间没有明显的界限。而新生代外来务工群体的社会表征较为特殊,该群体没有回避对"农村人"和"外来务工群体"的能力评价,并且做出了消极评价。这表明,新生代外来务工群体并没有对农村人和外来务工群体产生内群体偏好,反而承认城市人具有高能力,在评价城市人的生存状况时,也表现出了更多的积极态度,如有钱和时髦等。那么,是否可以就此推断,新生代外来务工群体更加认同城市人身份呢?这与当前大量的研究结果相符合,然而,本研究并非严格的量化研究,只是一个初步的探索过程,如若得到确切结论还需要对此做深入的后续研究。

但是,总体而言,第一代外来务工群体、第二代移民群体、新生代外来务工群体和城市居民对"外来务工群体"的热情与能力维度评价的核心词语集群都完全包含在对"农村人"群体的核心词语集群中,并且上述群体对外来务工群体核心词语集群的 K 核也都低于农村人群体。这表明,在城市人和外来务工群体的社会表征中,外来务工群体并没有独立和稳定的中枢系统,其社会表征包含在农村人群体中。因此,在社会心理层面,外来务工群体并不具有独立而稳定的社会群体属性,这进一步验证了前期假设。同时,在外来务工群体对"城市人""农村人"和"外来务工群体"的核心词语集群中,对外来务工人员的表征存在"受歧视"的核心词语,而对城市人的表征存在"歧视人"的核心词语,这表明外来务工群体的确感知到了社会偏见和歧视,并且偏见与歧视的来源之一是城市人。而城市居民也显然对外来务工群体和农村人表现出了一定的偏见态度,如素质低、文化低、不卫生等,这种社会偏见和歧视以贬低外来务工群体的能力水平的形式存在,同时城市人也承认外来务工群体受到了歧视,这是一种交互的感知情形。

第六章 代际移民的刻板印象威胁

作为城市新移民，无论是第一代还是第二代，他们都面临外在的负面刻板印象，其个体是否会担心他人会以某些消极的印象来评价他们，甚至在他们身上果然应验那些他们所焦虑的负面刻板印象呢？刻板印象威胁帮助我们打开了这样一扇窗，使我们可以去了解外来城市移民的社会认同状况，以及他们面对负面刻板印象是如何应对这一问题的。

第一节 刻板印象威胁机制的影响

一直以来，刻板印象威胁（stereotype threat）被认为是一种情境性困境（situational predicament），尤其表现为当感知到情境中有关所属群体消极刻板印象存在时，个体会担心其行为表现有验证这一消极刻板印象的风险。[1] 也就是说，当被污名的群体（stigmatized group）或者是遭遇低评价的群体（devalued group）处于特定的能力评价情境时，个体或群体会因情境而激发出与自己团体身份有关的负面刻板印象，进而导致该群体在相关表现上确有明显的消极结果出现。以往的研究大多从威胁的表现和对个体认知与行为表现的影响方面入手，深入挖掘其内在的心理机制和影响因素，并认为刻板印

---

[1] Steele, C. M., & Aronson, J. 1995. "Stereotype threat and the intellectual test performance of African Americans." *Journal of Personality and Social Psychology* 69: 797–811.

象威胁的确对个体具有明显的损害作用。①②③④ 进入 21 世纪的 10 年之后,刻板印象威胁领域中新的研究议题层出不穷,新近研究试图挖掘被威胁群体的应对策略以及如何消解刻板印象威胁,并在以往研究的基础上提出了许多新的观点且进行了新的论证。为此,本章拟从刻板印象威胁领域中的新议题出发,探讨应对和干预中的新争论,以便为今后开展该领域的中国化研究提供一些启示。

一 刻板印象威胁影响因素的新议题

刻板印象威胁就是那些因为人们对于某些群体的某种社会属性存在负面刻板印象,当这一群体存在可能应验这些负面刻板印象的情况时,由于担心应验他人对所属群体的负面刻板印象,以及别人会用所属群体的负面刻板印象来推断、评价自己时,从而产生威胁感和压力感。刻板印象威胁是一种一般性威胁,它可以作用于人和负面刻板印象所激起的对象,只要个体身处其中就会意识到它的存在。我们知道,早期的刻板印象威胁研究多以影响因素和心理机制为主,其中尤以认知测验研究为多,其特点表现为较多关注现象层面的研究,而新近的议题逐步转向受威胁的各类群体,侧重点也更多朝向更为复杂的内部逻辑。

(一) 刻板印象外溢效应

刻板印象威胁一贯强调情境的启动效应,认为情境启动是导致威胁的重要因素。⑤ 但是如果脱离了情境,刻板印象威胁的作用是否还依然具有损害性呢?伊茨里希特 (Inzlicht) 和康 (Kang) 在 2010 年发现,刻板印象威胁

---

① Wicherts, J. M., Dolan, C. V., & Hessen, D., J. 2005. "Stereotype threat and group differences in test performance: A question of measurement invariance." *Journal of Personality and Social Psychology* 89 (5): 696 – 716.
② Yeung, N. C. J., & von Hippel, C. 2008. "Stereotype threat increases the likelihood that females drivers in a simulator run over jaywalkers." *Accident Analysis & Prevention* 40: 667 – 674.
③ 阮小林、张庆林、杜秀敏、崔茜,2009,《刻板印象威胁效应研究回顾与展望》,《心理科学进展》第 4 期。
④ 张晓斌、王沛,2009,《刻板印象威胁发生机制:认知神经研究进展》,《中国特殊教育》第 11 期。
⑤ Marx, D. M., & Stapel, D. A. 2006. "It's all in the timing: Measuring emotional reactions to stereotype threat before and after taking a test." *European Journal of Social Psychology* 36: 687 – 698.

作用不仅存在于刻板印象发生作用的情境内,同时当被威胁对象离开威胁情境后,损害作用依然会对个体产生消极性影响。这一现象被称为刻板印象威胁的外溢效应(stereotype threat spillover effect),即在某一情境中,个体由于要应对消极刻板印象而使自身处于意志力缺乏状态,由此缺少能力或意愿参与各种需要进行有效自我控制的任务。① 也就是说,只要个体受到刻板印象威胁的作用,那么个体在脱离该情境后的任务中(即使该任务与个体刻板印象毫不相关),依然会表现出行为上的损害。这是因为,刻板印象威胁作为一种压力资源会引发被威胁对象不自主的心理压力和高度警惕以及对刻板印象验证的恐惧。与外溢效应相对应的策略旨在关注如何减少威胁对自我的损害,如感觉阻断(sensation blocking)和思想抑制(thought suppression)等。② 伊茨里希特和沙赫特在2011年对此的解释是,在应对中常需要大量的自我控制资源,而这些资源对个体而言是有限的和易损耗的,因此不良应对容易导致个体意志力缺乏,从而导致个体在随后那些需要有效自我控制的任务中的表现下降。③ 由此,伊茨里希特等在2011年进一步验证威胁作用是可以短期和长期并存的(见图6-1)。④ 在这一点上,外溢效应的发现不仅扩展了人们对威胁影响潜力的认知,同时也显现,刻板印象威胁不应只局限于刻板印象领域内部,也应关注其他领域。

(二)刻板印象威胁的交互作用力

一般研究普遍强调刻板印象威胁如何影响遭遇威胁一方的表现,而很少关注刻板印象威胁是否存在双方的交互作用力,即施加威胁一方和遭遇威胁一方间的双向作用。为此,费兰(Phelan)和卢德曼(Rudman)在2010年研究了在种族刻板印象维持过程中的作用力,认为知觉者和行为者之间存在

---

① Inzlicht, M., & Kang, S. K. 2010. "Stereotype threat spillover: How coping with threats to social identity affects aggression, eating, decision making, and attention." *Journal of Personality and Social Psychology* 99 (3): 467-481.

② Pascoe, E. A., & Smart, R. L. 2009. "Perceived discrimination and health: A meta-analytic review." *Psychological Bulletin* 135 (4): 531-554.

③ Inzlicht, M., & Schmader, T. 2011. *Stereotype Threat: Theory, Process, and Application.* New York: Oxford University Press.

④ Inzlicht, M., Tullett, A. M., & Gutsell, J. N. 2011. Stereotype threat spillover: The short-term and long-term effects of coping with threats to social identity. In M. Inzlicht & T. Schmader Eds. *Stereotype Threat: Theory, Process, and Application.* New York: Oxford University Press.

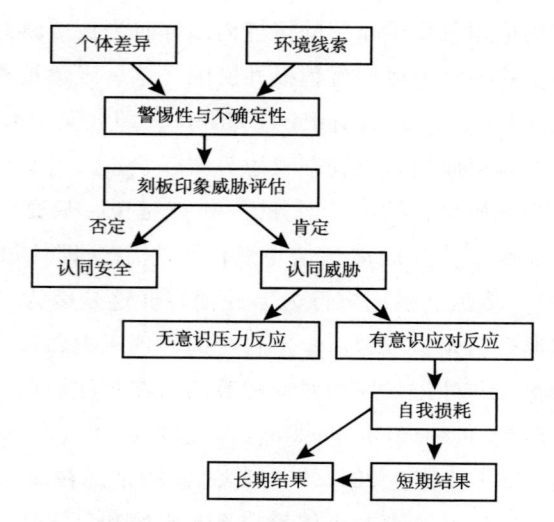

```
       ┌─────────┐   ┌─────────┐
       │ 个体差异 │   │ 环境线索 │
       └────┬────┘   └────┬────┘
            └──────┬──────┘
                   ▼
          ┌─────────────────┐
          │ 警惕性与不确定性 │
          └────────┬────────┘
                   ▼
          ┌─────────────────┐
          │  刻板印象威胁评估 │
          └────────┬────────┘
             否定  │  肯定
           ┌───────┴───────┐
           ▼               ▼
       ┌───────┐       ┌───────┐
       │认同安全│       │认同威胁│
       └───────┘       └───┬───┘
                  ┌────────┴────────┐
                  ▼                 ▼
          ┌─────────────┐   ┌─────────────┐
          │ 无意识压力反应 │   │ 有意识应对反应 │
          └─────────────┘   └──────┬──────┘
                                   ▼
                             ┌─────────┐
                             │ 自我损耗 │
                             └────┬────┘
                         ┌────────┴────────┐
                         ▼                 ▼
                     ┌───────┐         ┌───────┐
                     │长期结果│         │短期结果│
                     └───────┘         └───────┘
```

图 6-1 刻板印象威胁应对模型*

* 管健、柴民权，2011，《刻板印象威胁：新议题与新争议》，《心理科学进展》第 12 期。

作用力与反作用力问题。① 例如，在刻板印象威胁领域，空间疏远就被新近研究认定为是一个双向过程。② 例如，高夫（Goff）等在 2008 年的实验中告知招募到的白人被试，他们将和一个或两个同伴就某一争议性话题展开讨论。③ 结果显示，在分别与黑人讨论种族问题、与白人讨论种族问题以及与黑人就无关话题展开讨论的 3 个条件下，被告知将与黑人讨论种族问题的被试在实验中表现出与讨论同伴更多的空间疏远。这里，空间疏远就是一个双向互动过程，即当被威胁对象担心刻板印象发生而出现疏远的同时，施加刻板印象威胁的个体或群体也相应产生了空间疏远。这里，美国白人由于担心被其他人认为是种族主义者而害怕与有色人种过密交往，通常他们采

---

① Phelan, J. E., & Rudman, L. A. 2010. "Reactions to ethnic deviance: The role of backlash in racial stereotype maintenance." *Journal of Personality and Social Psychology* 99 (2): 265–281.
② Wout, D. A., Shih, M. J., Jackson, J., S. & Sellers, R. M. 2009. "Targets as perceivers: How people determine when they will be negatively stereotyped." *Journal of Personality and Social Psychology* 96 (2): 349–362.
③ Goff, P. A., Steele, C. M., & Davies, P. G. 2008. "The space between us: Stereotype threat and distance in interracial contexts." *Journal of Personality and Social Psychology* 94 (1): 91–107.

用空间疏远的方式来规避种族主义者这一标签。由此，高夫等认为刻板印象威胁在种族距离疏远中扮演了重要角色，群体在互动中自觉进入到刻板印象所影响的经验和认知中，这是无意识反应在空间距离上的表征。① 这一点与普赖尔（Pryor）等在 2004 年所提出的污名感知双向性过程模型不谋而合。②

（三）刻板印象威胁效应的系统性

自刻板印象威胁效应提出后，学术界的关注焦点集中于威胁影响下的行为表现下降和心理上的分离与不认同，新近研究也指出刻板印象威胁应重视对心理后果的差异性研究。赛布特（Seibt）和福斯特（Förster）在 2004 年认为，通过诱导控制焦点影响任务策略，可以激活自我刻板印象。③ 也就是说，积极的自我刻板印象可以产生朝向策略使用和目标达成的推动性力量，而否定性刻板印象将产生引发规避性策略的防御性力量。为此，沙皮洛（Shapiro）和纽伯格（Neuberg）在 2007 年提出了"多重威胁框架"（multi-threat framework），并将刻板印象威胁从单一模式中解放出来，强调以刻板印象威胁来源（外群体与内群体）和目标（群体与个体）为维度划分成不同的性质类型，这些类型又相应组合成不同的威胁情境、个性体验、威胁后果与干预策略。④ 例如，刻板印象威胁就包含了目标维度和来源维度，进而又可细分为个人自我概念、群体概念、外群体成员如何看待个人刻板化与所属群体刻板化、内群体成员如何看待个人刻板化以及群体刻板化这六种不同的刻板印象威胁，而相应的差异性策略包括差异性的启动条件、污名化特征、控制变量、中介机制、控制机制、应对方式和反馈方式等。这一研究提

---

① Goff, P. A., Steele, C. M., & Davies, P. G. 2008. "The space between us: Stereotype threat and distance in interracial contexts." *Journal of Personality and Social Psychology* 94 (1): 91 – 107.

② Pryor, J. B., Reeder, G. R., & Yeadon, C., & Hesson-McInnis, M. 2004. "A dual-process model of reactions to perceived stigma." *Journal of Personality and Social Psychology* 87 (4): 436 – 452.

③ Seibt, B. & Förster J. 2004. "Stereotype threat and performance: How self-stereotypes influence processing by inducing regulatory foci." *Journal of Personality and Social Psychology* 87 (1): 38 – 56.

④ Shapiro, J. R., & Neuberg, S. L. 2007. "From stereotype threat to stereotype threats: Implications of a multi-threat framework for causes, moderators, mediators, consequences, and interventions." *Personality and Social Psychology Review* 11: 107 – 130.

示我们,刻板印象威胁绝不是单一性的结构,它具有一定的系统性,不同性质的威胁类型将引发不同的心理后果。

二 刻板印象威胁应对领域的新争论

心理学家发现,人们经常以社会类别为基础进行社会判断和推理,其中刻板印象就是最常见、也是影响最大的一个社会类别的知识集合。刻板印象是人们有关某一群体成员的特征及其成因的比较固定的观念或想法以及特定的社会认知图式。早在1922年,一位叫做李普曼的美国记者就把刻板印象这一词语从印刷界引用过来,用以描述那些被固定化、习俗化,被群体所共享的特质。比如我们常常认为日本人是勤奋的,中国人是好客的,美国人是乐观的。又比如,我们会形成一些关于性别的刻板印象,如男性比女性更具有暴力冲动,女性比男性更含蓄和更内敛等。这些看上去是"常识"的"事实",已经变成了人们的一种预先判断,具体化在认知过程中,锚定在情感结构中。但问题是,这种刻板印象是否会对当事人产生影响呢?尤其是那些消极的刻板印象,会不会真的在当事人身上应验呢?近来围绕刻板印象威胁的应对问题,学界展开了一些新的讨论。

(一) 围绕认同融合与认同分离的争论

刻板印象威胁是一种长期的应激资源,会引发个体或群体较长时间的焦虑和不安,进而使个体为了回避负面情绪体验以及保护自己而进行一定的态度和行为上的改变。潘德斯科夫(Podsakoff)等在2007年强调在这一过程中,认同分离起到了关键性的中介作用。① 所谓认同分离(identity separation)是指,个体为了保护自己免遭刻板印象威胁的伤害而选择性地分离出消极群体认同,保留积极的群体认同。普罗宁(Pronin)等在2003年发现,较之男同事而言,职业女性群体会在担任职位、晋升速度、薪金水平方面居于劣势,此时女性群体一般采用不同形式的认同分离策略来加以应对,如否认自己的女性角色而强化职员角色。② 墨菲(Murphy)等在2007

---

① Podsakoff, N. P., LePine, J. A., & LePine, M. A. 2007. "Differential challenge stressor-hindrance stressor relationships with job attitudes, turnover intentions, turnover, and withdrawal behavior: A meta-analysis." *Journal of Applied Psychology* 92: 438 – 454.

② Pronin, E., Steele, C. M., & Ross, L. 2003. "Identity bifurcation in response to stereotype threat: Women and mathematics." *Journal of Experimental Social Psychology* 40: 152 – 168.

年也发现,女性职员产生性别刻板印象威胁后常常通过否认来应对威胁,也有的通过消极怠工和降低工作效率来损害企业的运作。[1]

但有些学者不认同分离态势,他们更强调个体或群体会以高度的认同融合来应对威胁。所谓认同融合(identity fusion)是指个人与他人、本群体与他群体在情感上和心理上趋同的过程。如斯万等在2009年发现,在刻板印象威胁的情境下,具有极强的自我认同感的个体会倾向于用极端行为来维护群体认同,并达成认同融合。[2] 自我认同被视为个人对外在环境和自身状况的综合反映,泰勒认为,"回答这个问题就是理解什么对我们具有关键的重要性,知道我是谁,就知道我站在何处。我的认同是由提供框架或视界的承诺和身份规定的。也就是说,这是我能够在其中采取一种立场的视界"。[3] 斯万在2010年强调,对于为政治目标而牺牲自我的极端主义者而言,认同融合与自我牺牲是唤起正面群体冲突、死亡和利他行为的催化剂,认同融合可以引发个人与群体的一体感,激活自动化的认同水平,这有助于组织成员和群体趋于一致并维护内群体行为,进而提高自尊。当成员的个体认同与群体认同融合时,个体就会唤起极端行为的强烈动机。[4][5] 戈麦兹(Gómez)等在2011年还发现,个体认同和群体认同是同等重要的,当个体认同或群体认同受到刻板印象威胁的作用时,认同融合中的个体就会采用自我验证(self-verification)的方式来维护其群体认同。[6] 也就是说,无论刻板印象威胁引发的是个体认同还是群体认同,都会强化个体的极端群体行为,并以此

---

[1] Murphy, M. C., Steele, C. M., & Gross, J. J. 2007. "Signaling threat: How situational cues affect women in math, science, and engineering settings." *Psychological Science* 18: 879 – 885.

[2] Swann, W. B., Gómez, á., Seyle, C., & Morales, F. 2009. "Identity fusion: The interplay of personal and social identities in extreme group behavior." *Journal of Personality and Social Psychology* 96: 995 – 1011.

[3] 查尔斯·泰勒,2001,《自我的根源:现代认同的形成》,韩震译,北京:译林出版社。

[4] Swann, W. B., Gómez, á, Huici, C., Morales, J. F., Hixon, J. G. 2010. "Identity fusion and self-sacrifice: Arousal as a catalyst of pro-group fighting, dying, and helping behavior." *Journal of Personality and Social Psychology* 99 (5): 824 – 841.

[5] Swann, W. B., Jr., Gómez, á., Dovidio, J. F., Hart, S., & Jetten, J. 2010. "Dying and killing for one's group: Identity fusion moderates responses to intergroup versions of the trolley problem." *Psychological Science* 21 (8): 1176 – 1183.

[6] Gómez, á., Brooks, M. L., Buhrmester, M. D., Vázques, A., Jetten, J., & Swann, W. B. 2011. "On the nature of identity fusion: Insights into the construct and a new measure." *Journal of Personality and Social Psychology* 2: 1 – 16.

作为增强群体认同的补偿性应对策略。

(二) 围绕否定策略适用性的争论

众所周知,刻板印象威胁通过降低他人对个体的自我评价而对个体形成伤害,而应对刻板印象威胁的有效方式之一就是努力重建并感知自我的完整性,因此最为简单的应对策略就是否定策略(denial strategy),即通过否定刻板印象的准确性或否定刻板印象与自我的相关性来维持自我的完整性。其中,否定刻板印象的准确性被认为是一种集体化策略,而否定刻板印象与自我的相关性则被认为是一种个体化策略。[1] 梅杰(Major)和斯蒂尔(Steel)在 2002 年发现,具有高印象管理水平的个体更倾向于使用刻板印象的否定策略。[2][3] 那么,在刻板印象威胁的情境下,否定策略是普遍采用的策略吗?这一策略有无适用性呢?这是当前学者普遍关注的问题。冯·希佩尔(von Hippel)在 2005 年发现,高印象管理者在无需行为表现验证时采用夸大刻板印象领域胜任度的策略来否定刻板印象威胁的准确性,而他们在预期行为表现时则倾向于否定刻板印象对其自身的重要性。[4] 由此发现,承受威胁的个体在刻板印象领域中的表现低于正常水平的原因是他们之前就已经预期了消极后果。否定是应对的策略,也是寻找的借口,否定伴随的是较少的动力付出和较少的参与意愿。因此,否定策略是具有局限性的,它与个体的印象管理紧密相关。

(三) 围绕促进效应和窒息效应的争论

斯蒂尔(Steele)和阿伦森(Aronson)的研究表明,告知测试对智力具有诊断性会降低黑人大学生在困难口语 GRE 测试中的成绩。他们认为正是

---

[1] von Hippel, W., von Hippel, C., Conway, L., Preacher, K. J., Schooler, J. W., & Radvansky, G. A. 2005. "Coping with stereotype threat: Denial as an impression management strategy." *Journal of Personality and Social Psychology* 89 (1): 22 - 35.

[2] Major, B., Quinton, W. J., McCoy, S. K., & Schmader, T. 2000. "Reducing prejudice: The target's perspective." In Oskamp, S. Ed. *Reducing Prejudice and Discrimination*. Mahwah, NJ: Erlbaum, 211 - 238.

[3] Steele, C. M., Spencer, S. J., & Aronson, J. 2003. "Contending with group image: The psychology of stereotype and social identity threat." In Zanna M. P., *Advances in Experimental Social Psychology*. San Diego: Academic Press, 102 - 115.

[4] von Hippel, W., von Hippel, C., Conway, L., Preacher, K. J., Schooler, J. W., & Radvansky, G. A. 2005. "Coping with stereotype threat: Denial as an impression management strategy." *Journal of Personality and Social Psychology* 89 (1): 22 - 35.

诱发的有关黑人在智力方面的消极刻板印象影响了黑人大学生的成绩。[1] 而后，斯蒂尔和阿伦森在发现非洲裔和西班牙裔美国学生的种族刻板印象对其数学成绩的损害作用后，刻板印象威胁就普遍被认为具有负面性，[2][3] 那么刻板印象威胁是否具有正面影响呢？杨（Shih）等在2002年利用与数学有关的种族刻板印象（亚洲人数学表现优于白种人）来探讨刻板印象对亚洲人的正面影响。[4] 研究中，实验组通过问卷填答凸显亚裔学生的种族认同，进而直接激发其种族刻板印象，而控制组中的被试则填写与种族无关的问卷，最后两组被试均进行标准化数学测验。结果显示，亚裔学生在实验组中的表现比控制组要好。奥布莱恩（O'Brien）和克兰德尔（Crandall）在2003年发现，并非所有的表现都受到消极的影响，在刻板印象威胁情境下，困难任务中个体的表现会因威胁唤醒而下降，而简单任务中则会因威胁唤醒得到促进。[5] 这一研究显示，虽然刻板印象对某一群体而言意味着威胁，但也暗含着积极的期望，威胁承受者可能会表现更佳。贝洛克（Beilock）和卡尔（Carr）在2005年的一些研究也发现，积极刻板印象的行为增强作用受到目标群体成员的群体认同和领域认同调节作用的影响。[6] 因此，这种由所属群体直接相关的刻板印象导致表现上升的现象被称为刻板印象威胁的促进效应（stereotype threat boost effects）。

但是，争论也就此埋下伏笔，瓦尔顿（Walton）和科恩（Cohen）在2003年发现，并非所有积极刻板印象目标群体的成员都会表现出刻板印象威胁的增强现象，有的也会出现与面对刻板印象威胁类似的行为

---

[1] Steele, C. M., & Aronson, J. 1995. "Stereotype threat and the intellectual test performance of African-Americans." *Journal of Personality and Social Psychology* 69: 797 – 811.

[2] Steele, C. M. 1997. "A threat in the air: How stereotypes shape intellectual identity and performance." *American Psychologist* 52: 613 – 629.

[3] Steele, C. M., & Aronson, J. 1995. "Stereotype threat and the intellectual test performance of African Americans." *Journal of Personality and Social Psychology* 69: 797 – 811.

[4] Shih, M., Ambady, N., Richeson, J. A., Fujita, K., & Gray, H. M. 2002. "Stereotype performance boosts: The impact of self-relevance and the manner of stereotype activation." *Journal of Personality and Social Psychology* 83: 638 – 647.

[5] O'Brien, L. T., & Crandall, C. S. 2003. "Stereotype threat and arousal: Effects on women's math performance." *Personality and Social Psychology Bulletin* 29: 782 – 789.

[6] Beilock, S. L., & Carr, T. H. 2005. "When high-powered people fail: Working memory and choking under pressure in math." *Psychological Science* 16: 101 – 105.

损害。① 贾米森（Jamieson）和哈金斯（Harkins）在 2009 年认为，刻板印象威胁将促使被试想要更好的绩效，这就是优势增强反应，如果优势增强起作用的话，绩效提升就成为自然性反应；而如果被试并不知晓，或者缺少所需要的知识或时间，绩效也会变差。② 例如，在研究生入学的 GRE 考试中，通过对解决问题和逻辑比较问题的实验，研究者发现，遭遇刻板印象威胁的个体对于解决普通型问题会表现更好，而对于逻辑比较问题则显出劣势。阿曼达（Armenta）在 2010 年发现，高群体认同增加了个体对积极刻板印象的易感性，由此可以增强个体的行为表现；而个体在低群体认同下，由于对与群体有关的积极刻板印象不敏感，进而较少出现刻板印象威胁的增强效果。③ 史密斯（Smith）和约翰逊（Johnson）在 2006 年也发现，低领域认同的个体（如低数学认同的男性）在面对积极的刻板印象时（如男性数学成绩好于女性），也可能由于担心无法验证积极刻板印象所带来的预期而产生心理压力，也会出现行为的损害现象。④ 这些与增强效应相反的现象被认为是刻板印象威胁的窒息（stereotype threat choking）。这说明，对目标群体而言，积极的刻板印象也可能是一种威胁，这种威胁与刻板印象威胁的不同之处在于，刻板印象威胁是个体担心验证消极的刻板印象而带来的消极后果，而刻板印象威胁窒息的个体则担心不能验证积极刻板印象而引发的消极后果。

三 刻板印象威胁干预领域的新争论

刻板印象威胁被认为是一种广泛且普遍存在的情境性威胁。不管个人相信或是否认，也无论个体排斥抑或接受，只要情境中出现或存在负面刻板印象的线索或讯息，个体就会感受到刻板印象的威胁，甚至于表现不

---

① Walton, G., M., & Cohen, G., L. 2003. "Stereotype lift." *Journal of Experimental Social Psychology* 39: 456-467.
② Jamieson, J. P., & Harkins, S. G. 2009. "The effect of stereotype threat on the solving of quantitative GRE problems: A mere effort interpretation." *Personality and Social Psychology Bulletin* 35 (10): 1301-1314.
③ Armenta, B., E. 2010. "Stereotype boost and stereotype threat effects: The moderating role of ethnic identification." *Cultural Diversity and Ethnic Minority Psychology* 16 (1): 94-98.
④ Smith, J., L., & Johnson, C., S. 2006. "A stereotype boost or choking under pressure? Positive gender stereotypes and men who are low in domain identification." *Basic and Applied Social Psychology* 28 (1): 51-63.

佳,这便更加证实了刻板印象威胁的真实存在性。因此,对刻板印象威胁在干预领域的新争论就具有一定的积极意义,它不仅有助于开拓对这一问题的新认知,同时也给今后的预测和控制工作提供了一些具有启迪性的新思路。

(一) 围绕角色榜样策略矛盾性的争论

以往研究发现,外群体成员的优秀表现会激活刻板印象威胁,而内群体成员的榜样作用则会相应地降低刻板印象威胁。[1][2] 这是因为,树立积极的角色榜样可以提供与刻板印象威胁相反的证据,从而降低对被威胁对象的伤害。然而,新近的一些研究发现,有时角色榜样并不能起到积极的效果,相反还会产生消极的作用,这些研究致力于解决角色榜样作用中的矛盾性问题,并对什么样的角色榜样会产生积极效果展开了讨论。麦金泰尔(McIntyre) 等在 2010 年首先将女性被试暴露于性别刻板印象威胁情境中,然后让被试阅读一位成功女性(角色榜样)的传记文章,之后再进行一项数学测试。[3] 研究发现,当角色榜样的成功来源于内部稳定因素(如能力、努力)时,将会产生积极效果最大化;而当角色榜样的材料源于外部的非稳定因素(如运气)时,角色榜样无任何积极性效果,甚至产生被试的自贬性态度。由此,沙曼达等在 2008 年以及麦金泰尔等在 2010 年认为,应得性(deservingness) 是角色榜样作用大小的重要调节变量。[4][5] 也就是说,当个体认为角色榜样的成功是来自内部稳定因素时,那么成功是应得的,个体能从角色榜样身上获得更多的效能感;反之角色榜样的作用会下降、不起作

---

[1] Dasgupta, N., & Asgari, S. 2004. "Seeing is believing: Exposure to counter stereotypic leaders and its effects on the malleability of automatic gender stereotyping." *Journal of Experimental Social Psychology* 40: 642-658.

[2] 阮小林、张庆林、杜秀敏、崔茜,2009,《刻板印象威胁效应研究回顾与展望》,《心理科学进展》第 4 期。

[3] McIntyre, R. B., Paulson, R. M., Taylor, C. A., Morin, A. L., & Lord, C. G. 2010. Effects of role model deservingness on overcoming performance deficits induced by stereotype threat. *European Journal of Social Psychology* 16: 745-768.

[4] Schmader, T., Johns, M., & Forbes, C. 2008. "An integrated process model of stereotype threat effects on performance." *Psychological Review* 115: 336-356.

[5] McIntyre, R. B., Paulson, R. M., Taylor, C. A., Morin, A. L., & Lord, C. G. 2010. Effects of role model deservingness on overcoming performance deficits induced by stereotype threat. *European Journal of Social Psychology* 16: 745-768.

用，甚至产生反作用。

（二）围绕群体认同转换策略有效性的争论

刻板印象威胁产生于个体积极的自我感知与所认同的群体在刻板印象威胁领域表现的消极预期之间存在的认知不一致性和不平衡性。雷戴尔（Rydell）等在2009年强调了刻板印象威胁中存在着多维认同。[1] 沙曼达等在2008年认为，对于拥有多重群体认同的个体而言，消除刻板印象威胁的有效策略是转换群体认同，即从消极的群体认同转换为积极的群体认同，其目的在于消除引发威胁的认知不平衡。[2] 这一策略在许多研究中得到证实，如杨等发现，女大学生面对数学成绩普遍低于男性这一性别刻板印象时，如果激活其女性群体认同，其数学成绩会明显下降；如果激活其大学生身份，则成绩不受刻板印象威胁情境影响。科恩（Cohen）和加西亚（Garcia）在2005年认为，集体威胁感被描述为内群体成员行为可能强化群体的否定性刻板印象。[3] 在这一领域中，被刻板印象的少数群体相比白人而言具有更高的集体威胁感和更低的自尊，因而群体认同在一定程度上可以应对集体威胁。但是，新近的研究显示，转换群体认同这一应对策略有其局限性。雷德尔（Rydell）和布歇尔（Boucher）在2009年发现，转换群体认同策略的有效性受到个体自尊水平的调节和影响。[4] 例如，处于数学成绩较差的刻板印象威胁中，女性的确比那些没有意识到这一问题的群体表现出更低的数学成绩，然而女性如果使用其他的积极社会认同，比如认定自己是大学生的话，将展现更多的自尊，可以避免威胁的干扰作用。由此可见，转换群体认同只对高自尊的个体有效，对低自尊的个体毫无作用。这是由于，不同的自尊水平决定了个体对环境信息的感知和利用的倾向与程度。高自尊的个体更倾向于获取积极的环境信息，而低自尊的个体更聚焦于应对消极的环境信息，这

---

[1] Rydell, R. J., McConnell, A. R., & Beilock, S. L. 2009. "Multiple social identities and stereotype threat: Imbalance, accessibility, and working memory." *Journal of Personality and Social Psychology* 96 (5): 949 – 966.

[2] Schmader, T., Johns, M., & Forbes, C. 2008. "An integrated process model of stereotype threat effects on performance." *Psychological Review* 115: 336 – 356.

[3] Cohen, G. L., & Garcia, J. 2005. "'I am us': Negative stereotypes as collective threats." *Journal of Personality and Social Psychology* 89 (4): 566 – 582.

[4] Rydell, R. J., & Boucher, K. L. 2009. "Capitalizing on multiple social identities to prevent stereotype threat: The moderating role of self-esteem." *Journal of Personality and Social Psychology* 2 (36): 239 – 250.

种应对会消耗个体更多的工作记忆能力，从而损害了个体在刻板印象领域中的行为表现。

（三）围绕群体边界弱化策略有效性的争论

群体边界（group boundary），意味着群体差异、群体区隔或群体界限。缩小群体边界是依据自我分类理论而提出的应对群体偏见和歧视的策略。米勒（Miller）等在2010年认为，群体分类中的自我保护性偏见是形成"我们"和"他们"、"我群"和"他群"之间心理边界的威胁性线索。[1] 自我分类理论认为，个体都有喜爱自己所属群体、贬低外群体的内群体偏好（ingroup favoritism），群体间差异越大，个体自我分类越明确。因此可以推论，任何能够缩小群体边界、降低群体间分化程度的策略都能用来应对群体间的歧视与偏见。刻板印象威胁的研究者试图将缩小群体边界的策略引入刻板印象威胁的应对中，罗森塔尔（Rosenthal）和克里斯普（Crisp）在2006年认为，个体认识到群体间的差异，并将所属群体劣于其他群体的观念内化，是刻板印象威胁产生的前提条件。[2] 为此，他们进行了系列实验，但是结果发现，只有在个体进行自我分类之前进行群体同化（assimilation），即发现群体间的相同点时，弱化群体边界才能从根本上阻止刻板印象威胁的发生。如果个体自我分类过程已经启动或者刻板印象威胁线索已经被个体所觉察，再进行群体同化则没有效果。这一研究证明了弱化群体边界在一定程度上可以阻止刻板印象威胁的发生，但并不能调节其发生的全部过程。

（四）围绕群体互动增强策略效果的争论

以往研究证明，促进群体间的互动对改善群体间的态度具有积极性作用，[3] 然而当前研究有大量相反的结果出现。卓沃特尔（Trawalter）等在2009年提出了种族间互动的压力与应对框架，该研究认为由于种族主义的存在，种族间互动过程对参与互动的种族双方而言都是压力性的，能否运用

---

[1] Miller, S. L., Maner, J. K., & Becker, D. V. 2010. "Self-protective biases in group categorization: Threat cues shape the psychological boundary between 'us' and 'them'." *Journal of Personality and Social Psychology* 99 (1): 62–77.

[2] Rosenthal, H., E., S., & Crisp, R., J. 2006. "Reducing stereotype threat by blurring intergroup boundaries." *Personality and Social Psychology Bulletin* 32 (4): 501–511.

[3] Pettigrew, T. F., & Tropp, L. R. 2007. "A meta-analytic test of intergroup contact theory." *Journal of Personality and Social Psychology* 90: 751–783.

有效的应对策略减轻和消除这种压力是群体互动效果的决定因素。① 个体应对种族互动压力的策略包括参与、对抗、逃避和冻结，其中只有参与是积极的应对策略，而决定个体使用何种应对策略的因素是个体应对互动压力的水平与方向，以及个体对拥有的心理与生理应对资源的认知评估。当个体认为压力水平低于拥有的应对资源时，或者个体认为互动压力指向互动的同伴时，个体倾向于积极参与群体互动；而当个体认为压力水平高于拥有的应对资源且互动压力指向自己时，个体根据拥有的应对资源的多寡，选择采用对抗、逃避或者冻结的消极应对策略。因此，互动压力的水平、方向以及拥有的应对资源的认知评估因素都能影响群体互动的效果。这一框架一方面解释了有关群体互动效果的矛盾结论，另一方面也提供了改善群体互动的干预策略，如关注同伴互动、减少自我关注、改变种族观念都可以降低对互动压力的认知评价，从而降低互动压力，提高群体互动效果。增强对外群体的了解、增加与外群体互动的经验也可以增加个体对拥有的应对资源的评估，同样能够降低互动压力，提高互动效果。

四 评述与未来展望

刻板印象的存在既久远又现代，它既可以追溯到人类的进化史②，又可以显见于人类成长的早期③，甚至在非人类物种的群体中依然可以探寻其存在的痕迹④，而刻板印象威胁更被认为是一种广泛且普遍存在的情境性威胁。因此，对刻板印象威胁领域的新议题和新争论的讨论具有积极意义，它不仅有助于开拓对这一问题的新认知，同时也给今后的预测和控制工作提供了一些具有启迪性的新思路。

---

① Trawalter, S., Richeson, J. A., & Shelton, J. N. 2009. "Predicting behavior during interracial interactions: A stress and coping approach." *Personality Social Psychology Review* 13: 243 - 268.
② Navarrete, C. D., McDonald, M. M., Molina, L. E., Sidanius, J. 2010. "Prejudice at the nexus of race and gender: An outgroup male target hypothesis." *Journal of Personality and Social Psychology* 98 (6): 933 - 945.
③ Degner, J., & Wentura, D. 2010. "Automatic prejudice in childhood and early adolescence." *Journal of Personality and Social Psychology* 98 (3): 356 - 374.
④ Mahajan, N., Martinez, M. A., & Gitierrez, N, L, Diesendruck, G., Banaji, M. R., & Santos, L. R. 2011. "The evolution of intergroup bias: perceptions and attitudes in rhesus macaques." *Journal of Personality and Social Psychology* 100 (3): 387 - 405.

第一，在策略有效性方面，以往的研究主要围绕否定策略、榜样角色、认同转化、再训练等项目，但新近的研究发现这些主要的干预策略在检验中往往受到一些重要变量的影响，所以相应的干预策略也需要进一步加以检验，尤其是实验室情境中的结论往往缺乏生态效度，在其他群体的验证中常常捉襟见肘，难于显现具有相对普适性和发展性的研究策略。这提示我们在今后的研究中对现象的具体机制需要明确地了解其内在的形成和加工模式，在验证中注重与实际场域的衔接。

第二，当前绝大多数研究以认知测验作为因变量，对个体社会任务和群体的文化差异探索很少。仅有的研究包括卡尔（Carr）和斯蒂尔（Steele）在 2010 年探讨了刻板印象威胁对个体金融决策的影响，这也是首次提供刻板印象威胁和个体决策之间的相关性证据。[1] 另外，刻板印象威胁在一定程度上也具有文化差异，如日本与德国对二战中罪行的反应差异就显见了刻板印象威胁的文化观。这些处于探索和萌芽阶段的研究提示我们，刻板印象威胁影响的范畴除了认知测验之外，在相关的情绪、工作记忆、思维过程和文化心理中均存在不同程度的影响，这一发现无疑会深化人们对于社会偏见、社会排斥和群体心理等深层原因的理解。

第三，在技术手段上，刻板印象威胁的研究应显现为一个更为复杂的系统工程，其中除了对于现象层面的挖掘，也应包含对于现象背后逻辑层面的深究，其中借助于综合运用事件相关电位（electroencephalography，EEG）和功能性核磁共振（functional magnetic resonance imaging，fMRI）的技术优势可以揭示刻板印象威胁激活与相应的大脑机制。

第四，在学科交互性上，刻板印象威胁的研究也应连接着宏观的政策和制度，这提示未来的研究应试图从群体心理与群际过程领域加以探悉，例如康等在 2011 年就建议可以将技术手段渗入到对刻板印象威胁与群际关系和公共政策领域的探讨中，[2] 而斯宾塞（Spencer）和卡斯达农（Castano）在 2007 年也建议可以从社会的角度探讨提升弱势群体的经济与社会地位，研究宏观的社会经济地位与刻板印象威胁机制的关联性，并在策略中适当尝试

---

[1] Carr, P., B., & Steele, C., M. 2010. "Stereotype threat affects financial decision making." *Psychological Science* 9 (21)：1411-1416.

[2] Kang, S. K., & Inzlicht, M., & Derks, B. 2011. "Social neuroscience and public policy on intergroup relations：A Hegelian analysis." *Journal of Social Issues* 66 (3)：585-601.

用树立社会结构观的方法加以干预。① 另外，刻板印象威胁的应对在一定程度上也与认知的失调有密切的关系，但是两者的差异在于刻板印象威胁的应对强调在产生的条件与机制的基础上，个体或群体自身与外在共同作用下的应对方法与策略，其涵盖了内在努力与外在努力的双重因素；而认知失调（cognitive dissonance）更强调对内在认知不平衡、不协调、不对称状态的调整，其更倾向于内在认知。这里，可以发现，刻板印象威胁的研究在未来更需要进一步梳理其与以往心理学中诸多重要概念的内涵与外延的关系。

第五，在预测和控制的项目上，刻板印象威胁的干预一直是社会心理学家在继注重描述和阐释之后，对于预测和控制方面的作用力提出了更多的要求，例如弗比斯（Forbes）和沙曼达在2010年就通过一系列实验证明，刻板印象和再训练态度影响刻板印象威胁的动机和认知能力，这里再训练模式被用于检测态度的影响、个体动机的刻板印象和相关的刻板印象威胁的认知能力。② 这些研究都对刻板印象威胁领域的干预策略起到了积极的推动作用。博德浩森（Bodenhausen）和麦克雷（Macrae）在1998年的研究发现，消除刻板印象的一种更好的方式是第一时间阻止刻板印象的激活，而不是当刻板印象产生后才有意地控制它对行为的影响。③ 王沛在2003年以性别与职业刻板为研究对象，向被试呈现包含不同个体化信息（性别、年龄、籍贯、爱好）的照片，要求被试对照片上的人物职业做出判断，结果表明通过有意识的练习可以控制刻板印象效应，但控制的程度较弱，因而认为刻板印象是比较顽固的，较难受到意识性的抑制，但并不承认刻板印象不可避免和不可控制。④ 当然，我国心理学界对于刻板印象威胁领域的研究刚刚起步，尤其是囿于中西方的文化差异，很多西方的应对策略和干预未必适合我国的情境，比如在我国，群体的刻板印象威胁更多以身份歧视、地位歧视的

---

① Spencer, B., & Castano, E. 2007. "Social class is dead. Long live social class! Stereotype threat among low socioeconomic status individuals." *Social Justice Research* 20: 418 - 432.
② Forbes, C. E., & Schmader, T. 2010. "Retraining attitudes and stereotypes to affect motivation and cognitive capacity under stereotype threat." *Journal of Personality and Social Psychology* 99 (5): 740 - 754.
③ Bodenhausen, G. V., & Macrae, C. N. 1998. "Stereotype activation and inhibition." In R. S. Wyer Jr. (Ed.) *Advances in Social Cognition*. Mahwah, NJ: Erlbaum 11: 1 - 52..
④ 王沛，2003，《刻板印象的意识性抑制》，《心理学报》第3期。

内容出现，如果将刻板印象威胁研究应用到我国的具体情境中，有必要探讨国外相关的干预手段和应对策略是否适合我国土壤，以及进一步细化其中各因素的影响作用等。

第二节　城市代际移民的认同管理

外来务工群体的社会认同问题一直是相关领域学者关注的焦点。由于我国特有的城乡二元结构体制，外来务工群体的制度划分和心理归属存在极大的矛盾和冲突。虽然相关研究提出多种理论模型都在试图刻画外来务工群体的社会认同现状，但是这些模型普遍存在实证依据缺乏、样本选择偏差、研究方法不当和主体性研究不足等问题，导致外来务工群体的社会认同研究缺乏科学和系统的论述。本节依托社会认同理论和刻板印象威胁理论，基于天津市外来务工群体样本，对社会认同、外来务工群体和刻板印象威胁等相关概念进行充分论述和操作化，对外来务工群体的社会认同管理和有关其群体的刻板印象威胁的应对策略进行系列研究，试图应对以上问题。

一　代际移民认同管理的研究缘由

自1980年代初改革开放以来，我国已经有相当数量的农民工相继从中西部的内陆地区去东部的沿海城市打工。由于长期生活在城市，他们对农村的心理认同感逐渐降低，这种客观现实与主观认知的矛盾性使外来务工群体的身份认同成为学界一个重要的争议性论题，学者们试图用"双重边缘人""认同模糊""二重认同""认同失调"等多种模型刻画外来务工群体的身份认同状况。

人是社会中的个体，通过社会化的过程不断建构自己，身份认同使个体产生本体支点，它是人们对自己以及与他人的关系定位。在社会生活中，人们用自己或他人在某些社群的成员资格来建构自己或他人的身份，其中根据个体独特素质而建构的身份是个人身份，根据群体成员资格而建构的身份则是社会身份。[1] 在现实社会中，人的认同是动态而复杂的，称其动态是因为

---

[1] Brown, R. 2000. "Social identity theory: past achievements, current problems and future challenges." *European Journal of Social Psychology* 30: 745–778.

其具有过程性,认同是记忆、意识、有机体特质、社会结构和情境的互动结果,称其复杂是因为认同过程包括思维、情感和行为,是交互作用和整合的模式。① 人在社会生活中常常出现多重身份,甚至出现认同重叠的现象。外来务工群体如果缺乏了可接受的身份认同,就容易陷入困境。这是因为个体在现实中都努力获得积极的身份认同,当认同不满足时便会产生威胁。如果个体在社会比较的情况下因为群体地位的差异而在认知和情感上对自己或所属群体身份产生抵触或不承认,则会以更为悲观、颓废的心态对待本群体的一切,进而还伴随着自卑感、羞耻感和污名感。②

以往的研究中对外来务工者的身份认同主要存在三种倾向。第一种观点为"认同模糊论",持此观点的学者认为外来务工人员由于背景特殊,因而认同状况不明朗、不确定,甚至存在认同"内卷化"和"认同困境"③④⑤;第二种观点为"认同二元论",即认为外来务工者的认同存在二元性,即"城市认同"和"乡村认同"⑥;第三种论调为"多维、复杂认同观",持此观点的学者认为外来务工人员的身份认同具有多维性和复杂性,随着"被动城市化"过程而形成和演变⑦。就以上三种主要的认同观而言,第一种模糊论否定了认同具有双重性的可能,将双重认同或多重认同统一界定为模糊状;第二种观点认为二元认同是静态认同,并未解决历时性和共时性的问题;第三种认同观强调认同的被动而非主动性。但是在现实情境中可以发现,外来务工者的认同是一个动态变化的过程。由此,本研究借助社会心理学的认同视角,探讨外来务工人员的身份认同状况,并进一步探求该群体身份认同的中介变量。大量研究表明,新生代外来务工群体和第二代移民群体较第一代外来务工群体具有更高的城市融入意愿,更不愿意返回农村家乡,更加认同自己是城市人。以上研究证据表明,新生代外来务工

---

① 管健,2011,《中国城市移民的污名形塑与认同的代际分化》,《南京社会科学》第4期。
② Ellemers, M., Spears, R., Doosje, B. 2002. "Self and Social Identity." *Annual Review of Psychology* 53: 161 – 186.
③ 王春光,2010,《对新生代农民工的认识》,《人口研究》第2期。
④ 王春光,2006,《农村流动人口的半城市化问题研究》,《社会学研究》第5期。
⑤ 王春光,2001,《新生代农村流动人口的社会认同与城乡融合的关系》,《社会学研究》第3期。
⑥ 郭星华、李飞,2009,《漂泊与寻根:农民工社会认同的二重性》,《人口研究》第6期。
⑦ 张海波、童星,2006,《被动城市化群体城市适应性与现代性获得中的自我认同:基于南京市561位失地农民的实证研究》,《社会学研究》第2期。

群体和第二代移民群体较一代外来务工群体可能具有更高的城市人认同和更低的农村人认同。因此，本研究假设：新生代外来务工群体和第二代移民群体较第一代外来务工群体具有更高的城市人认同和更低的农村人认同。

二 研究方法与研究工具

(一) 研究被试

基于外来务工群体的分层结构，本研究选取了第一代外来务工群体、新生代外来务工群体和第二代移民群体三类被试群体。第一代和新生代外来务工群体被试使用方便抽样方法从天津市区外来务工群体聚集社区抽取，第二代移民群体通过滚雪球方法抽取。共发放问卷436份，回收有效问卷384份。

其中第一代外来务工群体被试发放问卷168份，回收有效问卷153份。被试平均年龄40.5岁（SD = 6.78）；来自河北、山东、河南等22个省份；男性81人（52.9%），女性71人（46.4%）；未婚6人（3.9%），已婚140人（91.5%）；无子女者7人（4.6%），一个子女者62人（40.5%），两个子女者61人（39.9%），多子女者14人（9.2%）；教育程度初中及以下者94人（61.4%），高中程度者42人（27.5%），大专或本科程度者12人（7.8%），本科以上者2人（1.3%）；平均进城务工年数10年（SD = 7.3）；平均月收入2520元（SD = 1471）。

新生代外来务工群体被试发放问卷168份，回收有效问卷143份。被试平均年龄22.5岁（SD = 3.4）；来自河北、山东、河南等24个省份；男性53人（37.1%），女性90人（62.9%）；未婚101人（70.6%），已婚42人（29.4%）；教育程度为初中及以下者71人（49.7%），高中程度者32人（22.4%），大专及本科程度者30人（21%），本科以上者2人（1.4%）；平均进城务工年数3.5年（SD = 2.7）；平均月收入2113.7元（SD = 1063.8）。

第二代城市移民群体被试发放问卷100份，回收有效问卷88份，平均年龄16.3岁（SD = 1.6）；男性40人（45.5%），女性45人（51.1%）；有15人有本市城市户口（17%），70人为农村户口（79.5%）；其中在本市滞留年数0~1年者2人（2.3%），1~3年者1人（1.1%），3~5年者40人

(45.5%),5~8年者9人(10.2%),8年以上者24人(27.3%)。

(二)研究工具

在群体认同测验中,文字测验常常存在无法区分被试的真实态度的问题,这些题项很难对认同与向往、羡慕等情感进行有效的区分。对优势群体的羡慕和向往往往是基于其优越的群体地位和丰富的资源占有,而非对其群体的心理认同。因此,如何消除文字测验存在的问题也是本研究需要解决的问题。本研究采取基线认同问卷的方式,这一问卷旨在测量被调查者对农村或者城市的基线认同水平,而所谓基线认同水平就是激发刻板印象威胁前被试原始的城市或农村认同水平。众所周知,绘图测验是一种广泛使用的、测量个体与群体关系的图画测验,研究表明绘图测验有效地解决了文字测验无法区分个体对群体的真实态度的问题。①②③ 考虑到本研究的被试文化水平的特殊性,故本研究参考了斯万(Swann)等在2009年的绘图测验④,编制了认同绘图测验问卷(如图6-2)。其中小圆代表被试个人,大圆代表被试来自的农村或现在生活的城市,二者重叠的部分代表被试与对方的关系,即对农村或城市的认同程度,要求被试加以选择。两个圆的重合程度分别为0%、25%、50%、75%、100%,代表从"完全不认同"到"完全认同"的5点评分。由于绘图测验能够测量被试内隐的认知和态度,因此本研究认为此测验会充分激发外来务工群体对农村人和城市人的认知、情感和价值观念的内隐线索。所以,本研究以该测验的结果作为被试对农村人或者城市人的认同水平,该量表的内部一致性信度(Cronbach's α)为0.82。

---

① Aron, A., Aron, E., & Smollan, D. 1992. "Inclusion of Other in the Self Scale and the structure of interpersonal closeness." *Journal of Personality and Social Psychology* 63: 596 – 612.
② Coats, S., Smith, E. R., Claypool, H. M., & Banner, M. J. 2000. "Overlapping mental representations of self and in-group: Reaction time evidence and its relationship with explicit measures of group identification." *Journal of Experimental Social Psychology* 36: 304 – 315.
③ Leach, C. W., Zomeren, M. V., Zebel, S., Vliek, M. L. W., Ouerkerk, J. W., & Spears, R. 2008. "Group-level self-definition and self-investment: A hierarchical (multicomponent) model of in-group identification." *Journal of Personality and Social Psychology* 95: 144 – 165.
④ Swann, W. B., Gómez, á., Seyle, C., & Morales, F. 2009. "Identity fusion: The interplay of personal and social identities in extreme group behavior." *Journal of Personality and Social Psychology* 96: 995 – 1011.

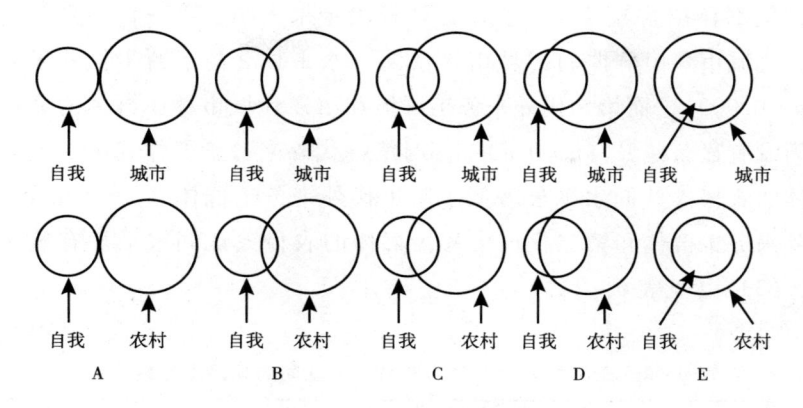

图 6-2 认同基线绘图测验

（示意图：两行圆圈图，上行每组标注"自我"与"城市"，下行每组标注"自我"与"农村"，从左到右分别标为 A、B、C、D、E，展示自我与群体认同的五种关系：分离、相切、部分重叠、包含、完全包含。）

三 研究结果与分析

对第一代外来务工群体、新生代外来务工群体和第二代城市移民群体的"城市人认同"和"农村人认同"分别做配对样本 t 检验。结果如表 6-1 所示，第一代外来务工群体和新生代外来务工群体被试的"农村人认同"都显著高于"城市人认同"。这表明，二者都更加认同农村人的群体身份；而第二代城市移民群体的"城市人认同"与"农村人认同"没有显著差异，同处于中度认同水平，出现"双重认同"现象（见表 6-1）。

表 6-1 三类群体对农村人和城市人认同的配对样本 t 检验

群体类型	认同群体	N	M	SD	t	df	P
第一代外来务工群体	城市人认同	153	3.16	1.39	2.453	152	0.015*
	农村人认同	153	3.55	1.39			
新生代外来务工群体	城市人认同	142	2.49	1.22	8.238	141	0.000**
	农村人认同	142	3.82	1.25			
第二代城市移民	城市人认同	88	3.23	1.19	1.164	87	0.248
	农村人认同	88	3.47	1.37			

注：$*p<0.05$；$**p<0.01$。

对三类群体的"城市人认同"和"农村人认同"进行横向的单因素方差分析，结果如表 6-1 所示，三类群体的"城市人认同"和"农村人认同"之间都存在显著差异。事后 LSD 检验结果表明,第一代外来务工群体和第二代城市移民群体的"城市人认同"水平显著高于新生代外来务工群体($p<0.000$),而第一代外来务工群体和第二代城市移民群体的城市人认同之间没有显著差异($p=0.8$);同时第一代外来务工群体和第二代城市移民群体的农村人认同水平显著低于新生代外来务工群体($p<0.05$),而第一代外来务工群体和第二代城市移民群体的农村人认同水平没有显著差异($p=0.633$)(见表6-2)。

表6-2 三类群体对农村人和城市人认同的单因素方差分析

认同群体		方差和	自由度	F	P
城市人	组间	57.25	2	12.31	0.000**
	组内	857.61	350		
	总体	914.86	352		
农村人	组间	11.25	2	3.234	0.041*
	组内	608.89	350		
	总体	620.14	352		

注:*$p<0.05$;**$p<0.01$。

以上研究结果进一步表明,第一代外来务工群体和新生代外来务工群体都更加认同"农村人"的群体身份,而第二代城市移民群体则呈现对"城市人"和"农村人"的"双重认同"倾向。以往研究认为,外来务工群体的社会认同是模糊的,或者有可能根本没有认同;而另一部分研究者认为,外来务工群体的社会认同徘徊于城市人和农村人的群体认同之间,处于"半城市化"或者"双重边缘人"的认同状况。这些观点有其理论和现实的合理性。然而,上述观点都预设外来务工群体的社会认同是一种非此即彼的线性认同,将城市人群体认同和农村人群体认同作为这种线性认同的两个极端。那么,外来务工群体的社会认同有没有可能是"多重认同"或者"多维认同"呢?"城市人群体认同"和"农村人群体认同"有没有可能不是线性认同的两个极端,而是两个相互平行的线性认同呢?本研究发现,外来务工群体的社会认同确有可能是多重的,但是这种对多个相对对立群体的多重性的社会认同可能并不具备普遍性,而是我国城乡二元体制下特有的产物。

对第二代城市移民群体而言，他们从小生活在城市，或关键性的人格成长期和价值观形成期都是在城市度过的，他们认同自己的城市人感受，然而在制度划分中他们又是农村人，这种制度安排和心理认同之间的矛盾，造成了他们社会认同的分裂和分离，将城市人身份和农村人身份作为两个独立的认同类型对待。有研究指出，外来务工群体进入城市的过程就是一个不断创造自己的生存生态，实现自我认同，不断跨越"边界"和结构的宰制，不断开拓个体多种"可能性"的过程，因此出现本研究中第二代城市移民群体的"双重认同"现象是具有现实可能性的。这种"双重认同"的认同状况无疑对第二代城市移民群体的心理发展和社会适应具有消极影响，他们在总体心理健康水平、社会适应性、情感表达、社会认知等诸多方面存在问题，缺乏统一稳定的社会认同。

同时，横向对比的结果表明，在第一代外来务工群体、新生代外来务工群体和第二代城市移民群体三类群体中，新生代外来务工群体的"城市人"认同水平显著低于其他两类群体，而"农村人认同"水平则显著高于其他两类群体。新生代外来务工群体并不认同自己是城市人。对此可以推断，相对于其他外来务工群体来说，新生代外来务工群体对农村人和外来务工群体持有更多贬抑性态度，对城市人的生存现状表现出强烈的向往和羡慕。然而，这并不表明新生代外来务工群体比其他外来务工群体更加认同城市人群体，这一结果只能表明新生代外来务工群体相对于其他外来务工群体而言，具有更为强烈的脱离农村人和外来务工群体，融入城市社会生活的动机，这种动机可能是基于城市人相比农村人和外来务工群体具有更高的社会地位和占有更多的社会资源，也可能是基于对城市人的心理认同。社会认同是在对某群体的群体资格认知、情感依附和价值观内化的基础上形成的，社会认同是个体在心理上与该群体趋同的过程和状态，个体动机为这一过程提供动力，推动社会认同的进程，但是个体有社会认同的动机，并不代表社会认同已经发生和存在。新生代外来务工群体并不比其他外来务工群体成员更加认同自己是城市人，表明新生代外来务工群体的这种动机更可能是基于现实利益的驱动，而非社会认同的需要。第一代外来务工群体和新生代外来务工群体都更加认同农村，而第二代移民群体则出现了"双重认同"现象。

第三节 城市代际移民的应对策略

以上研究发现,外来务工群体的确感知到城市人对自身的消极刻板印象,那么外来务工群体是如何应对这种刻板印象威胁的呢?一般认为,外来务工群体更倾向于消极应对针对其自身的刻板印象威胁,如默认、回避等。在前面的研究中,第一代外来务工群体和第二代城市移民群体也的确表现出回避能力评价的倾向,表明这种消极倾向的确存在。因此,在本节中,我们将着重探讨外来务工群体是否使用消极和被动的策略应对针对其群体的刻板印象威胁,其中否定策略和角色榜样策略是检验的最好标准。

一 城市代际移民的否定策略

刻板印象威胁通过降低他人对个体的自我评价而对当事者形成伤害,而应对刻板印象威胁的有效方式之一就是努力重建并感知自我的完整性,因此最为简单的应对策略就是否定策略,即通过否定刻板印象的准确性或否定刻板印象与自我的相关性来维持自我的完整性。其中,否定刻板印象的准确性被认为是一种集体化策略,而否定刻板印象与自我的相关性则被认为是一种个体化策略。[1] 这一研究发现,个体在无需行为表现验证时可以采用夸大刻板印象领域胜任度的策略来否认刻板印象威胁的准确性,而在预期行为表现时倾向于否认刻板印象对其自身的重要性。也就是说,承受威胁的个体在刻板印象领域表现低于正常水平的原因是个体之前就已经预期了消极后果,否定是应对的策略也是寻找的借口,否定伴随的是较少的动力付出和较少的参与意愿。因此,否定策略是一种消极和被动的刻板印象威胁应对策略。否定策略有两个方面,即否定刻板印象威胁的准确性和否定刻板印象威胁与自身的相关性或者对个体的重要性。在之前的研究中我们发现,第一代外来务工群体和第二代城市移民群体回避对农村人和外来务工群体做能力评价就是一种否定有关自身刻板印象威胁的准确性的策略。否定刻

---

[1] Hippel, W. V., Hippel, C. V., & Conway, L. 2005. "Coping with stereotype threat: Denial as an impression management strategy." *Journal of Personality and Social Psychology* 89 (1): 22 – 35.

板印象威胁的准确性在外来务工群体的应对策略中得到了一定程度的验证。那么，在向被试展示刻板印象威胁线索后，外来务工群体会不会使用否定刻板印象威胁与自身的相关性或者对个体的重要性的应对策略呢？

（一）研究假设与研究过程

本研究的目的就是验证在出现刻板印象威胁线索后，外来务工群体是否使用否定刻板印象威胁与自身的相关性的策略。在之前的研究中，第一代外来务工群体和第二代城市移民群体表现出了对外来务工群体和农村人的认同维护意愿，而新生代外来务工群体则表现出了贬抑性态度。因此，在感知到针对外来务工群体的刻板印象威胁线索时，新生代外来务工群体较第一代外来务工群体和第二代城市移民群体更有可能会使用否定与外来务工群体和农村人的相关性的方式应对刻板印象威胁。所以，我们假设：在感知到有关其群体的刻板印象威胁线索时，新生代外来务工群体会使用否定自身与外来务工群体和农村人的关联性的应对策略，而第一代外来务工群体和第二代城市移民群体则不会使用该策略。

由于本研究需要将上一研究的结果作为对比，因此本研究所使用的被试群体样本与上一研究相同，其人口学变量也完全相同。

研究中，对所有被试进行刻板印象威胁量表的测量。该量表给被试提供三位城市居民对外来务工者的消极评价，分别指出"外来务工者素质低下""文化程度低"以及"不能适应城市生活"三种基本的刻板印象威胁，而后对被试进行文字测验。文字测验由两个5点评分题目组成，分别为"我是一个真正的农村人"和"我是一个真正的城市人"。被试从"非常不同意"到"非常同意"5点利克特量表中加以选择，作为实施刻板印象威胁之后，被试对城市人和农村人的认同程度。文字测验题目掺杂在与本研究无关的测验题目中，以掩盖测验目的。该量表内部一致性信度（Cronbach's α）为0.85。

（二）研究结果与分析

将上一研究所测得的第一代外来务工群体、新生代外来务工群体和第二代城市移民群体的城市人和农村人认同水平作为基线水平，即没有受刻板印象威胁线索作用的原始认同状态，比较在实施刻板印象威胁后三类被试群体对"城市人群体认同"和"农村人群体认同"的变化。配对样本t检验结果如表6-3所示，在展示了刻板印象威胁线索后，新生代外来务工群体和第二代城市移民群体的城市认同显著上升,同时农村认同显著下降;而第一代外来务工群体被试的"城市认同"显著上升,"农村认同"也有所上升。

表6-3 三类群体基线认同与刻板印象和威胁后认同的配对t检验

群体类型	认同类型	N	M	SD	t	df	P
第一代外来务工群体	基线城市人认同	153	3.16	1.39	2.37	152	0.019*
	威胁城市人认同	153	3.46	1			
	基线农村人认同	153	3.55	1.39	0.918	152	0.36
	威胁农村人认同	153	3.66	1.16			
新生代外来务工群体	基线城市人认同	142	2.49	1.22	9.95	141	0.000**
	威胁城市人认同	142	3.47	0.75			
	基线农村人认同	142	3.82	1.25	3.744	141	0.000**
	威胁农村人认同	142	3.36	1.21			
第二代移民群体	基线城市人认同	88	3.23	1.19	3.07	87	0.003**
	威胁城市人认同	88	3.68	0.74			
	基线农村人认同	88	3.47	1.37	4.397	87	0.000**
	威胁农村人认同	88	2.65	1.09			

注:*$p<0.05$;**$p<0.01$。

以上研究结果表明,在启动有关外来务工群体的消极刻板印象威胁后,新生代外来务工群体和第二代城市移民群体的"城市认同"显著上升,"农村认同"显著下降,表现出了强烈的否定与刻板印象威胁的相关性的意愿。而第一代外来务工群体被试虽然显著提高了其城市认同水平,却同时也在一定程度上提高了"农村认同"水平,并没有表现出否定自身与刻板印象威胁的相关性的意愿。这里可以进一步发现,第一代外来务工群体即使面对针对其群体的消极刻板印象威胁后仍然能维持自我的农村认同,而且试图通过回避的方式否定有关其群体的消极评价。这表明,第一代外来务工群体具有稳定的农村认同。而新生代外来务工群体面对刻板印象威胁线索时,则表现出强烈的否定与农村群体关联性的意愿,并且在评价其群体时表现出了消极的态度,再次表明了新生代外来务工群体具有强烈的摆脱其群体属性的动机。对于第二代城市移民群体而言,在面对刻板印象威胁时否定其与农村群体的关联性,而在评价农村群体时又表现出维护意愿,这种行为与态度的矛盾性，可能与其"双重认同"现状有关，来源于其心理认同和制度安排的矛盾现实。总之，外来务工群体普遍使用了某种形式的否定策略应对对其群体的刻板印象威胁，但是使用何种形式，决定于不同外来务工群体的认同状况和动机。

二 城市代际移民的角色榜样策略

在否定策略研究中，关于外来务工群体刻板印象威胁否定策略的研究验证了相关研究的阐述，表明外来务工群体的确会使用否定、回避等消极和被动的策略应对刻板印象威胁。本研究将探讨外来务工群体是否会使用积极和主动的策略应对刻板印象威胁。

（一）研究假设与研究过程

角色榜样策略是通过树立群体内积极的角色榜样提高个体的群体认同，这是一种积极的刻板印象威胁应对策略。以往的研究普遍认为，树立积极的内群体角色榜样可以提供与刻板印象威胁相反的证据，从而有效地降低刻板印象威胁对个体的伤害。[1][2][3] 然而，新近的研究发现，有时角色榜样并不能产生积极作用，甚至还可能产生消极的作用，这些研究致力于解决角色榜样的矛盾性效果，并对什么因素决定了角色榜样的作用性质展开新的讨论。心理学家通过一系列实验发现，当角色榜样的成功来源于内部的稳定因素（如能力、努力）时，将会产生最大的积极效果；而当角色榜样的成功源于外部的非稳定因素（如运气）时，角色榜样无任何积极效果，甚至产生自贬性态度。[4] 这说明，角色榜样成功的应得性是决定角色榜样作用大小的调

---

[1] Dasgupta, N., & Asgari, S. 2004. "Seeing is believing: Exposure to counter stereotypic leaders and its effects on the malleability of automatic gender stereotyping." *Journal of Experimental Social Psychology* 40: 642-658.

[2] Marx, D. M., & Stapel, D. A. 2006. "It's all in the timing: Measuring emotional reactions to stereotype threat before and after taking a test." *European Journal of Social Psychology* 36: 687-698.

[3] McIntyre, R. B., Lord, C. G., Gresky, D. M., Eyck, L. T., Frye, G. D., & Bond, C. F. 2005. "A social impact trend in the effects of role models on alleviating women's mathematics stereotype threat." *Current Research in Social Psychology* 10: 116-136.

[4] McIntyre, R. B., Paulson, R. M., Taylor, C. A., Morin, A. L., & Lord, C. G. 2010. "Effects of role model deservingness on overcoming performance deficits induced by stereotype threat." *European Journal of Social Psychology* 16: 745-768.

节性变量。根据上述有关角色榜样成功应得性的研究，本研究假设，通过应得性途径成为城市人的角色榜样对外来务工群体的城市认同有积极的提升作用，而通过非应得性途径成为城市人的角色榜样则没有这种积极作用，甚至有消极作用。

由于本研究需与之前的研究作对比，因此本研究所使用的被试群体样本与上一研究相同，所有人口学变量也完全相同。

角色榜样量表为自编量表，分为"成功应得性"版本和"成功非应得性"版本。在"应得性角色榜样量表"中，给被试提供两个因自我奋斗而获得成功的角色榜样；在"非应得性角色榜样量表"中，给被试提供两个因某些特殊原因，比如因投机而成功的角色榜样。考虑到外来务工群体从事的职业可能存在性别差异，"成功应得性"和"成功非应得性"量表都有男性和女性两个版本。在提供了角色榜样之后，测量被试的"城市人认同"和"农村人认同"。所用题目与刻板印象威胁量表中测量城市人和农村人认同的题目相同。在正式施测时，根据被试的性别将相应性别版本的"成功应得性"和"成功非应得性"角色榜样量表随机发放给被试，每个被试只接受一个成功应得性版本问卷的测量。另外，为了检验外来务工群体被试是否感知到了所展示的角色榜样的成功应得性，在被试将角色榜样量表作答完毕之后，还要回答一个5点评分题目"您觉得上述事例中主人公的成功有多大程度是他（她）应得的"，被试从0%、25%、50%、75%和100%这五个选项中选取一个答案。该量表内部一致性信度（Cronbach's α）为0.84。

（二）研究结果与分析

前面研究第一代外来务工群体、新生代外来务工群体和城市第二代移民群体的"城市人群体认同"和"农村人群体认同"的结果将作为基线水平，与实施角色榜样量表后接受不同成功类型角色榜样量表的三类群体的"城市人群体认同"和"农村人群体认同"进行比较。配对样本 t 检验结果如表 6-4 和表 6-5 所示。由表 6-4 可见，接受"成功应得性"角色榜样量表的被试群体中，新生代外来务工群体被试和第二代移民群体的"城市人认同"显著上升，"农村人认同"显著下降，而第一代外来务工群体被试的"城市人认同"显著上升，"农村人认同"没有显著变化。

表6-4 三类群体基线和接受应得性角色榜样后农村人和城市人认同的配对样本 t 检验

群体类型	认同类型	N	M	SD	t	df	P
第一代外来务工群体	基线城市人认同	83	3.05	1.46	2.086	82	0.04*
	威胁城市人认同	83	3.4	1.08			
	基线农村人认同	83	3.59	1.35	0.555	82	0.58
	威胁农村人认同	83	3.69	1.17			
新生代外来务工群体	基线城市人认同	72	2.39	1.19	4.48	71	0.000**
	威胁城市人认同	72	3.19	0.97			
	基线农村人认同	72	3.82	1.29	4.705	71	0.000**
	威胁农村人认同	72	3.1	1.12			
第二代移民群体	基线城市人认同	48	3.02	1.18	2.761	47	0.008**
	威胁城市人认同	48	3.52	0.9			
	基线农村人认同	48	3.65	1.38	5.339	47	0.000**
	威胁农村人认同	48	2.54	0.9			

注：$*p<0.05$；$**p<0.01$。

表6-5 三类群体基线和接受非应得性角色榜样后农村人和城市人认同的配对样本 t 检验

群体类型	认同类型	N	M	SD	t	df	P
第一代外来务工群体	基线城市人认同	67	3.28	1.31	2.167	66	0.034*
	威胁城市人认同	67	3.72	1			
	基线农村人认同	67	3.49	1.41	0.165	66	0.869
	威胁农村人认同	67	3.52	1.08			
新生代外来务工群体	基线城市人认同	69	2.61	1.05	6.612	68	0.000**
	威胁城市人认同	69	3.52	0.92			
	基线农村人认同	69	3.86	1.17	2.903	68	0.005**
	威胁农村人认同	69	3.35	1.08			
第二代移民群体	基线城市人认同	40	3.48	1.18	2.223	39	0.032*
	威胁城市人认同	40	3.92	0.83			
	基线农村人认同	40	3.25	1.35	2.58	39	0.014*
	威胁农村人认同	40	2.58	0.9			

注：$*p<0.05$；$**p<0.01$。

由表6-5可见，接受"成功非应得性"角色榜样量表的被试群体中，新生代外来务工群体被试和第二代城市移民群体的"城市人认同"显著上升,"农村人认同"显著下降,而第一代外来务工群体的"城市人认同"显著上升,"农村人认同"没有显著变化。

最后,比较"成功应得性"角色榜样量表被试和"非应得性"角色榜样量表被试在"成功应得性"检验题项上得分的差异性,独立样本 t 检验结果表明接受成功应得性角色榜样量表的被试认为角色榜样的成功应得性程度显著高于接受成功非应得性角色榜样量表的被试($M_{值得}$ = 2.71,$SD_{值得}$ = 0.97;$M_{非值得}$ = 1.36,$SD_{非值得}$ = 0.64;t = 7.39,df = 383,p = 0.000**),表明被试感知到了角色榜样的成功应得性。本研究结果表明,虽然被试感知到了角色榜样成功的应得性,但是"应得性"和"非应得性"角色榜样都对被试的"城市人认同"起到了积极的提升作用。在本研究中,"角色榜样的应得性"并没有对角色榜样起到调节作用。这一结果表明,非应得性途径与应得性途径一样被外来务工群体视为融入城市社会的重要方式。由于固性的制度障碍,外来务工群体认为通过应得性途径,如考上大学和辛勤劳动成为城市人的可能性较小,不得不寄希望于买彩票中大奖、嫁给城市人等非应得性途径。这表明,外来务工群体对居留城市、成为城市人的可能性持悲观和消极的态度,甚至认为需要通过非应得性途径才能达成这一可能性。另外,本研究再次验证了第一代外来务工群体农村人认同的稳定性。无论对第一代外来务工群体被试施加刻板印象威胁,或者是树立积极的角色榜样,第一代外来务工群体的农村人认同都没有发生显著变化。据此推测,第一代外来务工群体并未脱离自身的"农村人"角色,虽然他们在城市生活可能达十几年或几十年,并且已经脱离农业生产,甚至有可能获得了城市户口,然而该群体仍然保留了高度而稳固的"农村人认同",而其"城市人认同"显著低于"农村人认同"且并不稳定。这说明在心理层面,第一代外来务工群体仍然将自身归为农村人群体。

(三)研究结论

由以上几个研究可以发现,外来务工群体在社会心理层面并非一个独立而统一的群体,"乡土记忆""进城期望"和"城市体验"等是制约外来务工群体社会认同的重要社会心理因素,而这种社会心理因素并不因户籍等社会制度因素的变化而有性质的改变。这里,乡土记忆是外来务工群体保留的对农业生产、农村习俗、家乡社会关系、生活习惯等有关家乡的记忆和联系。进城务工前在农村居留的时间越长,从事农业生产的时间越长,乡土记忆越深厚，对外来务工群体在城市居留的制约力越大。而进城期望是外来务工群体在进城务工前在城市居留的期望，进城期望越高，对外来务工群体在城市居留的推动力越大。城市体验是外来务工群体在城市中通过耳闻目睹和接触互动得到的心理体验，长期和积极的城市体验，将推动外来务工群体的城市认同。第一代外来务工群体长期在城市居留，比新生代外来务工群体和第二代城市移民群体更加适应城市生活，具有更为长期和积极的城市体验，因而对城市人身份认同较高。然而同时，第一代外来务工群体进城务工前长期在农村从事农业活动，甚至一直在家乡保留土地，主要社会关系也在家乡，其乡土记忆十分浓厚。另外，第一代外来务工群体思想更为保守，更加期望叶落归根，回乡养老，有较低的进城期望。本研究也表明，第一代外来务工群体保留着较高和非常稳固的农村人认同，他们的社会认同更倾向于农村人，具有更高的返回农村的意愿和更大的现实可能性。

而新生代外来务工群体，大多初中或高中毕业之后就进城务工，对农业活动和农村生活较为陌生，因而乡土记忆比较淡薄。同时，本研究发现，新生代外来务工群体具有更为强烈的脱离农村人群体，融入城市社会的动机和意愿，因此具有更高的进城期望。然而，新生代外来务工群体在城市生活时间较短，研究表明外来务工群体在城市居留的平均时间为5年左右，且有不断上升的趋势，而本研究表明新生代外来务工群体的平均城市生活时间仅为3.5年，远低于外来务工群体的平均水平，其积极的城市体验较少，这在一定程度上制约着新生代外来务工群体的社会认同。因此，本研究虽然表明新生代外来务工群体具有更为强烈的融入城市的动机和意愿，然而其城市人认同却很低。但是可以预见，随着新生代外来务工群体城市居留时间的增长，新生代外来务工群体的社会认同将偏向于城市人，并且有较大的在城市居留的现实可能性。

对城市第二代移民群体而言，他们从小生活在城市，乡土记忆较新生代外来务工群体更为淡薄，同时他们已经在心理上将自身归为城市人，具有很高的进城期望。由于从小在城市生活和求学，他们的主要社会关系都在城市，与城市居民的接触和互动更为广泛和深入，具有更为积极的城市体验。本研究表明，该群体有相当部分已经获得了城市户口，成为制度意义上的城市人。因此，城市第二代移民群体具有更高的城市人认同和较低的农村人认同。尽管如此，城市第二代移民群体仍然面临着城市居民将其视为农村人的环境压力，以及城市中存在的隐性户籍墙的制度制约。这些显性和隐性的制度和社会环境的困境，是城市滞留型外来务工群体子女社会认同的主要制约力量。在社会心理层面，外来务工群体将具备分化的可能性，第一代外来务工群体具有农村人的心理认同预期，倾向于返回农村家乡；而新生代外来务工群体和城市第二代移民群体具有城市人的心理认同预期，倾向于长期居留在城市。

第七章　城市代际移民的认同融合与策略选择

当代社会正处于重大的转折时期，身份问题因而具有普遍性意义，边缘人群的身份问题显得尤为突出，他们处于现代化与系统之外，在急剧变化的年代遭遇到外显和内隐的双重排斥。与主流群体相比，他们更具有焦虑感和危机感，更需要融合到主流的文化中，更期待拥有共同的话语权。事实上，城市代际移民的城市融合是一个多维度的概念，它并非仅指农民工单方面融入城市的过程，更重要的是农民工和城市居民之间的相互接纳和认同的过程。

第一节　认同融合与认同管理

近半个世纪以来，社会心理学家一直致力于解释群体行为的产生与发展，从各种简单的群体性反应到严重的群体性极端事件，都蕴含着群体的行为与动机，而社会认同理论更清晰地表达了对于群体性动机和需要的关注。当代中国正处于转型的重要历史时期，利益分化、文化变迁、社会流动、阶层分化等正在消解人们已有的传统认同模式，进而出现了种类繁多的社会认同困境，如族群认同、文化认同以及身份认同等，也由此导致了各类社会问题的滋生，如群体冲突、偏见、歧视和社会排斥等。重构人们内心中积极、和谐的社会认同，促进社会认同的有效管理和激励良性的认同不仅是学界，也是现实情境的双重诉求。本节围绕社会认同的起源、形成、发展以及社会认同的动态性和复杂性，探讨社会认同的困境与威胁，以及如何进行社会认同管理和认同激励,目的是要将社会认同从单纯的理论架构中解放出来,使其紧密连接现实问题和现实情境,以期对解决转型期中国的社会心理问题产生积极的助力作用。

一 社会认同论的起源与研究价值

认同,具备两层基本含义,其一是"身份",指个人或群体的出身、特质、自我意识和社会地位;其二是"认同",即个人或群体为确证自己的社会身份而做出的努力和追求,如价值、信仰等。从词源上讲,"认同"(identity)一词起源于拉丁文的 idem,即相同。在哲学和逻辑学中,identity 被译成"同一性",它既表示两者之间的相同或同一,也表示同一事物在时空跨度中所体现出来的一致性和连贯性。从社会学视角出发,认同被描述为一种包括群体特性和群体意识的集体现象,强调诸如家庭纽带、个人社交圈、同业团体成员资格、阶层忠诚、社会地位,以及个人的行为思想与社会规范或社会期待趋于一致,或者是对自我特性的一致性认可、对周围社会的信任与归属、对有关权威和权力的遵从等。从心理学视角出发,认同被认为是人之本性,是深刻的、基础的、持久的和根本的内容与表征,如弗洛伊德(Freud)将认同看做个人与他人、本群体或他群体在感情上、心理上趋同的过程[1];埃里克森(Erikson)用"自我同一性"(self identity)来解释认同,认为认同是一种发展的结构,是一个人对其个体身份的自觉意识,是个体对其性格连续统一体的无意识追求以及对某个群体的理想和特征的内心趋同[2];威滕(Whetten)和戈夫雷(Godfrey)将认同看做"我是谁"或者"我们是谁"等人们用来确定身份的问题[3];泰勒强调,回答认同这个问题就是要知道我是谁,知道我站在何处,认同是由承诺和身份所规定的[4]。事实上,无论是社会学视角还是心理学视角,都在殊途同归地寻找人类认同的需要,即通过"我"和"我们"的差异寻求自我认同,以及通过"我们"

---

[1] Freud, S. 1922. *Group Psychology and the Analysis of Ego.* New York: Norton, 41.
[2] 埃里克森,2000,《同一性:青少年与危机》,孙名之译,杭州:浙江教育出版社,第79~127页。
[3] Whetten, D. A., & Godfrey, P. C. 1998. *Identity in Organizations: Buliding Theory Through Conversations.* London: Sage Publications, 18.
[4] 泰勒,2001,《自我的根源:现代人认同的形成》,韩震译,北京:译林出版社,第37页。

和"他们"的差异寻求社会认同。

　　社会认同理论（social identity theory）是研究社会认同的主要进程，这一理论自泰弗尔在20世纪70年代早期首次提出后就开始发展，代表着一种欧洲社会心理学与北美的个体主义倾向的社会心理学的分离，这一理论是一种典型的群体间理论。社会认同理论融合了心理学和社会学两种视角，不仅关注个体心理变量的控制，同时关注群体过程的分类模式。该理论起源于20世纪70年代，经由泰弗尔的"社会认同理论"①②③，以及其后的自我类别化理论（self-categorization theory）、最优特质理论（optimal distinctiveness theory）、群体动机理论（group motivation theory）的发展而日益显示出重要地位。④ 社会认同理论强调个体通过社会分类，对本群体产生认同，进而推动内群偏好（in-group favoritism）和外群敌意（out-group hostility）。个体通过社会分类来识别环境，同时也识别并对自己进行分类，⑤ 进而通过社会分类（social-categorization）、社会比较（social comparison）和积极区分原则（positive distinctiveness）而建立起相应的社会认同。

　　40多年来，社会认同理论一直被认为是对于内群体冲突解释的最典型理论。那么，社会认同理论何以能对内群体现象予以解释并有所贡献呢？社会认同理论是群体认同与群际行为方面最具影响的理论，该理论认为个体通过社会分类，对自己的群体产生认同，并产生内群体偏好和外群体歧视。正如布朗（Brown）指出的那样，社会认同的贡献来自它的四个关注，即关注内群体偏见（ingroup bias）、关注地位不对等性反应（responses to status inequality）、关注群体内部同质性与刻板印象（intragroup homogeneity and

---

① Tajfel, H. & Turner, J., C. 1986. "The social identity theory of intergroup behavior." In Worchel, S., & Austin, W. Eds. *Psychology of Intergroup Relations*. Nelson Hall: Chicage, 7 – 24.
② Tajfel, H. 1978. "Interindividual behavior and intergroup behavior." In Tajfel H. Ed. *Differentiation between Social Groups: Studies in the Social Psychology of Intergroup Relations*. London: Academic, 27 – 60.
③ Tajfel, H. 1982. "Social psychology of intergroup relations." *Annual Review of Psychology* 33: 1 – 39.
④ Hogg, M. A. 2004. "Social Identity, Self-categorization, and Communication in Small Groups." In Candlin, S – h. Ng, C. & Chiu, C – y. Eds. *Language Matters: Communication, Culture, and SocialIdentity*. Hong Kong: City University of Hong Kong Press, 221 – 243.
⑤ Niens, U. & Cairns, E. 2003. "Explaining social change and identity management strategies: New directions for future research." *Theory Psychology* 13 (4): 489 – 509.

stereotyping）以及关注通过关系而产生的内群体态度改变（changing intergroup attitudes through contact）。[1] 他认为，人们会用自己或他人在某些社群的成员资格来建构自己或他人的身份，依据群体成员资格而建构的身份是社会身份，依据个体独特素质而建构的身份是个人身份。社会认同理论认为，个体热衷于自己的群体，认为自己的群体比其他群体好，并在寻求积极的社会认同和自尊重中体会团体间的差异，因而容易引起群体间偏见和群体间冲突。社会认同理论对于解释我国社会转型时期的民族融合、群体和谐、社会融入、心理认同和消减歧视与污名现象，以及制定相应的社会政策，促进社会和谐发展与个体心理融入都具有强大的应用价值。当个体对某一社群有高度认同的时候，个体就会自然内化这个社群的价值观、生活方式和人生态度，并且积极地参与活动，也愿意为这一群体而付出努力。

二　社会认同复杂性的概念与表征

在现实社会中，人的社会认同是动态而复杂的。称其动态性是缘于它的过程性，社会认同的结构是一个基于记忆、意识、生物有机体特质、社会结构和社会情境等互动和影响的动态社会结果，社会认同根植于一定的心理过程，如思维、行为和情感等。另外，社会认同也具有一定的复杂性，这是基于个体在人际互动中的多重群体身份间的个体主观性的表征而言。阿米奥（Amiot）等对社会认同发展和整合过程中的四个阶段模式进行了总结，发现这四种模式为预想分类（anticipatory categorization）、分类（categorization）、区分（compartmentalization）和综合（integration）。[2] 其中预想分类的特征是根据自我特征和群体理解进行的自我锚定过程（self-anchoring process）；分类是为寻找主要的社会认同，此时各个认同之间有显著差异，重叠认同较少；区分阶段开始显现多重认同，社会认同逐渐出现整合取向；综合阶段中不同类别的重要性社会认同开始产生冲突，需要重新构建，甚至产生更高层次的合理整合。

---

[1] Brown, R. 2000. "Social identity theory: Past achievements, current problems and future challenges." *European Journal of Social Psychology* 30: 745–778.

[2] Amiot, C. E., Sablonnière, R., Terry, D. J., & Smith, J. R. 2007. "Integration of social identities in the self: Toward a cognitive-developmental model." *Personality and Social Psychology Review* 11: 264.

社会认同同时具有复杂性。这是因为存在于群体中的个体同时具备多重身份，有时甚至可能出现重叠现象，当内群体的多重认同出现重叠时，个体将在不同的群体身份中保持一个相对简单和独立的认同，这就是社会认同的复杂性（social identity complexity）。新近的很多研究大多感兴趣于个体同时出现的多个社会认同的状况，而很少看到当出现该状况时，个体在多种社会认同中的内群体态度的本质也具有复杂性。在社会认同的复杂性中，社会认同复杂模型（social identity complexity model）解释了社会认同是怎样进行结构化和组织化的，以及它们怎样表征自我认知。[1] 社会认同复杂模型依靠跨分类（crossed-categorization）原则，对群体认同的重叠现象进行了清晰的解构。根据该原则，群体的重叠点越多、越相似，个体对群体的评价越积极。例如，中国同乡之间的地缘关系就是一种依靠地域分类的解构而进行的认同，该模型通过"社会认同复杂性"这一概念来描述个体处于多种群体身份和角色时的客观表征，并指代个体同时出现几种角色和身份时认同重叠的程度。

罗卡斯（Roccas）和布鲁尔（Brewer）认为个体在其实际生活中可能具有多重的群体认同，他们具有多重分类内群体与外群体的方法，[2]并提出了四种不同的形式，图7-1中A和B指代不同的两种社会认同分类。

第一，交叉表征（intersection representation）：A是主要的社会认同，它还兼具着B的社会认同，这种结构最为简单，减少了多重性，群体认同基本上是单一性的。例如出生在乡村，后随同打工的父母到城市读书的我国城市二代移民（second generation migrants），在其认同系统中存在A和B两种认同系统，A为城市认同，B为乡村认同。在交叉表征显现中，他们大多以城市认同来判断自己，但有时也兼具乡村认同。

第二，优势表征（dominance representation）：A被视为主要的认同，另外一种B是次要的认同，次要的认同包含在主要的认同之中，它包括了一种基本的群体认同和其他附属认同，如城市认同是绝对主要的，乡村认同是

---

[1] Amiot, C. E., Sablonnière, R., Terry, D. J., & Smith, J. R. 2007. "Integration of social identities in the self: Toward a cognitive-developmental model." *Personality and Social Psychology Review* 11: 264.

[2] Roccas, S., & Brewer, M., B. 2002. "Social identity complexity." *Personality and Social Psychology Review* 6: 88.

包含在城市认同中的，处于次要位置。

第三，包围表征（compartmentalization representation）：个体具有的不同认同 A 和 B 之间彼此无过多影响，它们依据不同的社会情境而显现，其中 A 认同是最为重要的，是个体全部自我概念的显现，此时分离的社会认同 A 和 B 是趋向统一的，力图重建或进行高度整合。如城市认同和乡村认同是彼此互不干扰的，在不同的情境中提取不同的角色类型，如在城市生活中提取城市认同，在乡村生活中提取乡村认同，但总体上以城市认同为主导。

第四，合并表征（merger representation）：即多重社会群体的认同表征，它们同时出现和组织，是最为复杂的模式，它将不同和整合的模式涵盖在一种社会认同之中，如城市认同和乡村认同混杂在一起，难以区分和辨别，两者交织而成。同时，该模型指出，认同具有高复杂性（high-complexity）和低复杂性（low-complexity）的区别，前者是承认各种内群体分类之间的差异和不同，后者意味着个体或群体身处在多维群体认同中，但这些不同的认同之间同质性很强，因而呈现低复杂性。

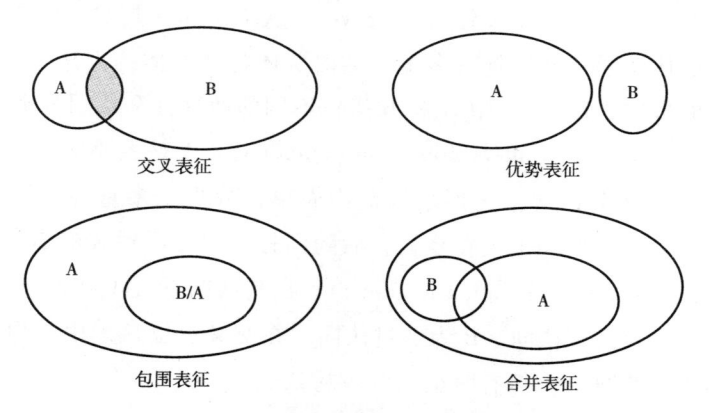

交叉表征　　　　　　　　　优势表征

包围表征　　　　　　　　　合并表征

图 7 - 1　多重内群体表征结构图*

* Roccas, S., & Brewer, M., B. 2002. "Social identity complexity." *Personality and Social Psychology Review* 6：88.

管健，2011，《社会认同复杂性与认同管理策略探析》，《南京师大学报》第 2 期。

三　社会认同的困境与威胁

人是社会中的个体，通过社会化的过程不断建构自己。社会认同使个人产生本体支点，它是人们对自己以及与他人关系的定位。缺乏了可接受的认同，个体就会陷入困境，产生危机。一般来说，个体除了要获得积极的个人认同外，也希望获得积极的社会认同。当这种需要不能满足时，便会产生社会认同威胁（social identity threat）。心理学家将社会认同威胁视为在社会比较的情况下，由于群体地位的差异，某一群体的个体在认知和情感上，对自我和所属群体身份的不承认，以一种悲观、颓伤的心态看待本群体的一切，对本群体的地位、文化、习俗等充满了自卑，甚至有时以自己身为群体的一员而感到耻辱，从而产生某种深深的污名感，在心理上产生一种疏离感、剥夺感和自卑感。[1]

帕克（Park）在其移民同化理论中指出，移民之所以是陌生人，是因为新的社会环境导致社会认同的缺失和亲近感的缺乏，从而在心理上产生社会距离，由此产生紧张、失落和自卑，而行为上表现为更多的过分小心、拘谨、懦弱和对天性的抑制。[2] 这种价值威胁是由于内群体价值被诋毁而造成的个体社会认同威胁，如个体所属群体被低估、与外群体相比处于劣势等。事实上，社会认同威胁被认为是个体在社会身份情境中遭遇到某一特殊情境产生的被疏离感和危机感，[3] 其结果将导致对该群体的不信任和缺乏社会归属感。[4] 在社会比较的情况下，由于群体地位的差异，某一群体的个体在认知和情感上，对自我和所属群体身份的不承认，会产生一种心理上的疏离感和剥夺感。通过社会比较（social comparison）获得积极评价的群体对于那些消极评价的群体在态度上会产生偏见，在行为上产生歧视，因而遭受消极评价的个体容易对本群体产生社会认同威胁。

从内容上看，社会认同威胁包括群体认知、群体态度、群体行为和群体疏离感，其结果将包括脱离原有群体、改变群体状态、采用社会竞争策略或创造性策略，如群体成员引入新的比较维度、重新评定消极评价维度、转向

---

[1] Ellemers, M., Spears, R., & Doosje, B. 2002. "Self and Social Identity." *Annual Review of Psychology* 53: 161–186.

[2] Park, R. E. 1922. *The Immigrant Press and Its Control*. New York: Harper.

[3] Scheepers, D., & Ellemers, N. 2009. "Sintemaartensdijk, Suffering from the possibility of status loss: Physiological responses to social identity threat in high status groups." *European Journal of Social phychology* 39: 1075–1092.

[4] Walton, G. M., & Cohen, G. L. 2007. "A question of belonging: Race, social fit, and achievement." *Journal of Personality and Social Psychology* 92: 82–96.

内群体比较等，当然也会有人接受消极的社会认同结果。①② 从分类上看，布兰斯考博（Branscombe）等将社会认同威胁分成四种：分类威胁（category threat）、群体价值威胁（threat to group value）、接纳威胁（acceptance threat）和区别性威胁（distinctiveness threat）。③ 分类威胁是当群体分类的结果与自己的意愿相悖时所导致的对个体的社会认同威胁；接纳威胁是当对群体高度忠诚的成员得知自己处于群体的边缘地位时产生的社会认同威胁；区别性威胁是由于外群体与内群体的差异而对个体的社会认同所造成的威胁；群体价值威胁是群际地位差异的合理性对个体社会认同的威胁。事实上，人们可以从理论上对社会认同威胁进行类型划分，但实际上个体的社会认同威胁可能是各种类型的社会认同威胁的重合。

四 社会认同管理策略与认同激励

社会认同管理策略（social identity management strategies）的研究正是在社会认同的预测和控制方面所进行的努力。④ 社会认同策略使得个体通过与其他社会群体做比较而尽力去获得积极的社会认同以期获得积极结果，从而提高个体或群体自尊。宁斯（Niens）和凯恩斯（Cairns）在2003年第一次提出了社会认同管理策略这一概念，并将其定义为处于低社会地位群体的成员希望推动否定社会认同的修复并建立积极的、有价值的社会认同，这种概念化的方式就是社会认同管理策略。⑤ 个体或群体当其面对否定性情境时一般通过心理策略和行为策略来改变目前的消极形势。

人们面对社会认同时产生的行为机制一般包括自我流动（individual mobility）、社会创造（social creativity）和社会竞争（social competition）。

首先，自我流动是个体对所属群体评价消极时，采取尝试离开群体，进

---

① 王沛、刘峰，2006，《社会认同理论视野下的社会认同威胁》，《心理科学进展》第5期。
② 张莹瑞、佐斌，2006，《社会认同理论及其发展》，《心理科学进展》第3期。
③ Branscombe, N. R., Spears, R., Ellemers, N., & Doosje, B. 2002. "Intragroup and intergroup evaluation effects on group behavior." *Personality and Social Psychology Bulletin* 28: 744–753.
④ Verkuyten, M., & Reijerse, A. 2009. "Intergroup structure and identity management among ethnic minority and majority groups: The interactive effects of perceived stability, legitimacy, and permeability." *European Journal of Social Psychology* 38: 106–127.
⑤ Niens, U. & Cairns, E. 2003. "Explaining social change and identity management strategies: New directions for future research." *Theory Psychology* 13 (4): 489–509.

入仰慕的参照群体的过程，这是个体解决认同威胁的策略之一。① 比如城市二代移民希望在城市中购买住房，获得城市户口进而真正由农村人转变为城市人，这是属于自我流动性解决策略。

其次，社会创造策略是选择其他的比较维度，并重新评估现有的维度，使得内心中赞同新的维度。比如，在美国，为了应对肤色的歧视，需要重新评价那些被负面评价的维度。例如，在美国黑人运动中，人们将洋娃娃的偏好颜色不再固定为白色，而将漂亮的娃娃也塑造成黑色，建立儿童"黑也是美"的观念。又比如中国农民工在城市中遭受偏见，他们往往会强调城市人不如农村人纯朴善良，这样换取其他维度就可以继续维持原有认同，保持个人自尊。也就是说，个体为了满足自尊的需要而突出自己或本群体某些积极的维度，在这些相关维度中，本群体成员比其他人表现更为出色。

再次，社会竞争策略常常是个体认为不能改变现有情境而采用的抵抗和对立的策略，如美国多年的种族冲突等。在以上策略中，个体流动被认为是用以应对否定社会认同的个人化策略，而社会竞争和社会创造被认为是群体策略。相对于群体策略而言，个体策略仅仅能够提高个体的地位而不能促进整体性。沃库特恩（Verkuyten）和瑞杰斯（Reijerse）也发现，群体大小和地位作用于直接和间接的认同管理策略，小群体成员相对于大群体成员来讲更容易使用集体策略（collective strategies），而大群体成员则被发现更多的使用个体主义策略（individual strategies）应对负面的社会认同。② 群体认同的强度会影响刻板印象威胁效应，高群体认同者由于在任何情境下都会把自己与内群体紧密地联系在一起，有更强烈的动机来保持内群体的积极形象，因此当面临群体认同威胁时，他们为了保护和维持内群体的社会认同，在心理和行为策略方面投入更多，会经历更大的威胁。③ 总之，当个体在比较过

---

① Jetten. J., Iyer, A., Tsivrikos, D., & Young, B. M. 2008. "When is individual mobility costly? The role of exonomic and social identity factors." *European Journal of Social Psychology* 38: 866–879.

② Verkuyten, M., & Reijerse, A. 2009. "Intergroup structure and identity management among ethnic minority and majority groups: The interactive effects of perceived stability, legitimacy, and permeability." *European Journal of Social Psychology* 38: 106–127.

③ Schmader, T. 2002. "Gender identification moderates stereotype threat effects on women's math performance." *Journal of Experimental Social Psychology* 38: 194–201.

程中获得否定性社会认同时，个体或群体将运用认同管理策略来应对否定性的认同情境。

这其中，有三个变量影响内群体认同和促进认同管理策略的实施，这些变量包括内群体中的三个方面，即内群边界的渗透性（permeability of intergroup boundaries）、内群关系的稳定性（stability of intergroup relations）和内群关系的合法性（legitimacy of intergroup relations）。

首先，内群边界的渗透性是指在社会情境比较中两个群体之间的边界，具有渗透性的群体边界可以允许个体从一个群体移动到另外一个群体；相反，那些不具备渗透性的群体边界则对这种移动性行为予以限定。例如，我国城乡之间的偏见和美国种族偏见之间具有很大差异，因为城乡之间的偏见是基于身份而产生的，而身份是具有渗透性和流动性的，是可以改变的。而美国的种族差异是源于肤色和基因的差异，是不可改变的，因此白人和黑人群体之间是泾渭分明的。如果群体边界是开放而非封闭的，个体则可以通过自身的努力脱离某一群体而进入另一群体；如果人们认为群体之间的边界是固定和不可通透的，当个体不能从一个地位低的群体进入地位高的群体时，此时低地位群体成员就会强化自己的内群体认同，甚至在行为上要求重新建立评定标准，包括社会政策和制度等，这时就出现了社会竞争和社会创造，甚至直接引起对抗和不合作等。也就是说，当一个个体受所属群体的负面评价时，并相信群体的边界是开放的，他则有可能尝试离开这个群体而进入另外一个群体。比如人们通过努力工作、接受高等教育等方式实现向上流动，并进而改变所属群体的地位。

其次，内群体关系的稳定性意味着个体或群体对于该群体成员的地位向另一个群体地位转变的可能性。如果对群体地位的预期是相对稳定的话，那么群体地位的未来改变空间较小，反之亦然。也就是说，内群体内聚力越强，关系越稳定，个人越容易强化自己的内群体认同，不容易更改。

再次，内群体关系的合法性是指个体或群体对于群体地位的公平性的看法，一个公正而合法的群体地位被认为是公平和可接受的，反之则被认为是难以接受的。也就是说，当个体对所属群体持消极评价并确信群际边界是开放的和公平公正的，就有可能尝试离开该群体进入其他参照群体，并且会以努力工作、接受再教育等方式做出社会流动性行为，尝试改善自己的生活，离开某一较低的社会位置。

近年来在认同管理策略的研究中，有一些积极的尝试工作值得关注。罗卡斯和布鲁尔区分了不同的社会认同的分类策略，包括符号认同策略、文化区域策略、划分策略和综合联结策略。[①] 研究认为，符号认同策略是以其特殊的文化认同符号为基础，比如非洲裔美国人、华裔美国人和韩裔美国人等；文化区域策略是以不同的主客文化为依据，以文化差异来强化认同；划分策略适合不同群体之间存在冲突和文化矛盾的情况，被认为是"交互联结"，这可以解释儿童移民在家庭内部和社区中适用不同的规范、模式和价值的情况，这是个体在不同背景和情境下的适应策略；综合联结策略来源于不同文化中的联结，适合于复杂群体认同。此外，在社会认同策略中还出现了诸如纵向跨越再分类法（super-ordinate recategorization）、暂时比较法（temporal comparisons）和否定法（denial）等。柏纳驰·阿瑟兰（Bernache-Assollan）等对英式足球球迷者的认同管理策略进行研究发现了一种新型策略，即荣誉曝光（basking in reflected glory），如球迷穿着自己喜爱的球队的服装和戴有相关装饰物等，这是一种自我提升策略；[②] 安德森（Anderson）等研究了男同性恋和女同性恋工作人员的性别认同管理策略，采用的量表为工作场所性别认同管理量表（Workplace Sexual Identity Management Measure，WSIMM），发现男女同性恋工作人员通常采用的认同管理策略包括遗忘、隐藏、掩盖和公布；[③] 巴顿（Button）采用定量调查的方式对职场中的男女同性恋工作人员进行认同管理策略研究，发现个体通常采用伪装异性认同、避免性别认同问题等策略。[④] 总之，社会认同理论中衍生了不同类型的认同管理策略，旨在提高个体或群体的自尊，避免偏见和歧

[①] Roccas, S., & Brewer, M., B. 2002. "Social identity complexity." *Personality and Social Psychology Review* 6: 88.

[②] Bernache-Assollant, L., Lacassagne, M‑F., & Braddock, J. H. 2007. "Basking in reflected glory and blasting: Differences in identity-management strategies between two groups of highly identified soccer fans." *Journal of Language and Social Psychology* 26: 381.

[③] Anderson, M. Z., Croteau, J. M., Chung, Y. B., & DiStefano, T. M. 2001. "Developing an assessment of sexual identity management for lesbian and gay workers." *Journal of Career Assessment* 9: 243–260.

[④] Button, S. B. 2004. "Identity management strategies utilized by lesbian and gay employees: A quantitative investigation." *Group Organization Management* 29: 470.

视的产生。

那么，如何去激发积极的社会认同呢？目前有关认同激励的研究大都停留在实验室研究，如通过操纵群体自尊或认同水平来探究。布兰斯考博和瓦恩（Wann）发现具有高认同水平的美国被试在观看了美国拳击手被俄罗斯拳击手击败的录像后，增强了对俄罗斯群体的消极态度。[1] 这说明，在得知外群体对内群体持有消极评价之后，群体成员会由于外群体对内群体自尊或威信的损害而产生对外群体的敌对态度。[2] 瑞歇尔（Reicher）和莱文（Levine）发现，在被强大外群体期望中的具有认同性且非匿名条件下，[3] 被试不太可能做出公开支持内群体规则的行为，比如提供虚假口供等。[4] 柯雷恩（Klein）等发现，去个性化效应的社会认同模型（social identity model of deindividuation effects, SIDE）可以揭示去个性化状态下个体并非丧失自我，而是表现出更多的遵守群体规则的行为，[5] 即当个体在群体中或者缺乏个体线索的时候，去个性化的操作就可以促进自我从个体认同到社会认同，从而在认知上增加认同的显著性，最终使个体表现符合群体规则的行为。西蒙（Simon）和鲁斯（Ruhs）研究了土耳其移民在德国的双重认同，分析了政治化过程中的集体认同角色，并认为强化政治集体认同在政治化中起到积极作用。[6] 本尼迪克特·马丁内斯（Benet-Martínez）发现，对于从中国移民到美国的学生来说，他们在美国的年限、第二语言的能力，以及对第二文化的

---

[1] Branscombe, N. R., & Wann, D. L. 1994. "Collective self-esteem consequences of outgroup derogation when a valued social identity is on trial." *European Journal of Social Psychology* 24, 641-657.

[2] Branscombe, N. R., Spears, R., Ellemers, N., & Doosje, B. 2002. "Intragroup and intergroup evaluation effects on group behavior." *Personality and Social Psychology Bulletin* 28: 744-753.

[3] 张琦、冯江平、王二平，2009，《群际威胁的分类及其对群体偏见的影响》，《心理科学进展》第2期。

[4] Reicher, S. D., & Levine, M. 1994. "Deindividuation, power relations between groups and the expression of social identity: The effects of visibility to the out-group." *British Journal of Social Psychology* 33: 145-163.

[5] Klein, O., Spears, R., & Reicher, S. 2007. "Social identity performance: Extending the strategic Side of SIDE." *Personality and Social Psychology Review*, 11-28.

[6] Simon, B. & Ruhs, D. 2009. "Identity and politicization among Turkish migrants in Germany: The role of dual identification." *Journal of Personality and Social Psychology* 95 (6): 1354-1366.

认同程度都与双文化认同整合中的文化分离显著相关。①②③④ 即对于移民到美国的中国人来说，在美国的时间越长，英语能力越强，越认同美国文化，那么其知觉到的文化分离的程度也就越低；而相对的，在第一文化中所待的时间越长，移民时的年龄越大，第一语言的运用能力越强，以及对第一文化的认同程度越高，其知觉到的文化分离的程度越高。这些都是社会认同激励的有意义探索。

五 社会认同管理对我国的现实主义观照

中国的社会转型给中国社会心理学者提供了独特的社会实验室。⑤ 社会转型是一种综合性的社会变迁，它不仅体现为经济体制的转轨、社会结构的转型以及文化模式的转换，还体现为人们心理上的转型适应以及社会认同的变化，对于后者的研究更具有现实性和典型性。正如哈斯兰（Haslam）和瑞歇尔（Reicher）所指出的，社会认同研究的关键除了严密的定义之外，最重要的是致力于发展实践和应用，理论的维持需要不断密切关注现实性问题与解决之道。⑥

在中国的现实情境中，传统社会文化变迁缓慢，风俗习惯、道德规范和价值都不断传承，然而现代社会城市化进程加快，原有的稳定和固化的社会系统日益被高度流动性和多样性的现代社会所取代。新的群体不断涌现，人们需要重新寻找自己稳定的生活方式和思维方式。例如在城市化过程中，人

---

① Benet-Martínez, V., & Haritatos, J. 2005. "Bicultural Identity Integration (BII): Components and sociopersonality antecedents." *Journal of Personality* 73: 1015 - 1049.
② Benet-Martínez, V., Leu, J., Lee, F., & Morris, M. 2002. "Negotiating biculturalism: Cultural frame switching in biculturals with oppositional versus compatible cultural identities." *Journal of Cross-Cultural Psychology* 33 (5): 492 - 516.
③ Chen, S., Benet-Martínez, V., & Bond, M. 2008. "Bicultural identity, bilingualism, and psychological adjustment in multicultural societies: Immigration-based and globalization-based acculturation." *Journal of Personality* 76 (4): 803 - 838.
④ Cheng, C., Lee, F., & Benet-Martínez, V. 2006. "Assimilation and contrast effects in cultural frame switching: Bicultural identity integration and valence of cultural cues." *Journal of Cross-Cultural Psychology* 37 (6): 742 - 760.
⑤ Fang, W. 2009. "Transition Psychology: The Membership Approach." *Social Sciences in China* 2: 35 - 48.
⑥ Haslam, S. A., & Reicher, S. D. 2007. "Identity entrepreneurship and the consequences of identity failure." *Social Psychology Quarterly* 70: 125 - 147.

们的存在方式发生了变革,许多新群体,如城市移民群体、外地务工人员群体等,常常伴随着城市化的进程而拥有多重身份,身份的不同决定了归属感和认同感的不同。城市化是社会生产力和社会关系、人类精神世界和生活方式迈向现代化的综合反映。城市不仅仅是一群人共同居住的地域,它还是一种城市性的心理状态和生活方式。

孙立平在2011年指出,与简单的乡村社会相比,城市是一个更为复杂的社会,无论是城市生活还是社会结构都是如此。[①] 李培林在2011年指出,社会结构的深刻变化给现有的社会管理体制带来重大的挑战,其中之一便是城乡结构变化的挑战,当下城市化是中国发展的新动力,两亿多世世代代的农民离开土地和村庄,形成世界上最为庞大的流动人口,如果是转变了身份的农民在社会体制中融入新的城市生活,如何处理好其中的关系至关重要。[②] 社会融合是个体和个体之间、不同群体之间或不同文化之间互相配合、互相适应的过程。[③]

在农民工与城市的认同方面,王春光在2009年提出,农民工移民群体既无法返回农村,也不能彻底融入城市,处于一种"半城市化"状态。[④] 他认为,所谓"半城市化"是没有彻底融入城市社会的状态,即"城市化不彻底"的状态,表现为农村流动人口在制度上没有享受到完全的市民权,在社会行动上与城市社会有明显的隔离以及对城市社会没有强烈的认同感。马西恒和童星在2008年通过对上海市某社区的个案考察,发现新移民与城市社区的"二元关系"正在发生变化,即从相互隔离、排斥和对立转向一种理性、兼容、合作的"新型二元关系",他提出了新移民与城市社会融合可能依次经历三个阶段的构想,分别是"二元社区""敦睦他者"和"同质认同"。"敦睦他者"是新移民与城市社会融合的关键阶段,在此期间需要政府、社区和新移民共同做出努力。[⑤] 风笑天在2004年通过三峡农村移民

---

① 孙立平,2011,《走向积极的社会管理》,《社会学研究》第4期。
② 李培林,2011,《我国发展新阶段的社会建设和社会管理》,《社会学研究》第4期。
③ 张文宏、雷开春,2008,《城市新移民社会融合的结构、现状与影响因素分析》,《社会学研究》第5期。
④ 王春光,2009,《对中国农村流动人口"半城市化"的实证分析》,《学习与探索》第5期。
⑤ 马西恒、童星,2008,《敦睦他者:城市新移民的社会融合之路:对上海市Y社区的个案考察》,《学海》第2期。

的社会适应研究，提出社会融合应该从家庭经济、日常生活、与当地居民的关系、生产劳动、社区认同等5个维度来分析。张继焦在2004年从就业与创业中迁移者的城市适应角度，提出社会融合应当从对城市生活的感受、经济生活、生活方式、社会交往、恋爱婚姻等方面来分析。杨黎源在2006年以宁波市十几个城镇的实证调查资料为基础，提出从风俗习惯、婚姻关系、工友关系、邻里关系、困难互助、社区管理、定居选择及安全感等8个方面来分析外来人口的社会融合状况。张文宏和雷开春在2008年以上海城市新移民调查数据为蓝本，采用探索性因子分析方法，对城市新移民社会融合的结构及现状进行了探讨，分析结果发现，城市新移民的社会融合包含着文化融合、心理融合、身份融合和经济融合四个因子。从社会融合程度来考察，城市新移民的总体水平偏低；从具体影响因子来看，体现出心理融合、身份融合、文化融合和经济融合依次降低的趋势。相对较高的心理融合和身份融合程度，反映了作为新移民聚居地的上海为新移民的社会经济地位提升创造了更大的发展空间；而相对较低的文化融合和经济融合状况，则反映出"城市文化"的多元化和宽容性以及城市生活成本迅速增长带来的社会融合障碍。[①] 杨黎源和杨聪敏在2011年基于浙江的实证考察，从机会获得和能力提高的视角研究了农民工的城市职业融入。[②] 王桂新和武俊奎在2011年以上海为例建立了城市农民工与本地居民社会距离的影响因素模型，分析了城市农民工与本地居民社会距离的影响因素及其作用机制，发现社会资本有助于缩小本地居民和农民工之间的社会距离，即个人拥有的社会资本越广泛丰富越有利于消除群体之间的偏见并改变农民工对自身的身份认同，缩小本地居民和农民工的社会距离，同群效应则可以强化城市农民工和本地居民群体价值判断的趋同性，从而对二者之间的社会距离有双向作用，如同群效应强化群体共同的偏见，则有扩大二者社会距离的倾向。[③]

的确，当代中国的流动人口问题引起世人关注，原因不仅在于这是迄今

[①] 张文宏、雷开春，2008，《城市新移民社会融合的结构、现状与影响因素分析》，《社会学研究》第5期。

[②] 杨黎源、杨聪敏，2011，《从机会获得到能力提高：农民工城市职业融入研究》，《浙江社会科学》第8期。

[③] 王桂新、武俊奎，2011，《城市农民工与本地居民社会距离影响因素分析》，《社会学研究》第2期。

为止世界最大规模的人口迁移浪潮,更在于它对经济社会生活已经发生和将会发生重要影响。在日常生活中,城市移民群体与城市社会存在经常性互动和交往,但是这种互动和接触更多的是交易性接触,而非情感性接触,他们虽然生活在城市群体之中,但是情感交往的层面仍然以同乡居多,仍然生活在城市中的亚社会圈层之中。值得注意的是,身份的认同不仅包含着以户籍为标志的体制性问题,也包括了心理角色的接受、确认与内化。也就是说,在制度上解决户籍问题并不能从根本上解决群体之间的差异和群际的心理属性。

因而,我国存在的新移民群体如何与城市居民进行良性互动,如何能在文化适应过程中保持身心健康与积极态度,如何理解代际差异,这些问题都需要进一步的发掘和研究。

同时伴随着社会的转型,社会分层结构和分层机制都在相应改变,居于一定社会阶层地位的个人日益出现一种对社会公平的感受以及对自身所处的社会经济地位的主观认识、评价和感受,这种针对阶层的社会认同也是当前社会认同复杂性的重要显现。社会认同在本质上是一种群体性的观念,是增强社会内聚力的必要条件,是一个社会的成员共同拥有的信仰、价值和行动取向的集中体现,它的功能就在于向社会成员灌输行动逻辑、塑造特定结构以及营造相应的群体文化,它在本质上是为了寻求整体社会的稳定性,塑造多元并存的、良性而积极的社会认同。应用社会认同的原理研究如何消除当代中国群体偏见和冲突,促进群体间的和谐与共荣将对我国社会发展起到积极的作用,同时在这方面的深入研究对社会的和谐发展具有重要意义。

社会认同最初源于群体成员身份。人们总是争取积极的社会认同。而这种积极的社会认同是通过在内群体和相关的外群体的比较中获得的。如果没有获得满意的社会认同,个体就会离开他们的群体或想办法实现积极区分。因而,在现代化的背景下,引导人们构建健康而良性的社会认同系统,是社会秩序稳定的基础,也是个人提升生活质量和幸福感的重要指标,对于弱势群体的认同观照尤其必要。在理论层面,它有助于不同学科的学者共同关注这一交叉性领域,加强对社会认同中国化工作的理论探讨和实践研究,进一步丰富和强化本土研究,同时在现实意义上获得更为有效的以及更符合我国实际的社会认同管理策略和方法。对于当前正处于社会转型过程中的群体成员而言,他们都面临着复杂的社会环境,个体容易出现复杂的认同状况。如何在认同的复杂系统中寻求和谐而统一的自我,如何避免各种认同的冲突,达成和谐的自我系统并实现较高的主观幸福感是当下研究的主要出发点。认同,从个体走向群体,从自我延伸至社会,从描述、阐释不断迈向预测和干预,是提升幸福感,达成和谐的必然路径。

第二节 构建城市代际移民的社会支持系统

郑杭生先生在2009年指出,社会快速转型期的一个鲜明特点,是社会进步与社会代价共存、社会优化与社会弊病并生、社会协调与社会失衡同在、充满希望与饱含痛苦相伴。在中国社会生活的各个领域,如城乡面貌、利益格局、社会关系、等级制度、社会控制机制、价值观念、生活方式、文化模式、社会承受能力等领域,都毫无例外地表现了这一中国社会转型的两重性和极端复杂性。① 在我国,改革开放的不断深入既为中国创造了巨大的发展空间,也使污名和歧视问题日益严峻,导致改革的深化面临困境。欲将这一矛盾降低到最低程度,有必要构建针对该群体的社会支持网络,但在构建过程中,政府固然是最核心的力量,但事实证明,以第三部门发展所取得的成就为突破口来寻求问题的解决不失为一种新的途径和新的视角。

一 中国现阶段的歧视与污名的危害

污名是由于个体或群体具有某种社会不期望或不名誉的特征,而降低了其在社会中的地位。它是社会对这些个体或群体的贬低性、侮辱性的标签,被贴上标签的人有一些为他所属文化不能接受的状况、属性、品质、特点或行为,这些属性或行为使得被贴标签者产生羞愧、耻辱乃至犯罪感,并导致了社会对他们不公正的待遇。歧视则是指社会对被贴上污名标签的人所采取的贬低、疏远和敌视的态度和行为,是污名化的结果。歧视有广义和狭义之分,广义的歧视是指"有区别的对待",而狭义的歧视是指不以能力、贡献、合作等为依据,而是以诸如身份、性别、种族或社会经济资源拥有状况为依据,对社会成员进行"有区别的对待",以实现"不合理"的目的,其

---

① 郑杭生,2009,《改革开放三十年:社会发展理论和社会转型理论》,《中国社会科学》第2期。

结果是对某些社会群体、某些社会成员形成一种剥夺，造成一种不公正的社会现象。社会歧视和污名现象是一种消极的刻板印象，并且人们将这一印象得以形成归咎于被污名者自身，而不是他人或处境等外部因素。那些被污名的人，被拒绝于一般的人际交往之外，或者被厌恶和排斥。由于社会充斥着人与人之间的差异，而这些差异的重要性来自团体身份，歧视和污名的第一步是标示差异的存在；将差异与负面特征联结，被标示的差异承载了社会所赋予的负面评价；由负面评价而区分开来施加歧视与污名者和承受歧视与污名者；后者随之带来的是机会的丧失、资源的减少等情境并伴有一定的身份焦虑；公众歧视和污名直接导致该群体的自我意象，造成其自我评价低、自尊受损，影响个人情绪和生活满意度，产生自我污名化现象，甚至还会产生报复和失衡心态，造成社会的对立和冲突。

歧视和污名损害了社会的每一个成员都应该享有的平等自由的基本权利，损害了一部分社会成员作为人的基本的种属尊严，背离了机会平等的基本规则，不恰当地膨胀了一部分社会成员的机会资源，同时又剥夺了另一部分成员，尤其是弱势群体的机会资源，限制了他们的发展前景，还带给被歧视和污名人群以极强的心理羞辱感。

近年来，关于偏见和排斥方面的研究多集中在个体认知、对情绪和行为方面的影响。在认知方面，对认知的影响论认为社会排斥严重损害了个体的认知过程，可能导致思维能力、认知能力、逻辑能力的下降，也影响了自我对他人的认知评价。在污名、排斥与消极情绪的体验关系上，许多研究者认为社会排斥引发强烈的消极情绪，其中焦虑是主要反应。社会排斥也导致孤独、嫉妒、抑郁、焦虑、麻木等情绪，是预测青少年抑郁的重要指标。在这一点上，一些生物性仪器的实验也证明社会排斥和社会污名激发了与身体痛苦相关的神经系统的反应。在行为方面，被排斥和被污名的个体也常常显现出失控行为，自我调节能力下降，攻击性行为增多，甚至包括一些无意识的自我损害行为。例如，芬奇（Finch）在 2000 年对墨西哥移民的调查发现歧视意识水平直接影响到抑郁，并受到文化适应性和性别等多个因素的影响；[1] 福斯特（Foster）在 2000 年的研究发现，个人感知到的歧视越多，其

---

[1] Finch, B. K., Kolody, B., & Vega, W. A. 2000. "Perceived discrimination and depression among Mexican-origin adults in California." *Health Social Behavior* 41: 295–313.

报告的焦虑和抑郁症状也越多;① 尼堡（Nyborg）在 2003 年通过对黑人儿童的研究发现，歧视与抑郁症状、心理烦恼、无助感、低自尊等消极心理存在显著的正相关;② 莱维斯（Lewis）等在 2003 年对男、女同性恋的调查发现，感知到的歧视和自身的性取向能显著地预测抑郁症状。③ 博梅斯特（Baumeister）在 2009 年的研究中发现，遭遇偏见的个体或群体会处于认知解体状态、④ 攻击性行为⑤⑥和自我损害行为增多、⑦ 智力活动和自我控制能力下降、⑧⑨ 亲社会行为减少，⑩ 同时也寻求建立新的社会关系。⑪ 正如杨在 2007 年强调的那样，污名最主要的特点是使人感受到某些精神层面的损失（如名誉、地位等），对于遭受污名者而言，污名使其痛苦复杂化，即不仅

---

① Foster, M. D. 2000. "Positive and negative responses to personal discrimination: Does coping make a difference?" *The Journal of Social Psychology* 140 (1): 93–107.

② Nyborg, V. M., & Curry, J. F. 2003. "The impact of perceived racism: Psychological symptoms among black boys." *Journal of Clinical Child & Adolescent Psychology* 32 (2): 258–266.

③ Lewis, R. J., Derlega, V., & Griffin, J. L. 2003. "Stressors for gay men and lesbians: Life stress, gay-related stress, stigma consciousness and depressive symtoms." *Journal of Social and Clinical Psychology* 22: 716–729.

④ Baumeister, R. F., DeWall, C. N., & Vohs, K. D. 2009. "Social rejection, control, numbness, and emotion: How not to be fooled by Gerber and Wheeler." *Perspectives on Psychological Science* 4: 489–493.

⑤ Twenge, J. M., Catanese, K. R., & Baumeister, R. F. 2003. "Social exclusion and the deconstructed state: Time perception, meaninglessness, lethargy, lack of emotion, and self-awareness." *Journal of Personality and Social Psychology* 85: 409–423.

⑥ Twenge, J. M., Baumeister, R. F., Tice, D. M., & Stucke, T. S. 2001. "If you can't join them, beat them: Effects of social exclusion on aggressive behavior." *Journal of Personality and Social Psychology* 81: 1058–1069.

⑦ Twenge, J. M., Catanese, K. R., & Baumeister, R. F. 2002. "Social exclusion causes self-defeating behavior." *Journal of Personality and Social Psychology*, 83: 606–615.

⑧ Baumeister, R. F., Twenge, J. M. & Nuss, C. K. 2002. "Effects of social exclusion on cognitive processes: Anticipated aloneness reduces intelligent thought." *Journal of Personality and Social Psychology* 83: 817–827.

⑨ Baumeister, R. F., DeWall, C. N., Ciarocco, N. J., & Twenge, J. M. 2005. "Social exclusion impairs self-regulation." *Journal of Personality and Social Psychology* 88: 589–604.

⑩ Twenge, J. M., Baumeister, R. F., DeWall, C. N., Ciarocco, N. J., & Bartels, J. M. 2007. "Social exclusion decreases prosocial behavior." *Journal of Personality and Social Psychology* 92: 56–66.

⑪ Maner, J. K., DeWall, C. N., Baumeister, R. F., & Schaller, M. 2007. "Does social exclusion motivate interpersonal reconnection? Resolving the 'porcupine problem'." *Journal of Personality and Social Psychology* 92: 42–55.

要面对自身某些缺陷,更重要的是还要面临精神世界的损失。①

在我国,蔺秀云等在2009年探讨了流动儿童所感受到的歧视对他们心理健康水平的影响,以及他们的应对方式和自尊所起的作用。研究发现,流动儿童所感受到的社会歧视在学校类型、流动性上存在显著的差异;流动儿童在社交焦虑、孤独感上最差;自尊不仅在歧视知觉与心理健康水平之间起到显著的中介作用,在应对方式和心理健康水平之间也起到了显著的中介作用;② 熊猛和叶一舵在2011年发现,中国城市农民工子女心理健康的总体水平低于城市当地儿童,在社会认知方面存在着一定的歧视知觉、相对剥夺感和身份认同危机;在情绪情感方面表现为情绪不平衡、孤独、抑郁、倾向较强和自卑、自责心理严重;在社会适应方面显示出社会适应不良、人际关系紧张与敏感、学习适应性较差和问题行为较多。③ 韩煊和吴汉荣在2010年对深圳市流动儿童的调查表明,流动儿童的心理健康状况较常住儿童差,流动男童的学习焦虑、人际焦虑、孤独倾向、自责倾向、过敏倾向、身体症状、总焦虑因子得分均明显高于常住男童,流动女童的学习焦虑、恐怖倾向因子得分均明显高于常住女童。④

另外,歧视知觉(perception of discrimination)也会影响个体的身心发展,它是个体知觉到由于自己所属的群体成员资格(如种族、户口身份等)而受到了有区别的或不公平的对待,它是相对于客观歧视而言的一种主观体验。⑤ 其中,邹泓等在2004年通过调查发现,城市农民工子女抱怨过城里人看不起他们;⑥ 胡进在2002年的调查结果显示,有11.5%的农民工子女

---

① Yang, L. H., Kleinman, A., Link, B. G., Phelan, J. C., Lee, S., & Good, B. 2007. "Culture and stigma: Adding moral experience to stigma theory." *Social Science & Medicine* 64: 1524 – 1535.
② 蔺秀云、方晓义、刘杨、兰菁,2009,《流动儿童歧视知觉与心理健康水平的关系及其心理机制》,《心理学报》第10期。
③ 熊猛、叶一舵,2011,《中国城市农民工子女心理健康研究述评》,《心理科学进展》第12期。
④ 韩煊、吴汉荣,2010,《深圳市流动儿童心理健康状况分析》,《中国学校卫生》第31期。
⑤ Major, B., Quinton, W. J., & McCoy, S. K. 2002. "Antecedents and consequences of attributions to discrimination: Theoretical and empirical advances." In M. P. Zanna Ed. *Advances in Experimental Social Psychology* 34: 251 – 329.
⑥ 邹泓、屈智勇、张秋凌,2004,《我国九城市流动儿童生存和受保护状况调查》,《青年研究》第1期。

非常担心城市里的学生看不起自己;① 雷有光在 2004 年的调查也表明,近 80% 的农民工子女不愿意将来过父母现在的生活,其主要原因是被人瞧不起;② 方晓义、范兴华和刘杨在 2008 年的研究发现,3/4 的农民工子女报告受到过歧视,但所报告的被歧视的体验并不强烈;③ 邱达明等人在 2008 年的研究发现,城市农民工子女在敌对、心理不平衡方面的得分显著高于城市当地儿童;④ 郑友富和俞国良在 2009 年对浙江省 527 名城市农民工子女的调查显示,认为自己是农村儿童的有 55.22%,模糊认同的有 22.01%,摒弃农村儿童身份的有 22.77%;⑤ 方晓义等人在 2008 年的调查显示,消极应对在流动儿童是否遭受歧视与孤独关系上具有正向调节作用,积极应对的负向调节作用不显著,积极应对在流动儿童受歧视程度与孤独关系上具有正向调节作用,消极应对的负向调节作用不显著;⑥ 屈卫国等在 2008 年的调查表明,农民工子女在面对压力时,与城市孩子的应对方式在问题解决、寻求支持、合理解释、忍耐、发泄情绪和幻想否认六个维度上存在显著的差异,这说明农民工子女心理压力比城市孩子大,而且在面对压力时,农民工子女倾向于较少运用积极的应对方式。⑦

被歧视和污名的人会受到他人的影响,在情绪上会持续焦虑、压抑,在行为上会受到负面诱导,甚至出现反社会倾向。歧视和污名的社会后果是造成群体之间的区隔和疏离,甚至对立与冲突,并不断使得强势群体对弱势群体的忽略、排斥和剥夺变得合法化。一个和谐的社会需要群体之间减少偏见、歧视,形成各种社会类别的人相互理解、相互帮助、相互合作的良好状态。然而,社会歧视和污名将人们主观的负面刻板印象归结于被污名者自身的内

---

① 胡进,2002,《流动人口子女心理健康存在的问题及教育干预》,《教育科学研究》第 11 期。
② 雷有光,2004,《都市小村民眼中的大世界:城市流动人口子女社会认知的调查研究》,《教育科学研究》第 6 期。
③ 方晓义、范兴华、刘杨,2008,《应对方式在流动儿童歧视知觉与孤独情绪关系上的调节作用》,《心理发展与教育》第 2 期。
④ 邱达明、曹东云、杨慧文,2008,《南昌市流动儿童心理健康状况的调查研究》,《中国健康教育》第 24 期。
⑤ 郑友富、俞国良,2009,《流动儿童身份认同与人格特征研究》,《教育研究》第 5 期。
⑥ 方晓义、范兴华、刘杨,2008,《应对方式在流动儿童歧视知觉与孤独情绪关系上的调节作用》,《心理发展与教育》第 2 期。
⑦ 屈卫国、钟毅平、燕良轼、杨思,2008,《初中生农民工子女心理压力及应对方式研究》,《中国临床心理学杂志》第 16 期。

部原因，一方面使被污名者形成错误的知觉，另一方面没有客观地找到问题的原因，对一个公正的、和谐的社会是有害而无利的。

二 第三部门的功能显现与优势

与传统社会相比，我们身处的是一个更为复杂、更具风险、充满更多不确定性的世界。社会心理学的研究表明，当一个人觉察到压力时，首先会调动自己的心理防御机制和心理资源来应对，一旦发现自己的力量不足以支撑时，往往会寻求外部支持，以保持心理平衡。社会心理支持是有助于缓解或减轻个体心理紧张状态，消除焦虑、消沉、挫败感等负面情绪的外部资源，该系统是个体赖以生存的社会或心理环境。它一般是来自家庭、政府、社区和其他社会团体的情绪上或物质和精神上的支持和帮助。社会支持可以提供物质或信息的帮助，增加人们的幸福感、满意度、归属感，提高自尊感、自信心，当人们面临应激生活事件时，还可以阻止或缓解应激反应，安定神经内分泌系统，增加健康的行为模式。在现代社会中，由于政府的职能过于庞杂，使得很多问题很难妥善解决，因而当遭受歧视和污名的个人或群体面临心理困惑、情绪问题和困境的时候，第三部门的适时介入可以成为危机干预的新途径。所谓第三部门，是指在政府部门和以营利为目的的企业（市场部门）之外的志愿团体、社会组织或民间协会。这里将"非营利部门"看做有别于"政府"和"营利部门"（企业）的"第三部门"（The Third Sector）。第三部门作为西方制度背景下的一个产物，在很多时候又被称为"独立部门"（Independent Sector）、"非赢利部门"（Non-Profit Sector）、"志愿部门"（Voluntary Sector）、"利他部门"（Altruistic Sector）等。[①] 从特征上来讲，它具有非营利性、中立性、自主性、使命感、多样性、专业性、灵活性、开创性、参与性和低成本等特征。[②]

第三部门对于构建受歧视和污名人群的社会支持网络具有非常重要的推动作用，这种社会支持的强大作用既包括客观的、可见的或实际的支持，也包括主观的、体验到的、情感上的支持。前者如物质上的直接援助和社会网

[①] 何增科，2000，《公民社会与第三部门》，北京：社会科学文献出版社，第1~3页。
[②] 王绍光，1999，《多元与统一：第三部门国际比较研究》，杭州：浙江人民出版社，第47~63页。

络、团体关系的存在和参与、稳定的社会联系和暂时性的社会交际等，这些是独立于个体的感受而客观存在的现实。后者的社会支持与个体的主观感受密切相关，包括个体在社会中受到尊重、被支持、被理解的情感体验，满意程度和内心的归属感。①②

（一）功能显现

第三部门在构建针对受歧视和污名人群的社会支持网络中的功能主要体现在宏观和微观两个层面上。

从宏观层面上看，主要体现在：第一，社会救助。中国的第三部门在对受歧视和污名群体的救助方面起到非常重要的作用，如阜阳市艾滋病贫困儿童救助协会在刚成立一年多的时间里就救助受艾滋病影响的儿童 400 人左右。第二，社会稳定。歧视和污名程度的日益加深，容易导致社会的冲突和对立，而第三部门有利于以一种全新的方式治理社会，促进政府与民众的合作，缓解社会冲突和矛盾，使社会实现善治，促进社会稳定与良好对话。第三，社会整合。主要体现在第三部门对组织结构和个人之间的整合及对社会公民之间的整合。受歧视和污名的人群大都属于弱势群体，他们少部分在单位制下，其余多散落在社会各个层面，第三部门的兴起为政府和该群体之间搭建了桥梁，一方面传导社会政策，一方面又反映其诉求。另外，由于该组织由不同的人员组合而成，他们是因共同的目标和价值观念聚合，容易形成互动关系，促进和谐，达成整合。

从微观功能上看，主要体现在：第一，工具性支持。对于外来务工者而言，社会融合的经济、社会和心理或文化层面是依次递进的，经济层面的适应是立足城市的基础；社会层面的适应是城市生活的进一步要求，反映的是融入城市生活的广度；心理层面的适应是属于精神上的，反映的是参与城市生活的深度，只有心理和文化的适应，才能使流动人口完全融入城市社会。诚然，城市移民群体在一定程度上享有一些政策和制度上的倾斜，但是这些市民待遇对于当事者群体而言是不完全的、不可持续的、不稳定的和不可操作的。而第三部门可以提供物质或直接服务以帮助他人解决实际问题，这种

---

① 管健、李强，2007，《第三部门与社会支持网络的构建：以受歧视和污名人群为例》，《公共管理学报》第 1 期。
② 管健、李强，2007，《受歧视和污名群体社会支持网络的构建》，《行政论坛》第 2 期。

支持对于处在"匮乏状态"下的被歧视和污名的人群来讲具有重要作用。如广东番禺打工族文书处理服务部法律援助的受益者遍及整个珠三角,同其建立联系的外来打工者达到5000人;1999年由河南打工仔魏某创办的小小鸟打工互助热线,6年多接听了6万多个电话,免费为1.5万农民工提供法律咨询,并帮助9000多农民工讨回拖欠的工资8000多万元。第二,情感性支持。第三部门可以提供包括关心、理解、鼓励、尊重、温暖、信任、对价值观的了解和肯定等情感性支持,其中最重要的是"同理心",情感性支持对该群体的作用非常明显。第三,认知性支持。主要是在信息方面提供支持,如提供信息、建议和指导。这类支持在很多的第三部门中都有所体现,如针对打工农民所进行的法律和技能培训、针对心理问题者的咨询服务、针对同性恋人群的艾滋病预防培训等都起到了非常明显的作用。第四,友伴性支持。第三部门通过组织和活动可以为个体提供友伴一起从事休闲或娱乐活动,满足个体亲和需要,转移个体对压力事件的注意力,增进正性情感,这对于受歧视和污名人群缓解内心压力,寻求心理支持具有很大帮助,成为他们压力与应激的"安全阀"。邦克(Buunk)和吉本斯(Gibbons)的一系列研究证实,在工作、婚姻中经历不确定感的个体有更强的愿望去了解有同样经历的他人,并向这些人倾诉,因为这种不确定感带来的威胁正是压力的来源之一,而倾诉可以在一定程度上消减压力。①

(二)优势所在

第三部门是现代社会结构中不可或缺的要素,它的兴起和发展是经济市场化、政治民主化和社会自治化的结果,是社会消除污名与歧视的需要,第三部门在应对社会歧视和污名问题的解决上较之第一和第二部门来讲更具有独特优势。第一,亲和优势。第三部门是由民众自愿组织而形成的以公益为取向的公民社会组织,它同政府强求公益相比较,具有更多的志愿性特色。与以自愿求私利的市场组织相比较,第三部门的公益取向使它和公众的联系更紧密,更能够与民众,尤其是那些受到歧视和污名的弱势群体建立起信任和联系。第三部门在服务上能够更具有针对性地满足相关群体的各种需要,使他们在心理上与第三部门更接近,同时,第三部门也更

---

① Buunk, A., & Gibbons, F. 2007. "Social comparison: The end of a theory and the emergence of a field." *Organizational Behavior and Human Decision Processes* 102: 3–21.

容易获得公众的信任。第二,效率优势。政府作为国家政权机关和公共事务管理者在公共危机管理中起主导作用,但由于其结构和权力的局限,往往会造成高成本、资源汲取能力受约束、基层动员能力欠缺以及政策执行盲区等政府失灵问题。与政府部门相比,第三部门在众多领域具有灵活性、创新性等特征,以其对民众需求的敏感而能及时地发现社会问题并提供支持。第三,广泛性优势。第三部门所包括的范围非常广泛,在政府不愿或无法顾及的地方,可以向遭受歧视和污名的社会群体提供公共物品,成为政府有益的补充。如针对同性恋群体的很多第三部门其发展正方兴未艾,而第一和第二部门在解决这一边缘群体的问题中就显得捉襟见肘。第四,专业化优势。第三部门在人员组成上专业性较强,活动组织上灵活多样,可以承担危机干预职责。

如前所述,第三部门的管理颇具独特性,它们不是依靠"利润动机"的驱使,而是依靠"奉献"的凝聚力引导,经由能反映社会需要的使命表达与宣传来获取外部的支持和捐助,并实现其组织内部的协调运作。它对于受歧视和污名群体的危机干预和辅导工作可以消解可能引发的冲突和矛盾。同时,由于第三部门并非以营利为目的,可以在一定程度上对该群体实施帮助和培训,不仅可以缓解他们的经济负担,还可以适当地吸纳一些成员就业。

三 第三部门的实践分析

(一) 组织类型与特点

目前,我国针对受歧视和污名人群的第三部门种类繁多,其中尤其以草根型组织居多。以下表格分类源于不同的歧视与污名种类,所选取的第三部门根据其性质、社会影响和运转情况而定。其中,表7-1列举了我国一些典型的旨在消减歧视和污名的第三部门的类型和特点。

从提供受歧视和污名群体的社会支持功能的组织类型看,这些第三部门呈现以下特点。

(1) 组织特点。第一,民间性。这类组织绝大多数不是由政府主持成立的,而是民间社会的自发行为,草根属性比较多。第二,公益性。这类组织大多数不是营利组织,而是非营利的服务组织,绝大部分的组织是免费提供服务的,这与服务对象大都是社会生活中的弱势群体有关。第三,直接性。

表 7-1　旨在消减歧视和污名的第三部门的类型与特点

类别	指向群体	相应的第三部门	特　点
身份污名	农民工群体	广东番禺打工族服务部	为农民工进行法律维权、探访工伤者、接待来信来访、举办讲座和热线
		北京流动人口教育与培训研究中心	成立于1999年,最初由一名研究农民工问题的学者成立
		北京农友之家文化发展中心	由"打工青年文艺演出队"演变而来,完全由农民工自己组织
		青岛小陈热线	2000年,陈明钰开通了全国第一条服务进城务工青年的免费法律维权热线
		小小鸟打工互助热线	由底层的外来务工青年发起,目前已拥有3000多名志愿者,其中包括律师、大学生和普通市民
	失业群体	上海热爱家园中心	针对社区中的贫困和弱势群体
疾病污名	艾滋病人群	梧州市艾滋病感染者自助网络	2006年成立,是全国首个艾滋病感染者自助网络
		爱之方舟感染者信息支持组织	由中英性病艾滋病防治合作项目资助,是以感染者为主体的多方合作的信息支持网络
		湖南友爱之家	2004年成立的由HIV感染者和关注此事业的志愿者自发成立
		阜阳市艾滋病贫困儿童救助协会	2003年成立,主要采取救助方式关注艾滋病儿童患者和艾滋孤儿
	麻风病患者	中国麻风病防治协会	1985年成立,致力于麻风防治、研究、管理和维护麻防工作者、麻风病人和治愈者的合法权益
	肝炎患者	中国肝炎防治基金会	肝炎防治、治疗与贫困地区疾病支持,减少肝炎歧视宣传
	智障人士	北京星星雨教育研究所	中国第一家专业关注自闭症儿童的非营利机构,1993年创立
		陕西拉拉手智障人士康复支援中心	前期为智障孩子家长联谊会,2001年正式成立
性别污名	女性群体	打工妹之家	1996年农家女百事通杂志社设立了第一个为打工妹服务的非政府组织
		南山区女职工服务中心	1996年,专门为女工提供服务的"女性联网"在香港注册成立,并与深圳南山区总工会合作成立
		北京红枫妇女心理咨询服务中心	1988年成立,女性自愿组织,致力于弱势妇女群体的心理需要
		云南省西双版纳州妇女儿童心理法律咨询服务中心	通过个案援助、预防干预、宣传倡导,关注少数民族地区的社会问题,帮助社会弱势群体生存,探索一种在少数民族地区开展法律心理健康服务的模式

续表

类别	指向群体	相应的第三部门	特点
特质污名	残疾人群体	中国残疾人福利基金会	1984年成立,致力于宣传残疾人事业,呼吁社会尊重与关心残疾人,鼓励残疾人自尊、自信、自强、自立
		自强残疾人服务站	为外出民工、工伤工友、职业病患者、残疾人提供资讯服务的民办非企业单位
	同性恋群体	北京纪安德健康教育研究所	2002年成立,之前为"北京99575同志健康热线",后来在贝利·马丁基金会资助下进行同性爱人群防控艾滋的行为干预工作
		北京同行工作组	2004年成立,提供法律、生活和疾病控制服务,进行减少歧视的宣传工作
		北京知爱行信息咨询中心	针对同志人群开展艾滋病教育和卫生政策研究,并维护受艾滋病影响的脆弱群体的权益

这类组织将直接为群体成员提供培训、咨询、维权、娱乐等服务。如2004年红枫妇女热线开通了反家庭暴力热线,每天工作时间为21小时。第四,针对性。这类组织主要针对特殊群体成员开展业务活动,而且范围较广泛,如北京星星雨教育研究所就是一家为孤独症儿童及其家庭提供服务的民办教育机构;陕西的拉拉手智障人士康复支援中心则为智力有障碍的儿童设立;云南省西双版纳州妇女儿童心理法律咨询服务中心则对少数民族儿童进行援助。第五,灵活性。加入这些组织唯一的条件就是要对组织的目标感兴趣,成员随时可以入会参加活动,一旦对组织有所不满或失去了兴趣就可以不经任何手续地退出组织,这是一种自然、合理并且非常有效的筛选机制,这些组织成员之间一律平等,在活动中也是各尽其力,没有约束和惩罚的措施。

(2)组织形式。从组织形式看,可分为"自发型与外生型"和"自上而下型与自下而上型"。其中,自发型指由受到歧视和污名的群体自身产生,同时又服务于该群体的非政府组织,如爱之方舟感染者信息支持组织就是由感染者自发组织而成立的互助组织。外生型指由关注该受歧视和污名群体生存及权益状况的机构或社会人士成立的服务于该群体的组织,如北京红枫妇女心理咨询服务中心就是由一些志愿人士组织而成。而自上而下型一般是由政府自上而下组织建立,经过登记注册,享有合法地位和相应优惠条件,但官办色彩浓厚,如中国麻风病防治协会等;自下而上型则是由民间人士自下而上发起,没有经过任何形式的注册,直接从事公益服务或者组织社区行动,这类草根组织非常普遍。与前者相比,草根型具有很强的自主性、独立性,与国际第三部门理论上最为接近。

(3)服务内容。从服务内容来看,关注受歧视和污名群体的非政府组织的服务内容主要集中在如下四方面:权益维护、培训咨询、援助服务与文娱交流。维权型主要帮助该群体维护他们在正常的社会发展和经济关系中的合法权益,采取的方式有协商谈判、法律诉讼、新闻报道等;培训型组织主要通过培训、讲座、咨询、散发宣传册等形式来对相应群体成员进行技能、法律知识、健康知识等方面的教育与培训;援助型组织主要以向受歧视和污名群体直接提供精神和物质上的帮助为主旨;文娱型组织定期开展文娱交流活动,如通过举办各种活动来满足受歧视和污名群体休闲及社会交往的需要,消除其自我羞辱感。

(二)提供受歧视和污名群体的社会支持功能的第三部门的经验、问题与挑战

第一,经验获得。与其他类型的非政府组织一样,这类组织创造了一种新的解决受污名与歧视群体问题的模式,也就是非政府非营利模式。它们一般来说规模较小,机制灵活,又具有较强的创新性,与其他组织相比具有一定的优势。同时,受污名与歧视群体非政府组织的出现,尤其是群体成员自发成立的非政府组织,在某种程度上改变了对受歧视群体的外在偏见,说明了这些弱势群体绝对是一个能动的群体,在外界赋予制度或资源条件的情况下,他们能够自我组织、动员起来解决自身的问题。一些组织在自身的项目理念中引入了性别、教育与民族等社会发展方面的重要内容,使得非政府组织在整体理念上具有重视社会公平、社会融合等特点,为其他项目以及未来成立的该类组织提供了参照。另外,受污名与歧视群体的非政府组织为各种社会资源的介入起到了"搭台唱戏"的作用。几乎在每一个类似群体的非政府组织中,我们都可以看到研究人员、媒体、律师、大学生或志愿者等参与和服务,这种新的动员社会资源的方式有可能破解政府能力不足的困境。还有,一些受污名与歧视群体的非政府组织与当地的政府、社区基层组织以及其他官方的组织建立了共赢的合作关系,为它们自身的发展以及该群体问题的解决做出了有益的探索。新移民从家乡来到城市社区,其在家庭生活、物质生活和精神生活等方面都有一个适应过程,可能会面临各种个人和家庭问

题。专业社会工作者和机构可以在家庭关系协调、行为和心理矫正、观念的学习和调整、情绪的疏导等多方面向新移民提供帮助，他们的介入将会更有效地帮助新移民提高适应能力，避免越轨行为。

  第二，未来发展。总的来看，第三部门日益成为深受歧视与污名人群的凝聚核心，正发挥着巨大的作用，但是不容忽视的事实是，这些部门中的绝大部分正在政府规制和市场的"狭缝"中艰难地寻求生存和发展之路，难以展现我们在国外非营利组织身上所看到的勃勃生机。从宏观环境来看的话，第三部门从概念上是一个纯粹的舶来品，它的产生是建立在西方国家与社会的二元事实之上的，是社会力量的自治能力增强和推动的结果。而在中国并没有真正独立的公民社会的历史，很多第三部门先天发育不足。在中国，典型的"强政府，弱社会"使得这些第三部门缺乏良好的政治发展空间，很多草根型组织总是难于长大。同时，我们看到很多的类似组织一直处于边缘化或"非合法"的地位，这主要是源于其很难达到政府的注册要求，比如北京的星星雨最初就一直是挂靠在工商管理部门之下的非营利单位。这一方面的原因是第三部门的社会公信度和信用体系还有待提高，更重要的原因是政府一直延续传统的管理模式，认为深处污名化的人群属于边缘性群体和弱势群体，容易产生对社会的不满和愤恨情绪，而这些人的集会和组织是充满风险的，尤其是被单位制边缘化的失业人群、高危的艾滋病人群和自感剥夺感严重的农民工群体。这也是政府对这部分群体的第三部门大量合法化持谨慎态度的根本原因。也正因为此，许多相关的第三部门找不到"婆家"，即业务主管单位而成为非法的组织，税收、财政等优惠政策无法享受。

  从微观环境来看，虽然近年来这类组织的数量增长很快，但都分散在不同的地区与领域，而且相互之间还没有形成合力，使得本就稀缺的资源得不到整合而不能充分利用。从组织内部看，第三部门的管理简单模仿西方非政府组织的管理理念和管理模式，难以实现本土化管理；组织内部对其价值和目标难以形成认同，缺少战略管理规划，行动少有一贯性；组织成员缺乏专业学习和培训，专业能力较低。比如，很多的第三部门最难解决的问题就是知识的困境和人才的困境，很多进行专业心理辅导的第三部门其成员虽然具有极高的热情，但是专业知识不足，这也进一步陷入了社会公信度不足的怪圈。同时，以上种种问题的出现，相应的带来了资金筹措的紧张和志愿人员的严重不足，而人、财、物等各种因素的单方缺失都可能造成这些第三部门的解体或无法正常运转。

　　第三部门在我国的发展还刚刚起步，还有很多需要探讨的地方。比如，第三部门如何从精英管理向制度管理转化。众所周知，这类组织在发展之初，大都由一位有能力的领袖人物带头发起，并集合一批志同道合者创办。这些人凭着历史的使命感和责任感带头创办了组织，为受污名和歧视的人群服务，历经了许多的艰难困苦，最终得到国内外的认可。但是，随着第三部门的发展，原有的组织面临提高机构管理水平，管理规范化、透明化等可持续发展的要素保证。事实上，任何一个民间组织都要经历一个从初创期、成长期到衰退期的阶段。第一代第三部门经历过初创期走到了成长期，创造了辉煌，但是创办者能否继续带领他们的组织再走上新的阶段，如何从精英式管理过渡到制度化管理阶段，这是摆在该类型第三部门面前的一个重要问题。此外，关于领导者的筛选和继承的问题也是困扰此类第三部门的事情。比如，很多具有"官民二重"属性的组织虽然本身存在很多难于自治的问题，但是后续的接班人很容易选择，其仍然具备政府公务员的性质。而很多针对受歧视和污名等弱势群体的第三部门本身的创始人就是组织的灵魂和核心，如小陈热线中的陈明钰、小小鸟打工热线的魏伟和阜阳市艾滋病贫困儿童救助协会的张颖等，他们凭借自己的奋斗精神、牺牲精神、胆略气魄、聪明才智和个人信念塑造了自己的第三部门组织，但是，未来的开拓者能否具备这种志愿精神和工作能力呢？在第三部门这样一个充满奉献精神的组织中，后继的接班人成为难题之一。关于该类第三部门建设理事会的问题也很具有讨论价值。目前，第三部门组织建设的一个重要标志是成立理事会，由理事会作为权力机构规划组织的战略方针，监督组织的运行。有的第三部门在一些基金会的支持和帮助下，已经有了自己的理事会，但多数是不成功的，有的是花瓶式的理事会，只是一个摆设，有的还起相反的作用。有学者认为，第三部门需要建立理事会，需要学习国际第三部门的先进经验，做到管理工作的科学化、民主化、制度化，而有学者却提出质疑，认为第三部门的优势就在于"婆婆"少，而理事会形式无疑将这一优势加以削弱。对于这一问题的争论仍然在继续。此外，在我国，关于第三部门的组织领导有无薪酬问题也引起了很多争议。按照国际的惯例，第三部门领导很多是绝不拿报酬的，在中国，这点是否能做到？国外的理事长，一般都是功成名就的人士，他们已经没有生存的问题，他们出任第三部门的领导，只是将此作为自我实现的机会。中国则不同，一些人既把这个作为事业来做，同时也以此作为他们的生活来源，他们一旦离开了领导的岗位则可能无分文收入。类似相关的问题，随着第三部门的不断发展而日益进入人们的视野。

针对受歧视和污名群体的第三部门在中国还是一个新兴事物，需要政府、社会的积极支持与培育，以及该群体自身建设能力的提高，以期破解难题，促进组织健康发展。而构建这样一张功在当代、利在千秋的社会支持网络又是一个复杂的社会系统工程，不可能一蹴而就，需要政府部门重视，第三部门自身努力，以及全社会的大力支持。从国家的宏观角度来讲，关于我国针对受歧视和污名群体的第三部门如何摆脱目前的困境，更好地协调它们与政府等部门的关系，真正走上自我治理和良性发展之路，需要从以下方面入手。首先需要政府转变观念，统一思想，为针对受歧视和污名群体的第三部门的发展创造良好的社会制度环境，充分认识到该组织发展的历史必然性及其在我国转轨时期的战略意义，调整与该组织的关系，建立良好的合作伙伴关系。鉴于这些组织面临的合法性危机，政府还应加快立法建设，制定民间组织法等实体法及相关的单行法，加强宏观调控，对这些组织依法进行规范和管理，优化其发展的制度环境，为这些组织培育有利的生存空间。其次，社会应给予针对受歧视和污名群体的第三部门足够的关心、信任与宽容，优化我国第三部门发展的社会氛围，给予其积极的支持和理解，以扶助其逐步成熟，不断完善。从第三部门的微观角度来讲，要不断建立合理的运行机制，加强管理，提高治理能力。与西方非政府组织的发展相比，我国第三部门普遍存在管理水平低、管理低效的问题。因此，在其政治和制度发展空间短时间内难以优化的现实面前，这些组织首要做的是努力提高自身的治理能力，创造高质的工作业绩来改变政府与社会的态度，改善组织发展的环境。再次，要通过多种途径，对组织成员进行专业化训练，提高其专业素养。同时，完善用人机制，采取积极措施吸引人才、留住人才。同时鼓励这类组织从本群体中招收工作人员与志愿者，以保持这些组织中人员的稳定并提升其人力资本。最后，善于沟通，主动与政府、企业进行交流，改善相互关系，争取国内最大限度的资源和发展空间，提高利用社区资源的能力。

第三节 城市代际移民认同融合的达成

污名囊括显认知层面的刻板印象、态度层面的偏见和行为层面的歧视，它有跨文化的普适性，也有不同文化、社会与历史的独特性。中国的社会转型给中国社会心理学者提供了独特的社会实验室。[①] 社会转型是一种综合性的社会变迁，它不仅体现为经济体制的转轨、社会结构的转型以及文化模式的转换，还体现为人们心理上的转型适应和社会认同的变化，对于后者的研究则更具有现实性和典型性。改革开放释放出大量的社会空间和社会资源，也使得劳动力转移成为必然。以社会表征的视角揣度污名，可以窥见其共享性的根源，这是一种因相互沟通而达成的共享、因共识而建构的观念。针对城市移民群体，如何促进其更好地融入城市，增加其积极向上的认同感是城市移民潮中要解决的重要问题。

第一，促进群体边界的渗透性。在社会情境中，相互比较的两个群体之间的边界如果具有较强的渗透性，即可以允许个体从一个群体到另外一个群体流动，那么群体之间的边界感将予以一定程度的弥合。相反，那些不具备渗透性的群体边界则对这种移动性行为予以限定。例如，我国城乡之间的偏见和美国种族偏见之间具有很大差异，因为城乡之间的偏见是基于身份而产生的，而身份是具有渗透性和流动性的，是可以改变的；而美国的种族差异是源于肤色和身体的差异，是不可改变的，因此白人和黑人群体之间是泾渭分明的，由此认同策略多以抵抗与不合作为主。如果城市移民群体和城市居民群体之间的边界是开放而非封闭的，移民群体可以通过自身的努力顺利进入参照群体，此时就会有助于群体之间的和谐共融。相反，当人们认为群体之间的边界是固定的和不可通透的，个体不能从一个地位低的群体进入到地位高的群体时，此时低地位群体成员就会强化自己的内群体认同，在行为上要求重新建立评定标准，包括社会政策和制度的改变等，甚至直接引起对抗和不合作等消极态度与行为。这就要求以现存社会通道（social path）为前提，拓宽和增加更多的合理通道，打通群际路径，使得移民群体可以通过自

[①] Fang, W. 2009. "Transition Psychology: The Membership Approach." *Social Sciences in China* 2: 35–48.

己的努力进入相对优势的群体中。

第二,增进群际接触,提高内心融合。奥尔波特在《偏见的本质》一书中说,不同群体在追求共同目标的过程中,通过地位平等的接触而减少彼此间的偏见。一直以来,群际接触被认为是心理学中促进群际关系的最有效的策略,它对于减少群际的偏见,促进群际的关系具有一定的作用。城市移民群体与城市居民群体之间偏见产生的原因常常是缺乏充足信息或者存在错误的信息与思维定式,而澄清错误信息、增加对彼此群体的接触和了解有助于提高群体的和谐和融合。根据心理学的经验,当人们缺乏与某一群体的互动经验(如接触和沟通)时,常常凭借与本群体成员交往或获得的经验来建构对外群体的印象和态度。这样,这个对象群体由于我们缺乏足够的了解,而仅仅凭借个别印象便归纳和演绎为整体属性,甚至只要遇到该群体的成员,我们都会将其贴上一样的标签。同时,由于缺乏沟通、缺乏接触,甚至缺乏了解,群体之间常常会产生敌意和冲突,也很难共情与移情,很难替对方去想问题。可见,缺乏群际沟通与群际接触是形成鸿沟与罅隙的主要原因。随着城市居民群体与外来移民群体之间的人际交往,人们会逐渐淡化本来的社会分类,潜移默化地建立信任感,这种信任感将有助于消解群际的焦虑感和不安感。正如布劳(Blau)最早提出的社会流动中的文化适应理论(acculturation theory),流入某一群体(阶层)中的个体,如果缺乏与新群体(阶层)成员持续而亲密的接触,他将难以获得适应该群体(阶层)的价值观念和生活方式的机会,这导致其难于融入这一社群。如果个体能积极参与其中,顺利完成心理和文化的适应,他便可以较为快捷和顺利地融入新的群体中。

第三,培育城市移民健康的认同系统,推动主观幸福感的提升。在现代化的背景下,引导城市移民,尤其是城市二代移民构建健康而良性的认同系统,是社会秩序稳定的基础,也是群体成员提升生活质量和幸福感的重要指标。同时,强调对二代移民的主体关怀,建立城市新移民公开表达自身利益的渠道,并保证其通畅也是增进该群体主体融入的必要途径。目前国内对于城市移民的认同较多的关注于第二代移民身上,很少考虑到城市第二代移民,他们已经没有关于祖籍社会的直接记忆,却充满了更多的对城市的热盼,这种人户分离的矛盾不仅体现在制度上,也更多的显现在认同的失调和心理的失调上,对于这一群体的社会认同显然更复杂,也更具现实意义。帕克曾经指出，同化是弱势群体不断抛弃自己原有的文化和行为模式，逐渐适应主流的文化与行为，并最终获取与主流人群一样的机会和权利的一个自然而然的过程。这个过程一旦发生，便不可逆转。流动人口的融合是一个包括心理、文化、经济等方面的长期过程，二代移民更是一个不容忽视的庞大群体，他们关系到未来，也最终影响社会的稳定与和谐以及人的尊严。当然，无论偏见，还是污名，这一刻板印象的形成不是一蹴而就的，也不可能寄希望于一日解决。正如奥尔波特所指出的那样，群际多了解、多接触是减少群际偏见的最佳条件，双方建立平等的地位，有共同的努力目标，为了达成这一目标而相互合作、相互支持是群际融合的必然路径。

参 考 文 献

埃里克森，2000，《同一性：青少年与危机》，孙名之译，杭州：浙江教育出版社。

埃森克·基恩，2002，《认知心理学》，高定国、何凌南译，上海：华东师范大学出版社。

曹晓斌，2005，《AIDS 相关歧视产生的原因、表现形式及消除策略》，《中国艾滋病性病》第 11 期。

查尔斯·泰勒，2001，《自我的根源：现代认同的形成》，韩震译，北京：译林出版社。

陈坚、连榕，2011，《代际工作价值观发展的研究述评》，《心理科学进展》第 11 期。

陈向明，2000，《质的研究方法与社会科学研究》，北京：教育出版社。

陈熠，2000，《精神病患者家属病耻感调查及相关因素分析》，《上海精神医学》第 12 期。

陈映芳，2005，《农民工：制度安排与身份认同》，《社会学研究》第 3 期。

陈再芳、张轩、陈潇潇、陈斌、卫平民、胡海霞，2006，《流动人口抑郁与自测健康的关系研究》，《中国健康教育》第 10 期。

陈志霞、陈剑峰，2007，《矛盾态度的概念、测量及其相关因素》，《心理科学进展》第 6 期。

陈志霞、陈剑峰，2007，《善意和敌意性别偏见及其对社会认知的影响》，

《心理科学进展》第3期。

迪尔凯姆,1988,《社会学研究方法论》,胡伟译,北京:华夏出版社。

迪尔凯姆,1995,《社会学方法的准则》,狄玉明译,北京:商务印书馆。

迪尔凯姆,2003,《自杀论》,冯韵文译,北京:商务印书馆。

迪尔凯姆,2000,《社会分工论》,渠敬东译,上海:生活·读书·新知三联书店。

段成荣、杨舸,2008,《我国留守儿童状况研究》,《人口研究》第3期。

方文,2002,《欧洲社会心理学的成长历程》,《心理学报》第6期。

方文,2005,《群体符号边界如何形成?——以北京基督新教群体为例》,《社会学研究》第1期。

方晓义、范兴华、刘杨,2008,《应对方式在流动儿童歧视知觉与孤独情绪关系上的调节作用》,《心理发展与教育》第2期。

高明华,2010,《刻板印象内容模型的修正与发展:源于大学生群体样本的调查结果》,《社会》第5期。

高士元,2005,《精神分裂症病人及家属受歧视状况》,《中国心理卫生杂志》第19期。

高文珺、李强,2008,《心理疾病污名社会表征公众影响初探》,《应用心理学》第4期。

管健、柴民权,2011,《刻板印象威胁:新议题与新争议》,《心理科学进展》第12期。

管健、程婕婷,2011,《刻板印象内容模型的确认、测量及卷入的影响》,《中国临床心理学杂志》第2期。

管健、乐国安,2007,《社会表征理论及其发展》,《南京师大学报》第1期。

管健、李强,2007,《第三部门与社会支持网络的构建:以受歧视和污名人群为例》,《公共管理学报》第1期。

管健、李强,2007,《受歧视和污名群体社会支持网络的构建》,《行政论坛》第2期。

管健,2006,《身份污名的建构与社会表征:以天津市N辖域的农民工为例》,《青年研究》第3期。

管健,2007,《污名的概念发展与多维度模型建构》,《南开大学学报》第5

期。

管健，2007，《污名的维度分类与表征生产的权变模型构念》，《理论探讨》第 6 期。

管健，2007，《污名研究与多维层次表征模型的扩展分析》，《青海社会科学》第 6 期。

管健，2009，《刻板印象从内容模型到系统模型的发展与应用》，《心理科学进展》第 4 期。

管健，2009，《社会表征理论的起源与发展：对莫斯科维奇〈社会表征：社会心理学探索〉的解读》，《社会学研究》第 4 期。

管健，2010，《社会表征》，引自黎岳庭、刘力主编《社会认知》，北京：北京师范大学出版社。

管健，2011，《社会认同复杂性与认同管理策略探析》，《南京师大学报》第 2 期。

管健，2011，《中国城市移民的污名建构与认同的代际分化》，《南京社会科学》第 4 期。

郭星华、李飞，2009，《漂泊与寻根：农民工社会认同的二重性》，《人口研究》第 6 期。

韩煊、吴汉荣，2010，《深圳市流动儿童心理健康状况分析》，《中国学校卫生》第 31 期。

行红芳，2007，《熟人社会的污名与污名控制策略：以艾滋病为例》，《青年研究》第 2 期。

行红芳，2011，《社会支持、污名与需求满足：艾滋孤儿救助形式的比较研究》，北京：社会科学文献出版社。

郝志红、梁宝勇，2011，《寻求专业性心理帮助的污名问卷在大学生人群中的修订》，《中国心理卫生杂志》第 9 期。

何增科，2000，《公民社会与第三部门》，北京：社会科学文献出版社。

黑格尔，1981，《精神现象学》，贺麟、王玖兴译，北京：商务印书馆。

胡进，2002，《流动人口子女心理健康存在的问题及教育干预》，《教育科学研究》第 11 期。

吉尔伯特，2003，《社会福利政策导论》，黄晨熹译，上海：华东理工大学出版社。

蒋峰，2000，《精神疾病病耻感形成的相关因素与对策》，《中国心理卫生杂志》第 16 期。

蒋善、张璐、王卫红，2007，《重庆市农民工心理健康状况调查》，《心理科学进展》第 1 期。

雷蒙德·保罗·库佐尔特、艾迪斯·金，1991，《二十世纪社会思潮》，张向东译，北京：中国人民大学出版社。

雷有光，2004，《都市小村民眼中的大世界：城市流动人口子女社会认知的调查研究》，《教育科学研究》第 6 期。

李培林、李炜，2007，《农民工在中国转型中的经济地位与社会态度》，《社会学研究》第 3 期。

李培林、李炜，2010，《近年来农民工的经济状况和社会态度》，《中国社会科学》第 1 期。

李培林，2004，《中国社会分层》，北京：社会科学文献出版社。

李培林，2011，《我国发展新阶段的社会建设和社会管理》，《社会学研究》第 4 期。

李强、高文珺、龙鲸、白炳清、赵宝然，2010，《心理疾病患者自我污名及影响初探》，《中国临床心理学杂志》第 3 期。

李强、高文珺、许丹，2008，《心理疾病污名形成理论书评》，《心理科学进展》第 4 期。

李强、高文珺，2009，《心理疾病污名影响研究与展望》，《南开学报》第 4 期。

李强，2003，《影响中国城乡流动人口的推力与拉力因素分析》，《中国社会科学》第 1 期。

李琼、刘力，2011，《低地位群体的外群体偏好》，《心理科学进展》第 7 期。

列维·布留尔，1981，《原始思维》，丁由译，北京：商务印书馆。

蔺秀云、方晓义、刘杨、兰菁，2009，《流动儿童歧视知觉与心理健康水平的关系及其心理机制》，《心理学报》第 10 期。

刘传江、程建林，2009，《双重"户籍墙"对农民工市民化的影响》，《经济学家》第 10 期。

刘力著，2010，《敏化概念、基耦与共享：社会表征的对话主义立场》，管健、孙思玉译，载《中国社会心理学辑刊》，北京：社会科学文献出版社。
刘能，2005，《艾滋病、污名和社会歧视：中国乡村社区中两类人群的一个定量分析》，《社会学研究》第6期。
刘衔华，2006，《春节返乡农民工心理健康调查》，《现代预防医学》第10期。
刘颖、时勘，2010，《艾滋病污名的形成机制、负面影响与干预》，《心理科学进展》第1期。
卢芳芳、邹佳佳、张进辅、蒋怀滨、林良章，2011，《小学教师对留守儿童的内隐污名效应研究》，《西南大学学报》（自然科学版）第10期。
陆学艺，2004，《当代中国社会流动》，北京：社会科学文献出版社。
马西恒、童星，2008，《敦睦他者：城市新移民的社会融合之路：对上海市Y社区的个案考察》，《学海》第2期。
毛丹，2005，《青少年儿童对中国和美国国民及国家的社会表征》，华中师范大学硕士学位论文。
欧文·戈夫曼，2008，《日常生活中的自我呈现》，冯钢译，北京：北京大学出版社。
欧文·戈夫曼，2009，《污名：受损身份管理札记》，宋立宏译，北京：北京大学出版社。
彭耽龄、张必隐，2004，《认知心理学》，杭州：浙江教育出版社。
邱达明、曹东云、杨慧文，2008，《南昌市流动儿童心理健康状况的调查研究》，《中国健康教育》第24期。
邱培嫄、杨洋、陈权、袁萍、周鸿羽、谢瑶，2010，《成都市流动人口抑郁及其影响因素》，《现代预防医学》第22期。
屈卫国、钟毅平、燕良轼、杨思，2008，《初中生农民工子女心理压力及应对方式研究》，《中国临床心理学杂志》第16期。
阮小林、张庆林、杜秀敏、崔茜，2009，《刻板印象威胁效应研究回顾与展望》，《心理科学进展》第4期。
塞尔日·莫斯科维奇，2010，《社会表征：社会心理学探索》，管健译，北京：中国人民大学出版社。
塞尔日·莫斯科维奇，2006，《群氓的时代》，许列民、薛丹云、李继红译，南京：江苏人民出版社。

孙崇勇,2007,《东北地区农民工心理健康状况的调查与分析》,《四川精神卫生》第1期。

孙立平,2009,《中国社会结构的变迁及其分析模式的转换》,《南京社会科学》第5期。

孙立平,2011,《走向积极的社会管理》,《社会学研究》第4期。

泰勒,2001,《自我的根源:现代人认同的形成》,韩震译,北京:译林出版社。

王春光,2001,《新生代农村流动人口的社会认同与城乡融合的关系》,《社会学研究》第3期。

王春光,2006,《农村流动人口的半城市化问题研究》,《社会学研究》第5期。

王春光,2009,《对中国农村流动人口"半城市化"的实证分析》,《学习与探索》第5期。

王春光,2010,《对新生代农民工的认识》,《人口研究》第2期。

王春光,2011,《中国社会政策调整与农民工城市融入》,《探索与争鸣》第5期。

王桂新、武俊奎,2011,《城市农民工与本地居民社会距离影响因素分析》,《社会学研究》第2期。

王力平,2010,《污名化与社会排斥:低度认知下的艾滋病防治》,《西北人口》第31期。

王美珍,2004,《台湾报纸对精神病患烙印化之初探》,中华传播学会论文。

王沛,2003,《刻板印象的意识性抑制》,《心理学报》第3期。

王沛、刘峰,2006,《社会认同理论视野下的社会认同威胁》,《心理科学进展》第5期。

王绍光,1999,《多元与统一:第三部门国际比较研究》,杭州:浙江人民出版社。

维纳,2004,《责任推断:社会行为的理论基础》,张爱卿译,上海:华东师范大学出版社。

文军,2006,《从季节性流动到劳动力移民:城市农民工群体的分化及其系统构成》,《探索与争鸣》第1期。

熊猛、叶一舵,2011,《中国城市农民工子女心理健康研究述评》,《心理科学进展》第 12 期。

闫凤武，2011，《齐齐哈尔市新生代农民工心理健康状况调查》，《中国健康心理学杂志》第 8 期。

杨金花、王沛、袁斌，2011，《大学生内隐艾滋病污名研究：来自 IAT 的证据》，《中国临床心理学杂志》第 3 期。

杨黎源、杨聪敏，2011，《从机会获得到能力提高：农民工城市职业融入研究》，《浙江社会科学》第 8 期。

杨柳、刘力、吴海铮，2010，《污名应对策略的研究现状与展望》，《心理科学进展》第 5 期。

杨宜音，2008，《关系化还是类别化：中国人"我们"概念形成的社会心理机制探讨》，《中国社会科学》第 4 期。

张宝山、俞国良，2009，《污名现象及其心理效应》，《心理科学进展》第 6 期。

张海波、童星，2006，《被动城市化群体城市适应性与现代性获得中的自我认同：基于南京市 561 位失地农民的实证研究》，《社会学研究》第 2 期。

张积家、陆爱桃，2007，《汉语心理动词的组织和分类研究》，《华南师范大学学报》（社会科学版）第 1 期。

张林、邓海英，2010，《艾滋病污名的外显与内隐效应及其与人际接纳的关系》，《中国临床心理学杂志》第 6 期。

张满玲，2004，《疾病污名的社会表征：一项多元尺度法的研究》，高雄医学大学行为科学研究所硕士论文。

张琦、冯江平、王二平，2009，《群际威胁的分类及其对群体偏见的影响》，《心理科学进展》第 2 期。

张启睿、和秀梅、张积家，2007，《彝族、白族和纳西族大学生的基本颜色词分类》，《心理学报》第 1 期。

张曙光，2008，《社会表征理论述评：一种旨在整合心理与社会的理论视角》，《国外社会科学》第 1 期。

张文宏、雷开春，2008，《城市新移民社会融合的结构、现状与影响因素分析》，《社会学研究》第 5 期。

张晓斌、王沛，2009，《刻板印象威胁发生机制：认知神经研究进展》，《中国特殊教育》第11期。

张莹瑞、佐斌,2006,《社会认同理论及其发展》,《心理科学进展》第3期。

张有春,2005,《艾滋病宣传报道中歧视现象的研究》,《中国健康教育》第21期。

郑杭生,2009,《改革开放三十年:社会发展理论和社会转型理论》,《中国社会科学》第2期。

郑松泰,2010,《信息主导背景下农民工的生存状态和身份认同》,《社会学研究》第2期。

郑友富、俞国良,2009,《流动儿童身份认同与人格特征研究》,《教育研究》第5期。

郑梓桢、刘凤至、马凯,2011,《新生代外来务工人员城市适应性:个人因素与制度因素的比较——基于中山市的实证研究》,《人口研究》第3期。

邹泓、屈智勇、张秋凌,2004,《我国九城市流动儿童生存和受保护状况调查》,《青年研究》第1期。

佐斌、张阳阳、赵菊、王娟,2006,《刻板印象内容模型:理论假设及研究》,《心理科学进展》第14期。

Abric, J. C. 1993. "Central system, peripheral system: Their function and roles in the dynamics of social representations." *Papers on Social Representations* 2 (2): 75–78.

Abric, J. C. 1996. "Specific processes of social representations." *Papers on Social Representations* 5 (1): 77–80.

Abric, J. C. 2001. "A structural approach to social representations." In K. Deaux and G. Philogène (Eds.) *Representations of the Social*. Oxford: Blackwell, 42–47.

Allansdottir, A., Jovchelovitch, S., & Stathopoulou, A. 1993. "Social representations: The versatility of a concept." *Papers on Social Representations* 2 (1): 3–10.

Allport, G., W. 1954. *The Nature of Prejudice*. Cambridge, MA: Addison-Wesley Publishing Company.

Allport, G., W., & Postman, L. 1947. *The Psychology of Rumor.* Oxford: Henry Holt.

Alonzo, A. A., & Reynolds, N., R. 1995. "Stigma, HIV and AIDS: An exploration and elaboration of a stigma trajectory." *Social Science and Medicine* 41 (3): 303 – 315.

Ames, D. L., & Fiske, S. T. 2010. "Cultural Neurosceince." *Asian Journal of Social Psychology* 13 (2): 72 – 82.

Amiot, C. E., Sablonnière, R., Terry, D. J., & Smith, J. R. 2007. "Integration of social identities in the self: Toward a cognitive-developmental model." *Personality and Social Psychology Review* 11: 264.

Anderson, M. Z., Croteau, J. M., Chung, Y. B., & DiStefano, T. M. 2001. "Developing an assessment of sexual identity management for lesbian and gay workers." *Journal of Career Assessment* 9: 243 – 260.

Arends, T. J., Fons, J. R., & Vijve, V. D. 2007. "Acculturation attitudes: A comparison of measurement methods." *Journal of Applied Social Psychology* 37 (7): 1462 – 1488.

Armenta, B., E. 2010. "Stereotype boost and stereotype threat effects: The moderating role of ethnic identification." *Cultural Diversity and Ethnic Minority Psychology* 16 (1): 94 – 98.

Aron, A., Aron, E., & Smollan, D. 1992. "Inclusion of Other in the Self Scale and the structure of interpersonal closeness." *Journal of Personality and Social Psychology* 63: 596 – 612.

Backstrom, A., Pirttila-Backman, A., M. & Tuorila, H. 2003. "Dimensions of novelty: A social representation approach to new foods." *Appetite* 40: 299 – 307.

Bangerter, A. 2000. "Transformation between scientific and social representations of conception: The method of serial reproduction." *British Journal of Social Psychology* 39: 521 – 535.

Bartlett, F. C. 1932. *Remembering: A Study in Experimental and Social Psychology.* New York: Cambridge University Press, 213.

Baumeister, R. F., DeWall, C. N., & Vohs, K. D. 2009. "Social rejection, control, numbness, and emotion: How not to be fooled by Gerber and Wheeler. " *Perspectives on Psychological Science* 4 : 489 – 493.

Baumeister, R. F. , DeWall, C. N. , Ciarocco, N. J. , & Twenge, J. M. 2005. "Social exclusion impairs self-regulation. " *Journal of Personality and Social Psychology* 88: 589 – 604.

Baumeister, R. F. , Twenge, J. M. & Nuss, C. K. 2002. " Effects of social exclusion on cognitive processes: Anticipated aloneness reduces intelligent thought. " *Journal of Personality and Social Psychology* 83: 817 – 827.

Bechtel. , W. 1998. "Representations and cognitive explanations: Assessing the dynamicist's challenge in cognitive science. " *Cognitive Science* 22: 295 – 318.

Beilock, S. L. , & Carr, T. H. 2005. " When high-powered people fail: Working memory and choking under pressure in math. " *Psychological Science* 16: 101 – 105.

Benet-Martínez, V. , & Haritatos, J. 2005. " Bicultural Identity Integration (BII): Components and sociopersonality antecedents. " *Journal of Personality* 73: 1015 – 1049.

Benet-Martínez, V. , Leu, J. , Lee, F. , & Morris, M. 2002. " Negotiating biculturalism: Cultural frame switching in biculturals with oppositional versus compatible cultural identities. " *Journal of Cross-Cultural Psychology* 33 (5): 492 – 516.

Berger, B. E. , Ferrans, C. E. , & Lashley, F. R. 2001. "Measuring stigma in people with HIV: Psychometric assessment of the HIV stigma scale. " *Research in Nursing and Health* 24: 518 – 529.

Berger, P. L. , & Luckmann, T. 1967. *The Social Construction of Reality*. Garden City: Doubleday.

Bergman, M. , M. 1999. "Would the roal social representation please stand up? Three levels of analysis of social representations of European American and Mexican American Identity. " *Papers on Social Representations* 8 (4): 1 – 4.

Bergsieker, H. B. , Leslie, L. M. , Constantine, V. S. , & Fiske, S. T. 2012. " Stereotyping by omission: Eliminate the negative, accentuate the positive. " *Journal of Personality and Social Psychology*.

Bernache-Assollant, L., Lacassagne, M-F., & Braddock, J. H. 2007. "Basking in reflected glory and blasting: Differences in identity-management strategies between two groups of highly identified soccer fans." *Journal of Language and Social Psychology* 26: 381.

Bernhard, H., Fischbacher, U., & Fehr, E. 2006. "Parochial altruism in humans." *Nature* 442: 912 – 915.

Berry, J. W., Phinney, J. S., & Sam, D. L. 2006. "Immigrant Youth: Acculturation, identity and adaptation." *Applied Psychology: An International Review* 55 (3): 303 – 332.

Bharat, S., Aggleton, P., & Tyrer, P. 2001. *India: HIV and AIDS Related Discrimination, Stigmatization and Denial.* Geneva: UNAIDS, 20 – 23.

Billig, M. 1966. *Arguing and Thinking: A Rhetorical Approach to Social Psychology* (2nd ed.). Cambrige: Cambrige University Press.

Bird, S. T., & Bogart, L. M. 2005. "Conspiracy beliefs about HIV/AIDS and birth control among African Americans: Implications for the prevention of HIV, other STIs, and unintended pregnancy." *Journal of Social Issues* 61 (1): 109 – 126.

Bodenhausen, G. V., & Macrae, C. N. 1998. "Stereotype activation and inhibition." In R. S. Wyer Jr. (Ed.) *Advances in Social Cognition.* Mahwah, NJ: Erlbaum, 11: 1 – 52..

Bosson, J. K., Haymovitz, E. L., & Pinel, E., C. 2004. "When saying and doing diverge: The effects of stereotype threat on self-reported versus non-verbal anxiety." *Journal of Experimental Social Psychology* 40: 247 – 255.

Branscombe, N. R., & Wann, D. L. 1994. "Collective self-esteem consequences of outgroup derogation when a valued social identity is on trial." *European Journal of Social Psychology* 24, 641 – 657.

Branscombe, N. R., Spears, R., Ellemers, N., & Doosje, B. 2002. "Intragroup and intergroup evaluation effects on group behavior." *Personality and Social Psychology Bulletin* 28: 744 – 753.

Brown, R. 1995. *Prejudice: Its Social Psychology.* Oxford: Blackwell.

Brown, R. 2000. "Social identity theory: past achievements, current problems and future challenges." *European Journal of Social Psychology* 30: 745-778.

Button, S. B. 2004. "Identity management strategies utilized by lesbian and gay employees: A quantitative investigation." *Group Organization Management* 29: 470.

Buunk, A., & Gibbons, F. 2007. "Social comparison: The end of a theory and the emergence of a field." *Organizational Behavior and Human Decision Processes* 102: 3-21.

Cantor, N., & Mischel, W. 1977. "Prototypes in person perception." In L. Berkowitz (Ed.) *Adwances in Experimental Social Psychology*. New York: Academic Press, 12: 3-52.

Capozza, D., Trifiletti, E., Pasin, A., & Durante, F. 2007. "EPA and warmth-competence dimensions: Are the two universals redundant? Unpublished manuscript. Universita di Padova." In Cuddy, A. J. C., Fiske, S. T. & Glick, P. 2008. Warmth and competence as universal dimensions of social perception: the stereotype content model and the BIAS Map. *Advances in Experimental Social Psychology* 40: 61-147.

Carr, P., B., & Steele, C., M. 2010. "Stereotype threat affects financial decision making." *Psychological Science* 9 (21): 1411-1416.

Chan, K. Y., Yang, Y., Zhang, K. L., & Reidpath, D., D. 2007. "Disentangling the stigma of HIV/AIDS from the stigmas of drugs use, commercial sex and commercial blood donation-a factorial survey of medical students in China." *BMC Public Health* 7: 280.

Chen, S., Benet-Martínez, V., & Bond, M. 2008. "Bicultural identity, bilingualism, and psychological adjustment in multicultural societies: Immigration-based and globalization-based acculturation." *Journal of Personality* 76 (4): 803-838.

Cheng, C., Lee, F., & Benet-Martínez, V. 2006. "Assimilation and contrast effects in cultural frame switching: Bicultural identity integration and valence of cultural cues." *Journal of Cross-Cultural Psychology* 37 (6): 742-760.

Choi, K., Hudes, E., & Steward, W. 2008. "Social discrimination, concurrent sexual partnerships, and HIV risk among men who have sex with men in shanghai, China." *AIDS and Behavior* 12: 71 - 77.

Chrobot-Mason, D., Ruderman, M. N., Weber, T. D., & Ohlott, P. J. 2007. "Illuminating a cross-cultural leadership challenge: When identity groups collide." *The International Journal of Human Resource Management* 18: 2011 - 2036.

Chung, K., F., & Wong, M., C. 2004. "Experience of stigma among Chinese mental Health patients in Hong Kong." *Psychiatric Bulletin*.

Cikara, M., & Fiske, S. T., 2011. "Bounded empathy: Neural responses to outgroups' (mis) fortunes." *Journal of Cognitive Neuroscience*.

Cikara, M., & Fiske, S. T., 2012. "Stereotypes and Schadenfreude: Affective and physiological markers of pleasure at outgroups' misfortunes." *Social Psychological and Personality Science*.

Cikara, M., Botvinick, M. M., & Fiske, S. T. 2011. "Us versus them: Social identity shapes neural responses to intergroup competition and harm." *Psychological Science*.

Cikara, M., Eberhardt, J. E., & Fiske, S. T. 2011. "From agents to objects: Sexist attitudes and neural responses to sexualized targets." *Journal of Cognitive Neuroscience*.

Cikara, M., Farnsworth, R. A., Harris, L. T., & Fiske, S. T. 2010. "On the wrong side of the trolley track: Neural correlates of relative social valuation." *Social Cognitive and Affective Neuroscience*.

Clark, A., E., & Kashima, Y. 2007. "Stereotype help people connect with others in the community: A situated functional analysis of the stereotype consistency bias in communication." *Journal of Personality and Social Psychology* 93 (6): 1028 - 1039.

Clausell, E., & Fiske, S. T. 2005. "When do the parts add up to the whole? Ambivalent stereotype content for gay male subgroups." *Social Cognition* 23: 157 - 176.

Clifford, J. 1992. "Traveling cultures." In Grossberg, L., Nelson, C., & Treichler, P., A. (Eds.) *Cultural Studies*. New York: Routledge.

Coats, S., Smith, E. R., Claypool, H. M., & Banner, M. J. 2000.

"Overlapping mental representations of self and in-group: Reaction time evidence and its relationship with explicit measures of group identification." *Journal of Experimental Social Psychology* 36: 304 – 315.

Cohen, G. L., & Garcia, J. 2005. "'I am us': Negative stereotypes as collective threats." *Journal of Personality and Social Psychology* 89 (4): 566 – 582.

Collange, J., Fiske, S. T., & Sanitioso, R. 2009. "Maintaining a positive self-image by stereotyping others: Self-threat and the stereotype content model." *Social Cognition* 27, 138 – 149.

Coltrane, S., & Messineo, M. 2000. "The perpetuation of subtle prejurdice: Race and gender imagery in 1990s television advertising." *Sex Roles* 42: 363 – 389.

Corrigan, P. 2004. "How stigma interferes with mental health care." *American Psychology* 59 (7): 414 – 625.

Corrigan, P. W. 2000. "Mental health stigma as social attribution: implications for research methods and attitude change." *Clinical Psychology* 7: 48 – 67.

Corrigan, P. W., & Kleinlein, P. 2005. "The impact of mental illness stigma." In: P. W., Corrigan (Ed.) *On the Stigma of Mental Illness: Practical Strategies for Research and Social Change*. Washington, DC: American Psychology Association, 11 – 44.

Corrigan, P. W., Kerr, A., & Knudsen, I. 2005. "The stigma of mental illness: Explanatory models and methods for change." *Applied and Preventive Psychology* 11: 179 – 190.

Cottrell, C. A., & Neuberg, S., L. 2005. "Different emotional relations to different groups: A sociofunctinal threat-based approach to prejudice." *Journal of Personality and Social Psychology* 88: 770 – 789.

Crocker, J., Major, B., & Steele, C. 1998. "Social stigma." In Gilbert, D. T., Fiske, S. T., & Lindzey, G. (Ed.) *The Handbook of Social Psychology*. MA: McGraw-Hill, 504 – 553.

Cuddy, A. J. C., & Frantz, C. M. 2007. "Legitimating status inequalities: The effect of race on motherhood discrimination Manuscript submitted for publication." In Cuddy, A. J. C., Fiske, S. T. & Glick, P. 2008. "Warmth and competence as universal dimensions of social perception: The stereotype content model and the BIAS Map. *Advances in Experimental Social Psychology* 40: 61 – 147.

Cuddy, A. J. C., Fiske S. T., & Glick, P. 2007. "The BIAS Map: Behaviors from intergroup affect and stereotypes." *Journal of Personality and Social Psychology* 92: 631 – 648

Cuddy, A. J. C., Fiske, S. T. & Glick, P. 2008. "Warmth and competence as universal dimensions of social perception: The stereotype content model and the BIAS Map." *Advances in Experimental Social Psychology* 40: 61 – 147.

Cuddy, A. J. C., Fiske, S. T., Kwan, V. S. Y., Glick, P., Demoulin, S., & Leyens, J. P. 2009. "Is the stereotype content model culture-bound? A cross-cultural comparison reveals systematic similarities and differences." *British Journal of Social Psychology* 48: 1 – 33.

Cuddy, A. J. C., Norton, M. I., & Fiske, S. T. 2005. "This old stereotype: The pervasiveness and persistence of the elderly stereotype." *Journal of Social Issues* 61: 265 – 283.

Dasgupta, N., & Asgari, S. 2004. "Seeing is believing: Exposure to counter stereotypic leaders and its effects on the malleability of automatic gender stereotyping." *Journal of Experimental Social Psychology* 40: 642 – 658.

De Rosa, A. S. 1987. "The social representation of mental illness in children and adults." In Moscovici, S. *Current Issues in European Social Psychology.* Cambridge: Cambridge University Press, 2.

Dean, M. A., Roth, P. L., & Bobko, P. 2008. "Ethnic and gender subgroup differences in assessment center ratings: A meta-analysis." *Journal of Applied psychology* 93: 685 – 691.

Deaux, K. & Philogene, G. 2001. *Representations of the Social: Bridging Theoretical Perspectives.* New York: Basil Blackwell.

Deaux, K., & Philogene, G. 2000. *Social Representations: Introductions and Explorations.* Oxford: Blackwell.

Deaux, K., Reid, A., & Mizrahi, K. 1995. "Parameters of social identity."

Journal of Personality and Social Psychology 280.

Deaux, K., Reid, A., Mizrahi, K., & Ethier, K. A. 1995. "Parameters of social identity." *Journal of Personality and Social Psychology* 68: 280 – 291.

Degner, J., & Wentura, D. 2010. "Automatic prejudice in childhood and early adolescence." *Journal of Personality and Social Psychology* 98 (3): 356 – 374.

Deng, R., Li, J., Sringernyuang, L., & Zhang, K. 2007. "Drug abuse, HIV/AIDS and stigmatisation in a Dai community in Yunnan, China." *Social Science & Medicine* 64: 1560 – 1571.

Des Jarlais, D. C., Galea, S., Tracy, M., Tross, S., & Vlahov, D. 2006. "Stigmatization of newly emerging infectious diseases: AIDS and SARs." *American Journal of Public Health* 96: 561 – 567.

Di Giacomo, J. P. 1980. "Intergroup alliances and rejuctions within a protest movement." *European Journal of Social Psychology* 10: 329 – 345.

Dinos, S., Stevens, S., & Serfaty, M. 2004. "Stigma: The feelings and experiences of 46 people with mental illnes." *British Journal of Psychiatry*, 176 – 181.

Dittmar, H. 1992. *The Social Psychology of Material Possessions: To have is To Be.* Harvester Wheatsheaf: St. Martin's Press.

Doise, W., Spini, D., & Clémence, A. 1999. "Human rights studied as social representations in a cross-national context." *European Journal of Social Psychology* 29: 1 – 29.

Durante, F., Volpato, C., & Fiske, S., T. 2009. "Using the stereotype content model to examine group depictions in Fascism: An archival approach." *European Journal of Social Psychology* 39: 1 – 19.

Durkheim, E. 1898. "Individual and collective representations." In Durkheim, E. Ed. *Sociology and Philosophy.* London: Cohen and West, 1 – 34.

Durkheim, E. 1950. *Suicide.* Glencoe, ILL: Free Press.

Durkheim, E. 1950. *The Rules of Sociological Method.* Glencoe, Ill.: Free Press.

Duveen, C., & De. Rosa, S. A. 1992. "Social representations and the genesis of Social Knowledge." *Ongoing Production of Social Representations* 1: 94 – 108.

Duveen, G. 2001. "The Power of Ideas. Introduction to Serge Moscovici." *Social Representations.* New York: New York University Press, 1 – 17.

Echabe, A. E., & Rovira, D., P. 1989. "Social representations and memory: The case of AIDS." *European Journal of Social Psychology* 19 (6): 543 – 551.

Ellemers, M., Spears, R., & Doosje, B. 2002. "Self and social identity." *Annual Review of Psychology* 53: 161 – 186.

Esses, V. M., & Dovidio, J. F. 2002. "The role of emotions in determining willingness to engage in intergroup contact." *Personality and Social Psychology Bulletin* 28: 1202 – 1214.

Fang, W. 2009. "Transition Psychology: The Membership Approach." *Social Sciences in China* 2: 35 – 48.

Farr, R. M. 1984. "Les representations sociales." In Moscovici, S. Ed. *Psychologie Sociale.* Paris: Presses Universitaires de France.

Farr, R. M. 1984. "Social representations: Their role in the design and execution of laboratory experiments." In Farr, R., & Moscovici, S., *Social representations.* Cambridge university press.

Fazio, R. H., Jackson, J. R., Dunton, B. C., & Williams, C. J. 1995. "Variability in automatic activation as an unobstrusive measure of racial attitudes: A bona fide pipeline?" *Journal of Personality and Social Psychology* 69 (6): 1013 – 1027.

Fife, B. L., & Wright, E. R. 2000. "The dimensionality of stigma: A comparison of its impact on the self of persons with HIV/AIDS and cancer." *Journal of Health and Social Behavior* 41 (1): 50 – 67.

Finch, B. K., Kolody, B., & Vega, W. A. 2000. "Perceived discrimination and depression among Mexican-origin adults in California." *Health Social Behavior* 41: 295 – 313.

Fiske, S. T. 1998. "Stereotyping, prejudice, and discrimination." In D. T. Gilbert, S. T. Fiske, & G. Lindzey Eds. *Handbook of Social Psychology* (4th ed.). Boston: McGraw-Hill, (2): 357 – 411.

Fiske, S. T. 2004. *Social Beings: A Core Motives Approach to Social Psychology.* John Wiley and Sons, 398 – 400.

Fiske, S. T., Cuddy, A. J. C., Glick, P. S., & Xu, J. 2002. "A model of (often mixed) stereotype content: Competence and warmth respectively follow from perceived status and competition." *Journal of Personality and Social Psychology* 82: 878 – 902.

Fiske, S. T., & Neuberg, S. L. 1990. "A continuum of impression formation, from category-based to individuating processes: Influences of information and motivation on attention and interpretation." In M. P. Zanna Ed. *Advances in Experimental Social Psychology*. New York: Academic Press, 23: 1 – 74.

Fiske, S. T., Xu, J., Cuddy, A. J. C., & Glick, P. 1999. "(Dis) respecting versus (dis) liking: Status and interdependence predict ambivalent stereotypes of competence and warmth." *Journal of Social Issues* 55: 473 – 489.

Folkman, S., & Lazarus, R. S. 1986. "Appraisal, coping, health status and psychological symptoms." *Journal of Personality and Social Psychology* 50 (3): 571 – 579.

Forbes, C. E., & Schmader, T. 2010. "Retraining attitudes and stereotypes to affect motivation and cognitive capacity under stereotype threat." *Journal of Personality and Social Psychology* 99 (5): 740 – 754.

Foster, M. D. 2000. "Positive and negative responses to personal discrimination: Does coping make a difference?" *The Journal of Social Psychology* 140 (1): 93 – 107.

Freud, S. 1922. *Group Psychology and the Analysis of Ego*. New York: Norton, 41.

Gervais, M. C. 1997. "Social Representations of Nature: The Case of the Braer oil Spill in Shetland." PhD thesis, The London School of Economics and Political Science.

Gilbert, D. T., Fiske, S. T., & Lindzey, G. Eds. 1998. *Handbook of Social Psychology*. Boston: McGraw-Hill, 2: 357 – 411.

Gilbert, G. M. 1951. "Stereotype persistence and change among college students." *Journal of Abnormal Social Psychology* 46: 245 – 254.

Glass, A. L., & Holyoak, K. J. 1986. *Cognition* (2nd ed.) Reading, MA:

Addison-Wesley.

Glick, P., & Fiske, S. T. 1999. "Sexism and other 'isms': Interdependence, status, and the ambivalent content of stereotypes." In W. B. Swann, Jr., J. H. Langlois, & L. A. Gilbert Eds. *Sexism and Stereotypes in Modern Society: The Gender Science of Janet Taylor Spence.* Washington, DC: American Psychological Association, 193 – 221.

Glick, P., & Fiske, S. T. 2001. "Ambivalent stereotypes as legitimizing ideologies: Differentiating paternalistic and envious prejudice." In J. Jost & B. Major Eds. *The Psychology of Legitimacy.* Cambridge, England: Cambridge University Press, 278 – 306.

Glick, P., Cuddy, A. J. C., & Fiske, S. T. 2007. *The Stereotype Confirming Attribution Bias.* Unpublished data.

Goff, P. A., Steele, C. M., & Davies, P. G. 2008. "The space between us: Stereotype threat and distance in interracial contexts." *Journal of Personality and Social Psychology* 94 (1): 91 – 107.

Goffman, E. 1963. *Stigma: Notes on the Management of Spoiled Identity.* Englewood Cliffs, NJ: Prentice-Hall, 504.

Gómez, á., Brooks, M. L., Buhrmester, M. D., Vázques, A., Jetten, J., & Swann, W. B. 2011. "On the nature of identity fusion: Insights into the construct and a new measure." *Journal of Personality and Social Psychology* 2: 1 – 16.

Goodman, R. L., Webb, T. L., & Stewart, A. J. 2009. "Communicating stereotype-relevant information: Is factual information subject to the same communication biases as fictional information?" *Personality and Social Psychology Bulletin* 35: 836 – 853.

Gran, H., L. 2003. "Structural Dimensions of the Social Representation of Aggression." *Social Behavior and Personality* 1 (13): 223 – 236.

Guan, J. 2010. "Stigma toward the rural-to-urban migrants in China: A qualitative study." *Interpersona: An International Journal on Personal Relationships* 4 (1): 21 – 37.

Guimelli, C. 1993. "Locating the central core of social representations: Towards a method." *European Journal of Social Psychology* 3（3）：317 – 334.

Hamilton, D. L., & Trolier, T. K. 1986. "Stereotypes and stereotyping: An overview of the cognitive approach." In J. Dovidio & S. Gaertner Eds. *Prejudice, Discrimination and Racism*. Orlando, FL: Academic Press, 127 – 163.

Haque, A., & Sabir, M. 1975. "The image of the Indian army and its effects on social remembering." *Pakistan Journal of Psychology* 8, 55 – 61.

Harré. R. 1984. "Some reflections on the concept of 'social representation'." *Social Researh* 51: 927 – 938.

Harré. R. 1998. "The epistemology of social representations." In Flick, U. Ed. *The Psychology of the Social*. Cambridge: CUP.

Haslam, S. A., & Reicher, S. D. 2007. "Identity entrepreneurship and the consequences of identity failure." *Social Psychology Quarterly* 70: 125 – 147.

Hebl, M. R. & Kleck, R. E. 2000. "To Mention or Not to Mention: Acknowledgement of a Stima by Physically Disabled and Obese Individuals." Unpublished manuscript, Rice University, 201.

Henry, P. J., & Saul, A. 2006. "The development of system justification in the developing world." *Social Justice Research* 19: 365 – 378.

Herek, G., M., & Mitnick, L. 1998. "AIDS and stigma: A conceptual framework and research agenda." *AIDS and Public Policy Journal* 13（1）：36 – 47.

Herzlich, C. 1973. *Health and illness. A Social Psychological Analysis*. London: Academic Press.

Hewstone, M. 1986. *Understanding Attitudes to the European Community: A Sociopsychological Study in Four Member States*. Cambridge: Cambridge University Press.

Hewstone, M., & Jaspars, J. 1987. "Covariation: A logical model of the intuitive analysis of variance." *Journal of Personality and Social Psychology* 53: 663 – 672.

Hippel, W. V., Hippel, C. V., & Conway, L. 2005. "Coping with stereotype threat: Denial as an impression management strategy." *Journal of*

Personality and Social Psychology 89 (1): 22 – 35.

Hogg, M. A. 2004. "Social Identity, Self-categorization, and Communication in Small Groups." In Candlin, S-h. Ng, C. & Chiu, C-y. Eds. *Language Matters: Communication, Culture, and Social Identity.* Hong Kong: City University of Hong Kong Press, 221 – 243.

Hogg, M. A., & Abrams, D. 1988. *Social Identifications: A Social Psychology of Intergroup Relations and Group Process.* London: Routeledge, 286.

Holton, G. 1975. "On the role of themata in scientific thought." *Science* 188: 328 – 334.

Holton, G. 1978. *The Scientific Imagination: Case Studies.* Cambridge, New York: Cambridge University Press.

Holton, G. 1996. "The role of themata in science." *Foundations of Physics* 26 (4): 453 – 465.

Holzemer, W. L., Uys, L. R., Chirwa, M. L., Greeff, M., Makoae, L. N., Kohi, T. W., et al. 2007. "Validation of the HIV/AIDS Stigma Instrument – PLWA (HASI – P)." *AIDS Care* 19: 1002 – 1012.

Howarth, C. 2004. "Re-presentation and resistance in the context of school exclusion: Reasons to be critical." *Journal of Community and Applied Social Psychology* 14: 356 – 377.

Insko, C. A., Schopler, J., & Sedikides, C. 1998. "Personal control, entitativity, and evolution." In C. Sedikides, J. Schopler & C. A. Insko Eds. *Intergroup Cognition and Intergroup Behavior.* Mahwah, NJ: Erlbaum, 109 – 120.

Inzlicht, M., & Kang, S. K. 2010. "Stereotype Threat spillover: How coping with threats to social identity affects aggression, eating, decision making, and attention." *Journal of Personality and Social Psychology* 99 (3): 467 – 481.

Inzlicht, M., & Schmader, T. 2011. *Stereotype Threat: Theory, Process, and Application.* New York: Oxford University Press.

Inzlicht, M., Tullett, A. M., & Gutsell, J. N. 2011. "Stereotype threat spillover: The short-term and long-term effects of coping with threats to social identity." In M. Inzlicht & T. Schmader Eds. *Stereotype Threat: Theory, Process, and Application*. New York: Oxford University Press.

Jahoda, G. 1988. "Critical notes and reflections on 'social representations'." *European Journal of Social Psychology* 18 (3): 195 – 209.

Jamieson, J. P., & Harkins, S. G. 2009. "The effect of stereotype threat on the solving of quantitative GRE problems: A mere effort interpretation." *Personality and Social Psychology Bulletin* 35 (10): 1301 – 1314.

Jetten. J., Iyer, A., Tsivrikos, D., & Young, B. M. 2008. "When is individual mobility costly? The role of exonomic and social identity factors." *European Journal of Social Psychology* 38: 866 – 879.

Jodelet, D. 1988. "Représentation social: Phénomènes, concept et théorie." In S. Moscovici Ed. *Psychologie Sociale*. Paris: Presses Universitaires de France, 357 – 378.

Jodelet, D. 1991. "Represéntations sociale." In Guard Dictionnarie de la Psychologie. Paris: Larousse.

Jodelet, D. 2006. Le Dictionnarire des Sciences Humanines, Representation Sociales, Paris, PUF.

Joffe, H. & Bettega, H. 2003. "Social representation of AIDS among Zambian adolescents." *Journal of Health Psychology* 8 (5): 616 – 631.

Joffe, H. 1996. "AIDS research and prevention: A social representational approach." *British Journal of Medical Psychology* 69: 169 – 190.

Jones, E. E., Farina, A., Hastorf, A. H., Markus, H., Miller, D. T., & Scott, R. A. 1984. *Social Stigma: The Psychology of Marked Relationships*. New York: Freeman.

Jost, J. T., Pelham, B. W., & Carvallo, M. 2002. "Non-conscious forms of system justication: Cognitive, affective, and behavioral preperences ofr higher status groups." *Journal of Experimental Social Psychology* 38: 586 – 602.

Jost, J. T., Pelham, B. W., Sheldon, O., & Sullivan, B. 2003. "Social inequality and the reduction of ideological dissonance on behalf of the system: Evidence of enhanced system justification among the disadvantaged." *European Journal of Social Psychology* 33: 13 – 36.

Jovchelovitch, S. , & Gervais, M - C. 1999. "Social representations of Health and Illness: The case of the Chinese community in England. " *Journal of Community and Applied Social Psychology* 9: 247 - 260.

Kang, S. K. , & Inzlicht, M. , & Derks, B. 2011. "Social neuroscience and public policy on intergroup relations: A Hegelian analysis. " *Journal of Social Issues* 66 (3): 585 - 601.

Karasawa, M. , Asai, N. , & Tanabe, Y. 2007. "Stereotypes as shared beliefs: Effects of group identity on dyadic conversations. " *Group Processes and Intergroup Relations* 10 (4): 515 - 532.

Karlins, M. , Coffman, T. L. , & Walters, G. 1969. "On the fading of social stereotypes: Studies in three generations of college students. " *Journal of Personality and Social Psychology* 13: 1 - 16.

Kashima, Y. 2000. "Maintaining cultural stereotypes in the serial reproduction of narratives. " *Personality and Social Psychology Bulletin* 26: 594 - 604.

Kashima, Y. , & Yeung, V. , W. 2010. "Serial reproduction: An experimental simulation of cultural dynamics. " *Acta Psychologica Sinica* 42 (1): 56 - 71.

Kashima, Y. , Kashima, E. S. , Chiu, C. Y. , Farsides, T. , Gelfand, M. , Hong, Y. Y. , Kim, U. , Strack, F. , Werth, L. , Yuki, M. , Yzerbyt, V. 2005. "Culture, essentialism, and agency: Are individuals universally believed to be more real entities than groups?" *European Journal of Social Psychology* 35: 147 - 169.

Kashima, Y. , Klein, O. , & Clark, A. 2007. "Grounding: Sharing information in social interaction. " In Fiedler, K. Ed. *Social Communication.* New York: Psychology Press, 27 - 77.

Kashima, Y. , Peters, K. & Whelan, J. 2008. "Culture, narrative, and human agency. " In Sorrentino, R. M. & Yamaguchi, S. Eds. *Handbook of Motivation and Cognition Across Cultures.* San Diego, CA: Academic Press, 393 - 421.

Katz, D. , & Braly, K. 1933. "Racial stereotypes of one hundred college students. " *Journal of Abnormal and Social Psychology* 28: 280 - 290.

Kervyn, N., Bergsieker, H. B., & Fiske, S. T. 2011. "The innuendo effect: Hearing the positive but inferring the negative." *Journal of Experimental Social Psychology* 9: 1–9.

Kitzinger, J. 1998. Media impact on public beliefs about AIDS. In D. Miller, et al. Eds. *The Circuit of Mass Communication*. London, Sage.

Klein, O., Spears, R., & Reicher, S. 2007. "Social identity performance: Extending the strategic Side of SIDE." *Personality and Social Psychology Review* 11–28.

Koriat, A., & Goldsmith, M. 1996. "Memory metaphors and the real-life/laboratory controversy: Correspondence versus storehouse conceptions of memory." *Behavioral and Brain Sciences* 19: 167–228.

Leach, C. W. 2006. "The Meaning of Prejudice." Unpublished manuscript, University of Sussex, Brighton, England.

Leach, C. W. Ellemers, N., & Barreto M. 2007. "Group Virtue: The Importance of Morality (vs. Competence and Sociability) in the Positive Evaluation of In-Groups." *Journal of Personality and Social Psychology* 93 (2): 234–249.

Leach, C. W., Zomeren, M. V., Zebel, S., Vliek, M. L. W., Ouerkerk, J. W., & Spears, R. 2008. "Group-level self-definition and self-investment: A hierarchical (multicomponent) model of in-group identification." *Journal of Personality and Social Psychology* 95: 144–165.

Lee, S. 2005. "Judgment of ingroups and outgroups in intraand intercultural negotiation: The role of interdependent self-construal in judgment timing." *Group Decision and Negotiation* 14: 43–62.

Lee, T. L., & Fiske, S. T. 2006. "Not an outgroup, but not yet an ingroup: Immigrants in the stereotype content model." *International Journal of Intercultural Relations* 30: 751–768.

Leslie, L., M., Constantine, V. S., & Fiske, S. T. 2007. "Fourth in the Princeton quartet's analyses of ethnic and national stereotypes: Private ambivalence moderates modern stereotype content 70 years later." In Cuddy, A. J. C., S. T. Fiske, & P. Glick 2008. Warmth and competence as universal dimensions of social perception: The stereotype content model and the BIAS Map. *Advances in Experimental Social Psychology* 40: 61 – 147.

Lever, J., P. Piňol, N., L., & Uralde, J., H. 2005. "Poverty, psychological resources and subjective well-being." *Social Indicators Research* 73: 375 – 408.

Lévy-Bruhl, L. 1925. *How Natives Think*. London: Allen & Unwin.

Lewis, R. J., Derlega, V., & Griffin, J. L. 2003. "Stressors for gay men and lesbians: Life stress, gay-related stress, stigma consciousness and depressive symtoms." *Journal of Social and Clinical Psychology* 22: 716 – 729.

Leyens, J. Ph., Yzerbyt, V., & Schadron, G. 1994. *Stereotypes, Social Cognition, and Social Explanation*. London: Sage.

Li, P. L., & Li, W. 2007. "Economic status and social attitudes of migrant workers in China." *China and World Economy* 15 (4): 1 – 16

Liggins, J. 2005. "Stigma toward the mentally ill in the general hospital: A qualitative study." *General Hospital Psychiatry*, 359 – 364.

Lin, M. H., Kwan, V. S. Y., Cheung, A. & Fiske, S. T. 2005. "Prejudice for an envied outgroup: Scale of anti-Asian American stereotypes." *Personality and Social Psychology Bulletin* 31 (1): 34 – 37.

Link, B., G., & Phelan, J. C. 2001. "Conceptualizing stigma." *Annual Review of Sociology* 363.

Liu, J. X., & Choi, K. 2006. "Experiences of social discrimination among men who have sex with men in Shanghai, China." *AIDS and Behavior* 10: 25 – 33.

Liu, L. 2003. "Quality of Life in China: A Social Representational Approach." PhD thesis, The London School of Economics and Political Science.

Liu, L. 2004. "Sensitising Concept, Themata and Shareness: A Dialogical Perspective of Social Representations." *Journal for the Theory of Social Behaviour* 34: 3.

Liu, L. 2006. "Quality of life as a social representation in China: A qualitative study." *Social Indicatiors Research* 75: 217 – 240.

Liu, L. 2007. "To have and to be: Towards the social representation of quality of life in China. Journal of Community & Applied Social Psychology. " *Journal Community of Applied Social Psychology* 17: 1 – 20.

Liu, L. 2008. "Yang and Yin in communication: Towards a typology and logic of persuasion in China. " *Diogeness* 55 (1): 120 – 132.

Looper, K., J. 2004. "Perceived stigma in functional somatic syndromes and comparable medical conditions. " *Journal of Psychosomatic Research*, 373 – 388.

Lyons, A., & Kashima, Y. 2001. "The reproduction of culture: Communication processes tend to maintain cultural stereotypes. " *Social Cognition* 19: 372 – 394.

Lyons, A., & Kashima, Y. 2003. "How are stereotypes maintained through communication? The influence of stereotype sharedness. " *Journal of Personality and Social Psychology* 85 (6): 989 – 1005.

Lyons, A., & Kashima, Y. 2006. "Maintaining stereotypes in communication: Investigating memory biases and coherence-seeking in storytelling. " *Asian Journal of Social Psychology* 9: 59 – 71.

Lyons, A., Clark, A., Kashima, Y., & Kurz, T. 2008. "Cultural dynamics of stereotypes: Social network processes and the perpetuation of stereotypes. " In Kashima, Y., Fiedler, K., & Freytag, P., Eds. *Stereotype Dynamics*. Mahwah, NJ: Lawrence Erlbaum Associates, 59 – 92.

Macrae, C. N., & Bodenhausen, G. V. 2000. "Stereotypes. " In S. T. Fiske, D. L. Schacter, & C. Zahn-Wazler Eds. *Annual review of psychology*. Palo Alto, CA: Annual Reviews, (51): 93 – 120.

Maddux, W. W., Galinsky, A., Cuddy, A. J. C., & Polifroni, M. 2008. "When being a model minority is good⋯and bad: Realistic threat explains negativity toward Asian Americans. " *Personality and Social Psychology Bulletin* 34: 74 – 89.

Mahajan, N., Martinez, M. A., & Gitierrez, N, L., Diesendruck, G., Banaji, M. R., & Santos, L. R. 2011. "The evolution of intergroup bias: Perceptions and attitudes in rhesus macaques. " *Journal of Personality and Social Psychology* 100 (3): 387 – 405.

Major, B., Quinton, W. J., & McCoy, S. K. 2002. "Antecedents and consequences of attributions to discrimination: Theoretical and empirical advances." In M. P. Zanna Ed., *Advances in Experimental Social Psychology* 34: 251 – 329.

Major, B., Quinton, W. J., McCoy, S. K., & Schmader, T. 2000. "Reducing prejudice: The target's perspective." In Oskamp, S. Ed. *Reducing Prejudice and Discrimination*. Mahwah, NJ: Erlbaum, 211 – 238.

Mak, W. W. S., Mo, P. K. H., Cheung, R. Y. M., Woo, J., Cheung, F. M., & Lee, D. 2006. "Comparative stigma of HIV/AIDS, SARs, and Tuberculosis in Hong Kong." *Social Science & Medicine* 63: 1912 – 1922.

Maner, J. K., DeWall, C. N., Baumeister, R. F., & Schaller, M. 2007. "Does social exclusion motivate interpersonal reconnection? Resolving the 'porcupine problem'." *Journal of Personality and Social Psychology* 92: 42 – 55.

Marková, I. 2000. "Amédée or how to get rid of it: Social representations from a dialogical perspective." *Culture and Psychology* 6 (4): 419 – 460.

Marková, I. 2003. *Dialogicality and Social Representations*. Cambridge: Cambridge University Press.

Marková, I. 2006. "Themata in dialogue. Taking social knowledge as shared." In I. Marková, P. Linell, M. Grossen, & A. Salazar-Orvig Eds. *Dialogue in Focus Groups: Exploring Socially Shared Knowledge*. London: Equinox.

Martin, J., Scully, M., & Levitt, B. 1990. "Injustice and the legitimation of revolution: Damning the past, excusing the present, and neglecting the future." *Journal of Personality and Social Psychology* 59 (2): 281 – 290.

Marx, D. M., & Stapel, D. A. 2006. "It's all in the timing: Measuring emotional reactions to stereotype threat before and after taking a test." *European Journal of Social Psychology* 36: 687 – 698.

Massey, D. S. 2007. *Categorically Unequal: The American Stratification System*. Russell Sage, New York.

Matthias B., S., & Angermeyer, C. 2003. "Subjective experiences of stigma. A Focus group study of schizophrenic patients, their relatives and mental health professionals." *Social Science & Medicine*, 299 – 312.

McIntyre, A. M., Lyons, A., Clark, A. E., & Kashima, Y. 2004. "The microgenesis of culture: Serial reproduction as an experimental simulation of cultural dynamics." In Schaller, M. & Crandall, C., S. Eds. *The Psychological Foundations of Culture*. Mahwah, NJ: Erlbaum, 227 – 258.

McIntyre, R. B., Lord, C. G., Gresky, D. M., Eyck, L. T., Frye, G. D., & Bond, C. F. 2005. "A social impact trend in the effects of role models on alleviating women's mathematics stereotype threat." *Current Research in Social Psychology* 10: 116 – 136.

McIntyre, R. B., Paulson, R. M., Taylor, C. A., Morin, A. L., & Lord, C. G. 2010. "Effects of role model deservingness on overcoming performance deficits induced by stereotype threat." *European Journal of Social Psychology* 16: 745 – 768.

Meier, K. & Kirchler, E. 1998. "Social representations of the euro in Austria." *Journal of Economic psychology* 19: 755 – 774.

Mesoudi, A. 2007. "Using the methods of experimental social psychology to study cultural evolution." *Journal of Social Evolutionary and Cultural Psychology* 1: 35 – 38.

Mesoudi, A., & Whiten, A. 2004. "The hierarchical transformation of event knowledge in human cultural transmission." *Journal of Cognition and Culture* 4: 1 – 24.

Mesoudi, A., & Whiten, A. 2008. "The multiple roles of cultural transmission experiments in understanding human cultural evolution." *Philosophical Transactions of the Royal Society* 363: 3489 – 3501.

Mesoudi, A., Whiten, A., & Dunbar, R. I. M. 2006. "A bias for social information in human cultural transmission." *British Journal of Psychology* 97: 405 – 423.

Miller, S. L., Maner, J. K., & Becker, D. V. 2010. "Self-protective biases in group categorization: Threat cues shape the psychological boundary between 'us' and 'them'." *Journal of Personality and Social Psychology* 99 (1): 62 – 77.

Moscovici S. 1972. "Society and Theory in Social Psychology." In: Isreal, J., & Tajfel, H., *The Gontext of Social Psychology*: *A Critical Assessment*. London: Academic Press, 55 – 56.

Moscovici, S. & Fabrice Buschini. 2003. Les Méthodes des sciences humaines. Presses Universityaires de France – PUF.

Moscovici, S. & Markovà, I. 2006. *The Making of Modern Social Psychology*: *The Hidden Story of How an International Social Science was Created*. Polity Press.

Moscovici, S. 1963. "Attitudes and opinions." *Annual Review of Psychology* 14: 231 – 260.

Moscovici, S. 1973. "Foreword." In C. Herzlich, *Health and Illness*: *A Social Psychological Analysis*. London: Academic Press, 5 – 9.

Moscovici, S. 1976. La Psychanalyse, Son image et son public. Paris: Presses Universitaires de France.

Moscovici, S. 1981. "On social representations." In J. P. Forgas Ed. *Social Cognition*: *Perspectives on Everyday Understanding*. London: Academic Press, 181 – 209.

Moscovici, S. 1984. "Introduction: Le domaine de la *psychologie sociale*." In S. Moscovici Ed. Psychologie sociale. Paris: Presses Universitaires de France, 5 – 22.

Moscovici, S. 1984. "The myth of a lonely paradigm." *Social Research* 51: 939 – 967.

Moscovici, S. 1984. "The phenomenon of social representations." In R. M. Farr & S. Moscovici Eds. *Social Representations*. Cambridge, England: Cambridge University Press, 3 – 69.

Moscovici, S. 1988. "Notes towards a description of social representations." *Journal of European Social Psychology* 18: 211 – 250.

Moscovici, S. 1993. "Introductory address." *Papers on Social Representations* 2 (3): 160 – 170.

Moscovici, S. 1998. "The history and actuality of social representations." In U. Flick Ed. *The Psychology of the Social*. Cambridge: Cambridge University Press, 241.

Moscovici, S. 2000. *Social Representations: Explorations in Social Psychology*. Polity Press.

Moscovici, S. 2001. "Why a theory of social representations?" In K. Deaux & G. Philogène Eds. *Representations of the Social*. Oxford: Blackwell, 8–36.

Moscovici, S., & Vignaux, G. 2000. "The concept of themata." In S. Moscovici, *Social Representations: Explorations in Social Psychology*. Cambridge: Polity Press, 156–183.

Murphy, M. C., Steele, C. M., & Gross, J. J. 2007. "Signaling threat: How situational cues affect women in math, science, and engineering settings." *Psychological Science* 18: 879–885.

Myman, M., & Snyder, M. 1997. "Attitudes toward 'Gays in the military': A functional perspective." *Journal of Applied Social Psychology* 27: 306–329.

Navarrete, C. D., McDonald, M. M., Molina, L. E., Sidanius, J. 2010. "Prejudice at the nexus of race and gender: An outgroup male target hypothesis." *Journal of Personality and Social Psychology* 98 (6): 933–945.

Neilands, T., Steward, W., & Choi, K. 2008. "Assessment of stigma towards homosexuality in China: A study of men who have sex with men." *Archives of Sexual Behavior* 37: 838–844.

Nicolas Rüsch. 2005. "Mental illness stigma: Concepts, consequences, and initiatives to reduce stigma." *European Psychiatry*, 529–539.

Niens, U. & Cairns, E. 2003. "Explaining social change and identity management strategies: New directions for future research." *Theory Psychology* 13 (4): 489–509.

Nyborg, V. M., & Curry, J. F. 2003. "The impact of perceived racism: Psychological symptoms among black boys." *Journal of Clinical Child & Adolescent Psychology* 32 (2): 258–266.

O'Brien, L. T., & Crandall, C. S. 2003. "Stereotype threat and arousal: Effects on women's math performance." *Personality and Social Psychology Bulletin* 29: 782–789.

Oldmeadow, J., & Fiske, S. T. 2007. "Ideology moderates status = competence stereotypes: Roles for belief in a just world and social dominance orientation." *European Journal of Social Psychology* 37: 1135 – 1148.

Pacilli, M. G., Taurino, A., Jost, J. T., & Toorn, J. v. d. 2011. "System justificaion, right-wing conservatism, and internalized homophobia: Gay and lesbian attitudes toward same-sex parenting in Italy." *Sex Roles* 65: 580 – 595.

Park, R. E. 1922. *The Immigrant Press and Its Control*. New York: Harper, 217.

Parker R. 2003. "Aggleton R. HIV and AIDS related stigma and discrimination: A conceptual framework and implications for action." *Social science and Medicine*, 13 – 24.

Parker, I. 1987. "Social representations: Social psychology's (mis) use of sociology." *Journal for the Theory of Social Behavior* 17: 447 – 470.

Parker, R., & Aggleton, P. 2003. "HIV and AIDS – related stigma and discrimination: A conceptual framework and implications for action." *Social Science & Medicine* 57: 13 – 24.

Pascoe, E. A., & Smart, R. L. 2009. "Perceived discrimination and health: A meta-analytic review." *Psychological Bulletin* 135 (4): 531 – 554.

Patrick, W. C., Amy, K., & Lissa, K. 2005. "The stigma of mental illness: Explanatory models and methods for change." *Applied and Preventive Psychology*, 179.

Pelcastre, V., B, & Garrido, L., F. 2001. "Social representations and practices." *Salud Pubilca Mex* 43: 408 – 414.

Pettigrew, T. F., & Tropp, L. R. 2007. "A meta-analytic test of intergroup contact theory." *Journal of Personality and Social Psychology* 90: 751 – 783.

Phelan, J. E., & Rudman, L. A. 2010. "Reactions to ethnic deviance: The role of backlash in racial stereotype maintenance." *Journal of Personality and Social Psychology* 99 (2): 265 – 281.

Pickering, W., S., F. 2000. "Introduction." In Pickering, W. S. F. Ed. *Durkheim and Representations*, Routledge: London, 1 – 8.

Pirkhardt, S. C., & Stockdale, J. E. 1993. "Multidimensional scaling as a technique for the exploration and description of a social representation." In Breakwell, G., M., & Cantor, D. V. Eds. *Emprical Approaches to Social*

Representations. Oxford: Oxford University Press.

Podsakoff, N. P., LePine, J. A., & LePine, M. A. 2007. "Differential challenge stressor-hindrance stressor relationships with job attitudes, turnover intentions, turnover, and withdrawal behavior: A meta-analysis." *Journal of Applied Psychology* 92: 438 – 454.

Potter, J. & Edwards, D. 1999. "Social representations and discursive psychology: From cognition to action." *Culture and Psychology* 5 (4): 447 – 458.

Potter, J. & Litton, I. 1985. "Problems underlying the theory of social representations." *British Journal of Social Psychology* 24 (2): 81 – 90.

Potter, J., & Wetherell, M. 1999. *Discourse and Social Psychology: Beyond Attitude and Behavior*. London.

Prendergast, C. 2000. *The Triangle of Representation*. New York: Columbia University Press.

Pronin, E., Steele, C. M., & Ross, L. 2003. "Identity bifurcation in response to stereotype threat: Women and mathematics." *Journal of Experimental Social Psychology* 40: 152 – 168.

Pryor, J. B., Reeder, G. R., & Yeadon, C., & Hesson-McInnis, M. 2004. "A dual-process model of reactions to perceived stigma." *Journal of Personality and Social Psychology* 87 (4): 436 – 452.

Reicher, S. D., & Levine, M. 1994. "Deindividuation, power relations between groups and the expression of social identity: The effects of visibility to the out-group." *British Journal of Social Psychology* 33: 145 – 163.

Robert, L. & Solso, M. 2004. *Cognitive Psychology* (7th Edition. Allyn & Bacon, 261.

Roccas, S., & Brewer, M., B. 2002. "Social identity complexity." *Personality and Social Psychology Review* 6: 88.

Rodriguez Mosquera, P. M., Manstead, A. S. R., & Fischer, A. H. 2002. "Honor in the Mediterranean and Northern Europe." *Journal of Cross-Cultural Psychology* 33 (1): 16 – 36.

Roehling, M. V., Roehling, P. V., & Pichler, S. 2007. "The relationship between body weight and perceived weight-related employment discrimination: The role of sex and race." *Journal of Vocational Behavior* 71: 300 – 318.

Rosenthal, H., E., S., & Crisp, R., J. 2006. "Reducing stereotype threat by blurring intergroup boundaries." *Personality and Social Psychology Bulletin* 32 (4): 501 – 511.

Rubin, M., & Hewstone, M. 2004. "Social identity, system justication, and social dominance: Commentary" on Reicher, Jost et al., and Sidanius et al. *Political Psychology* 25: 823 – 844.

Rüsch, N., Angermeyer, M. C., & Corrigan, P. W. 2005. "Mental illness stigma: concepts, consequences, and initiatives to reduce stigma." *European Psychiatry* 20: 529 – 539.

Ruscher, J. B. 1998. "Prejudice and stereotyping in everyday communication." *Advances in Experimental Social Psychology* 30: 241 – 307.

Russell, A. M., Fiske, S. T., & Moore, G. 2007. *Applying the Stereotype Content Model to Perceptions of Mental Illnesses.* Manuscript under review.

Rydell, R. J., & Boucher, K. L. 2009. "Capitalizing on multiple social identities to prevent stereotype threat: The moderating role of self-esteem." *Journal of Personality and Social Psychology* 2 (36): 239 – 250.

Rydell, R. J., McConnell, A. R., & Beilock, S. L. 2009. "Multiple social identities and stereotype threat: Imbalance, accessibility, and working memory." *Journal of Personality and Social Psychology* 96 (5): 949 – 966.

Schacter, D. L., & Addis, D. R. 2007. "Constructive memory: The ghosts of past and future." *Nature* 445 (7123): 27 – 27.

Scheepers, D., & Ellemers, N. 2009. "Sintemaartensdijk, Suffering from the possibility of status loss: Physiological responses to social identity threat in high status groups." *European Journal of Social Pshycology* 39: 1075 – 1092.

Schmader, T. 2002. "Gender identification moderates stereotype threat effects on women's math performance." *Journal of Experimental Social Psychology* 38: 194 – 201.

Schmader, T., Johns, M., & Forbes, C. 2008. "An integrated process model of stereotype threat effects on performance." *Psychological Review* 115: 336 – 356.

Seibt, B. & Förster J. 2004. "Stereotype threat and performance: How self-stereotypes influence processing by inducing regulatory foci." *Journal of Personality and Social Psychology* 87 (1): 38 – 56.

Semin, G., R. 1985. "The phenomenon of social representations: A comment on Potter and Litton." *British Journal of Social Psychology* 24: 93 – 94.

Shapiro, J. R., & Neuberg, S. L. 2007. "From stereotype threat to stereotype threats: Implications of a multi-threat framework for causes, moderators, mediators, consequences, and interventions." *Personality and Social Psychology Review* 11: 107 – 130.

Sherif, M. 1957. "Experiments in group conflict." *Nature* 179: 84 – 85.

Shih, M., Ambady, N., Richeson, J. A., Fujita, K., & Gray, H. M. 2002. "Stereotype performance boosts: The impact of self-relevance and the manner of stereotype activation." *Journal of Personality and Social Psychology* 83: 638 – 647.

Simon, B. & Ruhs, D. 2009. "Identity and politicization among Turkish migrants in Germany: The role of dual identification." *Journal of Personality and Social Psychology* 95 (6): 1354 – 1366.

Smith, J., L., & Johnson, C., S. 2006. "A stereotype boost or choking under pressure? Positive gender stereotypes and men who are low in domain identification." *Basic and Applied Social Psychology* 28 (1): 51 – 63.

Spencer, B., & Castano, E. 2007. "Social class is dead. Long live social class! Stereotype threat among low socioeconomic status individuals." *Social Justice Research* 20: 418 – 432.

Stangor, C., & McMillan, D. 1992. "Memory for expectancy-congruent and expectancy-incongruent information: A review of the social and social developmental literatures." *Psychological Bulletin* 111: 42 – 61.

Steele, C. M. 1997. "A threat in the air: How stereotypes shape intellectual identity and performance." *American Psychologist* 52: 613 – 629.

Steele, C. M., & Aronson, J. 1995. "Stereotype threat and the intellectual test performance of African Americans." *Journal of Personality and Social Psychology* 69: 797 – 811.

Steele, C. M., Spencer, S. J., & Aronson, J. 2003. "Contending with group image: The psychology of stereotype and social identity threat." In Zanna M. P., *Advances in Experimental Social Psychology*. San Diego: Academic Press, 102 – 115.

Swann, W. B., Gómez, á, Huici, C., Morales, J. F., Hixon, J. G. 2010. "Identity fusion and self-sacrifice: Arousal as a catalyst of pro-group fighting, dying, and helping behavior." *Journal of Personality and Social Psychology* 99 (5): 824 – 841.

Swann, W. B., Gómez, á., Seyle, C., & Morales, F. 2009. "Identity fusion: The interplay of personal and social identities in extreme group behavior." *Journal of Personality and Social Psychology* 96: 995 – 1011.

Swann, W. B., Jr., Gómez, á., Dovidio, J. F., Hart, S., & Jetten, J. 2010. "Dying and killing for one's group: Identity fusion moderates responses to intergroup versions of the trolley problem." *Psychological Science* 21 (8): 1176 – 1183.

Tajfel, H. & Turner, J., C. 1986. "The social identity theory of intergroup behavior." In Worchel, S., & Austin, W., Eds. *Psychology of Intergroup Relations*. Nelson Hall: Chicage, 7 – 24.

Tajfel, H. 1978. "Interindividual behavior and intergroup behavior." In Tajfel, H. Ed. *Differentiation between Social Groups: Studies in the Social Psychology of Intergroup Relations*. London: Academic, 27 – 60.

Tajfel, H. 1982. Social psychology of intergroup relations. *Annual Review of Psychology* 33: 1 – 39.

Tajfel, H., & Turnel, J. C. 1979. "An integrative theory of intergroup conflict." In W. G. W. Austin, S. Ed. *The Social Psychology of Intergroup Relations*. Monterey, CA: Brooks/Cole, 15.

Thompson, L., & Fine, G. 1999. "Social shared cognition, affect and behavior: a review and integration." *Personality and Social Psychology*

Review 3: 278 – 302.

Todd, F. H., Robert, E. K., Michelle, R. H., & Jay, G. H. 2000. *The Social Psychology of Stigma.* New York, Guilford Publications, 6.

Todorov, A., Gobbini, M. I., Evans, K. K., & Haxby, J. V. 2007. "Spontaneous retrieval of affective person knowledge in face perception." *Neuropsychologia* 445: 163 – 173.

Todorov, A., Mandisodza, A. N., Goren, A., & Hall, C. C. 2005. "Inferences of competence from faces predict election outcomes." *Science* 308: 1623 – 1626.

Tooby, J. & Cosmides, L. 2008. "The evolutionary psychology of the emotions and their relationto internal regulatory variables." In M. Lewis, J. M. Haviland-Jones, & L. F. Barrett Eds. *Handbook of Emotions.* New York & London: Guilford, 3 – 16.

Tooby, J., & Cosmides, L. 1990. "On the universality of human nature and the uniqueness of the individual: The role of genetics and adaptation." *Journal of Personality* 58: 17 – 67.

Trawalter, S., Richeson, J. A., & Shelton, J. N. 2009. "Predicting behavior during interracial interactions: A stress and coping approach." *Personality Social Psychology Review* 13: 243 – 268.

Turner, J., C. 1982. "Towards a cognitive redefinition of the social group." In Tajfel, H. Ed. *Social Identity and Intergroup Relations.* England: Cambridge University Press, 15 – 40.

Twenge, J. M., Baumeister, R. F., DeWall, C. N., Ciarocco, N. J., & Bartels, J. M. 2007. "Social exclusion decreases prosocial behavior." *Journal of Personality and Social Psychology* 92: 56 – 66.

Twenge, J. M., Baumeister, R. F., Tice, D. M., & Stucke, T. S. 2001. "If you can't join them, beat them: Effects of social exclusion on aggressive behavior." *Journal of Personality and Social Psychology* 81: 1058 – 1069.

Twenge, J. M., Catanese, K. R., & Baumeister, R. F. 2002. "Social exclusion causes self-defeating behavior." *Journal of Personality and Social Psychology* 83: 606 – 615.

Twenge, J. M., Catanese, K. R., & Baumeister, R. F. 2003. "Social exclusion and the deconstructed state: Time perception, meaninglessness, lethargy, lack of emotion, and self-awareness." *Journal of Personality and Social Psychology* 85: 409 – 423.

Verkuyten, M., & Reijerse, A. 2009. "Intergroup structure and identity management among ethnic minority and majority groups: The interactive effects of perceived stability, legitimacy, and permeability." *European Journal of Social Psychology* 38: 106 – 127.

Voelklein, C., & Howarth, C. 2005. "A Review of Controversies about Social Representations Theory: A British Debate." *Culture and Psychology* 11: 431 – 454.

Volpato, C., Durante, F., & Fiske, S. T. 2007. "Using the Stereotype Content Model to Examine the Evils of Fascism: An Archival Approach." Unpublished manuscript, Universita di Padova.

von Hippel, W., von Hippel, C., Conway, L., Preacher, K. J., Schooler, J. W., & Radvansky, G. A. 2005. "Coping with stereotype threat: Denial as an impression management strategy." *Journal of Personality and Social Psychology* 89 (1): 22 – 35.

Wagner, W. 1998. "Social representations and beyond: Brute facts, symbolic coping and domestic world." *Culture and Psychology* 4: 297 – 329.

Wagner, W., Duveen, G., & Farr, R. 1999. "Theory and methods of social representations." *Asian Journal of Social Psychology* 2: 95 – 125.

Walton, G., M., & Cohen, G. L. 2007. "A question of belonging: Race, social fit, and achievement." *Journal of Personality and Social Psychology* 92: 82 – 96.

Walton, G., M., & Cohen, G., L. 2003. "Stereotype lift." *Journal of Experimental Social Psychology* 39: 456 – 467.

Weiner, B., Perry, R. P., & Magnusson, J. 1988. "An attributional analysis of reactions to stigmas." *Journal of Personality and Social Psychology* 55: 738 – 748.

Westbrook, L., E., & Bauman, L., J. 1997. "The questionnaire for identifying children with chronic conditions: A measure basd on noncategorical approach." *Pediatrics* 99: 513 – 521.

Whetten, D. A., & Godfrey, P. C. 1998. *Identity in Organizations: Buliding Theory Through Conversations.* London: Sage Publications, 18.

Wicherts, J. M., Dolan, C. V., & Hessen, D., J. 2005. "Stereotype threat and group differences in test performance: A question of measurement invariance." *Journal of Personality and Social Psychology* 89 (5): 696 – 716.

Wojciszke, B. 2005. "Affective concomitants of information on morality and competence." *European Psychologist* 10: 60 – 70.

Wojciszke, B., Abele, A. E., & Baryla, W. 2007. "Two dimensions of interpersonal attitudes: Liking depends on communion, respect depends on agency." In Cuddy, A. J. C., Fiske, S. T. & Glick, P. 2008. Warmth and competence as universal dimensions of social perception: The stereotype content model and the BIAS Map. *Advances in Experimental Social Psychology* 40: 61 – 147.

Wout, D. A., Shih, M. J., Jackson, J., S. & Sellers, R. M. 2009. "Targets as perceivers: How people determine when they will be negatively stereotyped." *Journal of Personality and Social Psychology* 96 (2): 349 – 362.

Wright R., G. 2006. "Perceived HIV stigma in AIDS caregiving dyads." *Social Science & Medicine*, 444 – 456.

Wundt, W. 1920. VöLkerpsychologie. Leipzig: Kröner-Engelmann.

Xu, J. & Griffiths, T. L. 2010. "A rational analysis of the effects of memory biases on serial reproduction." *Cognitive Psychology* 60 (2): 107 – 126.

Yang, L. H., Kleinman, A., Link, B. G., Phelan, J. C., Lee, S., & Good, B. 2007. "Culture and stigma: Adding moral experience to stigma theory." *Social Science & Medicine* 64: 1524 – 1535.

Yeung, N. C. J., & von Hippel, C. 2008. "Stereotype threat increases the likelihood that females drivers in a simulator run over jaywalkers." *Accident Analysis & Prevention* 40: 667 – 674.

Yoshimura, K., & Hardin, C. D. 2009. "Cognitive salience of subjugation and the ideological justification of U. S. geopolitical dominance in Japan." *Social Justice Research* 22: 298 – 311.

Zhang, T., Liu, X., Bromley, H., & Tang, S. 2007. "Perceptions of tuberculosis and health seeking behaviour in rural Inner Mongolia, China." *Health Policy* 81: 155 – 165.

后　记

　　壬辰年甲辰月，在世界阅读日的这一天，写下本书的后记，仿佛是一种奇妙的缘定。不敢妄加期待读者的品读，只愿此书作为自己人生的一个注脚，不要诋毁了阅读日的书香和文脉，即以聊感欣慰。

　　研究之旅，惴惴而不安，唯愿不负众人期许。人说，生命苦旅。吾以为，非也。诸多友人相伴、前辈提携，于己，则惶恐哉、幸甚哉！念恩于南开大学社会心理学之团队，此乃余心中最恒久的温暖。魅力型领袖乐国安教授、温文儒雅汪新建教授、睿智而通达李强教授、洒脱而逍遥周一骑教授，还有许多年轻的同行、伙伴，于我是一个内心最安全的港湾，前行最巨大的动力。感谢中国社会心理学团队中很多前辈的无私支持和鼓励；感谢中国首批心理学千人计划学者赵志裕教授和康萤仪教授的智慧点拨，他们是我心中"只羡鸳鸯不羡仙"的伉俪学者；感谢中国社会科学院社会心理学研究中心主任杨宜音教授，似老师般的教诲，似大姐般的可亲；感谢北京师范大学人格与心理研究所所长刘力教授，社会表征的路程一路为我拨云见日，甚为心暖；感谢北京大学社会学系方文教授，亦师亦兄，处处呵护；感谢华中师范大学社会心理研究中心主任佐斌教授，智慧温情，为学榜样。还有许许多多的前辈不吝指点，许许多多的同行似家人般亲切。吾辈才疏学浅，正是承蒙许多前辈、朋友不吝扶持。前路漫漫，所知所学，甚是寥寥，但感念诸多师长无私助力，吾深感惴惴，唯有在今后的路途中，为人为学多加求教，但求自己不断努力，不停进步，不辜老师之意，不负朋友之谊。

　　书稿的完成得到了韩国高等教育财团（The Korea Foundation for

Advanced Studies）和南开大学亚洲研究中心的资助，它们不仅资助我在2009~2010年成为韩国首尔国立大学社科大学院的访问学者，完成了书稿的英文部分——"Understanding and Challenging: Rural-to-Urban Migrants Related Stigma and Discrimination"，也同时资助了本书的付梓。本课题的研究也受到了"新世纪优秀人才支持计划（2012）"、国家社科基金项目2009年青年项目"城市二代移民社会认同与认同威胁研究"（09CSH011）和教育部重点基地项目"城市新移民的社会认同与群体融合"（2009JJDXLX001）的资助。同时本研究也是基于前期的一些研究而得，它们是教育部人文社会科学青年项目"校园歧视与污名建构的心理机制和社会表征研究"（06JCXLX001）与天津市"十一五"社科研究重点项目"身份污名的心理机制与和谐社会的构建"（TJSR06-1-002）。在书稿付梓的过程中，感谢社会科学文献出版社童根兴编辑和谢蕊芬编辑细致而辛苦的工作！

赵志裕和康萤仪两位先生的话时常熟稔于心，"人生，不能无诗无酒无朋友，要亦庄亦谐亦温文"。余兴致至此，赘其言，述感念，以为本书之后记。

管　健

二〇一二年四月二十三日于南开大学主楼

图书在版编目（CIP）数据

身份污名与认同融合：城市代际移民的社会表征研究/管健著 . —北京：社会科学文献出版社，2012.12
ISBN 978 - 7 - 5097 - 3906 - 8

Ⅰ.①身… Ⅱ.①管… Ⅲ.①城市 - 移民 - 研究 - 中国 Ⅳ.①D632.4

中国版本图书馆 CIP 数据核字（2012）第 253855 号

身份污名与认同融合
——城市代际移民的社会表征研究

著　　者／管　健

出 版 人／谢寿光
出 版 者／社会科学文献出版社
地　　址／北京市西城区北三环中路甲29号院3号楼华龙大厦
邮政编码／100029

责任部门／社会政法分社　（010）59367156　　责任编辑／谢蕊芬
电子信箱／shekebu@ ssap. cn　　　　　　　　责任校对／岳爱华
项目统筹／童根兴　　　　　　　　　　　　　责任印制／岳　阳
经　　销／社会科学文献出版社市场营销中心　（010）59367081　59367089
读者服务／读者服务中心　（010）59367028

印　　装／北京鹏润伟业印刷有限公司
开　　本／787mm×1092mm　1/16　　　　　印　张／21
版　　次／2012年12月第1版　　　　　　　字　数／355千字
印　　次／2012年12月第1次印刷
书　　号／ISBN 978 - 7 - 5097 - 3906 - 8
定　　价／65.00元

本书如有破损、缺页、装订错误，请与本社读者服务中心联系更换

版权所有　翻印必究